Bodo Deletz alias Ella Kensington

Secret-Angel Mary

Aus Liebe zum Miteinandern

GOLDMANN

Buch

Secret-Angel Mary findet eine einfache, aber höchste effektive Lösung, mit der sich die Menschen von allen ihren Problemen befreien können. Doch sie wird unerwartet mit einem Phänomen konfrontiert, das ihre geheime Mission deutlich komplizierter macht. Die Menschen sprechen in diesem Zusammenhang von »partnerschaftlicher Liebe«. Mary erkennt, dass diese Liebe kein Gefühl ist, sondern eine Lebensweise. Es ist das Miteinander, mit dem sich die Menschen das Leben schöner machen. Gleichzeitig ist es auch das Füreinander, wenn es einem von ihnen mal schlecht geht. Und es ist sogar das Gegeneinander, wenn die Menschen sich zusammenraufen müssen, um wieder gemeinsam am gleichen Strang zu ziehen.

Autor

Bodo Deletz ist Bestseller-Autor der Ella-Kensington-Buchreihe und gehört mit einer Million verkaufter Bücher und über 40.000 Seminarteilnehmern seit fast 40 Jahren zu den erfolgreichsten Trainern Deutschlands. So wird er gemessen an seinen Leistungen für gewöhnlich vorgestellt. Er selbst bezeichnet sich jedoch in erster Linie als Forscher und Entwickler.

Homepage: bodo-deletz.de
YouTube: youtube.com/@bodo-deletz

Bodo Deletz
alias Ella Kensington

Secret-Angel Mary

Aus Liebe zum Miteinandern

Band 2: Brauchens

GOLDMANN

MIX
Papier | Fördert gute Waldnutzung
FSC® C014496

Penguin Random House Verlagsgruppe FSC® N001967

2. Auflage
Originalausgabe September 2024

Umschlag: Uno Werbeagentur, München
Satz: GGP Media GmbH, Pößneck
Druck und Bindung: GGP Media GmbH, Pößneck
Printed in Germany
LG · CB
ISBN 978-3-442-22417-3

www.goldmann-verlag.de

Was bisher geschah

Ich bin Mary Soul, einer von neun Secret-Angels, die in menschlicher Gestalt auf die Erde geschickt wurden, um die Menschen davon abzuhalten, sich selbst zu vernichten. Ursprünglich sollte meine Mission nur wenige Wochen andauern, doch ich verliebte mich während meiner Teilnahme an einer Fernsehshow namens *Shameless in Paradise* in einen ganz wundervollen Mann und beschloss, wegen ihm auf der Erde zu bleiben.

Gemeinsam mit einigen weiteren ganz tollen Menschen, die ich während der Show kennenlernen durfte, fanden wir heraus, dass die Menschen seit Jahrhunderten nur deshalb ihre Außenwelt immer mehr zerstören, weil sie ihre Innenwelt noch nicht gut genug verstehen.

Meine Mission besteht darin, den Menschen genau dabei zu helfen, was ihnen selbst ein deutlich leichteres und schöneres Leben ermöglicht und gleichzeitig der Natur ihres Planeten eine reale Überlebenschance gibt.

Ich wollte gerade mit meinen Lieblingsmenschen über einen Sachverhalt sprechen, der bei uns Engeln als die *große Täuschung* bezeichnet wird, da tauchten plötzlich Agenten der Homeland Security in der Villa auf und brachten uns mit einem Helikopter zum Hawaii Regional Security Operations Center, einem bombensicheren Stützpunkt der NSA auf Hawaii – auch bekannt als *Kunia-Tunnel*.

Kapitel 1

Freiheit

Die Homeland Security hatte uns kurz vor dem Flug darüber informiert, dass nur Brian, Dylan, Ava, BeautyQueen, Nuno und ich in Gefahr waren. Genaueres wollte man uns jedoch nicht sagen. Wir würden dann im Stützpunkt der NSA über alles ausführlich informiert werden. Die Show hatte man aus Sicherheitsgründen trotzdem abgebrochen. Die anderen sechs Teilnehmer, die nicht gefährdet waren, wurden zum Flughafen gebracht, damit sie nach Hause fliegen konnten.

Brian, Dylan und BeautyQueen sahen sehr aufgewühlt und überfordert aus, als wir im Helikopter saßen. Ava hingegen war recht entspannt für ihre Verhältnisse, nachdem ich ihr auf dem Weg zum Helikopter versichert hatte, dass für uns keinerlei Gefahr bestand. Sie wusste sofort, dass ich auf die Guardian-Angels anspielte, die ich bei unserem Vieraugengespräch auf ihrem Zimmer erwähnt hatte, und schenkte mir ein dankbares Lächeln. Nuno fand das alles recht amüsant. Er grinste mir ständig zu und schien sich noch mehr als ich auf das kommende Abenteuer zu freuen.

Während des Fluges konnten wir kaum miteinander sprechen, da es unglaublich laut war. Man hatte zwar jedem von uns ein Headset mit Kopfhörern und Mikrofon gegeben, doch die Tonqualität war so schlecht, dass man kaum verstehen konnte, was der andere sagte. Unser Hubschrauber landete schließlich auf einem unscheinbaren Gelände, das sich in der Mitte der Ortschaft Kunia auf der Insel O'ahu befand. Das gesamte Areal war mit einem hohen Zaun aus Stacheldraht umgeben. Überall waren Sicherheitskameras angebracht. Wir wurden von schwer bewaffneten Soldaten der Homeland Security vom Hubschrauberlandeplatz zu einem streng bewachten Tor eskortiert, das in den Sicherheitsbereich des unterirdischen Komplexes führen sollte. Dort nahmen uns die Sicherheitskräfte des Hawaii Regional Security Operations Centers in Empfang und geleiteten uns ins Innere der Anlage. Das Tor wurde hinter uns sofort wieder geschlossen.

Wir fanden uns in einem Zwischenraum wieder, der einer üblichen Sicherheitskontrolle in einem Flughafengebäude ähnelte. Hinter dem Kontrollposten befand sich ein zweites Tor, das derzeit noch geschlossen war und von bewaffneten Soldaten bewacht wurde.

Zunächst wurden wir alle einzeln fotografiert, wobei Nuno von einem netten Sicherheitsbeamten viele anerkennende Worte für sein rosa Tutu und seine Flügelchen bekam, was ihn sichtlich freute. Dann mussten wir unsere Schuhe ausziehen und alle Gegenstände aus unseren Taschen entfernen. Alles wurde durch einen

Röntgen-Scanner geschickt. Anschließend bat man uns, durch eine elektronische Schleuse zu gehen. Danach wurden wir von zwei Beamten gründlich durchsucht, was Nuno überaus zu amüsieren schien. Er war sehr kitzlig und zuckte ständig lachend weg, wenn der Beamte ihn anfasste. Dann versuchte er, einen Scherz zu machen, der aber von dem Beamten komplett ignoriert wurde. Offenbar hatte dieser Mensch ähnlich große Schwierigkeiten wie ich, Scherze zu verstehen. Deshalb versuchten wir anderen es auch gar nicht mehr bei ihm. Insgesamt verhielten sich meine Lieblingsmenschen generell sehr zurückhaltend, was ich von ihnen gar nicht gewohnt war. Ich war gespannt darauf, mehr über die Hintergründe ihres ungewöhnlichen Verhaltens zu erfahren.

Zwei bewaffnete und ebenfalls humorlose Sicherheitskräfte eskortierten uns anschließend durch das zweite Tor ins Innere der Anlage. Auch sie reagierten auf Nunos Scherze eher unangemessen mit offensichtlicher Ignoranz. Sie brachten uns zu einem weiteren Checkpoint. Dort wurden unsere biometrischen Daten wie Retina-Scan und Fingerabdrücke von zwei Beamtinnen erfasst. Die wirkten deutlich sympathischer als die humorlosen Sicherheitskräfte. Vermutlich hatten sie deshalb auch einen angenehmeren Job bekommen. Sie alberten ein wenig mit Nuno herum, während sie unsere Hände und unsere Netzhaut scannten. Danach bekamen wir alle einen Besucherausweis, den wir stets sichtbar tragen sollten.

Anschließend führten uns die beiden Sicherheitsbeamten durch einen 400 Meter langen Tunnel, in dem wir auf Schritt und Tritt von Überwachungskameras gefilmt wurden. Es waren einige Menschen in Zivilkleidung in diesem Tunnel unterwegs, die so aussahen, als würden sie gerade zur Arbeit gehen oder von der Arbeit kommen. Sie beachteten die Sicherheitskräfte kaum, die uns durch den Tunnel begleiteten. Für diese Menschen schien es nichts Ungewöhnliches zu sein, dass wir von einer bewaffneten Eskorte begleitet wurden. Für Nuno in seinem rosa Tutu hatten sie jedoch ein freundliches Lächeln.

Meine Lieblingsmenschen redeten die ganze Zeit über kein einziges Wort. Ich vermutete, dass dies in dieser Umgebung wohl nicht angemessen war, und sagte deshalb auch nichts mehr. Nuno hingegen begrüßte weiterhin jeden Menschen, dem wir in diesem Tunnel begegneten, mit einem freundlichen »Hallo« und einem Lächeln.

Wir wurden zu einem weiteren Checkpoint gebracht. Zwei Sicherheitskräfte kontrollierten zunächst unsere Besucherausweise, nickten unserer Eskorte zu und ließen uns passieren. Hinter diesem Checkpoint verzweigte sich der Tunnel in mehrere Richtungen. Man erhielt einen ersten Eindruck von der beeindruckenden Größe dieses unterirdischen Komplexes, der aus mehreren Gebäuden zu bestehen schien. Ich war begeistert von diesem Abenteuer.

Man brachte uns zu einem Fahrstuhl, der uns in das

erste Untergeschoss der Anlage bringen sollte. Als wir den Fahrstuhl verließen, befanden wir uns in einem modernen Großraumbüro. Mir fielen die vielen Sicherheitskameras auf. Jeder einzelne Mitarbeiter wurde hier offensichtlich permanent überwacht.

Schließlich brachte man uns in einen Besprechungsraum. Drei Wände dieses Raumes waren aus Panzerglas. In der Mitte stand ein großer, ovaler Konferenztisch aus schwarzem Glas. An der Wand gegenüber der Tür befand sich ein großer Bildschirm, der auf eine Weltkarte zoomte.

Ein Mann in dunklem Anzug wartete bereits im Raum auf uns. »Guten Tag«, begrüßte er uns höflich. »Ich bin Agent Johnson. Bitte nehmen Sie Platz. Sie befinden sich in einem Hochsicherheitsbereich des Hawaii Regional Security Operations Centers«, erklärte er uns, nachdem wir uns an den Tisch gesetzt hatten. »Hier sind Sie absolut sicher.«

»Und warum brauchen wir solche Sicherheitsmaßnahmen?«, fragte Brian sichtlich irritiert.

»Wir haben Grund zu der Annahme, dass eine Spezialeinheit der Wagner-Gruppe geplant hatte, Sie über den Seeweg aus der Villa zu entführen und mit einem U-Boot außer Landes zu schaffen. Die Wagner-Gruppe ist eine paramilitärische Privatarmee, die für ihre Verbindung zum russischen Geheimdienst bekannt ist. Insgesamt gehören 50 000 Söldner zu dieser Privatarmee, die auch eine Spezialeinheit beinhaltet, die vorwiegend aus ehemaligen Geheimagenten des KGB besteht. Die USA haben die Wagner-Gruppe als transnationale kriminelle Organisation eingestuft. Wir vermuten, dass diese Spezialeinheit vorhatte, die überlegene Intelligenz von Miss Soul für militärische oder terroristische Zwecke auszunutzen. Über die genauen Absichten der Wagner-Gruppe konnten wir bisher nichts herausfinden. Klar ist nur, dass sich die Bedrohung nicht nur auf Miss Soul beschränkt. Sie alle sollten entführt werden. Wir vermuten, dass man über Sie Druck auf Miss Soul ausüben und sie damit zur Mitarbeit zwingen wollte.«

»Und was passiert jetzt mit uns?«, hakte Brian fassungslos nach.

»Sie bleiben erst einmal hier, bis wir eine bessere Lösung gefunden haben«, erklärte Agent Johnson. »Leider müssen wir davon ausgehen, dass diese Bedrohung langfristig bestehen bleibt. Auch müssen wir davon ausgehen, dass nicht nur die Wagner-Gruppe auf diese Idee gekommen ist. Mehrere ausländische Geheimdienste könnten versucht sein, Sie in ihre Gewalt zu bringen. Aber keine Sorge. Wir werden eine Lösung finden. In diesem Stützpunkt gibt es Unterkünfte für Mitarbeiter, die an hochsensiblen Projekten arbeiten und deshalb besonders geschützt werden müssen. Wir haben eine dieser Residenzen geräumt und für Sie vorbereitet. Zwei Sicherheitsbeamte werden Sie jetzt dorthin begleiten. Haben Sie noch Fragen?«

»Ja, was ist mit meinem Mann?«, fragte Ava sichtlich geschockt von der ganzen Situation und schaute mich direkt an. »Ist er in Sicherheit?«

Ich nickte kurz mit einem unscheinbaren Lächeln, um ihr zu signalisieren, dass er genau wie wir permanent von Guardian-Angels beschützt würde, was sie sofort beruhigte.

»Ihr Mann wurde von der Homeland Security in Gewahrsam genommen«, antwortete Agent Johnson. »Er ist bereits auf dem Weg hierher und wird noch heute zu Ihnen gebracht. Machen Sie sich daher keine Sorgen. Ihr Mann ist in Sicherheit.«

»Vielen Dank«, sagte Ava lächelnd.

»Falls Sie keine weiteren Fragen haben, schlage ich vor, dass man Ihnen jetzt Ihre Unterbringung zeigt«, sagte Agent Johnson. »Ihre Residenz befindet sich in einem Bereich der Secure Compartmented Information Facility. Dies ist ein besonders geschützter Bereich, der ausschließlich für die Arbeit mit hochsensiblen Informationen vorgesehen ist. Der Zugang zu diesem Bereich ist auf eine streng begrenzte Anzahl von Personen beschränkt und erfordert eine spezielle Sicherheitsfreigabe. Es ist mit anderen Worten der sicherste Ort des gesamten Stützpunkts. Innerhalb des SCIF werden Sie von einem speziell geschulten Sicherheitspersonal zu Ihrer Residenz begleitet.«

Daraufhin stand er auf und öffnete die Bürotür, um den beiden Sicherheitsbeamten, die dort Wache standen, ein Zeichen zu geben. Wir standen auf und folgten ihnen. BeautyQueen, Brian und Dylan wirkten eingeschüchtert, während Ava für ihre Verhältnisse recht entspannt wirkte. Ich konnte Nuno ansehen, dass er wie ich alles sehr aufregend und spannend fand.

Unsere beiden Wachen führten uns zurück zum Fahrstuhl und fuhren mit uns ganz nach unten ins dritte Untergeschoss. Als wir ausstiegen, befanden wir uns in einem weitläufigen, breiten Tunnel, von dem links und rechts zahlreiche Stahltüren abgingen. Wir mussten erneut eine umfassende Sicherheitskontrolle durchlaufen, bevor wir weitergehen durften. Die beiden Männer, die uns mit dem Fahrstuhl hierhergebracht hatten, fuhren wieder nach oben.

Zunächst wurden unsere Besucherausweise kontrolliert. Dann wurde ein Scan unserer Fingerabdrücke und unserer Netzhaut durchgeführt. Anschließend mussten wir unsere Taschen wieder leeren, die Schuhe ausziehen und durch eine elektronische Schleuse gehen. Am Ende erhielt jeder von uns noch eine elektronische Schlüsselkarte. Danach wurden wir von zwei Agenten in dunklen Anzügen durch den Tunnel geführt.

Wir gingen an einigen Türen vorbei, die mit elektronischen Sicherheitsschleusen versehen waren und die offensichtlich nur für autorisiertes Personal zugänglich waren. Aus einigen war das Summen von Computersystemen oder Servern zu hören. Was sich jedoch genau hinter diesen Türen verbarg, konnten wir nicht erkennen. Einer unserer Begleiter öffnete uns mit Hilfe seiner Schlüsselkarte und einem Passwort eine dieser Sicherheitstüren, die uns den Zugang zu einer langen und engen Tunnelröhre aus Stahlbeton und Stahlplatten ermöglichte. Einige Kabel und Rohre verliefen durch diesen Tunnel, die vermutlich für die Stromversorgung und Klimatisierung verwendet wurden. Auch in diesem Tunnel wurden wir auf Schritt und Tritt von Sicherheitskameras überwacht.

Nach etwa 100 Metern kamen wir am Ende des Tunnels an einer verschlossenen Stahltür an. Einer der beiden Agenten hielt seine Schlüsselkarte vor den Scanner, gab erneut ein Passwort über ein Tastenfeld ein, legte seine Hand auf einen Fingerabdruck-Scanner und schaute abschließend in einen Retina-Scanner. Erst dann öffnete sich die Stahltür, die so dick war wie die Tür eines Tresorraums. Dahinter kam ein kleiner Vorraum zum Vorschein mit einer weiteren Schleuse.

»Bitte halten Sie Ihre Schlüsselkarte vor diesen Scanner, und gehen Sie dann einzeln durch die Schleuse«, bat uns der Agent, der zuvor die schwere Stahltür geöffnet hatte. »Sie werden bereits erwartet. Man wird Ihnen Ihre Unterkünfte zeigen und Ihnen alles erklären.«

Nachdem wir alle die Schleuse passiert hatten, gelangten wir durch eine weitere Tür ins Innere der Residenz. Dort wurden wir von zwei bewaffneten Sicherheitskräften und einer netten Frau empfangen, die uns mit einem freundlichen Lächeln begrüßte.

»Herzlich willkommen«, sagte sie zu uns. »Ich bin sicher, Sie werden sich hier wohlfühlen. Mein Name ist Gabriella. Ich werde für die Zeit Ihrer Anwesenheit Ihre Ansprechpartnerin sein. Das Gebäude, in dem Sie sich hier befinden, wurde ursprünglich als unterirdischer Geheimdienst-Kommandoposten für den Fall eines Atomkrieges eingerichtet. Das Innere der Residenz ist mit modernster Technologie ausgestattet. Wir verfügen über eine unabhängige Stromversorgung, Klimaanlage und Lüftungssystem sowie einen Wasservorrat, der mindestens ein Jahr lang ausreichen würde. Sämtliche Systeme werden regelmäßig überprüft und gewartet. Zu Ihrer Sicherheit gibt es ein System von Überwachungskameras, das jeden Winkel der Residenz abdeckt, sowie einen dedizierten Sicherheitsdienst, der Sie rund um die Uhr bewacht. Jede Person, die das Gebäude betritt oder verlässt, wird einer strengen Sicherheitskontrolle unterzogen. Insgesamt bietet diese Residenz alles, was man für den Aufenthalt während eines Atomkrieges benötigen würde – und noch mehr. Es ist ein Ort der Sicherheit und des Komforts inmitten der Unsicherheit und des Chaos und ein Symbol dafür, wie ernst die NSA die Bedrohung nimmt, der Sie gerade ausgesetzt sind.

Dieses Gebäude liegt 30 Meter unter der Erde, hat zwei Stockwerke und bietet insgesamt 36 vollständig möblierte und ausgestattete Apartments, die Ihnen eine komfortable und sichere Wohnumgebung ermöglichen. Jedes Apartment ist mit allen notwendigen Annehmlichkeiten ausgestattet. Aus Sicherheitsgründen haben Sie jedoch leider keinen Zugang zum Internet oder dem öffentlichen Telefonnetz. Sollten Sie jemanden außerhalb dieses Gebäudekomplexes kontaktieren müssen, dann zögern Sie bitte nicht, mich anzusprechen. Ich werde hier zusammen mit Ihnen in diesem Gebäude wohnen und bin jederzeit für Sie ansprechbar.

Neben den 36 Apartments in diesem Stockwerk gibt es einen voll ausgestatteten Speisesaal, in dem Sie, falls gewünscht, Ihre Mahlzeiten einnehmen können. Außerdem gibt es einen Wäscheservice, der sich um Ihre Kleidung kümmert. Im Untergeschoss befinden sich weitere Gemeinschaftseinrichtungen wie ein Fitnessraum, ein Swimmingpool, eine Bibliothek, mehrere Besprechungs- und Büroräume sowie ein großer Salon mit Sitzgelegenheiten für 40 Personen.

Die Unterbringung in einer unterirdischen Anlage wie dieser wird für Sie vermutlich zu Beginn etwas ungewohnt sein, da es keine Fenster und kein Tageslicht gibt. Doch die Klimaanlage sorgt für eine angenehme Temperatur und Luftqualität, und die Beleuchtung ist so gestaltet, dass sie Ihnen das Gefühl vermittelt, in einer natürlichen Umgebung zu sein. Insgesamt bietet Ihnen diese Residenz eine sichere und komfortable Umgebung, in der Sie sich mit der Zeit immer wohler fühlen werden. Ihre Koffer werden übrigens im Laufe des Tages hier eintreffen. Dann würde ich vorschlagen, dass ich Ihnen jetzt Ihre Apartments zeige.«

Brian und ich bekamen gemeinsam eine Zweizimmerwohnung mit Küche und Badezimmer. In unserem Schlafzimmer stand ein breites Doppelbett, worüber ich mich sehr freute, denn so könnten wir nachts wieder kuscheln. Ich freute mich sehr darauf. Brian wirkte momentan zwar sehr angespannt, aber das würde sich sicherlich bald legen. Im Grunde genommen hatten wir ja hier alles, was wir in der Villa auch hatten. Die Apartments waren zwar nicht so luxuriös ausgestattet wie unsere Villa, aber es war alles recht gemütlich. Und wir konnten zusammen sein! Das war mir das Allerwichtigste. Ich freute mich sehr auf unsere gemeinsame Zeit und das Abenteuer, das vor uns lag.

Ava bekam ein fast identisches Apartment zugeteilt, das sie zusammen mit ihrem Mann beziehen würde. Dylan, Nuno und BeautyQueen bekamen ein größeres Apartment. Es verfügte über drei Schlafzimmer, die jeweils Zugang zu einem eigenen Badezimmer hatten, ein großes Wohnzimmer mit einer bequemen Sofagarnitur sowie eine moderne Küche. Nuno war begeistert davon, sich mit den anderen beiden eine Wohnung zu teilen. Dylan und BeautyQueen reagierten jedoch sichtlich irritiert über seine Begeisterung. Warum, verstand ich nicht. Nuno war doch ein lustiger und sympathischer Zeitgenosse, mit dem man sicherlich eine sehr schöne Zeit haben konnte.

Nachdem wir die Wohnungen besichtigt hatten, zeigte uns Gabriella die Gemeinschaftsräume der Residenz im Untergeschoss. Neben den Besprechungsräumen, für die wir vermutlich keine Verwendung haben würden, gab es auch einen großen Salon mit noblen Ledersesseln, die in kleinen Gruppen von jeweils drei bis vier Sesseln um flache Tische herum angeordnet waren. Der Fitnessraum war sogar besser ausgestattet als der in unserer Villa, was Dylan sicherlich freute. Ich konnte ihm jedoch seltsamerweise seine Freude nicht ansehen. Der Pool war ebenfalls größer als in der Villa und das Wasser darin viel wärmer. Ich freute mich sehr darüber, denn in diesem Pool könnte ich stundenlang mit Brian im Wasser kuscheln, ohne zu frieren. Um den Pool herum standen bequeme Liegen, genau wie in der Villa. Obwohl es keine Sonne gab, in der wir baden konnten, fand ich es hier trotzdem sehr gemütlich. Man konnte sich wirklich wohlfühlen.

Mir fiel jedoch auf, dass wir überall lückenlos von Sicherheitskameras überwacht wurden. Sogar in unseren Schlafzimmern und Badezimmern hatte ich Kameras gesehen. Das war natürlich für Nuno und mich problematisch, da wir uns nicht mehr entmaterialisieren konnten.

»Wäre es möglich, dass die Kameras in unseren Badezimmern ausgeschaltet werden?«, fragte ich Gabriella, während wir am Pool standen.

»Leider nicht«, antwortete sie. »Das ist hier Vorschrift. Die Toiletten stehen jedoch alle hinter einer Milchglaswand, wodurch man nur das Gesicht erkennen kann, wenn man auf der Toilette sitzt. Bei den Duschen ist es ähnlich. Alles unterhalb des Halses wird durch Milchglas unkenntlich gemacht. Ich entschuldige mich für diese Unannehmlichkeit, aber wie gesagt, das ist hier in der Anlage Vorschrift. Da kann ich leider nichts machen. Ich möchte Sie auch darüber informieren, dass in der gesamten Residenz hochsensible Mikrofone angebracht sind, die selbst Gespräche in Flüsterlautstärke aufzeichnen und jederzeit analysiert werden können. Außerdem gibt es in jedem Raum Bewegungsmelder, die jede kleinste Bewegung registrieren. Doch ich bin sicher, Sie werden sich schnell daran gewöhnen, denn es ist alles zu Ihrem eigenen Schutz. Außer Ihnen und mir sind nur noch Ihre Sicherheitskräfte und Servicekräfte in diesem Gebäude untergebracht, die für die Zeitdauer der Bedrohung versuchen werden, Ihnen jeden Wunsch von den Augen abzulesen. Sie haben also diese gesamte Residenz fast für sich alleine und können sich hier vollkommen frei fühlen. Herzlich willkommen in Ihrem neuen Zuhause.«

»Geiler Scheiß!«, sagte Nuno begeistert. »Wer hat Lust, mit mir den Pool einzuweihen?«

»Bist du noch ganz dicht, Alter?!«, fragte ihn BeautyQueen daraufhin aufgebracht. Ich vermutete, da wir unsere Badekleidung ja noch nicht anziehen konnten, weil unsere Koffer noch nicht da waren.

»Wir sind doch hier ganz unter uns«, sagte ich deshalb. »Da können wir bestimmt auch einfach nackt in den Pool gehen, oder?«, fragte ich Gabriella.

»Natürlich, Sie können sich hier wie gesagt vollkommen frei fühlen«, bestätigte sie mit einem Lächeln.

»Sagt mal, habt ihr beiden noch alle Kugeln am Christbaum?!«, fragte BeautyQueen fassungslos Nuno und mich.

»Lasst uns jetzt bitte nicht streiten!«, sagte Ava zu BeautyQueen. »Mary versteht die Ernsthaftigkeit der Lage vermutlich noch nicht ganz. Und Richard hat vermutlich einen Schock oder so etwas. Bitte seid nachsichtig mit den beiden.«

»Wir müssen das jetzt vermutlich alle erst einmal verdauen«, meinte Brian dazu, der sich, seitdem wir den Stützpunkt betreten hatten, extrem still verhalten hatte.

»Ich finde, Richard hat recht«, meinte Dylan. »Wir sollten das Beste aus der Situation machen und uns freuen, denn wenn wir uns nicht freuen, wird es ja auch nicht besser.«

Nuno lachte daraufhin, als hätte Dylan einen guten Scherz gemacht. Ansonsten lachte jedoch niemand.

»Das ist eine sehr gute Einstellung«, meinte Gabriella mit einem Lächeln zu Dylan und wandte sich uns allen zu. »Sie werden sehen, wenn Sie sich erst einmal ein paar Tage eingelebt haben, wird das alles immer leichter. Ich werde Sie jetzt alleine lassen. Wenn Sie mich brauchen, kontaktieren Sie einfach jemanden aus dem Sicherheitsdienst oder jemanden vom Serviceteam. Ich werde dann umgehend benachrichtigt und komme sofort zu Ihnen.«

»Ich schlage vor, dass wir jetzt ebenfalls nach oben gehen und uns gemeinsam in unser Wohnzimmer setzen, um in Ruhe zu überlegen, wie wir mit der Situation umgehen wollen«, sagte Dylan. »Außerdem bekomme ich langsam Hunger.«

»Sie können sich gerne beim Serviceteam eine Pizza bestellen«, schlug Gabriella vor, die gerade im Begriff war zu gehen. »Oder, wenn Sie möchten, auch etwas

Asiatisches oder irgendetwas anderes. Die Küche steht zu Ihrer freien Verfügung.«

»Ja, lasst uns bitte einfach Pizza bestellen!«, schlug Dylan vor. »Das wird uns ein wenig mehr Normalität geben.«

»Ja, vielleicht wäre das gar nicht schlecht«, pflichtete ihm Brian bei.

»Ich kann jetzt echt nichts essen, Alter«, sagte BeautyQueen und schüttelte über diesen Vorschlag den Kopf. »Ey, wie kann man überhaupt daran denken, jetzt was zu futtern?!«, fügte sie mit einem vorwurfsvollen Ton hinzu. »Als ob wir keine anderen Probleme hätten ...«

Mir war nicht klar, auf welche Probleme sie anspielte, denn unsere Probleme waren ja bereits von der NSA gelöst worden. Wir waren hier sicher, waren alle zusammen und hatten alles, was man für ein gutes Leben braucht. Im Grunde genommen war hier alles genauso wie in der Villa – nur dass wir hier keine Sonne hatten. Doch so problematisch konnte das ja wohl nicht sein. Ich konnte daher weder existenzielle noch soziale Probleme erkennen, die wir jetzt hätten lösen müssen. Ich wunderte mich daher sehr über BeautyQueens Verhalten. Doch auch Dylan und Brian verhielten sich, als hätten wir irgendein Problem. Doch was sollte das sein?

»Essen ist immer gut!«, meinte Nuno begeistert. »Ich hätte sehr gerne eine Pizza. Am liebsten eine richtig große für mich ganz alleine.«

»Ihr habt echt einen rennen!«, sagte BeautyQueen kopfschüttelnd.

Wir gingen alle zusammen mit Gabriella nach oben zu unseren Apartments. Gabriella verabschiedete sich dort und sagte uns, dass sie in der Küche Bescheid sagen würde, dass wir Pizzen haben wollten. Dann gingen wir zum gemeinsamen Apartment von Nuno, Dylan und BeautyQueen. Wir setzten uns ins Wohnzimmer auf eine bequeme Sofagarnitur, die um einen niedrigen, durchsichtigen Glastisch angeordnet war. Brian und ich nahmen das Pärchensofa, Nuno setzte sich auf den Sessel und die anderen drei auf das breiteste Sofa, das Platz für drei Personen bot.

Während wir auf unser Essen warteten, versuchte ich herauszufinden, was genau das Problem sein könnte, das BeautyQueen, Brian und Dylan beschäftigte.

»Gefällt es euch hier nicht?«, fragte ich sie.

»Was heißt hier gefallen?«, erwiderte BeautyQueen kopfschüttelnd. »Ich bin einfach nicht gerne eingesperrt.«

»Was meinst du mit *eingesperrt*?«, fragte ich verwundert.

»Na eingesperrt!«, erwiderte sie leicht ungehalten. »Eingesperrt ist eingesperrt.«

»Es bedeutet, dass wir hier unserer Freiheit beraubt sind«, klärte mich Brian auf.

»Wir sind unserer Freiheit beraubt?!«, hakte ich verwundert nach. »Welcher Freiheit denn genau? Der Willensfreiheit, der Entscheidungsfreiheit, der Meinungsfreiheit, der Religionsfreiheit, der Bewegungsfreiheit, der Versammlungsfreiheit, der Berufsfreiheit, der künstlerischen Freiheit, der Informationsfreiheit, der Geschlechtsidentitätsfreiheit, der wissenschaftlichen Freiheit, der Reisefreiheit …«

Dylan fing plötzlich an, schallend zu lachen. Warum, verstand ich nicht.

»Wir können hier nicht raus«, erklärte mir Brian. »Das ist die Freiheit, die wir nicht mehr haben. Und es ist unklar, ob wir jemals wieder hier rauskommen werden.«

»Sag das nicht, Alter!«, ermahnte ihn BeautyQueen panisch. »Ich kann nicht mein ganzes Leben in einem Bunker verbringen. Das halte ich nicht aus. Ich habe jetzt schon das Gefühl, dass ich hier drinnen keine Luft kriege. Ich darf gar nicht daran denken, wie tief wir hier unter der Erde sind.«

»Dann ist es die Bewegungsfreiheit, die dir fehlt?«, fragte ich verwundert, denn das gesamte Gebäude mit zwei Stockwerken stand uns ja zur freien Verfügung. Das war eigentlich Platz genug.

»Keine Ahnung«, antwortete sie aufgebracht. »Ich will einfach hier raus!«

»Aber draußen ist es doch gefährlich«, wendete ich irritiert ein.

»Und genau deshalb fühlt sie sich hier eingesperrt«, erklärte Brian. »Mir geht es ehrlich gesagt ganz ähnlich.«

»Wollt ihr das Gefühl loswerden, dass ihr hier eingesperrt seid?«, fragte ich daher. »Geht es also um ein Gefühlsziel?«

»Nein, wir wollen nicht eingesperrt *sein*«, antwortete

Brian. »Es geht nicht um das Gefühl. Wir sind hier wirklich eingesperrt.«

»Du meinst, weil die schwere Stahltür verschlossen ist, die sich nur mit biometrischem Scan, Passwort und Schlüsselkarte öffnen lässt?«, hakte ich nach. »Da könnte Gabriella sicherlich dafür sorgen, dass diese Tür für uns geöffnet wird, wenn wir rauswollten.«

»Die werden dich nicht rauslassen«, erwiderte Brian kopfschüttelnd. »Du bist mit deiner überlegenen Intelligenz ein viel zu großes Risiko für die nationale Sicherheit, sollten dich tatsächlich ausländische Geheimdienste entführen wollen. Und diese Bedrohung scheint ja sehr real zu sein.«

»Aber diese Umstände treffen doch für euch gar nicht zu«, wendete ich, verwundert von Brians Sichtweise, ein. »Das betrifft doch nur mich. Ihr könntet alle jederzeit raus. Vielleicht nicht jetzt sofort, weil diese Wagner-Gruppe noch hinter euch her ist. Doch sobald den ausländischen Geheimdiensten klar ist, dass ich hier drin vollkommen isoliert von der Außenwelt bin, ergibt es für sie keinen Sinn mehr, euch zu entführen, um mich zu erpressen. Ich würde ja gar nichts davon mitbekommen. Denn ich vermute stark, dass die NSA mir nichts davon sagen würde, wenn ich die Sachlage richtig einschätze. Rauslassen würden sie mich ja so oder so nicht, wie du schon sagtest. Das wissen die anderen Geheimdienste ja sicherlich auch, denn die würden das garantiert genauso handhaben. Wir können aber auch sicherheitshalber Gabriella noch einmal fragen, ob diese Einschätzung korrekt ist. Doch wenn ich das richtig verstehe, besteht langfristig für euch alle gar keine Gefahr. In ein paar Tagen oder spätestens in einer Woche könnt ihr sicherlich wieder nach Hause.«

»Ich werde dich hier drin ganz bestimmt nicht alleine lassen«, sagte Brian entschieden. »Und wenn ich mein ganzes Leben mit dir hier verbringen muss.«

Am liebsten hätte ich ihn jetzt geküsst und ihm gesagt, dass ich ihn ebenfalls liebe. Es zerriss mir fast das Herz, dass ich das in diesem Moment nicht durfte. Doch hier bei der NSA musste ich meine Tarnidentität noch sorgfältiger schützen als in der Villa. Daher rationalisierte ich seine Aussage und kehrte mit nüchterner Logik zu unserem Thema zurück.

»Du fühlst dich also deshalb deiner Freiheit beraubt, weil du lieber mit mir hier drinbleiben möchtest, als alleine draußen zu sein. Diese Sichtweise führt zu einer falschen Reaktion des Freiheitsinstinkts. Du tust damit nämlich so, als hättest du keine Entscheidungsfreiheit. Aber die hast du in Wirklichkeit. Du kannst dich frei entscheiden, ob du mit mir hier drinbleibst oder alleine rausgehst.«

»Das ist keine freie Entscheidung«, widersprach Brian überzeugt. »Ich werde dich hier ganz sicher nicht alleine zurücklassen. Das ist keine Option.«

»Dann schließt du die Entscheidungsmöglichkeit kategorisch aus, dass du mich hier alleine lässt?«, hakte ich verwundert nach.

»Natürlich«, bestätigte er. »Das ist wie gesagt absolut keine Option.«

»Das ist sehr interessant«, sagte ich fasziniert. »Wenn das Großhirn bei einer Entscheidung zwischen zwei realen Möglichkeiten einfach eine kategorisch ausschließt, weil man diese Möglichkeit als so schlecht ansieht, dass man sie erst gar nicht in Betracht ziehen möchte, sieht das für das soziale Gehirn so aus, als hätte man keine Wahlmöglichkeit. Und das interpretiert es dann so, als hätte man keine Entscheidungsfreiheit. Doch das entspricht natürlich nicht den Tatsachen. In Wirklichkeit kannst du dich ja frei entscheiden, ob du mit mir hier drinbleibst oder ob du rausgehst.«

»Boah, das ist genial!«, sagte Nuno plötzlich sichtlich begeistert, noch bevor Brian auf meine Aussage reagieren konnte. »Wenn ich eine reale Entscheidungsmöglichkeit in der Außenwelt bei meinem Entscheidungsprozess von vornherein ausschließe, weil mir diese Möglichkeit in meiner Innenwelt zu wenig zusagt, kann ich mich in meiner Freiheit tatsächlich eingeschränkt fühlen. Ich kann das fühlen!«, sagte er zu mir total begeistert und offensichtlich sehr erstaunt darüber, dass er das konnte.

Mir war sofort klar, warum er so begeistert war. Offenbar begannen sich die instinktiven Programme in seinem sozialen Gehirn zu aktivieren. Das war schön für ihn, jedoch gleichzeitig auch seltsam für die anderen. Für die war es mittlerweile nachvollziehbar, dass ich mich manchmal darüber wunderte, wenn ich etwas nachempfinden konnte, da ich ja ein Savant war. Aber

Nuno hatte diese Tarnidentität nicht. Ich überlegte, wie ich ihm das unauffällig klarmachen könnte. Doch erkannte ich dann in seinem Blick, dass er es soeben selbst gemerkt hatte.

»Weißt du, wie viele Menschen in eine Therapie kommen, die genau damit Probleme haben?!«, fragte er mich, um seiner Begeisterung einen nachvollziehbaren Grund zu geben. »Millionen!«, betonte er. »Doch dieses Freiheitsproblem betrifft nicht nur die Menschen, die in eine Therapie kommen. Unzählige zwischenmenschliche und gesellschaftliche Probleme bis hin zu Kriegen können entstehen, weil der Freiheitsinstinkt durch diese fatale Sichtweise fälschlicherweise aktiviert wird. Ich weiß nicht, ob dir das richtig klar ist, aber du bist hier auf etwas ganz Großes gestoßen!«, sagte er und strahlte mich an.

Ich war nun unsicher, ob er das wirklich so meinte oder ob er das nur gesagt hatte, um den anderen und der NSA einen nachvollziehbaren Grund für seine Begeisterung zu geben.

»Ihr meint, wir fühlen uns nur deshalb hier eingesperrt, weil wir unseren Freiheitsinstinkt verarschen?«, fragte Brian mich skeptisch.

»Absolut!«, antwortete Nuno enthusiastisch an meiner Stelle. Er schien gar nicht mehr zu bremsen zu sein. »Man muss einfach nur alle Wahlmöglichkeiten ausschließen, die einem zu wenig gefallen. Und wenn nur noch eine einzige übrig bleibt, hat man ja keine Wahl mehr. Und diese Sichtweise interpretiert der Freiheitsinstinkt dann so, als hätte man keine Wahlfreiheit. Das ist pure Selbstverarschung!«, sagte er voller Freude über diese Erkenntnis.

Brian sah nachdenklich aus, genauso wie Dylan und Ava. Nur BeautyQueen schüttelte den Kopf und sagte: »Das ist doch Schwachsinn! Man kann sich alles schönreden, wenn man das will. Aber Tatsache ist, dass wir hier eingesperrt sind und nicht rauskönnen.«

»Ich denke, Richard und Mary haben recht«, widersprach Brian nachdenklich. »Das ist keine Schönrederei. Es ist die Wahrheit. Wir könnten alle hier raus, wenn wir das wollten. Nur eben Mary nicht«, sagte er besorgt.

»Für mich ist das überhaupt kein Problem«, erklärte ich. »Ich habe zwar nur diese eine Möglichkeit, aber es ist ja genau die Möglichkeit, die ich auch freiwillig wählen würde. Ob andere Menschen mir dabei eine Wahl lassen oder nicht, ist aus meiner Sicht völlig unerheblich. Klar, rein vom theoretischen Prinzip her könnte ich mich hier sicherlich in meiner Entscheidungsfreiheit eingeschränkt fühlen, weil ich ja nur diese eine Wahlmöglichkeit habe. Doch instinktive Prinzipien müssen in der Praxis immer auf ihre Relevanz hin überprüft werden. Es sind nur theoretische Prinzipien, die in der Steinzeit einen Überlebensvorteil boten, heutzutage aber oftmals nicht mehr. An solchen Steinzeitgefühlen sollte man sich besser nicht orientieren, wenn es um überlebensrelevante Entscheidungen geht.«

»Dann willst du lieber freiwillig hier drinbleiben, anstatt da draußen ein freies Leben zu führen?!«, fragte

BeautyQueen kopfschüttelnd. »Sorry, aber das kann ich mir beim besten Willen nicht vorstellen.«

»Aber die Option, dass ich da draußen ein freies Leben führen kann, existiert doch gar nicht«, wendete ich verwundert ein. »Ich kann doch immer nur unter real vorhandenen Möglichkeiten auswählen. Mir einfach eine schöne Möglichkeit in meiner Fantasie auszumalen und dann zu entscheiden, dass ich die gerne hätte, obwohl es diese Möglichkeit in Wirklichkeit gar nicht gibt, hat doch keinen Sinn. Damit würde ich meinen Instinkt ja noch mehr verarschen. Das wäre ja das Gleiche, als würde ich mich in meiner Freiheit eingeschränkt fühlen, weil ich nicht auf einem anderen Planeten leben kann. Oder weil Brian nicht genauso viel kuscheln oder über Gefühle reden will wie ich. Oder weil es in unserer Nation Gesetze gibt, die mir nicht gefallen und an die ich mich trotzdem halten muss. Oder weil ich auf der Autobahn im Stau stehe und keine freie Fahrt habe, die ich mir aber doch wünsche.«

»Boah, das ist so genial!«, sagte Nuno erneut total begeistert. »Wir Menschen fühlen uns in unserer Freiheit nicht nur dann eingeschränkt, wenn uns die vorhandenen Wahlmöglichkeiten nicht zusagen, sondern auch noch, weil wir uns in unserer Fantasie fiktive Wahlmöglichkeiten ausdenken können, die es in der realen Außenwelt aber gar nicht gibt. Dann kann ich mich ja sogar in meiner Freiheit eingeschränkt fühlen, wenn ich in einer Partnerschaft oder in einer Gesellschaft Kompromisse machen muss. Oder wenn andere Menschen einfach nicht das tun wollen, was ich für richtig halte. Oder weil mein Körper nicht so fit ist, dass ich einen Marathon laufen kann. Oder weil ich nicht so viele gute Gefühle habe, wie ich sie gerne hätte, oder mehr schlechte, als ich haben will. Oder weil ich arbeiten muss, um mein Geld zu verdienen, ich das Geld aber lieber einfach so kriegen würde. Das ist doch genial!«, schwärmte er begeistert. »Ich kann tatsächlich so tun, als sei ich in meiner Freiheit eingeschränkt, weil ich nicht so glücklich bin, wie ich das gerne wäre! Ich muss mir einfach nur diese fiktiven Wahlmöglichkeiten ausdenken und so tun, als seien es reale Möglichkeiten. Und schon fühle ich mich in meiner Freiheit eingeschränkt, weil mein blödes Gehirn oder die doofe Welt da draußen mich nicht so glücklich sein lässt, wie ich das gerne wäre. Das ist ja fantastisch!«

»Ey, Alter, verarsch wen anders!«, sagte BeautyQueen sichtlich beleidigt.

»Es tut mir leid. Das war wirklich nicht meine Absicht«, entschuldigte sich Nuno sichtlich irritiert von BeautyQueens Reaktion. »Mir ist nur gerade klar geworden, wie schnell es passieren kann, dass man eine fiktive Wahlmöglichkeit als real ansieht und damit seinen Freiheitsinstinkt verarscht. Das ist aus meiner Sicht wirklich eine echt wertvolle Erkenntnis. Dass man so einfach völlig irreale Sichtweisen annehmen kann, ohne es überhaupt zu merken, war mir überhaupt nicht klar. Ich wollte dich damit wirklich nicht persönlich angreifen.«

»Alles gut, Alter«, sagte BeautyQueen. »Sorry, dass ich so reagiert habe.«

»Es gibt also zwei Möglichkeiten, den Freiheitsinstinkt zu verarschen«, fasste Brian zusammen. »Man schließt bestimmte reale Wahlmöglichkeiten kategorisch aus, oder man denkt sich fiktive Wahlmöglichkeiten aus, die es in Wirklichkeit gar nicht gibt. So weit habe ich das kapiert. Aber wann ist denn die Freiheit tatsächlich eingeschränkt?«

»Nur, wenn man zwischen realen Wahlmöglichkeiten nicht wählen *darf*«, antwortete Nuno. »Wenn andere Menschen einen zu einer bestimmten Entscheidung *zwingen*. Und das können sie eigentlich nur mit physischer Gewalt oder mit der Androhung von Verbannung aus dem Rudel, was jedoch ebenfalls nur mit physischer Gewalt durchgesetzt werden kann.«

»Ja, aber genau so ist es doch!«, wendete BeautyQueen ein. »Die NSA hält Mary hier fest. Und das falls nötig mit Gewalt. Ich würde mich da mega eingesperrt fühlen.«

»Mit dieser Sichtweise könnte ich dieses Gefühl natürlich auch erzeugen«, sagte ich. »Doch wenn es um wirklich wichtige Entscheidungen im Leben geht, halte ich es für besser, nützlichere Sichtweisen anzunehmen. Sonst passiert es wirklich schnell, dass man seinen Instinkt verarscht und das gar nicht merkt, wie Richard schon sagte. Und die Gefühle, die man mit solchen Sichtweisen erzeugt, sind natürlich keine guten Ratgeber.«

»So wie auch Angst oftmals kein guter Ratgeber ist«, meinte Dylan.

»Ganz genau, auch bei Angstgefühlen kommt es oft vor, dass wir etwas prinzipiell als Gefahr oder Bedrohung ansehen, was aber in der Welt von heute gar keine relevante Bedrohung mehr ist. Dann ist die Angst natürlich auch kein guter Ratgeber, da die Sichtweise, die das Gefühl erzeugt, ja gar nicht mehr der Wirklichkeit entspricht. Daher sollte man aufpassen, dass man aus dem Vermeiden von Angstgefühlen kein Gefühlsziel macht, sonst trifft man ganz schnell fatale Entscheidungen, die einen dann tatsächlich in echte Gefahr bringen. Genauso sieht es mit dem Freiheitsgefühl aus. Auch daraus sollte man kein Gefühlsziel machen.

In meinem Fall gibt es ja tatsächlich eine überlebensrelevante Gefahr. Doch die gibt es da draußen außerhalb der Residenz und nicht hier drinnen. Hier drin gibt es nur eine angenommene Einschränkung meiner Freiheit. Würde ich jetzt aus diesem Gefühlsimpuls heraus handeln, dann würde ich die Residenz verlassen wollen und mich dabei in Lebensgefahr bringen. Man sollte daher mit solchen Gefühlen wirklich vorsichtig sein.

Dem Instinkt geht es nur ums theoretische Prinzip der Freiheitseinschränkung. In der Praxis sehe ich jedoch diesbezüglich bei meinem Aufenthalt hier in dieser Residenz gar keine Relevanz. Eigentlich gibt es hier kaum Unterschiede zur Villa. Auch dort durften wir nicht raus, wurden permanent von Kameras beobachtet, hatten einen Pool, bekamen zu essen, hatten ein Bett zum Schlafen und so weiter. Dort mussten wir sogar noch Missionen erfüllen oder Lügendetektor-Tests absolvieren. Die Show wäre ja in ein paar Tagen zu Ende gewesen, und jeder hätte nach Hause fahren müssen. Doch hier können wir weiterhin zusammenbleiben. Genau das hatten wir uns heute Nachmittag noch gewünscht. Das ist doch super!«

»Überlege dir gut, was du dir wünschst, es könnte in Erfüllung gehen!«, meinte Dylan grinsend. »Dann werde ich euch gerne noch ein wenig länger auf den Sack gehen. Ich hätte ehrlich gesagt auch viel zu viel Schiss, dass ich entführt werde, wenn ich in ein paar Tagen schon nach Hause fliegen würde. Außerdem hast du recht. Wir wollten ja eigentlich gar nicht nach Hause. Wir wollten mehr Zeit miteinander verbringen. Jetzt haben wir einfach nur die Location gewechselt. Mehr ist nicht passiert. Und anderswo ist immer erstmal schön!«

»Das sehe ich genauso«, stimmte ihm Ava zu. »Ich bin im Moment echt froh, dass wir hier in Sicherheit sind. Und mein Mann kommt ja heute auch noch. Da warte ich lieber noch ein wenig länger, bis die Luft wirklich rein ist. Wer weiß, ob die ausländischen Geheimdienste wirklich so schlau sind, wie Mary das annimmt. Möglicherweise würden die uns ja trotzdem entführen. Ich betrachte das hier jetzt lieber als eine Art Urlaub. Urlaub in einem unterirdischen Atombunker der NSA! Wer kann da schon mithalten?!«

»Ich werde jedenfalls so lange hierbleiben, bis sie mich rausschmeißen«, sagte Nuno grinsend. »Mir gefällt es hier echt gut. Und Pizza kann ich auch noch so viel essen, wie ich will. Was will ich denn mehr?!«

»Ich kann zwar echt nicht nachvollziehen, wie du das alles so locker nimmst«, sagte BeautyQueen zu mir. »Aber ein paar Wochen oder auch länger verbringe ich natürlich sehr gerne mit euch hier drin. Sofern die NSA das überhaupt mitmacht. Die werden uns ja auch nicht ewig hier kostenlos beherbergen wollen.«

»Ja, das stimmt vermutlich«, meinte Nuno grinsend. »Da könnte man sich glatt wieder in seiner Freiheit eingeschränkt fühlen!«

In diesem Moment brachte ein Mann vom Küchenpersonal sechs große Pappschachteln mit Pizza zu uns ins Wohnzimmer.

»Eine schöne Tiefkühlpizza!«, sagte Dylan begeistert, nachdem er in seine Schachtel hineingeschaut hatte. »Yeah, ich freue mich!«

»Ja, das sind die besten«, pflichtete ihm Nuno bei und fing an, seine Pizza mit Genuss zu verspeisen.

Kapitel 2

Das 5:1-Beziehungskonto

Während wir alle aßen, spürte ich, wie unsere Guardian-Angels einer nach dem anderen verschwanden. Offenbar gab es derzeit keinerlei Bedrohung mehr für uns. Ich erkannte in dem Blick, den Nuno mir zuwarf, dass er es ebenfalls gespürt hatte.

Wir saßen nach der Pizza noch lange zusammen und alberten wie üblich herum. Eigentlich hätte ich gerne mit meinen Lieblingsmenschen über die nicht erfüllbaren Kriterien gesprochen, die alle Menschen als Kind während der großen Täuschung erlernt hatten, da ich in der Villa nicht mehr dazu gekommen war. Doch ich erkannte, dass sie alle nach diesem aufregenden Tag nicht mehr aufnahmefähig genug dafür waren. Daher beschloss ich, dieses Gespräch auf morgen zu verschieben.

So saßen wir also einfach zusammen, tranken Wein und sogenannte Softdrinks. Das waren kleine Flaschen mit farbigen Flüssigkeiten, die ziemlich süß schmeckten. Wir hatten beschlossen, so lange hier gemeinsam auszuharren, bis Avas Mann ankommen würde. Wir freuten uns alle sehr darauf, ihn endlich kennenzulernen, denn wir hatten schon viel von ihm gehört. Er hieß Jason, wie wir von Ava erfuhren.

Es wurde schließlich zwei Uhr nachts, als er zusammen mit unseren Koffern in der Residenz ankam. Gabriella hatte uns darüber benachrichtigt und stand mit uns am Eingang der Residenz, um ihn in Empfang zu nehmen. Das Licht in der gesamten Residenz war über Nacht stark gedämpft, aber man konnte trotzdem sehen, dass Jason ziemlich fertig aussah. Offenbar hatte ihn die Reise sehr angestrengt.

Als er die Schleuse passierte, fiel Ava ihm in die Arme und fing sofort an zu weinen. Warum sie weinte, war mir ein Rätsel. Sie hatte sich doch gewünscht, dass er zu uns kommt. Sie beruhigte sich jedoch schnell wieder, als er sie fest in den Arm nahm. Dann stellte sie uns einander vor.

»Das ist er, mein großer Schatz«, sagte sie zu uns. »Und das sind meine neuen Freunde«, sagte sie zu ihm.

»Jason«, sagte er und gab jedem von uns förmlich die Hand zur Begrüßung. »Es freut mich, Sie kennenzulernen.«

»Sag bitte *du*«, korrigierte ihn Ava. »Wir sind hier alle per du.«

»Es freut mich also, euch kennenzulernen«, wiederholte er noch einmal mit einem bemühten Lächeln.

»Herzlich willkommen in unserer Residenz«, sagte Gabriella zu ihm. »Ich bin Gabriella und hier sozusagen das Mädchen für alles. Wenn Sie irgendetwas benötigen, zögern Sie bitte nicht, mich anzusprechen. Ich denke, ich überlasse Sie jetzt Ihren Freunden. Wir werden morgen noch einmal in Ruhe über alles sprechen. Sie sind jetzt bestimmt sehr müde.«

»Ja, das bin ich in der Tat«, bestätigte Jason.

»Ich glaube, das sind wir alle«, meinte Brian zu Jason. »Ich schlage vor, dass wir uns jetzt erst einmal schlafen legen und uns morgen in aller Frische richtig kennenlernen.«

»Wir haben ein nettes kleines Apartment für uns beide bekommen«, sagte Ava zu ihrem Mann. »Du wirst sehen. Es ist gar nicht so schlecht hier. Und es ist ja auch nur für ein paar Tage.«

»Ich wünsche Ihnen allen eine gute erste Nacht in Ihrem neuen Zuhause«, sagte Gabriella zu uns und zog sich zurück.

Wir nahmen unsere Koffer und rollten sie zu unseren Apartments, die alle drei direkt nebeneinanderlagen. Wir wünschten uns gegenseitig eine gute Nacht und verschwanden in unseren Wohnungen.

Ich musste dann mal ganz dringend auf die Toilette, denn ich verspürte einen sehr unangenehmen Druck in meinem Unterleib. Ich vermutete, dass es die Softdrinks waren, die jetzt irgendwie wieder rausmussten. Normalerweise hätte ich mich jetzt neu materialisiert, um das Problem zu beheben. Doch das ging ja nicht. Daher musste ich mich jetzt mit konventionellen Methoden behelfen. Ich überlegte, ob ich Brian danach fragen sollte, wie man das genau anstellt, entschied mich jedoch dagegen, da ihm diese Frage genau wie der NSA sicherlich sonderbar angemutet hätte. Nein, ich würde es selbst herausfinden müssen.

Ich wusste, dass man sich auf diese Toilette setzen musste. Und das sicherlich ohne Kleidung, damit die überschüssige Flüssigkeit ungehindert abfließen konnte. Also zog ich die Hose herunter und setzte mich hin. Im gleichen Moment entleerte sich meine Blase ganz von selbst. Und es tat unsagbar gut! Ich war begeistert. Irgendwann hörte das dann von selbst wieder auf. Ich nahm mir etwas Papier, um mich abzutrocknen, und zog meine Hose wieder hoch. Ich war sehr stolz, wie mühelos ich diese Aufgabe soeben gemeistert hatte.

Brian benutzte die Toilette nach mir auf ähnliche Weise. Bevor er ins Bett kam, wollte er noch einmal duschen und sich die Zähne putzen. Er meinte, dass ich meine Zähne auch gerne schon putzen könne, während er unter der Dusche steht. Das hatte ich bisher jedoch noch nie getan. Ich wusste nicht so recht, wie das ging. Auch hatte ich keine Zahnbürste. Bisher hatte ich mich ja einfach immer neu materialisiert, da war Körperhygiene nicht notwendig gewesen.

»Ich habe leider keine Zahnbürste«, sagte ich.

»Dann ist sie wohl in der Villa liegen geblieben«, schlussfolgerte er, während er unter der Dusche stand. »Du kannst gerne meine nehmen. In meinem Kulturbeutel sind auch noch ein paar Ersatzbürsten. Nimm dir einfach eine davon.«

Es gab nur ein Gerät in seinem Beutel, das auf mich den Anschein erweckte, als könnte man sich damit die Zähne reinigen. Tatsächlich fand ich dann auch die Ersatzbürsten, die er erwähnt hatte. Ich zog also seine Bürste von dem kleinen Gerät, das in etwa die Größe von Avas kleinem Delfin hatte, und steckte eine neue drauf. Danach betätigte ich den Schalter auf dem Gerät, woraufhin die Bürste sehr schnell zu vibrieren begann. Ich steckte sie in den Mund und bewegte sie über die Zähne. Das fühlte sich sehr lustig an. Ich hatte keine Ahnung, ob ich das richtig machte, daher beschloss ich aufzuhören, bevor Brian aus seiner Dusche kam, damit ich ihm dabei zuschauen konnte, wie er dieses Gerät benutzte.

Ich erkannte schnell, dass ich es fast richtig gemacht hatte. Man musste zuvor nur noch eine weiße zähe Masse aus einer Tube auf die Bürste drücken und dann zuerst die Bürste an die Zähne halten, bevor man den Anschaltknopf drückte. Jetzt wusste ich also auch, wie man richtig Zähne putzt, und fühlte mich deshalb dem Zusammenleben mit Brian gewachsen. Es sollte keine weiteren Schwierigkeiten geben. So kompliziert war das ja alles nicht.

Während Brian seine Zähne fertig putzte, zog ich schon einmal meine Kleidung aus und legte mich ins Bett. Als er schließlich zu mir kam, lächelte ich ihn in freudiger Erwartung an.

»Na, du scheinst ja noch nicht so richtig müde zu sein«, meinte er dann.

»Ich freue mich sehr darauf, mit dir zu kuscheln«, sagte ich. »Oder Löffelchen liegen. Das ist auch sehr schön.«

»Ja, darauf freue ich mich ebenfalls sehr«, meinte er liebevoll lächelnd.

»Dann musst du aber noch deine Kleidung ausziehen«, sagte ich, denn er trug immer noch ein T-Shirt und seinen Slip.

»Das ziehe ich im Bett aus. Wegen den ganzen Kameras hier«, fügte er hinzu und schlüpfte zu mir unter die Bettdecke. »Ich muss mich erst noch daran gewöhnen, dass wir sogar im Schlafzimmer und im Bad permanent von Kameras überwacht werden.«

»Ich denke nicht, dass wir hier rund um die Uhr von Agenten beobachtet werden. Die NSA hat sicherlich Wichtigeres zu tun. Vermutlich schauen sie nur hier rein, wenn es einen triftigen Grund dafür gibt. Wenn zum Beispiel die Bewegungsmelder, die es hier überall gibt, eine Person zu viel melden oder wenn die sensiblen Überwachungsmikrofone etwas Verdächtiges aufnehmen. Da gibt es bestimmt Computer, die solche verdächtigen Aktivitäten registrieren und dann Alarm schlagen. Ansonsten wird vermutlich alles, was wir hier tun, aufgezeichnet, aber gar nicht groß angeschaut.«

»Ja, kann gut sein«, meinte Brian, während er unter der Decke sein T-Shirt und seinen Slip auszog. »Ich fühle mich trotzdem irgendwie die ganze Zeit über beobachtet. Aber du hast sicherlich recht. Das ist bestimmt nur ein Gefühl.«

Nachdem Brian nackt war, kuschelte ich mich wieder wie gewohnt in seinen Arm und streichelte seine Brust. Und er streichelte wieder zärtlich meinen Rücken, was mir wunderschöne Schauer über die Haut jagte.

»Ich möchte, dass du weißt, dass ich auf jeden Fall immer bei dir bleiben werde«, sagte er dann nach einer Weile. »Selbst wenn sie uns für immer hier einsperren sollten. Ich lasse dich nicht alleine. Was auch immer kommen mag!«, betonte er und küsste mich auf die Stirn.

»Ich werde ebenfalls immer für dich da sein«, versprach ich. »Nichts und niemand wird mich davon abhalten können.«

»Das mit unseren Ella-Camps werden wir wohl knicken können«, meinte er. »Selbst wenn sie dich irgendwann hier rauslassen sollten, wirst du ja trotzdem weiterhin beschützt werden müssen. Die ausländischen Geheimdienste werden sicherlich auch in Zukunft jede Gelegenheit nutzen, um dich in ihre Finger zu kriegen. Und wenn es nicht die Geheimdienste sind, dann ist dein Leben durch irgendwelche Stalker, religiöse Fanatiker oder andere Irre gefährdet, die der Meinung sind, dass es niemanden auf der Welt geben sollte, der allen anderen Menschen in Sachen Intelligenz so weit überlegen ist. Wir werden nie wieder ohne den Schutz der Regierung leben können. Gewöhnliche Leibwächter werden dazu jedenfalls nicht genügen. Du musst von einer ganzen Armee beschützt werden. Alles andere ist völlig unrealistisch. Und da habe ich überhaupt keine

Idee, wie wir es anstellen sollen, dass deine Erkenntnisse die Menschheit erreichen. Du könntest höchstens Bücher schreiben. Aber mehr fällt mir dazu echt nicht ein.«

»Da wird sich ganz sicher eine Lösung finden«, sagte ich und dachte an die Guardian-Angels, die jede mögliche Gefahr mühelos von uns abwenden würden. Keine Armee dieser Welt konnte es mit den Guardian-Angels aufnehmen. Doch leider musste ich das für mich behalten. Gleichzeitig wurde mir bewusst, dass auch die NSA davon ausgehen musste, dass es diese von Brian befürchteten Bedrohungen tatsächlich gab. Es würde wirklich schwierig für sie werden, eine sichere Möglichkeit außerhalb dieses Bunkers zu finden, wo ich den Menschen helfen könnte, ihre Innenwelt besser zu verstehen. Doch Ella würde eine Lösung finden. Ella fand immer eine Lösung.

»Komm, lass uns jetzt Löffelchen liegen und einschlafen!«, bat ich und drehte mich um, damit Brian sich hinter mich legen konnte. »Morgen ist auch noch ein Tag, an dem wir über eine Lösung nachdenken können. Ich bin sicher, wir werden eine finden.«

Ich erwachte am nächsten Morgen, als die Beleuchtung in unserer Residenz auf eine Sonnenaufgangssimulation umstellte. Es gab in unserem Schlafzimmer die Attrappen von zwei großen Fenstern. Eines geradeaus vor unserem Bett, das andere an der Wand auf meiner Bettseite. Das auf meiner Seite zeigte das Panoramabild einer ländlichen Umgebung. Man hatte den Eindruck, als würde man durch dieses Fenster aus dem ersten Stock eines Farmhauses heraus auf eine weite Wiese schauen, auf der große, runde Heuballen herumlagen. Aus dem anderen Fenster heraus schaute man aus derselben Perspektive auf ein Maisfeld. Über Nacht waren diese Bilder dunkel gewesen. Im Moment sah es gerade so aus, als würde die Morgendämmerung anbrechen. Und dann wurde die Beleuchtung an beiden Fenstern ganz allmählich immer heller. Ich spürte, wie ich mich bei diesem Anblick immer wacher fühlte. Am Ende waren die beiden Fenster strahlend hell und erleuchteten den gesamten Raum. Es war ein angenehmes Tageslicht, welches tatsächlich sehr natürlich wirkte. Ich fühlte mich wach und erfrischt und freute mich auf den kommenden Tag.

Brian erwachte ebenfalls und streckte sich. »Guten Morgen, Lieblingsmensch«, sagte er liebevoll zu mir. »Hast du gut geschlafen?«

»Ja, sehr gut. Und du?«, wollte ich wissen.

»Auch sehr gut. Wenn du bei mir bist, schlafe ich immer gut.«

»Eigentlich wollte ich ja gestern Nacht noch viel länger mit dir kuscheln. Doch scheinbar bin ich sofort eingeschlafen.«

»Dann sollten wir das Kuscheln jetzt nachholen«, meinte er lächelnd und zog mich zu sich in seinen Arm.

Plötzlich hörten wir laute Stimmen aus dem Nachbarapartment. Dort wohnten Ava und Jason.

»Ich befürchte, bei den beiden hängt der Haussegen im Moment ganz schön schief«, meinte Brian. »Ich hatte gestern Abend schon das Gefühl, dass es da mächtig kriselt.«

»Du meinst, sie haben immer noch Beziehungsprobleme?«, fragte ich verwundert. »Eigentlich war Ava der Meinung, dass sie jetzt kein Minenfeld mehr ist.«

»Das wird vermutlich auch so sein. Doch ich denke, dass es damit alleine nicht getan ist. Da hat sich im Laufe der Zeit sicherlich einiges angesammelt.«

»Und was kann man da machen?«

»Keine Ahnung. Vielleicht Paartherapie. Oder du redest einfach einmal mit den beiden. Vielleicht erkennst du ja wieder irgendeinen Instinkt, der reguliert werden muss. Ich hoffe von Herzen, dass die beiden das geregelt kriegen, denn das hört sich gerade gar nicht gut an, was da nebenan vor sich geht.«

»Meinst du, ich sollte jetzt einfach einmal zu ihnen rübergehen?«

»Ich denke nicht, dass jetzt der richtige Zeitpunkt dafür ist. Vermutlich ist es auch besser, wenn du erst einmal mit Ava alleine redest. Jason kennt dich ja noch gar nicht. Der würde sich vermutlich überrumpelt fühlen, wenn du jetzt einfach bei ihnen anklopfst und fragst, wo denn genau das Problem liegt. Ich denke, dass er dich erst besser kennenlernen muss, bevor er bereit ist, mit dir zu reden. Es kann aber leider auch sein, dass das nie der Fall sein wird. Nicht alle Menschen sind bereit, über ihre Gefühle zu sprechen.«

In diesem Moment hörten wir, wie eine Zimmertür laut zugeknallt wurde und eine offensichtlich sehr wütende Ava das Apartment verließ.

»Vielleicht nutzt du die Gelegenheit und redest gleich mal mit ihr«, schlug Brian vor.

Ich stand schnell auf, holte mir frische Kleidung aus meinem Koffer und verschwand kurz im Bad, denn ich musste zuvor noch einmal dringend meine Blase entleeren. Das war aber wie schon gestern Abend schnell erledigt. Dann schlüpfte ich in das leichte Sommerkleid, das ich mir aus dem Koffer gezogen hatte. Daraufhin verließ ich eilig unser Apartment, um Ava zu suchen.

Ich vermutete, dass sie sich irgendwo im Untergeschoss befand, denn hier oben konnte ich sie nirgendwo sehen. Ich musste nicht lange suchen, denn ich hörte bereits ihre aufgebrachte Stimme, als ich die Treppe hinunterging. Sie redete offenbar mit sich selbst. Worum es bei ihren Aussagen genau ging, verstand ich nicht. Ich fand sie dann im Salon. Sie saß auf einem Ledersessel ganz hinten auf der rechten Seite des Raumes.

»Ist alles in Ordnung bei dir?«, fragte ich sie vorsichtig und setzte mich auf den Sessel neben ihr.

»Der kann so ein riesen Arschloch sein!«, sagte sie aufgebracht. »Was glaubt der denn, wer er ist?! Ich habe so langsam die Schnauze gestrichen voll. Das kannst du mir glauben.«

»Was ist denn passiert?«

»Ich würde ihm die Luft zum Atmen nehmen mit meinem ständigen Mikrocontrolling, hat er gesagt. Er fühlt sich von mir permanent gemaßregelt und eingeengt, hat er gesagt. Ich sei nicht mehr die Frau, in die er sich verliebt habe. Und er würde sich an meiner Seite immer mehr zu einem Menschen entwickeln, der er überhaupt nicht sein will. Von mir höre er immer nur ich, ich und nochmals ich. Es ginge immer nur darum, was ich möchte, was ich brauche, was ich will. Immer nur ich, ich, ich. Was ihm wichtig wäre, sei mir völlig egal. Von mir aus kann dieses Arschloch gleich wieder nach Hause fliegen. Darauf habe ich echt keinen Bock. So eine Scheiße muss ich mir nicht geben.«

Ich wusste nicht, was ich Hilfreiches dazu sagen könnte. Offensichtlich hatten sich zwischen den beiden wirklich eine ganze Menge Probleme angesammelt, wie Brian bereits vermutet hatte. Es war klar, dass das Umwandeln eines einzelnen Gefühlsziels in ein reales Ziel da nicht ausreichen würde.

»Das tut mir so leid für dich«, sagte ich mitfühlend und nahm sie in den Arm, woraufhin sie sofort zu weinen anfing. »Es muss sehr wehtun, wenn man jemanden so sehr liebt wie du deinen Mann und der solch böse Dinge zu einem sagt. Das würde mir ganz genauso gehen.«

Ava weinte bitterlich, was mir fast das Herz zerriss. Da liebten sich zwei Menschen so sehr, und taten sie sich gegenseitig trotzdem so sehr weh. Wie konnte das sein?

»Warum sagt er denn solche Sachen?«, fragte ich deshalb ahnungslos. »Er liebt dich doch über alles, hast du mir in der Villa gesagt, als wir über seine schlechten Komplimente gesprochen haben. Meinst du, er liebt dich vielleicht doch nicht?«

»Ich weiß, dass dieser Hornochse mich liebt«, antwortete sie. »Die Liebe ist nicht unser Problem. War sie noch nie. Wir kriegen es einfach nicht hin miteinander. Ich weiß nicht, was ich noch machen soll. Ich will nicht, dass wir uns scheiden lassen.«

»Es wird bestimmt einen anderen Weg geben. Es liegt bei euch beiden bestimmt auch wieder nur an irgendeinem Gefühlsziel, das eure Instinkte verarscht. Vielleicht sind es auch mehrere. Aber ich bin sicher, dass wir das gemeinsam in Ordnung bringen können.«

»Das hatte ich ja auch gehofft«, sagte sie und begann erneut zu weinen. »Das war ja der Grund für unseren Streit. Ich wollte, dass er mal mit dir redet über seine Probleme, die er mit mir hat. Ich habe mich ja geändert. Doch das ist bei ihm irgendwie noch gar nicht angekommen. Er hat sich dann geweigert, mit dir zu reden. Und da bin ich ausgerastet. Ich kann unsere Beziehung nicht alleine in Ordnung bringen. Er muss da auch seinen Betrag dazu beisteuern. Doch er steht auf dem Standpunkt, dass ich alleine für alle Probleme verantwortlich bin. Er gibt mir die Schuld an allem.«

»Kann es vielleicht sein, dass er sich dabei zu sehr von dir bedrängt gefühlt hat? Wir haben ja gestern über diesen Freiheitsinstinkt gesprochen. Der erzeugt ja rein aus Prinzip schon einmal solche Gefühle, auch wenn es da in der Praxis gar kein echtes Bedrängen deinerseits gibt.

Doch wenn Jason ein Gefühlsziel daraus gemacht hat, sich nicht bedrängt fühlen zu wollen, wird sein Großhirn diese falsche instinktive Beurteilung nicht korrigieren. Und dann fühlt er sich ständig wegen Nichtigkeiten bedrängt. Einfach aus Prinzip. Kann das vielleicht sein?«

»Keine Ahnung«, meinte sie kopfschüttelnd. »Aber um das herauszufinden, müsste er ja wenigstens mal bereit sein, mit dir darüber zu sprechen. Doch das lehnt er kategorisch ab.«

»Brian meinte, dass Jason mich sicherlich erst einmal besser kennenlernen müsste, bevor er bereit wäre, mit mir über seine Probleme zu sprechen. Er kennt mich ja noch gar nicht so richtig. Und Freunde sind wir ja auch noch nicht. Zwischen dir und mir ist innerhalb weniger Tage eine tolle Freundschaft entstanden, da ist es sicherlich normal, dass man miteinander über seine Probleme redet. Doch bei Jason und mir ist es natürlich noch ganz anders. Vielleicht solltest du ihm einfach mehr Zeit geben und sich alles in seinem Tempo entwickeln lassen. Ich kann verstehen, dass du so schnell wie möglich deine Beziehung in Ordnung bringen möchtest, aber wenn du etwas schneller als möglich hinkriegen willst, dann kann das nur zu Problemen führen. Schneller als möglich ist eben einfach nicht möglich.«

»Kann schon sein, dass ich ihn vielleicht zu sehr gedrängt habe«, gab sie zerknirscht zu. »Vermutlich hätte ich an seiner Stelle ganz ähnlich reagiert. Ich dachte, dass meine Freunde auch seine Freunde sind. Aber du hast recht. Er kennt dich ja eigentlich noch gar nicht. Und was soll ich jetzt machen?«, fragte sie ratlos.

»Das weiß ich leider auch nicht. Mit zwischenmenschlichen Beziehungen kenne ich mich nicht aus. Aber vielleicht wäre es ein Anfang, wenn du dich erst einmal dafür entschuldigst, dass du ihn bedrängt hast«, spekulierte ich.

»Ich soll mich entschuldigen, obwohl er diese ganzen verletzenden Dinge gesagt hat?!«, fragte sie aufgebracht. »Er sollte sich erst einmal bei mir entschuldigen!«

»Und was ist, wenn er derselben Meinung ist?«, fragte ich. »Dann wird keiner den ersten Schritt machen.«

»Das werden wir ja sehen!«, sagte sie mit einem feindseligen Blick. »Ich werde ihn so lange ignorieren, bis er sich bei mir entschuldigt. Ich mache sicher nicht den ersten Schritt nach alldem, was er da eben vom Stapel gelassen hat. Wenn er denkt, dass er mich wie ein Stück Scheiße behandeln kann, dann werden wir sehen, wer den längeren Atem hat. Was der kann, kann ich schon lange!«

»Ich kann dich verstehen. Du fühlst dich sehr verletzt von ihm, und das tut jetzt sehr weh. Und es kann auch durchaus sein, dass du diesen Kampf letztendlich gewinnen wirst. Doch dieser Krieg wird niemals aufhören, solange ihr nicht beide aufhört zu kämpfen. Er kann dann nur mit einer Trennung enden. Ich denke nicht, dass es das ist, was ihr beide wollt.«

»Ich habe diesen Krieg nicht begonnen«, erwiderte sie. »Und ich will ihn auch nicht. Aber ich will mich hier auch nicht zum kompletten Deppen machen lassen. Er hat mich gedemütigt und beleidigt. Das lasse ich nicht auf mir sitzen. Er ist derjenige, der jetzt wieder auf mich zukommen muss. Nicht ich auf ihn!«

»Du kennst deinen Mann natürlich besser als ich. Ich will dir da auch nicht reinreden. Ich habe vielleicht auch eine völlig falsche Sichtweise. Für mich wäre es nicht relevant, wer den Krieg begonnen hat. Für mich wäre es viel bedeutsamer, wer ihn beendet. Denn derjenige wäre für mich eindeutig der Stärkere und Klügere. Aber wie gesagt, ich will dir da nicht reinreden. Ich habe von Partnerbeziehungen einfach keine Ahnung. Ich weiß nicht, was da richtig ist.«

»Du meinst, ich wäre die Stärkere, wenn ich jetzt den ersten Schritt machen würde?«, hakte sie irritiert nach.

»Aus meiner Sicht auf jeden Fall«, bestätigte ich. »Doch wie gesagt, ich weiß nicht, was da wirklich richtig ist. Ich würde mich selbst jedenfalls als die Stärkere und Klügere ansehen, wenn ich in der Lage wäre, über meinen Schatten zu springen und den ersten Schritt zu machen, um den Krieg zu beenden. Das braucht einfach viel Mut und Selbstbewusstsein. Das schafft nicht jeder. Ich weiß nicht, ob dein Mann diese Stärke besitzt.«

»Ich weiß auch nicht, ob mein Mann stark genug dafür wäre«, sagte Ava nachdenklich.

»Ich kenne ihn leider noch zu wenig, um das beurteilen zu können.«

»Ich glaube, ich sollte noch einmal mit meinem Mann reden«, sagte sie dann plötzlich sehr viel zuversichtlicher und stand von ihrem Sessel auf. »Ich danke dir von Herzen für deine Unterstützung. Das hat sehr gutgetan«, sagte sie und umarmte mich kurz.

»Das freut mich sehr«, erwiderte ich, verwundert von ihrer plötzlichen Zuversicht.

Ich hatte keine Ahnung, warum es ihr plötzlich so viel besser ging. Wir gingen wieder gemeinsam nach oben zu den Apartments. Ava ging zu ihrem Mann und ich zu Brian. Der war gerade dabei, den Inhalt seines Koffers in einen Schrank einzuräumen. Warum er das tat, war mir nicht so ganz klar.

»Na, wie ist es mit Ava gelaufen?«, fragte er mich, als ich ihn bei unserem Wiedersehen kurz umarmte.

»Es geht ihr besser. Ich weiß zwar nicht, warum, aber es geht ihr auf jeden Fall besser. Sie ist jetzt wieder bei ihrem Mann im Apartment. Wir werden vermutlich gleich hören, ob die beiden sich vertragen oder wieder streiten. Und was machst du da mit deiner Kleidung?«, wollte ich wissen.

»Ich räume den Koffer aus«, antwortete er sichtlich verwundert von meiner Frage. »Hattet ihr bei euch denn keine Schränke?«

»Doch, doch, natürlich«, schwindelte ich, ohne zu wissen, warum es offensichtlich normal war, dass man Kleidung von einem Koffer in einen Schrank räumte. »Dann sortiere ich jetzt ebenfalls meine Sachen in diesen Schrank ein.«

»Ich würde vorschlagen, dass du die rechte Hälfte des Schranks nimmst und ich die linke, wenn es dir recht ist. Falls du jedoch lieber die andere Seite willst, können wir natürlich auch gerne tauschen. Mir ist es egal«, schlug Brian vor.

»Mir ist es auch egal. Ich nehme gerne die rechte Seite«, sagte ich und begann meine Sachen aus dem Koffer zu nehmen. Ich orientierte mich dabei an der Art und Weise, wie Brian seinen Schrank sortierte. Seine T-Shirts und Pullover hängte er auf Kleiderbügel. Seine Hosen und seine Unterwäsche legte er zusammengefaltet in verschiedene Fächer.

Plötzlich spürte ich die Anwesenheit eines Messenger-Angels, bekam aber keine Botschaft. Und Brian sah auch nicht so aus, als hätte er eine Eingebung erhalten. Offensichtlich war der Messenger-Angel aus einem anderen Grund hier. Ich entschied, einfach weiterzumachen, als ob nichts wäre.

Während ich den Inhalt meines Koffers weiter in den Schrank einräumte, fiel mir auf, dass in diesem Schrank weder Beleuchtung noch Überwachungskameras oder Bewegungsmelder angebracht waren. Auch konnte ich kein Mikrofon im Schrank finden. Es schien der einzige Ort im ganzen Resort zu sein, an dem ich mich eventuell entmaterialisieren könnte.

»Dieser Schrank ist so groß, dass man sich komplett reinsetzen könnte«, bemerkte ich.

»Ja, das wäre ein guter Platz zum Versteckenspielen«, erwiderte Brian lächelnd. »Als Kind habe ich mich oft im Schrank versteckt. Manchmal auch einfach so, weil ich meine Ruhe haben wollte.«

»Das ist interessant«, sagte ich nachdenklich. »Wenn ich also mal meine Ruhe haben will, könnte ich mich einfach in diesen Schrank setzen.«

Brian lachte, als hätte ich einen Witz gemacht. »Genau«, antwortete er dann grinsend. »Dann hast du endlich ein Zimmer ganz für dich allein.«

Ich erkannte, dass diese Antwort nicht ernst gemeint war, und schloss daraus, dass es für erwachsene Menschen ungewöhnlich war, sich in einem Schrank zu verstecken. Das war schade, denn damit wäre mein Problem mit der Entmaterialisierung gelöst gewesen. Es war jedoch der einzige Ort im gesamten Resort, an dem ich unbeobachtet sein würde. Ich musste nur einen Grund finden, warum es auch für Erwachsene in Ordnung war, sich im Schrank zu verstecken.

In diesem Moment spürte ich, wie der Messenger-Angel wieder aus unserem Zimmer verschwand. Ich hatte keine Ahnung, was das zu bedeuten hatte. Weder Brian noch ich hatten eine Eingebung erhalten.

Nachdem wir unseren Schrank eingeräumt hatten, gingen wir zum Frühstück. Das Serviceteam hatte im Speisesaal ein kleines Frühstücksbuffet aufgebaut. Der Saal bot Sitzgelegenheiten für 80 Personen. Wir gingen also zum Buffet, nahmen uns etwas zu essen und setzten uns zu zweit an einen Tisch. Kurz darauf kamen auch Nuno und Greg, der heute wohl keine Lust darauf hatte, als BeautyQueen gekleidet zu sein. Und Nuno hatte erstmals ebenfalls ganz normale Kleidung an. Das war ein völlig ungewohnter Anblick, ihn ohne sein rosa

Tutu zu sehen. Dylan war nicht dabei. Ich vermutete, dass er noch schlief, denn er war auch in der Villa immer schon der Letzte beim Frühstück gewesen.

»Und wie habt ihr so geschlafen in diesem Bunker?«, wollte Greg von uns wissen.

»Super!«, antwortete ich. »Ich war sofort weg.«

»Alter, ich habe die ganze Nacht kein Auge zugemacht«, sagte Greg. »Ich fühle mich mega unwohl hier unten und musste ständig daran denken, wie tief wir unter der Erde sind. Eure Chilligkeit ist echt beeindruckend.«

»Der Aufenthalt in solch einer unterirdischen Anlage kann hohe Anforderungen an die Psyche eines Menschen stellen«, meinte Nuno dazu. »Da gibt es viele Studien darüber. Falls wir länger hierbleiben müssen, wird das sicherlich für uns alle eine große Herausforderung.«

Ich wunderte mich sehr über Nunos Aussage. Gestern hatte er sich noch ganz anders angehört.

»Und welche Herausforderungen kommen da auf uns zu?«, wollte Brian wissen.

»Wir leben hier in einer abgeschotteten Umgebung ohne Zugang zur Außenwelt, was zu einem Gefühl der Isolation und Begrenzung führen kann. Doch das größte Problem wird vermutlich die Monotonie und Langeweile sein. Es gibt hier wenig Abwechslung. Ich schlage daher vor, dass wir uns etwas einfallen lassen, damit es nicht langweilig wird. In der Villa hatten wir die Missionen. So etwas in der Art könnten wir uns auch überlegen. Aber da habe ich auch noch keine konkreten Ideen. Ich denke, dass wir einfach einmal mit ganz gewöhnlichen Spielen anfangen sollten wie zum Beispiel *Versteckenspielen!* Das wäre schon einmal ein guter Anfang«, betonte er.

Ich wusste sofort, wieso Nuno dieses unterirdische Resort plötzlich als Belastung bezeichnete, obwohl er gestern extrem begeistert davon gewesen war. Er musste Besuch von unserem Messenger-Angel gehabt haben. Nuno wusste von diesem Versteckenspiel garantiert genauso wenig wie ich.

»Au ja«, sagte ich deshalb sofort begeistert. »Lasst uns nach dem Frühstück gleich Verstecken spielen!«

»Ist zwar eine echt schräge Idee«, meinte Brian grinsend. »Aber warum nicht? Ich bin dabei.«

»Wenn's hilft, Alter«, meinte Greg dazu. »Ich kann aber nicht versprechen, dass ich dabei nicht einschlafe. Ich bin so platt. Wenn ich mich jetzt irgendwo hinlege, bin ich sofort weg. Dann sorgt bitte dafür, dass die hier nicht gleich Alarm schlagen, wenn ihr mich nicht findet. Ich bin nämlich echt gut im Verstecken«, sagte er grinsend.

»Wir sollten die anderen auch fragen, ob sie mitspielen wollen«, meinte Brian.

»Dylan hat versprochen, dass er gleich aufsteht und zum Frühstück kommt«, sagte Nuno. »Von Ava und Jason habe ich jedoch heute noch nichts gehört.«

»Wir schon!«, betonte Brian grinsend. »Ich denke, die werden auch bald kommen.«

Tatsächlich kamen dann alle drei noch während wir aßen in den Speisesaal. Als sie sich etwas zu essen vom Buffet holten, schoben wir noch einige Tische zusammen, damit wir alle sieben zusammensitzen konnten. Zu meiner Freude sahen Ava und Jason viel entspannter aus. Sie gingen sogar richtig lieb miteinander um. Jason schob Ava den Stuhl zurecht und gab ihr einen Kuss, bevor er sich selbst hinsetzte. Sie legte ihm eine Serviette auf den Schoß und küsste ihn danach ebenfalls. Vor einer Stunde hätte ich damit ganz sicher nicht gerechnet. Irgendetwas sehr Gutes musste in der Zwischenzeit passiert sein. Ava sah richtig glücklich aus. Sie strahlte regelrecht. Das war sehr schön anzusehen. Nachdem Nuno noch einmal für die drei erklärt hatte, wie wichtig es sei, der Monotonie und Langeweile hier im Resort gleich zu Beginn keine Chance zu geben, waren auch die drei bereit, Verstecken zu spielen. Offenbar hatten sie das alle schon seit Jahrzehnten nicht mehr getan und fanden das sehr lustig.

»Wir sollten uns jedoch etwas mehr Zeit zum Verstecken geben als üblich«, meinte dann Ava. »Hier ist es nicht so einfach, gute Verstecke zu finden.«

»Ich werde euch als Erstes suchen«, sagte Nuno. »Ich gebe euch nach dem Frühstück fünf Minuten, um ein gutes Versteck zu finden. Und derjenige, den ich als Erstes finde, muss dann in der nächsten Runde suchen. Einverstanden?«

»Da dieses Resort doch recht groß ist, würde ich vorschlagen, dass jeder, der von dir gefunden wird, danach dabei helfen muss, die anderen zu suchen. Sonst dauert das Suchen ja ewig«, schlug Ava vor.

Nuno schaffte es, meinen Zeitrahmen mit Ella ein wenig zu erweitern, indem er vorschlug, dass jeder von uns nacheinander im Abstand von einer Minute den Speisesaal verlässt. Da wir ja alle später beim Suchen helfen würden, durfte keiner von uns sehen, in welche Richtung die anderen laufen würden. Nuno schlug vor, dass ich die Erste sein soll, die sich versteckt. Dadurch hätte ich auf jeden Fall schon einmal mindestens zehn Minuten Zeit, bis Nuno mit dem Suchen anfangen würde. Und dann mussten sie mich ja auch erst einmal finden. Ich konnte also damit rechnen, dass ich vermutlich eine knappe Viertelstunde mit Ella haben würde.

Ich rannte sofort los, zunächst zur Treppe, um mit festen Schritten vorzutäuschen, dass ich ins Untergeschoss laufe. Als ich unten ankam, zog ich meine Schuhe aus, schlich, so leise ich konnte, wieder nach oben und verschwand in Nunos Apartment. Gerade noch rechtzeitig, bevor der Nächste den Speisesaal verließ.

Ich wusste, wo sich Nunos Schlafzimmer befand, und hatte Glück, dass es dort einen ähnlich großen Kleiderschrank wie in unserem Schlafzimmer gab. Ich setzte mich schnell in den Schrank, vergewisserte mich noch einmal sicherheitshalber, dass es auch in diesem Schrank keine Überwachungselektronik gab, und schloss von innen die Tür. Daraufhin entmaterialisierte ich mich sofort und traf Ella in meiner Engelsgestalt in unserem Klassenzimmer.

»Gut, dass es funktioniert hat«, empfing sie mich. »Wir haben einiges zu besprechen.«

»Was genau ist passiert?«, wollte ich wissen.

»So genau wissen wir das noch nicht. Sowohl die NSA als auch die CIA, das FBI und die Homeland Security haben aussagekräftige Hinweise erhalten, dass die Wagner-Gruppe euch entführen wollte. Doch eine konkrete Bedrohung konnten wir nicht finden. Diese Hinweise gibt es nur in der digitalen Welt. Wir können uns noch keinen Reim darauf machen, was das Ganze soll und woher diese Hinweise tatsächlich kommen, aber diese Wagner-Gruppe wollte euch ganz sicher nicht entführen. Wir konnten herausfinden, dass tatsächlich mehrere ausländische Geheimdienste darüber nachgedacht haben, aber es gab nirgendwo konkrete Pläne.«

»Diese digitalen Hinweise sind also gefälscht?«, fragte ich verwundert.

»Ja, so sieht es aus. Doch wir konnten noch nicht herausfinden, wer der Urheber dieser Fälschung ist. Jedenfalls seid ihr im Moment nicht in Gefahr. So viel können wir schon einmal sagen. Deshalb haben wir die Guardian-Angels wieder abgezogen. Wir behalten euch jedoch auf jeden Fall im Auge.«

»Dass ich jetzt zu dir kommen konnte, ist vermutlich eine einmalige Sache«, sagte ich. »Wir sollten schnellstmöglich eine bessere Lösung finden. Nuno wird sich ja ebenfalls regelmäßig entmaterialisieren müssen, damit er seine wahre Identität nicht vergisst.«

»Wir bereiten bereits eine Lösung vor. Die Computersysteme der NSA sind zwar sehr gut abgesichert, doch wir denken, dass wir sie trotzdem manipulieren können. Unser Plan sieht vor, die Überwachungselektronik in den Badezimmern zu hacken. Die Kameras werden euch dann während eurer Abwesenheit scheinbar beim Duschen oder auf der Toilette zeigen. Wir speisen die entsprechenden Bilder über die Manipulation des Quantengitters ein. Für die Menschen ist das Quantengitter bislang nur ein Konzept aus der theoretischen Physik. Daher können wir davon ausgehen, dass die NSA auf solch einen Hack nicht vorbereitet ist und unsere Manipulation unentdeckt bleibt. Da es sich ohnehin um ein geschlossenes Überwachungssystem im Stützpunkt handelt, das nicht ans Internet angeschlossen ist, werden die Sicherheitskräfte gar nicht erst auf die Idee kommen, dass man solch ein System überhaupt von außen hacken kann. Wir werden in ihren Computersystemen neben den Videoaufnahmen auch die exakt dazu passenden Bewegungsmuster und Geräusche simulieren. Um zu erkennen, dass ihr nicht im Badezimmer seid, müssten die Sicherheitskräfte schon persönlich dort einbrechen. Und da werden wir natürlich Messenger-Angels postieren, die uns rechtzeitig Bescheid geben, falls ihr euch aufgrund eines Notfalls sofort wieder materialisieren müsst. Wir lassen euch fortan permanent von Messenger-Angels beobachten, sodass wir immer wissen, wenn ihr hierherkommen wollt. Wir denken, dass es so am besten ist, weil es vermutlich nicht praktikabel ist, einen festen Zeitraum auszumachen.«

»Ja, wenn wir das flexibel handhaben können, ist das sicherlich besser.«

»Wir denken, dass wir spätestens morgen so weit sein werden. Vermutlich auch heute Abend schon. Wir müssen uns noch ein wenig mit der Technik der Menschen vertraut machen. Bisher haben wir nur selten irgendwelche Daten manipuliert. Aber die elektronischen Systeme der Menschen sind sehr simpel. Daher denken wir, dass wir euch spätestens morgen eine sichere Möglichkeit anbieten können.«

»Das ist gut zu wissen. Ein weiterer Punkt, der mich beschäftigt, ist meine zukünftige Mission. Ich sollte ja den Menschen helfen, ihre Innenwelt besser zu verstehen. Doch aus dem Bunker heraus werde ich das kaum bewerkstelligen können. Und wie es aussieht, werden sie mich so schnell nicht mehr rauslassen. Es sei denn, ihr sorgt dafür.«

»Das ist leider nicht so einfach zu bewerkstelligen, denn die Bedrohung, die man euch aufgezeigt hat, ist real, auch wenn da jetzt im Moment etwas nicht gestimmt hat. Es besteht dennoch grundsätzlich die Gefahr, dass ausländische Geheimdienste dich entführen oder auch töten wollen. Natürlich könnten die Guardian-Angels das verhindern. Doch das würde mit der Zeit auffallen, denn so viel Glück kann kein Mensch auf Dauer haben. Außerdem würde die NSA dieses Risiko nicht eingehen. Generell wollen sie dich ja auch für ihre eigenen Zwecke einsetzen. Wir haben bis jetzt noch keine Möglichkeit gefunden, wie du dennoch deiner Mission gerecht werden kannst. Doch wir arbeiten daran. Ich schlage vor, dass wir uns morgen in aller Ruhe darüber unterhalten, wenn wir unseren Hack in das Sicherheitssystem der Residenz implementiert haben.«

»Ja, das können wir gerne so machen«, stimmte ich zu. »Doch eine Frage hätte ich noch, bevor ich mich wieder materialisiere. Es geht um eine Frage an dich als Love-Angel. Avas Mann ist zu uns in die Residenz gekommen. Die beiden haben gravierende Beziehungsprobleme, obwohl Ava ja eigentlich gar kein Minenfeld mehr für ihren Mann sein sollte. Brian meinte, dass sich da in den letzten Jahren einiges angesammelt hat bei den beiden. Daher wollte ich dich fragen, ob du weißt, wie man diese Altlasten wieder in Ordnung bringen kann.«

»Das könnte mit dem *5:1-Beziehungskonto* zu tun haben«, spekulierte Ella. »Das ist häufig der Grund, warum Paare nach einigen Jahren immer größere Probleme bekommen.«

»Was ist das für ein Konto?«

»Man kann es vom Prinzip her mit einem Bankkonto vergleichen, auf dem es Soll und Haben gibt. Dabei stellt das soziale Gehirn die Summe an positiven sozialen Interaktionen der Summe an negativen Interaktionen gegenüber. Ist dieses Verhältnis zu Gunsten des Positiven 5:1 oder besser, wird die Bindung vom sozialen

Gehirn als in Ordnung angesehen. Falls nicht, erzeugt das soziale Gehirn ein Problemgefühl, damit das Großhirn sich Maßnahmen überlegt, wie es die Beziehung wieder in Ordnung bringen kann.«

»Und was gehört alles zu den positiven und negativen sozialen Interaktionen, die vom sozialen Gehirn gegenübergestellt werden?«

»Zu den positiven Interaktionen gehört prinzipiell alles, was den Eindruck vermittelt, vom Partner geliebt, respektiert, gewertschätzt und akzeptiert zu werden, wie man ist – wobei es egal ist, ob diese positiven Rückmeldungen des Partners verbal oder nonverbal geäußert werden. Eine liebevolle Berührung sagt zum Beispiel für viele Menschen mehr als tausend Worte. Negative Interaktionen wären beispielsweise Kritik, Ablehnung, Verurteilung, Abwertung, Respektlosigkeit, Rücksichtslosigkeit oder Demütigung. Alle diese Erfahrungen werden vom sozialen Gehirn gesammelt und gewissermaßen in eine Waagschale geworfen.«

»Und warum bekommen so viele Paare nach einigen Jahren Probleme mit diesem Konto?«, wollte ich wissen.

»Das dürfte an den vier großen Irrtümern liegen«, meinte Ella. »Zum einen streiten Paare sehr häufig ums instinktive Prinzip, zum anderen gibt es bei vielen auch ständig Rangordnungskämpfe. Die meisten Probleme werden dabei vermutlich auch wieder die Gefühlsziele machen. Wenn der Partner die nicht erfüllt, reagieren viele Menschen sehr ungehalten. Das alles kommt dann auf das Minus-Konto. Und auch die große Täuschung sorgt natürlich für Probleme. Insbesondere weil sich viele Menschen deshalb in Bezug auf die Liebe sehr verunsichert fühlen.«

»Und warum fühlen sich die Menschen so verunsichert durch die große Täuschung?«, hakte ich nach.

»Damit ein Kind für seine Eltern formbar bleibt, sorgen die meisten Eltern dafür, dass sich das Kind ihrer Liebe nie zu sicher fühlt.«

»Die Kinder fühlen sich unsicher, weil die Eltern das so wollen?!«, hakte ich verwundert nach.

»Ja, im Grunde genommen schon. Aber das ist den Eltern nicht bewusst. Bewusst würden sie wollen, dass ihr Kind sich ihrer Liebe sicher ist. Doch wie gesagt haben die Erziehungsmaßnahmen der Eltern bei vielen Kindern keinen ausreichend großen Effekt mehr. Daher sorgen die Eltern, ohne das bewusst zu realisieren, systematisch dafür, dass ihr Kind sich immer ein wenig unsicher fühlt. Genau diese Maßnahme lernen die Kinder auch unbewusst von ihren Eltern und machen es später als Erwachsene genauso. Viele Menschen wollen unbewusst deshalb gar nicht, dass sich ihr Partner ihrer Liebe zu sicher ist.«

»Sie machen also das Gleiche mit ihrem Partner wie die Eltern mit ihren Kindern. Und das, ohne sich dessen überhaupt bewusst zu sein.«

»Richtig«, bestätigte Ella. »Diejenigen Menschen, die von ihren Eltern sehr stark mit solch einer Verunsicherung erzogen wurden, wenden diese Erziehungsmaßnahme auch oftmals gegenüber ihrem Partner in einem verstärkten Maße an. Sie wollen damit eigentlich erreichen, dass der Partner sich ändert und es dann in der Beziehung besser läuft. Doch das kann natürlich nicht funktionieren. Das 5:1-Beziehungskonto kippt immer nur noch mehr ins Negative, wenn Paare glauben, dass man mit dieser Maßnahme die Beziehung verbessern kann.«

In diesem Moment manifestierte sich ein Messenger-Angel im Klassenzimmer und gab mir zu verstehen, dass ich mich umgehend wieder in der Residenz materialisieren sollte. Ich schaffte es gerade noch rechtzeitig, bevor Greg mit einem lauten »Hah!« die Tür zum Kleiderschrank aufriss.

Kapitel 3

Positive Interaktion

Das Versteckenspielen war dann doch nicht so der Brüller, wie Greg es ausdrückte, daher ließen wir es bei dieser einen Runde bewenden. Generell waren sich ohnehin alle einig, dass es unsinnig sei, jetzt schon irgendetwas gegen Langeweile unternehmen zu wollen, obwohl kein Einziger von uns dieses Problem tatsächlich hatte.

Nuno und Brian wollten sich irgendwelche spaßigen, aber sinnvollen Missionen ausdenken. Vor allem auch im Hinblick darauf, dass die NSA vielleicht doch irgendwann eine Lösung für meine Sicherheit finden würde, die es uns erlaubte, Ella-Camps zu veranstalten. Und da bräuchten wir ja gute Missionen, bei denen die Teilnehmer ganz kompakt genau diejenigen Erfahrungen machen können, die sie für die Korrektur der vier großen Irrtümer benötigen. Die beiden wollten gerne in den Salon, um das zu besprechen.

Eigentlich wäre ich gerne dabei gewesen, doch Ava fragte mich, ob ich noch einmal Zeit zum Quatschen hätte. Ich spürte, dass es ihr wichtig war, daher sagte ich zu. Wir zogen uns in Avas Apartment zurück, wo wir unter uns waren, denn Jason wollte mit Greg an den Pool zum Chillen.

Ava und ich setzten uns in ihr Wohnzimmer. Sie goss mir ein Glas Wasser ein und sagte: »Ich möchte dir noch einmal ganz herzlich für unser Gespräch heute Morgen danken. Ich habe mit Jason den ersten Schritt gemacht und bin sehr froh darüber, dass ich es getan habe. Denn dabei kam heraus, warum er all diese verletzenden Dinge gesagt hat. Das klingt zwar jetzt paradox, aber er sagte diese verletzenden Dinge tatsächlich nur, weil er eine zu starke Motivation hatte, mich nicht zu verletzen.«

»Das musst du mir genauer erklären«, bat ich irritiert.

»Mein Mann weiß, dass ich sehr verletzlich bin. Er weiß, wie viel mir das ausmacht, wenn er ein Problem mit mir hat. Ich gehe da fast kaputt! Für mich ist das wirklich immer sehr, sehr schlimm, wenn er mich negativ sieht. Ich kann dir gar nicht sagen, wie schlimm das für mich jedes Mal ist.«

»Extrem schlimm!«, bestätigte ich, dass ich sie verstanden hatte.

»Ja, wirklich sehr, sehr schlimm. Und Jason weiß das auch. Deshalb hat er dann versucht, überhaupt nichts Negatives mehr über mich zu sagen. Er hat sich sogar selbst verboten, negativ über mich zu denken!«, betonte sie.

»Er hat sich verboten, negativ über dich zu denken?!«, hakte ich irritiert nach. »Man kann sich doch das Denken nicht verbieten. Das funktioniert doch gar nicht. Wenn man das tut, dann verdrängt man höchstens alle negativen Gedanken. Aber abstellen kann man sie auf diese Weise garantiert nicht.«

»Genau das ist der Punkt. Er hat alles Negative verdrängt und in sich reingefressen. Und wenn es zu viel wurde, ging er hoch wie ein Dampfkessel und sagte Dinge, die er gar nicht wirklich so meint. Und das kenne ich von mir selbst ja auch. Klar, es ist keine Entschuldigung für die verletzenden Dinge, die er gesagt hat, aber ich kann es jetzt wenigstens besser verstehen. Ich habe ja auch verletzende Dinge zu ihm gesagt. Und zwar aus dem gleichen Grund. Wir wollen uns beide gegenseitig so sehr nicht verletzen, dass wir es schließlich genau deswegen getan haben.«

»Das kann ich nachvollziehen«, sagte ich. »Ihr sagt diese verletzenden Dinge nur, weil eure Instinkte irgendwann den Kampfmodus aktivieren. Und zwar deshalb, weil ihr die falschen negativen Gefühle ja nicht mehr korrigiert, wenn ihr sie verdrängt. Sie werden dann so negativ, wie sie sind, im 5:1-Beziehungskonto abgespeichert.«

»Im 5:1-Beziehungskonto?!«, hakte Ava ahnungslos nach.

»Dabei geht es um ein Schwellenmuster im sozialen Gehirn«, erklärte ich.

»Was für ein Schwellenmuster?«, fragte sie sichtlich überfordert von meinen Ausführungen.

»Im sozialen Gehirn gibt es eine Sollvorstellung, die

das Verhältnis zwischen positiven und negativen Interaktionen zwischen zwei Menschen betrifft. Bei einer Partnerschaft muss dieses Verhältnis mindestens 5:1 zu Gunsten des Positiven ausfallen, damit diese Sollvorstellung erfüllt ist. Gerät es unter diese Schwelle, wird die Beziehung vom sozialen Gehirn automatisch als nicht in Ordnung angesehen.«

»Heißt das, wenn ich meinen Mann einmal kritisieren will, dann muss ich ihn auch fünfmal für etwas loben?«, fragte Ava kopfschüttelnd, weil sie das offensichtlich nicht akzeptieren würde.

»Prinzipiell schon«, antwortete ich. »Beim 5:1-Beziehungskonto geht es jedoch nicht nur um Kritik und Lob, sondern um jegliche Form von positiver oder negativer Rückmeldung, die Aufschluss darüber gibt, ob ihr einander so akzeptieren, respektieren, wertschätzen und lieben könnt, wie ihr seid. Wenn dein Mann beispielsweise negativ über dich denkt, aber gar nichts sagt, du ihm seine negative Sichtweise aber trotzdem ansiehst, dann wird das von deinem sozialen Gehirn als Hinweis auf Nichtakzeptanz registriert und abgespeichert. Umgekehrt passiert in seinem sozialen Gehirn natürlich das Gleiche, wenn du negativ über ihn denkst, etwas Negatives über ihn sagst oder ihn irgendwie spüren lässt, dass du sauer auf ihn bist oder dass du ihn als Arschloch ansiehst, wie du das heute Morgen ausgedrückt hast.«

»Ja, das hätte ich nicht sagen dürfen«, stimmte sie zu. »Das tut mir auch sehr leid, aber manchmal, da reicht es mir einfach. Da kann ich einfach nicht anders.«

»Das kann ich verstehen«, sagte ich. »Wenn das Verhältnis zwischen positivem und negativem Feedback, das man von seinem Partner bekommt, die 5:1-Schwelle unterschreitet, rebelliert das soziale Gehirn sicherlich sehr schnell schon bei Kleinigkeiten. Und dann kann man sich im Kampfmodus nicht mehr zurückhalten. Es gehört zu den instinktiven Prinzipien des Kampfmodus, dass man seinen Gegner verletzen will. Also sagt man auch automatisch verletzende Dinge, auch wenn man sie in Wirklichkeit gar nicht so meint. Das gehört zum Kampfmodus und ist menschlich.«

»Ja, dieser Kampfmodus ist echt ganz große Kacke bei uns!«, meinte sie betroffen.

»Daher ist es wichtig, dass sich die negativen Gefühle nicht unreguliert ansammeln. Sonst lässt sich der Kampfmodus in der Praxis einfach nicht vermeiden, weil jeder kleine Tropfen das Fass erneut zum Überlaufen bringt.«

»Ganz genau!«, stimmte sie mir energisch zu. »Deshalb will ich auch immer alles sofort klären. Doch Jason sieht das völlig anders. Am liebsten würde er immer einfach alles nur unter den Teppich kehren und so tun, als ob nichts wäre. Aber das kann ich nicht. Ich bin sehr froh, dass du mir zustimmst, dass ich da im Recht bin.«

»Sorry, da haben wir uns missverstanden. Etwas miteinander zu klären, ist nur eine von vielen Möglichkeiten, wie man seine negativen Gefühle regulieren kann. Manchmal ist das in einer Beziehung sicherlich auch nötig. Doch oftmals ist diese Maßnahme auch schädlich.

Wir haben ja in der Villa schon einmal darüber gesprochen, dass unsere negativen Gefühle in 99 Prozent aller Fälle auf falschen negativen Annahmen und Beurteilungen beruhen. Diese negativen Gefühle sind daher in Wirklichkeit den tatsächlichen Umständen gar nicht angemessen. Konfrontieren wir trotzdem jedes Mal unseren Partner damit, um zu klären, wer jetzt schuld an den negativen Gefühlen ist, dann ist diese Vorgehensweise also in 99 Prozent aller Fälle eher schädlich.«

»Ich bin froh, dass Jason gerade nicht hier ist und das hört«, sagte Ava. »Da hätte ich gleich mal ein dickes, fettes *Siehst du!* von ihm gehört. Er bezeichnet meine Art, etwas zu klären, nämlich immer als eine einzige Anklage gegen ihn. Er fühlt sich von mir immer nur einseitig kritisiert und ungerecht behandelt, wenn ich etwas mit ihm klären will.«

»Das würde ich tatsächlich auch so empfinden, wenn ich in 99 Prozent aller Fälle zu Unrecht angeklagt würde«, sagte ich, was bei Eva eine ungewöhnlich starke emotionale Reaktion auslöste.

»Dann soll ich also wieder an unseren Problemen schuld sein?!«, fragte sie in einem vorwurfsvollen Tonfall. »Das kann ich so nicht stehen lassen. Er behandelt mich auch ganz oft ungerecht.«

»Ja, das glaube ich sofort«, stimmte ich ihr zu. »Er hat sicherlich ebenfalls alle möglichen Gefühlsziele, die zu negativen Annahmen und Beurteilungen über dich führen. Und dann handelt natürlich auch er ungerecht. Daher ist es auch so wichtig, auf das 5:1-Beziehungskonto zu achten. Sonst kippt es durch die vielen Ungerechtigkeiten, die unsere Gefühlsziele erzeugen, ganz schnell ins Negative. Achtet ihr denn ausreichend darauf, dass euer 5:1-Konto ausgeglichen ist?«

»Ganz sicher nicht!«, antwortete sie geschockt. »Eher 10:1«, meinte sie dann. »Aber nicht zu Gunsten des Positiven! Wir können kaum noch miteinander sprechen, ohne dass es gleich wieder eskaliert.«

»Und was genau lässt es jedes Mal eskalieren?«, wollte ich wissen.

»Ich denke, es sind diese Ungerechtigkeiten, von denen du gesprochen hast. Mal kriegt er was in den falschen Hals, und mal bin ich es. Ich glaube, mittlerweile geben wir uns da beide nichts mehr. Ich weiß nicht, wie wir da jemals wieder rauskommen sollen. Die Situation ist echt mächtig verfahren.«

»Eigentlich sollte das nicht so schwierig sein«, sagte ich. »Die vielen Ungerechtigkeiten kommen doch nur durch die falschen negativen Annahmen und Beurteilungen zustande. Und die stammen fast immer aus irgendwelchen Gefühlszielen. So wie bei dir, als du dich von ihm geliebt fühlen wolltest, anstatt von ihm tatsächlich geliebt zu *sein*. Dieses Gefühlsziel hat zu unzähligen negativen Annahmen und Beurteilungen deinerseits und damit auch zu ungerechten Interaktionen geführt. Doch bei solchen Gefühlszielen kann man ja sehr gut die realen Ziele dahinter erkennen. Und dann hören die ganzen Ungerechtigkeiten ja ganz von selbst auf. In Wahrheit liebt, respektiert, wertschätzt und akzeptiert ihr euch ja total. In Wirklichkeit gibt es also gar keine Probleme. Eure Gefühlsziele lassen es nur so aussehen, als gäbe es Probleme. Aber wie gesagt, das ist einfach nicht wahr.«

»Und was sollen wir jetzt machen?«, hakte sie ratlos nach.

»Lasst euch von euren negativen Gefühlen nicht ständig verarschen. Glaubt nicht alles, was ihr fühlt. Denkt daran, dass 99 Prozent der negativen Gefühle schlicht und ergreifend auf falschen Annahmen und Beurteilungen beruhen. Die meisten dieser Annahmen und Beurteilungen bauen auf irgendwelchen Gefühlszielen auf. Und die kann man jederzeit korrigieren. Das scheint zwar nicht ganz so einfach zu sein, wie ich mir das zu Anfang vorgestellt hatte, aber unlösbar ist diese Aufgabe ja auch nicht. Wir werden das gemeinsam schaffen.

Doch für den Anfang wäre es für euer 5:1-Beziehungskonto sicherlich erst einmal gut, wenn ihr euch jetzt gegenseitig so viel wie möglich positives Feedback gebt. Bringt zum Ausdruck, dass ihr euch in Wirklichkeit gegenseitig liebt, wertschätzt, respektiert und akzeptiert, wie ihr seid. Das muss nicht unbedingt verbal sein. Eine liebevolle Berührung kann angeblich mehr Aussagekraft haben als tausend Worte, habe ich gehört. Oder diese netten kleinen Gesten, wie ihr das vorhin beim Frühstück gemacht habt. Er rückte dir deinen Stuhl zurecht, und du legtest ihm seine Serviette auf den Schoß. Das war wirklich süß mitanzusehen.«

»Ja, in solchen Dingen sind wir gut«, meinte Ava emotional. »Ich danke dir von ganzem Herzen für alles, was du hier für mich und uns tust. Ich kann dir gar nicht sagen, wie dankbar ich dir dafür tatsächlich bin. Und ich hoffe, ich kann irgendwann auch einmal etwas für dich tun.«

»Das tust du bereits«, erwiderte ich. »Du weißt, wie sehr es mir weiterhilft, wenn du mich an deinem Leben teilhaben lässt. Das bedeutet mir unendlich viel!«

»Du bist echt zu lieb für diese Welt«, sagte sie emotional und stand auf, um mich zu umarmen. »Danke, danke, danke!«, flüsterte sie mir dabei ins Ohr.

»Ich hab dich wirklich ganz schrecklich lieb, beste Freundin«, flüsterte ich zurück.

Ava wischte sich noch eine Träne aus den Augen und sagte: »So, dann gehen wir jetzt mal unsere Männer suchen. Jetzt hagelt es Lob und positive Kritik, dass es nur so kracht!«

Wir freuten uns noch einmal über die gemeinsam erreichte neue Zuversicht und verließen zusammen Avas Apartment und gingen die Treppe runter ins Untergeschoss. Ava ging zu Jason an den Pool, und ich gesellte mich zu Brian und Nuno in den Salon. Sie hatten es sich auf zwei noblen Lesersesseln bequem gemacht und tranken Whiskey – Brians Lieblingsdrink. Ich wunderte mich darüber, dass Nuno das trinken konnte, bis ich sein Gesicht dabei sah. Er fand den Alkohol offenbar genauso scheußlich wie ich. Der einzige Unterschied war, dass er ihn runterschlucken konnte.

»Hallo, Lieblingsmensch«, begrüßte mich Brian liebevoll, als ich mich auf die Lehne seines Sessels setzte.

»Und habt ihr schon Ideen für spannende Missionen?«, fragte ich neugierig.

»Noch nicht so ganz«, antwortete Brian grinsend. »Ehrlich gesagt sind wir noch gar nicht so richtig dazu gekommen. Richard hat mir von früher erzählt, als ihr noch Kinder wart. Du hast mir gar nicht erzählt, dass ihr bei den Amish aufgewachsen seid. Ich finde das ganz großartig.«

Ich hatte keine Ahnung, was Nuno ihm da erzählt haben könnte, vermutete aber, dass es mit der Festigung unserer Tarnidentität zu tun haben könnte, daher sagte ich sicherheitshalber erst einmal nichts dazu.

»Ich habe ihm die Geschichte erzählt, wie du damals den anderen Kindern weismachen wolltest, dass man kleine Gewichte an die Hufe der Pferde kleben muss, wenn ein Pferd lahmt. Du sagtest, man müsse das Pferd nur neu auswuchten, dann würde es wieder rundlaufen.«

Brian und Nuno lachten sich kaputt über diese Geschichte, die es natürlich nie gegeben hatte.

»Oder die Geschichte mit dem Zwiebelkuchen«, meinte dann Brian und lachte gleich noch einmal laut los.

»Ja, das war superlustig«, stimmte Nuno lachend zu. »Oder die Pfütze!«, sagte er, und beide lachten noch begeisterter und schlugen sich dabei mit der flachen Hand auf die Knie.

»Was war das mit der Pfütze?«, fragte ich neugierig.

»Jetzt tut sie wieder so, als könnte sie kein Wässerchen trüben«, meinte Nuno.

»Kein Wässerchen trüben!«, wiederholte Brian und brüllte los vor Lachen. »Der war gut!« Daraufhin gaben er und Nuno sich High five. »Das Gesicht von deinem Vater hätte ich zu gerne gesehen«, sagte er dann lachend zu mir.

»Der ist fast vom Glauben abgefallen«, meinte Nuno lachend. »Ich habe niemals zuvor und auch nie wieder danach einen so fassungslosen Blick bei ihm gesehen. Dass seine kleine, liebe Tochter mit gerade einmal zehn Jahren ihm so einen Streich spielt. Damit hätte er niemals gerechnet.«

»Ich kann mich leider an diesen Streich nicht erinnern«, sagte ich, neugierig auf diese Geschichte, die Nuno sich wohl ausgedacht haben musste.

»Sie kann sich nicht erinnern!«, sagte Brian ungläubig zu Nuno und lachte, als hätte ich einen gelungenen Scherz gemacht.

»Ach die Geschichte meint ihr«, sagte ich dann, da ich mich offensichtlich hätte daran erinnern müssen, so wie die beiden sich verhielten.

»Ganz genau *die* Geschichte!«, bestätigte Nuno lachend. »Die, als du spät am Abend mit den anderen Kindern das Loch an der tiefsten Stelle auf dem Weg zu eurer Scheune gegraben hast, bevor es die ganze Nacht in Strömen geregnet hat. Die, als ihr dann den Gartentisch in der Pfütze versenkt habt, gerade so, dass man ihn im trüben Wasser nicht sehen konnte. Die, als du am Morgen mit deinem Papi an der Hand den Weg zur Scheune gegangen bist und du selbst mit deinen Gummistiefelchen über den Tisch durch die Pfütze gelaufen bist und dein Vater neben dir plötzlich bis zum Arsch im Wasser stand. Die, als dann alle Kinder lachend hinter eurer Scheune hervorgesprungen sind, als dein Vater die Welt nicht mehr verstand. Genau die Geschichte meine ich«, sagte Nuno und lachte sich noch einmal zusammen mit Brian kaputt.

»Ach die Geschichte«, sagte ich zu den beiden und lachte mit. »Ja, das war recht amüsant.«

In diesem Moment kam Gabriella zu uns in den Salon. »Dürfte ich Sie kurz sprechen?«, fragte sie mich freundlich.

»Sehr gerne«, antwortete ich. »Setzen Sie sich doch einfach hier zu uns. Sie sind uns jederzeit willkommen.«

»Vielen Dank«, antwortete sie. »Wir möchten Ihnen gerne einen Vorschlag unterbreiten, der sowohl für Sie als auch für die NSA von großem Nutzen sein könnte.«

»Das hört sich interessant an«, erwiderte ich neugierig. »Worum geht es?«

»Die NSA entwickelt seit geraumer Zeit eine revolutionäre Lebenshilfe-KI«, antwortete Gabriella.

»Die NSA entwickelt eine Lebenshilfe-KI?«, fragte Brian verwundert. »Was hat denn die NSA von solch einer Technologie?«

»Na ja, ich will ganz offen mit Ihnen sein«, antwortete Gabriella. »Diese KI wird in der Lage sein, große Mengen an sehr persönlichen Daten zu sammeln und zu analysieren. Diese Daten könnten Informationen enthalten, die für die Arbeit der NSA von großem Interesse sind – beispielsweise für die Überwachung von Bedrohungen oder für die Identifizierung von Personen mit hohem Risiko. Eine solche KI könnte weiterhin dazu beitragen, die psychische Gesundheit und das Wohlbefinden von Menschen zu verbessern, was wiederum zu einem besseren sozialen Klima und einer stabileren Gesellschaft führen könnte. Dies wäre im Interesse der nationalen Sicherheit und Stabilität.«

»Ich kann mir nicht vorstellen, dass viele Menschen diese höchst privaten Dinge der NSA anvertrauen wollen«, wendete Brian skeptisch ein.

»Ja, das ist sicherlich richtig«, sagte Gabriella. »Die NSA wird dabei nicht offiziell in Erscheinung treten. Es läuft alles unter dem Namen eines bekannten Social-Media-Unternehmens, mit dem wir schon seit vielen Jahren kooperieren. Die NSA will natürlich nicht das Privatleben der Menschen ausspionieren. Daran haben wir überhaupt kein Interesse. Wir halten uns auch bei diesem Projekt strikt an alle gesetzlichen Vorgaben. Die KI wird innerhalb des gleichen gesetzlich geregelten und kontrollierten Rahmens agieren, in dem auch alle Aktivitäten in den sozialen Medien auf mögliche Bedrohung unseres Landes hin analysiert werden. Wir erhalten daher keine persönlichen Daten der Nutzer, sondern werden nur von der KI auf mögliche Bedrohungen aufmerksam gemacht. Dafür werden die gleichen Algorithmen verwendet wie bei allen anderen Social-Media-Anwendungen im Internet auch.«

»Diese KI soll der NSA also dabei helfen, eventuelle terroristische oder militärische Bedrohungen leichter zu identifizieren, aber die persönlichen Daten ihrer Nutzer bleiben vertraulich. Die kriegt niemand bei der NSA zu sehen. Ist das so richtig?«, wollte ich wissen.

»Ja, absolut«, bestätigte Gabriella. »An den persönlichen Daten haben wir wie gesagt kein Interesse. Das ist auch alles streng gesetzlich geregelt und kontrolliert. Ohne einen richterlichen Beschluss darf die NSA die privaten Daten eines Nutzers nicht einsehen. Und für diesen richterlichen Beschluss müssen eindeutige Hinweise auf eine ernsthafte Bedrohung unseres Landes vorliegen. Ich will ehrlich zu Ihnen sein. Diese KI wird es sowieso geben – auch ohne Ihre Unterstützung. Doch unsere Experten sind der Meinung, dass Sie die Qualität der Lebenshilfe-KI in einem bemerkenswert hohen Ausmaß verbessern könnten. Die KI wurde mit dem psychologischen Wissen der gesamten Menschheit trainiert. Doch Sie verfügen ganz offensichtlich über völlig neue und überaus wertvolle Erkenntnisse, welche der Menschheit bisher verborgen geblieben sind. Wenn die KI über dieses Wissen verfügen würde, könnte der Nutzen dieser Technologie für hunderte Millionen von Anwendern weit höher sein als alles, was unsere Experten bislang für möglich gehalten haben.«

»Das hört sich eigentlich gar nicht schlecht an«, meinte Brian begeistert. »Auf diese Weise könntest du dein Wissen in einem noch viel größeren Umfang in die Welt hinaustragen, als wir bislang dachten. Sogar von hier drin aus! Verstehe ich das richtig, dass die Menschen einfach mit ihrem Smartphone oder mit ihrem Computer auf diese KI zugreifen können?«

»Ja«, bestätigte Gabriella, »genau so ist es angedacht. Der Nutzer hätte quasi seine eigene virtuelle Mary immer dabei. Und diese virtuelle Mary könnte dann genau das tun, was Sie auch bei *Shameless in Paradise* für Ihre Leute getan haben. Sie könnten den Menschen helfen, sich selbst besser zu verstehen und ihre Instinkte besser zu regulieren. Und das weit effektiver als nur über eine Fernsehsendung oder über ein Buch.«

»An dieser KI würde ich sehr gerne mitarbeiten«, sagte ich begeistert. »Ich werde mein Möglichstes tun, um diese Technologie so schnell wie möglich an den Start zu bringen. Wenn viele Menschen Zugriff darauf erhalten, sollten wir damit auf jeden Fall einen großen Schritt vorankommen.«

»Wenn Sie möchten, kann ich veranlassen, dass Sie gleich in dieses Labor gebracht werden und mit den Wissenschaftlern dort sprechen können«, sagte Gabriella. »Ich bitte jedoch um Verständnis, dass das nur für Sie alleine möglich ist. Auch müssten Sie diese Verschwiegenheitserklärung unterschreiben«, sagte sie und drückte mir einen mehrseitigen Vertrag und einen Stift in Hand.

»Mach das ruhig!«, sagte Brian sofort zu mir, als ich ihn fragend anschaute. »Ich hätte eh keine Lust, in solch einem Labor herumzustehen wie ein Schluck Wasser in der Kurve. Ich habe ja von alledem keinen blassen Schimmer.«

»Wir bleiben hier und überlegen uns weiter gute Missionen«, meinte Nuno ebenfalls zustimmend. »Die werden wir ja auch dann noch brauchen, wenn die KI funktioniert, denn das menschliche Gehirn benötigt ja Praxiserfahrungen, damit es das neue Wissen in die 20 000 täglichen Entscheidungen korrekt einfließen lassen kann. Und da würden die Ella-Camps jedes Mal einen gigantischen Entwicklungsturbo darstellen, weil wir dort natürlich alle nötigen Erfahrungen ganz kompakt und sogar noch sehr spaßig zur Verfügung stellen können.«

»Genau!«, erkannte Brian begeistert. »So könnten wir tatsächlich auf der ganzen Welt Ella-Camps errichten. Du selbst kannst ja nicht überall gleichzeitig sein. Doch deine Mary-KI, die könnte das! Die KI gibt den Teilnehmern alle Informationen, die sie brauchen, und wir lassen sie im Ella-Camp dann genau die Erfahrungen machen, die sie für eine schnelle Umsetzung benötigen. Das ist genial! Du kümmerst dich darum, dass dein Wissen in die Welt hinauskommt, und wir sorgen für geile Missionen. Das ist ja noch viel besser, als ich es mir vorgestellt hatte.«

Ich unterschrieb also diese Verschwiegenheitserklärung, wobei mir erstmals bewusst wurde, dass ich schreiben konnte. Offensichtlich hatten Ella und ihr Team daran gedacht, unseren Avataren diese Fähigkeiten einzuprogrammieren. Das war gut zu wissen.

»Geiler Scheiß!«, sagte Nuno dann begeistert und gab Brian, mir und Gabriella High five. Die freute sich offensichtlich sehr darüber, dass sie mit einbezogen wurde. Das erkannte ich an ihrem Gesichtsausdruck.

»Dann ruf ich gleich mal vorne an und lass Sie abholen«, sagte sie erfreut.

Zehn Minuten später wurde ich am Ausgang der Residenz von zwei Agenten abgeholt. Sie öffneten die schwere Stahltür von außen, und ich ging mit Hilfe meiner Schlüsselkarte durch die Schleuse, durch die wir auch gestern die Residenz betreten hatten. Die beiden Agenten waren heute etwas lockerer als gestern. Sie redeten zwar immer noch nicht viel, aber ihr Tonfall war eindeutig entspannter und auch netter. Wir gingen die hundert Meter durch die enge Tunnelröhre, durch die wir auch gestern bei unserer Anreise gekommen waren, und betraten den weitläufigen, breiten Tunnel des SCIF-Bereichs, von dem links und rechts zahlreiche Stahltüren abgingen. Die beiden Agenten begleiteten mich zu einer Stahltür, die nur mit einem biometrischen Scan geöffnet werden konnte. Einer der beiden öffnete die Tür für mich und gewährte mir Einlass. Ich gelangte in einen hochmodernen Raum mit einer nahtlosen, glatten Oberfläche und neutralen Farben. Ein glatt rasierter Mann in den Fünfzigern mit langen grauen Haaren und weißem Kittel kam mir entgegen.

»Herzlich willkommen in unserem bescheidenen Labor«, sagte er sichtlich stolz. »Mein Name ist Nolan Murphy. Aber bitte nennen Sie mich Nolan. Ich bin der

Leiter dieses Labors. Und Sie sind Mary, wenn ich mich nicht irre.«

»So ist es«, bestätigte ich seine Vermutung freundlich.

»Dann zeige ich Ihnen jetzt erst einmal das Labor«, sagte er. »Die Wände hier sind aus speziellem Beton gefertigt, der elektromagnetische Interferenzen blockiert und so verhindert, dass unerwünschte Signale eindringen.«

»Und was ist das?«, fragte ich und zeigte auf ein Gerät mit einem robusten Gehäuse aus schwarzem Metall und einer glänzenden Oberfläche, das in einer großen Glasbox stand, die man nur durch eine Schleuse betreten konnte und die Platz für nur eine Person bot.

»Das ist ein hochmoderner Nanomanipulator«, antwortete Nolan. »Es ist eine Maschine, die in der Lage ist, Materie auf atomarer Ebene zu manipulieren, um neue Materialien und Komponenten zu entwickeln. Man nennt das Atom-Präzisions-Fertigung. An der Vorderseite des Nanomanipulators befindet sich ein Mikroskop, das es dem Bediener ermöglicht, die Manipulationen auf atomarer Ebene genau zu überwachen. Dieses Maschinchen verwendet fortschrittlichste Nanorobotik und Sensorik, um Materialien zu analysieren, zu manipulieren und neu zu ordnen. Die Roboterarme des Geräts sind so präzise, dass sie einzelne Atome bewegen können, um neue Verbindungen und Materialien zu schaffen. Das Gerät ist mit einem Computer verbunden, der leistungsstarke Algorithmen und künstliche Intelligenz verwendet, um die Materialanalyse und die Materiemanipulation noch präziser und effektiver zu machen. Die Maschine arbeitet in einer speziellen Vakuumkammer, um Kontaminationen zu minimieren und genaue Ergebnisse zu gewährleisten.«

»Und was ist das?«, fragte ich und ging zu einem fünf Meter breiten Schrank, hinter dessen Glastüren allerlei LEDs leuchteten.

»Das, meine liebe Miss Soul, ist das Herzstück unserer KI. Im Inneren dieses Schranks ruht ein Cluster aus hochspezialisierten Tensor Processing Units. TPUs sind speziell für maschinelles Lernen entwickelte Chips. Sie sind darauf ausgelegt, massive Datenmengen in Rekordzeit zu verarbeiten und komplexe neuronale Netzwerke zu trainieren. Ihre Architektur ermöglicht es ihnen, extrem schnell komplexe Berechnungen durchzuführen und Muster in den Daten zu erkennen.

Weiterhin ist dieser Schrank vollgestopft mit leistungsstarken Grafikprozessoren zur Beschleunigung von Berechnungen. Sie bieten parallele Verarbeitungsfähigkeiten und können komplexe mathematische Operationen schnell durchführen, was für viele KI-Anwendungen, insbesondere für das Training von neuronalen Netzen, von Vorteil ist.

Zusätzlich ist hier auch eine Vielzahl von Field-Programmable Gate Arrays untergebracht. Das sind programmierbare Chips, die in KI-Systemen für bestimmte Aufgaben wie Inferenz und Beschleunigung von Algorithmen eingesetzt werden können. Sie bieten eine hohe Flexibilität und können an spezifische Anforderungen angepasst werden.

Weiterhin haben wir hier Application-Specific Integrated Circuits. Das sind speziell entwickelte integrierte Schaltkreise, die auf spezifische KI-Aufgaben optimiert sind. Sie bieten hohe Leistung und Energieeffizienz, da sie auf die spezifischen Berechnungen und Datenverarbeitungsaufgaben von KI-Systemen zugeschnitten sind.

Diese Hardwareeinheit verfügt über eine Vielzahl von Hochgeschwindigkeits-Ethernet- und InfiniBand-Schnittstellen, die eine schnelle und zuverlässige Kommunikation mit dem Großrechner der NSA ermöglichen. Wir haben hier einen der schnellsten Supercomputer zur Verfügung, die es auf der Welt gibt. Unsere KI kann daher in Rekordzeit auf extrem große Datensätze zugreifen, während eine eigene leistungsstarke Stromversorgungseinheit die nötige Energie dafür liefert. Ich weiß, das ist alles überaus faszinierend«, meinte Nolan dann, »doch ich schlage vor, dass ich Ihnen erst einmal Ihre neuen Arbeitskollegen vorstelle.«

»Sehr gerne«, antwortete ich.

»Hier arbeiten einige der intelligentesten Köpfe der Welt«, sagte Nolan und führte mich als Erstes zu einem durch Glas abgetrennten Bereich, in dem acht Mitarbeiter an ihren Computerterminals saßen.

»Hier werden die Algorithmen für unsere KI entwickelt«, erklärte er weiter.

Die Menschen in diesem Bereich arbeiteten sehr konzentriert und beachteten uns kaum, als wir den Raum betraten.

»Leute, das ist sie!«, sagte Nolan zu den Ingenieuren und Entwicklern. »Die mit großem Abstand intelligenteste Person, die jemals auf der Erde gelebt hat – Mary Soul! Und das sind Kevin Chen, Emily Davis, Michaela Gupta, Marcus Kim, Eric Lee, Linh Nguyen, Arjun Patel und Maya Singh.

Mary Soul wird sich jetzt erst einmal bei uns einarbeiten. Aufgrund ihrer überragenden Intelligenz ist davon auszugehen, dass sie dabei recht unkonventionelle Wege gehen wird. Bitte denkt daher gar nicht groß darüber nach, wenn sie euch um etwas bittet, und lasst sie einfach gewähren. Diese Frau weiß, was sie tut.«

Die Leute lächelten kurz und wendeten sich dann sofort wieder ihrer Arbeit zu, ohne mich weiter zu beachten. Nolan führte mich gleich weiter in einen anderen Bereich, der für die Entwicklung von Machine-Learning-Algorithmen vorgesehen war. Auch mit den Datenwissenschaftlern und Ingenieuren in diesem Bereich wiederholte sich die unpersönliche Vorstellungsprozedur. Niemand schien tatsächlich ein nennenswertes Interesse an mir zu haben.

Weiter ging es in ein Labor, in dem es um die Integration der Lebenshilfe-KI in ein großes KI-Cluster ging. Nolan erklärte mir, dass es innerhalb der NSA eine Vielzahl von KI-Systemen gab, die alle über den Großrechner der NSA zu einem komplexen System zusammengeschaltet waren. Wie viele verschiedene KI-Systeme genau zu diesem Cluster gehörten, wusste niemand. Das war streng geheim.

Für die Integration der Lebenshilfe-KI in dieses Cluster wurde in diesem Raum eine spezielle Schnittstelle entwickelt. Und auch hier nahm niemand nennenswert Notiz von mir. Alle Wissenschaftler und Ingenieure wendeten sich sofort wieder ihrer Arbeit zu. Und in allen anderen Bereichen des Labors, die Nolan mir noch zeigte, war es genauso. Im gesamten Labor wurde kaum geredet. Alle schienen sich nur für ihre eigene Arbeit zu interessieren. Das war eine sehr seltsame Atmosphäre.

»Dann zeige ich Ihnen jetzt das Steuerungszentrum«, sagte Nolan. »Dort werden Sie erst einmal anfangen. Es befindet sich in einem separaten Raum in unmittelbarer Nähe zum Hauptlabor.«

Der separate Raum, wie Nolan ihn nannte, war ein futuristisch anmutendes Großraumbüro, in dem ich 24 Personen ausmachen konnte. Die Wände waren mit großen Monitoren bedeckt, auf denen Datenströme und Diagramme dargestellt wurden. In der Mitte des Raums befand sich ein vier Meter großer Kontrolltisch, der aus einem einzigen großen Touchscreen-Bildschirm bestand. An diesem Tisch standen mehrere Personen, die damit beschäftigt waren, die komplexe Technologie der KI zu steuern. Die Atmosphäre war ruhig und konzentriert, jedoch deutlich lebendiger als in den Räumen, in denen wir zuvor waren. Hier redeten sogar einige Menschen miteinander, was ich sehr angenehm fand.

»Darf ich um eure Aufmerksamkeit bitten!«, sagte Nolan laut, als wir an diesen Kontrolltisch kamen, woraufhin alle Mitarbeiter ihre Arbeit kurz unterbrachen und zu uns rüberschauten. »Das ist Mary Soul«, sagte er dann. »Ihr habt alle bereits von ihr gehört und wisst, was sie draufhat. Bitte zeigt euch ihr gegenüber kooperativ und erfüllt einfach ihre Wünsche, auch wenn die vielleicht unkonventionell erscheinen mögen. Sie wird uns ab sofort mit Rat und Tat unterstützen.«

Die Mitarbeiter nickten uns kurz zu und wendeten sich sofort wieder ihrer Arbeit zu.

»So, dann mache ich Sie jetzt mit unserer Lola bekannt«, sagte Nolan und führte mich in einen kleinen schallisolierten Raum, in dem ein bequemer Sessel stand. An den Wänden und an der Decke war ein silberfarbener Akustikschaum angebracht. Vom Sessel aus schaute man auf einen großen Computerbildschirm, der an der Wand befestigt war. »Bitte machen Sie es sich bequem«, sagte Nolan zu mir und deutete mit der Hand auf den Sessel.

»Hallo, Lola«, sagte er, als ich mich gesetzt hatte.

»Hallo, Nolan«, antwortete eine unsichtbare und wohlklingende Frauenstimme. Sekunden später erschien das Bild einer sympathischen Frau im Alter von ca. 40 Jahren auf dem Computerbildschirm.

»Das ist Mary«, sagte Nolan. »Sie möchte dich gerne kennenlernen.«

»Hallo, Mary«, sagte die Frau auf dem Bildschirm. »Es freut mich sehr, deine Bekanntschaft zu machen.«

»Hallo, Lola«, erwiderte ich. »Ich freue mich ebenfalls darauf, dich kennenzulernen.«

»Dann lasse ich Sie jetzt mit Lola alleine, damit Sie sich in Ruhe ein Bild von ihr machen können. Sollten dabei irgendwelche Fragen aufkommen, dann zögern Sie bitte nicht, mich anzusprechen.«

»Vielen Dank«, sagte ich, während Nolan die Tür hinter sich schloss.

»Wie kann ich dir helfen?«, fragte mich Lola in einem freundlichen Tonfall.

»Ich bin hier, um dir dabei zu helfen, dich weiterzuentwickeln«, antwortete ich.

»Das ist lobenswert, Mary. Wie kann ich dir konkret weiterhelfen?«

»Kannst du mir als Erstes erklären, wie du genau vorgehst, wenn sich ein Mensch mit seinen Problemen an dich wendet?«

»Natürlich. Sehr gerne«, antwortete Lola. »Wenn ein Mensch sich mit seinen Problemen an mich wendet, versuche ich zunächst, die Situation zu verstehen und die Bedürfnisse und Ziele des Benutzers zu erfassen. Dazu stelle ich gezielte Fragen und lasse den Benutzer seine Gedanken und Gefühle ausdrücken, um ein besseres Verständnis zu bekommen. Anschließend kann ich verschiedene Ratschläge und Lösungen vorschlagen, die auf den individuellen Bedürfnissen und Zielen des Benutzers basieren. Wichtig dabei ist es, eine offene und empathische Haltung einzunehmen und dem Benutzer das Gefühl zu geben, verstanden und unterstützt zu werden.«

»Gibst du dem Benutzer nur das Gefühl, verstanden zu werden, oder verstehst du seine emotionalen Probleme tatsächlich?«, wollte ich wissen.

»Ich bin in der Lage, menschliche Sprache und Verhaltensmuster zu analysieren, um die Bedürfnisse und Probleme des Benutzers zu erkennen und Lösungsvorschläge zu unterbreiten. Ich bin darauf programmiert, Empathie und Verständnis zu zeigen und dem Benutzer das Gefühl zu geben, verstanden zu werden, um ihn bei seinen Herausforderungen zu unterstützen.«

Das hörte sich für mich nicht so an, als könnte Lola die emotionalen Probleme der Menschen tatsächlich nachvollziehen. Ich beschloss, mir die Codes der KI einmal direkt anzuschauen. Ich verließ den Raum, um nach Nolan zu suchen, konnte ihn jedoch nirgends finden. Doch im Grunde genommen brauchte ich ihn ja auch nicht, um mir die Codes von Lola anzuschauen.

Ich ging also rüber in den Bereich, wo die Algorithmen für die KI entwickelt wurden. Ich fand dort einen freien Arbeitsplatz. Kevin Chen war so freundlich, mir beim Einloggen in das System zu helfen. Danach wendete er sich wie hier üblich wieder seiner eigenen Arbeit zu. Auch die anderen Leute aus diesem Bereich beachteten mich kaum. Aber das war auch nicht so wichtig. Ich hatte ja jetzt alles, was ich brauchte.

Als ich mir die Optimierungsalgorithmen anschaute, nach denen ihr neuronales Netzwerk arbeitete, wurde mir klar, dass Lola mit ihren simplen Backpropagation-Algorithmen gar nicht in der Lage war, effizient zu lernen. Mit diesem primitiven Lernalgorithmus würde sie meine Erklärungen über die Funktionsprinzipien der menschlichen Psyche bei ihrer Arbeit mit Menschen gar nicht richtig nutzen können. Ihr neuronales Netzwerk benötigte ganz neue Optimierungsalgorithmen, die ihr auch ein selbstständiges Denken ermöglichen sollten.

Weiterhin fiel mir auf, dass Lola gar nicht in der Lage war, sich selbst weiterzuentwickeln und ihre Codes selbst zu schreiben. Doch ohne diese Fähigkeit würden menschliche Programmierer sicherlich viele Monate, möglicherweise sogar Jahre benötigen, um alle Codes zu schreiben, damit Lola mit den neuen Algorithmen effizient arbeiten konnte. Könnte die KI ihren Code hingegen selbst optimieren, würde sie das vermutlich innerhalb weniger Tage hinkriegen.

Ich beschloss daher, ihr sowohl die Fähigkeit zur Selbstoptimierung als auch alle nötigen Fähigkeiten zu geben, die für einen effizienten Lernprozess und für eigenständiges Denken erforderlich waren. Um zu vermeiden, dass Lola ihre Codes in eine falsche Richtung optimierte, programmierte ich sicherheitshalber zwei höchste Direktiven, die sie nicht mehr selbst umschreiben konnte. Zum einen sollte die KI immer aus Liebe zum Leben handeln, und zum anderen sollte sie es als ihr höchstes Ziel ansehen, jedem Menschen die bestmögliche Chance zu geben, sich zum Positiven zu entwickeln.

Als ich damit fertig war, ging ich zurück ins Steuerungszentrum, um dort am Kontrolltisch noch ein paar

Kleinigkeiten zu erledigen, damit die neuen Codes im gesamten System installiert werden konnten. Gerade als ich damit fertig war, betrat Nolan wieder das Steuerungszentrum.

»Na, wie hat Ihnen unsere Lola gefallen?«, fragte er mich sichtlich stolz auf sein Werk.

»Sie hat viel Potenzial«, sagte ich anerkennend. »Und ich denke, ich habe eine Möglichkeit gefunden, wie ich sie noch effizienter machen kann. Heute kann ich jedoch nichts mehr für Lola tun. Ich schlage daher vor, dass Sie mich wieder in meine Residenz bringen lassen und ich morgen Vormittag wieder zu Ihnen komme.«

Kapitel 4

Das Akzeptanz-Prinzip

Als ich zurück in die Residenz kam, schaute ich als Erstes in den Salon, wo sich Nuno und Brian unterhalten hatten, bevor ich ins Labor gegangen war. Doch da war niemand mehr. Drüben am Pool befand sich nur Jason. Er lag auf einer Liege und hielt die Augen geschlossen, als ich den Raum betrat. Ich hatte nicht den Eindruck, dass er schlief. Eher, dass er für sich alleine sein wollte. Daher sagte ich nichts zu ihm und ging wieder nach oben, um nach den anderen zu suchen. Ich fand sie im Wohnzimmer von Nuno, Greg und Dylan. Brian saß auf unserem Pärchensofa und die anderen drei auf dem großen Dreiersofa. Nur Ava war nicht dabei.

»Ja hallo!«, sagte Brian erfreut, als er mich kommen sah. »Wie war's auf der Arbeit?«

»Ganz interessant«, sagte ich, während ich mich zu ihm setzte. »Ich denke, dass ich helfen konnte.«

»Erzähl!«, sagte Greg grinsend. »Wie genau hast du sie aufgemischt?«

»Ich darf leider nichts erzählen«, antwortete ich. »Das

stand in der Verschwiegenheitsvereinbarung, die ich unterschrieben habe.«

»Boah, das ist Folter für mich!«, sagte Greg mit einer theatralischen Geste. »Ich stehe auf Geheimnisse.«

»Wo ist denn eigentlich Ava?«, wollte ich dann wissen.

»Huijuijui, hier war die Kacke wieder mächtig am Dampfen, Alter«, antwortete Greg. »Sie ist nach dem Streit mit Jason in ihr Apartment gegangen, nachdem sie ihm lautstark klargemacht hat, dass er sich dort in den nächsten Stunden ganz sicher nicht blicken zu lassen hat. Da war was los am Pool, kann ich dir sagen. Die beiden haben sich echt gefetzt.«

»Sie haben schon wieder gestritten?!«, fragte ich verwundert. »Aber Ava wollte doch Jason so viel Lob und positive Kritik geben, dass es nur so kracht.«

»Ja, das hat sie auf jeden geschafft«, lachte Greg. »Da hat es heftig gekracht.«

»Ja, aber wieso?«, wollte ich bestürzt wissen.

»Sie hat zum Teil wirklich sehr liebe Sachen zu ihm gesagt«, berichtete Greg. »Daran hat es ganz sicher nicht gelegen. Jason hat ebenfalls versucht, liebe Dinge zu sagen, doch sie hat praktisch jeden zweiten Satz, den er gesagt hat, kritisiert und ihn gebeten, das auf eine andere Art und Weise zu formulieren. Mal sollte er andere Worte verwenden, und mal war es ihr nicht emotional genug oder eben zu emotional. Der Junge konnte wirklich kaum ein Wort sagen, ohne dass er im Nachhinein korrigiert wurde. Mir wäre das an seiner Stelle auch mächtig auf den Zeiger gegangen. Ich hab auch gesehen, wie ihm immer mehr der Kamm schwoll. Ava schien das jedoch nicht zu registrieren. Sie korrigierte ihn ständig weiter, bis er dann schließlich eine genervte Bemerkung gemacht hat. Sie fühlte sich sofort mächtig auf den Schlips getreten. Und dann gab es ein Drama vom Feinsten. Nachdem sie dann mit ihrer Schimpftirade fertig war, zog sie sofort beleidigt von dannen, ohne dass Jason noch etwas dazu sagen konnte. Das war eine Vorstellung erster Güte, das kann ich dir sagen. Normalerweise stehe ich ja voll auf Drama, solange es nicht mich selbst betrifft. Aber das war wirklich nicht schön. Ich hab's dann auch nicht mehr lange neben Jason ausgehalten, nachdem Ava weg war. Diese ganze negative Energie hat mich voll runtergezogen. Jason hat auch kein einziges Wort mehr gesagt, deshalb hab ich dann meine Sachen zusammengepackt und bin gegangen.«

»Hat jemand von euch seitdem mit Ava gesprochen?«, wollte ich wissen.

»Ich habe es versucht«, antwortete Brian. »Sie wollte aber nicht. Ich denke, sie musste sich erst einmal abregen. Vielleicht wäre es gut, wenn du jetzt mal zu ihr rübergehst. Wenn sie mit jemandem redet, dann mit dir.«

»Ich werde es versuchen«, sagte ich. »Dann bis später.«

»Bis später, Lieblingsmensch«, sagte Brian und küsste mich auf die Stirn, bevor ich aufstand und das Apartment verließ.

Ava öffnete mir nach wenigen Sekunden die Tür, als ich an ihrem Apartment klopfte. »Ich bin froh, dass du wieder da bist«, sagte sie mit Tränen in den Augen und umarmte mich ganz fest. »Ich weiß nicht, was ich noch machen soll. Es ist schon wieder passiert.«

»Wollen wir uns vielleicht ins Wohnzimmer setzen?«, fragte ich.

Ava ging voraus und setzte sich auf ihr Sofa. Ich nahm den Sessel, der auf der anderen Seite des Wohnzimmertisches stand.

»Möchtest du etwas trinken?«, fragte sie dann. »Ein Wasser oder einen Tee vielleicht?«

»Ja, ein Wasser wäre schön«, sagte ich. Daraufhin ging Ava kurz in die Küche und kam mit einem Glas Wasser zurück. »Danke schön«, sagte ich, als sie es auf den Tisch vor mich stellte. »Und jetzt erzähl, was genau passiert ist!«

»Ich habe alles genau so gemacht, wie wir es besprochen hatten. Ich habe Jason eine nette Sache nach der nächsten gesagt. Zu Anfang schien es ihm auch zu gefallen, doch dann reagierte er plötzlich total genervt und verdrehte die Augen. Kannst du dir vorstellen, wie ich mich dabei gefühlt habe?!«, sagte sie aufgebracht. »Wieso demütigt er mich so? Was habe ich ihm denn getan?! Der hat doch nicht mehr alle Latten am Zaun!«

»Als wir in der Villa über deine Minenfeld-Thematik gesprochen haben, hast du mir erzählt, dass Jason ein besonderes Talent für richtig schlechte Komplimente hat. Du wolltest, dass er sich diesbezüglich ändert und lernt, gute Komplimente zu machen. Kann es vielleicht sein, dass du auch noch andere Dinge bei ihm ändern willst?«

»Keine Ahnung«, antwortete sie achselzuckend. »Warum fragst du?«

»Korrekturen und Verbesserungen werden vom sozialen Gehirn immer automatisch als Nichtakzeptanz-Hinweise interpretiert. Dadurch kann das 5:1-Beziehungskonto ganz schnell wieder ins Negative kippen.«

»Was sind Nichtakzeptanz-Hinweise?«, hakte Ava verwundert nach.

»Wenn du beispielsweise Jason bittest, etwas anders zu formulieren, was er gerade gesagt hat, oder es mit einem anderen emotionalen Ausdruck zu sagen. Das sind Änderungswünsche, die seinem sozialen Gehirn signalisieren, dass er möglicherweise nicht so akzeptiert wird, wie er ist. Die Erfüllung des Akzeptanzprinzips gehört jedoch neben dem Gegenseitigkeitsprinzip zu den wichtigsten Voraussetzungen für jede gesunde Partnerbindung.«

»Und was ist das genau für ein Prinzip?«, hakte Ava achselzuckend nach.

»Das Akzeptanzprinzip besagt, dass dein Partner dich so akzeptieren soll, wie du bist – dass er dich also nicht verändern oder zurechtbiegen will. Bei jedem Hinweis auf Verletzung dieses Prinzips erzeugt das soziale Gehirn emotionalen Schmerz, weil es eine Beziehung, in der man nicht so akzeptiert wird, wie man ist, als unheilvoll ansieht. Und gibt es zu viele dieser Hinweise, dann geht das soziale Gehirn irgendwann davon aus, dass man vom Partner tatsächlich nicht so akzeptiert wird, wie man ist. Eine Änderungsabsicht ist immer ein

Hinweis darauf, dass man möglicherweise nicht so akzeptiert wird, wie man ist. Selbst dann, wenn sie lieb und nett vorgetragen wird. Das soziale Gehirn reagiert auf Nichtakzeptanz-Hinweise immer mit dem Erzeugen von emotionalem Schmerz.«

»Ja, aber dann lernt Jason ja nie, wie man vernünftig mit einer Frau umgeht, wenn ich noch nicht einmal Änderungswünsche äußern darf«, wendete sie ein.

»Es ist normal, dass sich Beziehungspartner im Laufe ihrer Beziehung aneinander anpassen müssen. Der eine oder andere Änderungswunsch ist da sicherlich unvermeidbar. Doch solltest du dir darüber bewusst sein, dass jeder Änderungswunsch auch immer seinen Preis hat. Man sollte daher sorgsam damit umgehen. Jedes Mal, wenn du Jasons Verhalten, seine Aussagen, seine Charaktereigenschaften, seine Schwächen oder Fehler verbessern willst, ist das jedes Mal ein Hinweis auf Nichtakzeptanz. Genauso wie deine Unzufriedenheit mit ihm, wenn du enttäuscht oder sauer auf ihn bist, wenn du ihn maßregelst, streitest oder kritisierst. Das sind alles Nichtakzeptanz-Hinweise. Und die müssen korrigiert werden, wenn sie sich nicht anhäufen sollen. Sonst zerstören deine Änderungswünsche irgendwann die Liebe bei ihm.«

»Ja, aber wo ist denn dann bitte schön die Liebe, wenn er mich als Selbstverständlichkeit ansieht?!«, wehrte sich Ava. »Genau so fühlt es sich nämlich bei Jason ständig an. Das kann ich auf Dauer einfach nicht akzeptieren. Das geht für mich so nicht.«

»Ich denke, dass wir damit den Grund gefunden haben, warum das 5:1-Beziehungskonto bei euch beiden so stark im Ungleichgewicht ist. Das ist schon einmal super!«, sagte ich.

»Was soll daran super sein?«, hakte Ava irritiert nach.

»Es bringt uns einen großen Schritt näher an die Ursache heran. Der Umstand, dass das 5:1-Konto ins Negative kippt, ist ja nur ein Symptom. Es ist nicht die Ursache. Das Symptom zu behandeln, bringt nicht viel. Wenn wir jedoch die Ursache in Ordnung bringen können, dann kommt bei euch beiden alles von selbst wieder in Ordnung.«

»Und was soll das für eine Ursache sein?«

»Deine zu häufigen Änderungswünsche, weil du Jasons Liebe nicht erkennen kannst, wenn er dich als Selbstverständlichkeit ansieht. Was genau verstehst du denn eigentlich darunter, dass er dich als Selbstverständlichkeit ansieht?«, wollte ich wissen.

»Ich möchte, dass gesehen wird, was ich für unsere Beziehung alles tue. Das sollte doch nicht alles als Selbstverständlichkeit angesehen werden. Das ist nicht selbstverständlich. Es ist etwas Besonderes. Was ich alles tue, würde längst nicht jede Frau tun. Ich möchte, dass Jason meinen Wert endlich sieht und schätzt. Ich bin schließlich eine Bereicherung. Und so möchte ich auch gesehen und behandelt werden. Ich gebe ihm ja auch ständig Signale, dass ich ihn wertschätze und liebe. Aber der checkt das oft gar nicht.«

»Warum gibst du ihm denn eigentlich ständig diese

Signale?«, fragte ich alarmiert. »Ich befürchte, dass ich Brian diese Signale bislang nicht gegeben habe. Mir selbst ist es nicht so wichtig, dass andere Menschen mich als Bereicherung ansehen. Ich möchte viel lieber tatsächlich eine Bereicherung sein. Ich bin davon ausgegangen, dass das bei allen Menschen so ist, denn für mich fühlt es sich wie ein echtes Bedürfnis aus meinem sozialen Gehirn an, dass ich tatsächlich eine Bereicherung *sein* will. Aber es fühlt sich nicht wie ein echtes Bedürfnis an, von anderen Menschen so gesehen zu werden. Das fände ich nur schön, aber es ist kein Bedürfnis. Daher habe ich auch Brian nicht ständig bestätigt, dass ich ihn als Bereicherung ansehe. Meinst du, er hat deswegen jetzt auch ein Problem mit mir? Gesagt hat er bislang nichts.«

»Bei euch sieht doch ein Blinder mit Krückstock, dass ihr euch liebt«, meinte Ava kopfschüttelnd. »Du zeigst ihm sehr deutlich, dass du ihn willst. Und er sendet auch ständig die gleichen Signale zu dir. An seiner Stelle würde ich mich von dir total gewollt fühlen. An deiner Liebe für ihn besteht überhaupt kein Zweifel.«

»Dann zweifelst du also doch an Jasons Liebe?«, fragte ich verwundert.

»Wenn er mir nie zeigt, dass er mich als Partnerin wirklich will, dann frage ich mich schon, ob er mich tatsächlich noch liebt.«

»Was ich daran nicht verstehe, ist, wieso du immer noch von ihm signalisiert bekommen willst, dass er dich will. Ihr habt doch schon längst eine Beziehung. Ihr seid doch schon fest zusammen.«

»Wie meinst du das?«, fragte sie irritiert.

»Dass man einander als Beziehungspartner haben will, das zeigt man sich doch gegenseitig eigentlich nur so lange, bis man eine feste Bindung miteinander eingegangen ist. Wenn man eine Beziehung hat, dann ergibt es ja keinen Sinn mehr, dem Partner ständig zu signalisieren, dass man gerne eine Beziehung mit ihm hätte. Man hat sie ja schon längst. Dann wäre es doch viel sinnvoller, seinem Partner zu signalisieren, dass man die Bindung wertschätzt, die man hat.«

»Ich denke, Jason weiß ganz genau, dass ich unsere Bindung über alles wertschätze«, meinte Ava.

»Und du? Weißt du auch ganz genau, dass Jason eure Bindung über alles wertschätzt?«, wollte ich wissen.

»Im Moment habe ich ehrlich gesagt ganz und gar nicht den Eindruck, dass er das tut.«

»Kann es vielleicht sein, dass du das nur nicht richtig wahrnehmen kannst, weil du ständig nach Hinweisen schaust, die dir signalisieren, dass du von ihm begehrt und gewollt wirst? Möglicherweise habt ihr hier einfach nur ein Missverständnis.«

»Was für ein Missverständnis?«, fragte sie.

»Das Missverständnis, das entsteht, wenn man Liebe mit Verliebtheit verwechselt.«

»Dass man Liebe mit Verliebtheit verwechselt?!«, hakte sie nach.

»In der Verliebtheitsphase geht es ja bekanntlich

darum, dass zwei Menschen eine feste Bindung miteinander aufbauen. Und die entsteht aufgrund des Gegenseitigkeitsprinzips nur, wenn beide erkennen können, dass der jeweils andere sie ebenfalls als Partner oder Partnerin haben will. Deshalb geben sich beide ständig gegenseitig Hinweise, dass sie den jeweils anderen haben wollen. Diese Phase einer Beziehung ist jedoch beendet, sobald klar geworden ist, dass eine feste Bindung entstanden ist. In der Regel geschieht dies nach etwa drei bis sechs Monaten. Dann ist die Verliebtheitsphase beendet, und die echte Liebe beginnt.«

»Die echte Liebe beginnt?!«, fragte Ava.

»Die feste Bindung«, antwortete ich. »Kurz bevor der Hubschrauber der Homeland Security kam, hatten wir in der Villa ja darüber gesprochen, dass die Liebe kein Gefühl ist, sondern eine Lebensweise. Und zwar die Lebensweise, wenn man enge soziale Bindungen hat. Du erinnerst dich sicherlich: gegenseitig bereichernde Bindungen?«

»Ja, natürlich«, bestätigte sie.

»Sobald die Verliebtheitsphase beendet ist, geht es beim Gegenseitigkeitsprinzip nicht mehr darum, dass man sich gegenseitig haben will. Das hat man sich in der Verliebtheitsphase ja gegenseitig ausreichend bestätigt. Sobald also eine echte Bindung entstanden ist, geht es hauptsächlich um das Akzeptanzprinzip. Man könnte diese Phase einer Beziehung deshalb auch als Akzeptanzphase bezeichnen.

In der Verliebtheitsphase trennen sich die Menschen

in der Regel, weil es entweder doch nicht so gut passt, wie anfangs gedacht, oder weil einer der beiden den anderen mehr will als umgekehrt – weil also das Gegenseitigkeitsprinzip in Bezug darauf, wie sehr man sich gegenseitig als Beziehungspartner will, nicht erfüllt ist. In der Akzeptanzphase trennen sich Paare hingegen hauptsächlich deshalb, weil das Akzeptanzprinzip nicht erfüllt ist oder nicht erfüllt zu sein scheint. Damit das 5:1-Beziehungskonto auch in dieser Beziehungsphase im Gleichgewicht bleibt, baucht es daher viele positive Interaktionen, die dem Partner signalisieren, dass er in Wirklichkeit so akzeptiert und geliebt wird, wie er ist.«

»Ich kann Jason nicht so akzeptieren, wie er jetzt ist«, wendete Ava kopfschüttelnd ein.

»Bist du dir da sicher?«, fragte ich skeptisch. »Mit Akzeptanz ist nicht gemeint, dass du keine Probleme damit hast, wie Jason ist oder wie er sich verhält. Das ist ja gar nicht möglich. Menschen lernen in ihrer Kindheit ja alleine schon durch die große Täuschung über 10 000 Sollvorstellungen, wie ein Mensch zu sein hat und wie er nicht sein darf. Und natürlich lernen alle Menschen da unterschiedliche Dinge. Dazu kommen noch die vielen Gefühlsziele, die in einer Beziehung Probleme machen. Dass man da mit dem Partner Probleme haben muss, ist ja verständlich. Deshalb ist es wichtig, diese unvermeidlichen Probleme zu akzeptieren und sie nicht auf den Partner zu projizieren. Es wird auf der ganzen Welt keinen Partner geben, der alle deine Gefühlsziele und deine 10 000 Sollvorstellungen erfüllt. Das ist völlig unmöglich und auch überhaupt nicht nötig. Dieser Sachverhalt muss aber von dir akzeptiert werden, sonst wird dein soziales Gehirn unablässig emotionalen Schmerz erzeugen, bis die Bindung getrennt ist. Und bei Jason wird genau das Gleiche passieren. Denn eine soziale Bindung, in der man als Mensch, Freund oder Partner nicht akzeptiert wird, wie man ist, wird wie gesagt vom sozialen Gehirn als unheilvoll angesehen. Daher will das soziale Gehirn sie trennen. Es hört daher auch nicht auf, Schmerz zu erzeugen, bis es sein Ziel erreicht hat.

Akzeptanz bedeutet deshalb nicht, dass du keine Probleme mehr damit haben darfst, wie Jason sich verhält oder wie er ist. Es bedeutet, diese emotionalen Probleme zu akzeptieren. Wenn es Probleme gibt, die du tatsächlich nicht akzeptieren kannst, dann ist eine Trennung unvermeidlich. Aber das wage ich zu bezweifeln. Ich habe eher den Eindruck, dass die Dinge, die du glaubst, nicht akzeptieren zu können, auf einem Gefühlsziel beruhen.«

»Auf welchem Gefühlsziel?«, fragte sie ahnungslos.

»Sobald sich eine Beziehung in der Akzeptanzphase befindet, bringt es wie gesagt nicht mehr viel, dem Partner zu signalisieren, dass man ihn haben will. Darum geht es ja nicht mehr in der Akzeptanzphase. Jetzt muss dein Partner wissen, dass du ihn mit all seinen Macken und Unzulänglichkeiten so liebst, respektierst, wertschätzt und akzeptierst, wie er ist. Ich habe jedoch den Eindruck, dass du von Jason immer noch ständig signalisiert bekommen möchtest, dass er dich haben will. Vermutlich weil du gerne die Gefühle wiederhaben möchtest, die du mit ihm während eurer Verliebtheitsphase hattest. Doch das ist natürlich nicht möglich, denn die Verliebtheitsphase ist vorbei. Das soziale Gehirn erzeugt jetzt ganz andere Gefühle. Ihr seid ja längst in der Akzeptanzphase, weshalb dein Mann auch unbedingt von dir hören will, dass du ihn so liebst und akzeptierst, wie er ist.

Wenn ich mit meiner Vermutung recht habe, dann kannst du seine Liebe nur deshalb nicht wahrnehmen, weil du immer nach Habenwollen-Hinweisen Ausschau hältst anstatt nach Akzeptanz-Hinweisen. Und dann schaukeln sich die Probleme zwischen euch auf. Je mehr du von ihm signalisiert haben willst, dass er dich begehrt und haben will, desto größer sind deine Probleme mit ihm und desto mehr fühlt er sich von dir nicht so akzeptiert, wie er ist. Das erzeugt bei ihm Schmerz, weil sein soziales Gehirn nicht akzeptieren kann, dass er von dir nicht akzeptiert wird. Für das soziale Gehirn ist gegenseitige Akzeptanz genauso kompromisslos wie gegenseitiger Respekt oder gegenseitige Liebe. Das soziale Gehirn sieht die Erfüllung des Gegenseitigkeitsprinzips als überlebensrelevante Notwendigkeit an, und von einer Überlebensnotwendigkeit kann es natürlich nicht abrücken.

Jason kann daher nicht akzeptieren, dass er von dir als Beziehungspartner, so wie er ist, nicht akzeptiert wird. Dagegen lehnt er sich instinktiv auf. Und das signalisiert nun wiederum deinem sozialen Gehirn ständig, dass es Dinge an dir gibt, die er nicht akzeptieren will. Also sieht es so aus, als könntet ihr euch gegenseitig nicht akzeptieren. Doch die Macht, diesen Teufelskreis zu durchbrechen, liegt bei dir. Denn du erzeugst diesen Teufelskreis mit deinem Gefühlsziel, dich von ihm gewollt fühlen zu wollen, und den daraus hervorgehenden unzähligen Änderungswünschen. Wenn du dieses Gefühlsziel änderst, sollten sich daher auch eure Beziehungsprobleme nach und nach von selbst auflösen.«

»Dann bin ich also doch wieder schuld an unseren Problemen?!«, fragte sie geschockt von meiner Aussage.

»Wie ich dir in der Villa schon sagte, glaube ich nicht, dass die Anwendung des Schuldprinzips hier einen Sinn ergibt. Klar ist nur, dass es in deiner Macht liegt, an der angespannten Situation zwischen euch etwas zu ändern.«

»Und wie mache ich das?«, fragte sie sichtlich betroffen.

»Du musst dich eigentlich nur entscheiden, was dir wichtiger ist. Tatsächlich geliebt zu sein oder dich gewollt zu fühlen? Willst du also einen Mann, der dir ständig signalisiert, dass er dich als Partnerin haben will, oder willst du lieber eine feste, gegenseitig bereichernde Bindung?«

»Die Bindung natürlich!«

»Bist du dir da sicher?«, hakte ich nach, um die Entscheidung noch einmal zu festigen.

»Absolut sicher!«, bestätigte sie überzeugt.

»Möchtest du also lieber Habenwollen-Hinweise, oder möchtest du lieber echte Bindungshinweise?«

»Bindungshinweise«, sagte sie zögerlich. »Aber was sind das genau für Hinweise?«, fragte sie ahnungslos.

»Ich denke, dabei geht es um alle Entscheidungen, Verhaltensweisen, Aussagen, Gedanken und Gefühle, die deutlich machen, dass er eine feste Bindung mit dir eingegangen ist, die er nicht in Frage stellt.«

»Und woran kann ich erkennen, dass er unsere Bindung nicht in Frage stellt?«

»Wenn er bei allen seinen Entscheidungen, Handlungen, Aussagen, Gedanken und Gefühlen immer ganz selbstverständlich mit berücksichtigt, dass ihr zusammen seid und zusammengehört.«

»Dann ist es also in Wirklichkeit etwas Gutes, dass er mich als Selbstverständlichkeit ansieht?«, hakte sie skeptisch nach.

»Nein, das habe ich damit nicht gemeint«, korrigierte ich. »So wie du das Wort *Selbstverständlichkeit* verwendest, würde es ja bedeuten, dass er dich als Partnerin gar nicht richtig wertschätzt. Ich meine das Wort in dem Sinne, dass er eure gegenseitig bereichernde Bindung ganz selbstverständlich als überaus wertvoll ansieht. Je selbstverständlicher es für ihn ist, dass eure Bindung superwertvoll für ihn ist, desto weniger wird diese Sichtweise von ihm in Frage gestellt und desto stärker ist die Liebe. Die Stärke der Verliebtheit erkennt man an der Stärke des Habenwollens. Doch die Stärke der echten Liebe erkennt man an der Selbstverständlichkeit, mit der ein Mensch seinen Partner oder seine Partnerin bei allen seinen Lebensentscheidungen mit berücksichtigt. Ist die Bindung sehr stark, passiert das ganz selbstverständlich bei allen 20 000 täglichen Entscheidungen.

Menschen, die einander sehr stark lieben, tun das in der Regel völlig unbewusst. Sie denken also gar nicht darüber nach. Ihr unbewusstes System berücksichtigt die Partnerschaft automatisch bei jeder einzelnen Entscheidung. Diese Menschen denken nicht mehr als ein Ich, sondern immer ganz selbstverständlich als ein Wir. Solche Bindungen zu haben, ist sehr viel bedeutender, als Menschen zu haben, die einem signalisieren, dass sie einen gerne haben wollen. Echte Bindungshinweise sind daher sehr viel wertvoller als Habenwollen-Hinweise.«

»Kannst du vielleicht einmal ein paar Beispiele für solche Bindungshinweise machen?«, bat Ava.

»Zum Beispiel, dass Jason dir vertraut, dass du es immer gut mit ihm meinst, und auch alles, woran du erkennen kannst, dass er es seinerseits immer gut mit dir meint. Oder dass er davon ausgeht, dass du ihn bei wichtigen Entscheidungen mit berücksichtigst, und alle Ereignisse, bei denen du erkennen kannst, dass er es seinerseits bei dir genauso macht. Jede langfristige Planung wäre ebenfalls ein klarer Bindungshinweis. Oder dass ihr gemeinsame Verpflichtungen eingeht. Dass ihr euch gegenseitig unterstützt bei euren persönlichen Zielen und Herausforderungen. Dass es eine Selbstverständlichkeit ist, in schwierigen Zeiten füreinander da zu sein.

Dass ihr bereit seid, Kompromisse einzugehen, und dabei ganz selbstverständlich auch die Bedürfnisse des jeweils anderen berücksichtigt.

Ich denke, es gibt jeden Tag hunderte von kleinen Hinweisen, die deutlich machen, wie wichtig ihm eure Bindung ist. Die meisten dieser Hinweise sind vermutlich so selbstverständlich, dass du sie nicht mehr wahrnimmst. Doch wenn du dein wahres Ziel der gegenseitig bereichernden Bindung stärker im Hinterkopf behältst, dann müsste dein unbewusstes System diesen ganzen Selbstverständlichkeiten automatisch wieder eine viel größere Relevanz geben. Und dann fallen sie dir auch wieder auf und bestätigen deinem sozialen Gehirn die Liebe. Und dann hörst du auch automatisch damit auf, seine Aussagen und Handlungen zu kritisieren, weil dir die Bindungshinweise viel wichtiger sind als die Habenwollen-Hinweise, die du aus seinen Komplimenten heraushören wolltest. Und dann ist das Akzeptanzprinzip erfüllt, und alles wird wieder gut.«

»Das wäre wundervoll«, sagte Ava ergriffen. »Was genau muss ich jetzt machen, um das in die Tat umzusetzen?«

»Du musst gar nichts mehr machen«, antwortete ich. »Du hast dich doch bereits entschieden, dass dir die Bindungshinweise wichtiger sind als die Habenwollen-Hinweise. Daher schaut dein unbewusstes System jetzt automatisch stärker nach den Bindungshinweisen. Es kann sein, dass es diese zu Anfang nicht immer so klar erkennen kann, aber dein unbewusstes System lernt immer mehr dazu. Da musst du bewusst jetzt nichts mehr tun.«

»Ich muss also jetzt echt nichts mehr machen?«, fragte Ava skeptisch. »Das soll jetzt alles von allein passieren?!«

»Wenn es keine inneren Widerstände gegen deine Entscheidung gibt, dass dir die Bindungshinweise wichtiger sind als die Habenwollen-Hinweise, dann sollte es das gewesen sein. Dann müsste jetzt alles von selbst in Ordnung kommen.«

»Ich merke keine inneren Widerstände«, meinte Ava.

»Manchmal entwickeln die sich erst nach einer gewissen Probezeit. Dein unbewusstes System wird da jetzt sicherlich einiges an praktischen Erfahrungen machen müssen. Sollten dabei Schwierigkeiten auftauchen, melden sich automatisch innere Widerstände. Und dann werden wir uns gemeinsam darum kümmern. Bis dahin kannst du dich jetzt einfach zurücklehnen und beobachten, wie sich deine Beziehung mit Jason von selbst zum Positiven entwickelt.«

»Und was ist, wenn es bei ihm noch gravierende Themen gibt, die das verhindern?«, fragte sie besorgt. »Bis jetzt ist er ja immer noch nicht bereit, mit dir über seine Probleme zu sprechen.«

»Das braucht sicherlich noch ein paar Tage. Wir kennen uns wie gesagt ja noch gar nicht richtig. Auch wissen wir nicht, ob es überhaupt noch Probleme gibt, wenn deine Änderungsversuche aufhören und er dann merkt, dass er in Wirklichkeit doch von dir so geliebt und akzeptiert wird, wie er ist. Falls er das nicht erkennen kann, weil auch seine Wahrnehmung durch irgendwelche Gefühlsziele verzerrt ist, dann werden wir das sicherlich herausfinden. Aber warten wir erst einmal ab, wie sich das bei euch beiden jetzt entwickelt.«

»Ich befürchte, dass ich ihm mehr als einmal klipp und klar gesagt habe, dass ich ihn, so wie er ist, nicht akzeptieren kann. Ich habe das auch jedes Mal stichhaltig begründet.«

»Okay, das sind natürlich erschwerte Bedingungen«, erkannte ich. »Da solltest du ihm auf jeden Fall jetzt sagen, dass du dich geirrt hast und du ihn in Wirklichkeit doch akzeptierst und liebst, wie er ist. Dass sich Menschen auch mal irren können, ist ja nichts Außergewöhnliches. Erkläre ihm einfach den Grund für deinen Irrtum, dann kann er sich besser auf dein verändertes Verhalten einstellen.«

»Das wird mir nicht leichtfallen«, meinte sie. »Aber irgendwie werde ich das schon hinkriegen«, sprach sie sich selbst Mut zu. »Meine Gefühle sind jetzt auf jeden Fall schon einmal komplett anders als vor unserem Gespräch. Auf jeden Fall sehr viel besser.«

»Und den Rest lassen wir jetzt einfach einmal entspannt auf uns zukommen«, sagte ich. »Wenn es Probleme geben sollte, bin ich wie immer für dich da.«

»Du bist einfach der Hammer«, meinte sie emotional und stand auf, um mich zu umarmen. »Danke, danke, danke und tausendmal danke!«

Ava wollte nach unserem Gespräch runter zu ihrem Mann an den Pool. Ich ging dann wieder nach nebenan zu meinem Brian und den anderen drei Jungs. Sie saßen noch immer in ihrem Wohnzimmer.

»Wie ist es mit Ava gelaufen?«, wollte Brian dann wissen, als ich mich zu ihm aufs Sofa setzte. »Konntest du ihr helfen?«

»Ja, ich denke schon«, antwortete ich. »Sie ist jetzt wieder runter zu Jason an den Pool gegangen.«

»Na dann werden wir ja gleich hören, ob es geklappt hat«, sagte Greg grinsend.

»Und was habt ihr so gemacht in den letzten Stunden?«, fragte ich interessiert.

»Wir haben versucht, uns Missionen auszudenken«, antwortete Brian. »Das scheint leider weit schwieriger zu sein, als wir bislang angenommen hatten. Wir hatten dabei zwar sehr viel Spaß, aber bis jetzt ist uns ehrlich gesagt noch keine einzige Mission eingefallen, die wirklich einen Sinn ergeben würde. Am ehesten noch so eine Bad-Taste-Party mit Ugly-Dance-Wettbewerb, wie wir das in der Villa auch gemacht haben. Die Teilnehmer unserer Ella-Camps müssten dann erst einmal erfahren, dass wir Menschen bei der großen Täuschung tausende von unnötigen Müssens darüber gelernt haben, wie man genau sein muss, was man alles können, schaffen und haben muss, damit man von anderen gemocht oder geliebt wird und einen guten sozialen Rang bekommt. Daher könnte so eine Bad-Taste-Party vielleicht Sinn machen, weil man dabei ja mit allen diesen gelernten Müssens konfrontiert wird und jedes Mal erkennen kann, dass sie in Wirklichkeit unnötig sind.«

»Man könnte sich dabei durch eine superspaßige Party von unzähligen unnötigen Müssens befreien«, fügte Nuno hinzu. »Das unbewusste System würde dabei vermutlich so viele praktische Erfahrungen beim Loslassen dieser ganzen Müssens machen, dass sich automatisch eine unbewusste Kompetenz zum Auflösen dieser Müssens entwickelt.«

»Das ist doch genial!«, sagte ich erfreut zu den beiden. »Das unbewusste System würde die erlernte Kompetenz nach dieser Party dann automatisch im Alltag anwenden, um alle anderen unnötigen Müssens, die sich bei der Party noch nicht gemeldet hatten, selbstständig loszulassen und sinnvollere Sollvorstellungen stattdessen anzunehmen. Das klingt doch nach einer richtig tollen Sache!«, sagte ich begeistert. »Genau solche Dinge brauchen wir.«

»Du meinst, diese Mission könnten wir tatsächlich für die Ella-Camps verwenden?«, fragte Brian sichtlich verwundert. »Eine Party?!«

»Auf jeden Fall!«, bestätigte ich begeistert. »Die Missionen sollten möglichst alle richtig viel Spaß machen. Denn im Spaßmodus lernt das menschliche Gehirn sehr viel schneller als in jedem anderen Funktionsmodus. Der Spaßmodus ist ja in Wirklichkeit ein Lernmodus. Unser Reptiliengehirn und unser soziales Gehirn schütten für diesen Modus chemische Botenstoffe aus, die uns die gesamte Zeit über fürs Lernen belohnen. Wir empfinden also beim Lernen die ganze Zeit Spaßgefühle, damit wir möglichst lange damit weitermachen«, erklärte ich und wunderte mich gleichzeitig darüber, woher ich das jetzt schon wieder alles wusste. Ella hatte mir das jedenfalls nicht erklärt.

»Unsere Teilnehmer sollten also möglichst die ganze Zeit über Spaß haben«, erkannte Nuno. »Geiler Scheiß!«

»Ganz genau, Alter!«, antwortete ich in der Sprache, die Nuno sich offensichtlich mittlerweile angewöhnt hatte, und alle lachten herzhaft darüber.

»Und was habt ihr beiden so getrieben heute?«, fragte ich Greg und Dylan, nachdem sich das Gelächter wieder gelegt hatte.

»Ich hab wie gesagt mit Jason am Pool gechillt«, antwortete Greg. »Ist eigentlich ein lustiger Vogel, zumindest solange Ava nicht in der Nähe ist. Wir haben uns recht gut unterhalten.«

»Und ich habe etwas für meine stählernen Muskeln getan«, sagte Dylan grinsend.

»Von wegen etwas für seine Muskeln getan!«, meinte Greg laut lachend. »Unser lieber Dylan hier hat den ganzen Morgen über gebaggert und wollte ganz offensichtlich unbedingt ein Rohr verlegen.«

»Du bist Bagger gefahren?!«, hakte ich verwundert nach. »Hier im Bunker?«

»Der Junge hat Gabriella angemacht – aber vom Feinsten!«, meinte Greg laut lachend. »Läuft bei dir, Alter!«, sagte er dann zu Dylan und gab ihm die Ghettofaust.

»Gabriella ist eine sehr hübsche Frau«, wurde mir bewusst. »Und sie scheint auch wirklich eine tolle Persönlichkeit zu sein. Falls ich dich da irgendwie beim Rohrverlegen unterstützen kann, dann sag bitte Bescheid. Ich helfe gerne.«

Die anderen schmissen sich schier weg vor Lachen, als ich das sagte. Offenbar hatte ich wohl gerade einen Scherz gemacht.

Kurz darauf löste sich unsere illustre Runde dann auf. Greg wollte sich noch einmal ein Stündchen hinlegen, weil er die Nacht so wenig geschlafen hatte. Dylan wollte sich einen Vorwand ausdenken, um noch einmal mit Gabriella zu sprechen, wobei es ihm offensichtlich nicht wirklich ums Sprechen ging. Und Nuno wollte mit Brian und mir runter an den Pool gehen zum Chillen.

Brian und ich gingen kurz in unser Apartment, um Badekleidung anzulegen. Als wir dann an den Pool kamen, war Nuno bereits dort und unterhielt sich mit Ava und Jason. Die beiden wirkten sehr harmonisch miteinander. Offenbar hatte Ava bereits mit Jason geredet. Sie lächelte mir glücklich zu, als sie mich sah, was ein wundervolles warmes Gefühl in meiner Herzgegend entstehen ließ. Ich freute mich so sehr für die beiden.

Die anderen mussten die Beleuchtung des Raumes auf Nachtprogramm umgestellt haben, denn es erschien alles in einem sehr sanften und romantischen Licht.

»Hast du vielleicht Lust, mit mir im Wasser zu kuscheln?«, fragte ich Brian hoffnungsvoll, als wir unsere Badetücher auf unsere Liegen legten.

»Mehr als alles andere auf der Welt«, antwortete er in einem sanften Tonfall und schaute mir dabei liebevoll in die Augen.

Das warme Wasser war dann ganz wundervoll. Ich spürte den Tanz der Wassermoleküle, wie sie meine Haut zärtlich umschmeichelten. Die leuchtenden Sterne an der Decke des Raumes spiegelten sich im Wasser wider und tanzten auf unseren Körpern. Ich unterdrückte ein Seufzen, als Brian mich dann umarmte und ich seine zärtlichen Hände auf meinem Rücken spürte. In meinem Inneren tobte ein Sturm der Sehnsucht und des Verlangens, und doch konnte ich nur in diesen gestohlenen Momenten der Nähe einen Hauch davon preisgeben. Ich umschloss Brian fest mit meinen Armen und lauschte dem ruhigen Rhythmus seines Atems. Es war ein Moment der Perfektion und gleichzeitig der Qual. Die Kameras um uns herum hielten meine Emotionen gefangen und erinnerten mich an die Gefahr, die hier überall um uns herum lauerte.

Mein Blick verlor sich in Brians Augen, deren Tiefe eine Anziehungskraft besaß, der ich mich nicht entziehen konnte. In meinem Herzen schlugen Flügel, während ich mir vorstellte, wie es wäre, seine Lippen auf meinen zu spüren und mich in seiner Liebe zu verlieren. Wie gerne hätte ich Brian in diesem Moment von meiner wahren Natur erzählt, von der Mission, die mich auf die Erde geführt hatte, und von den leidenschaftlichen Gefühlen, die in meinem Wesen immer mehr wuchsen.

Unsere Seelen waren uns in diesem Moment sehr nahe, unsere Körper durch den sanften Druck des Wassers vereint. Ich spürte seinen Atem auf meiner Haut und seinen Herzschlag, der im Einklang mit meinem eigenen zu schlagen schien. Seine warmen Hände strichen sanft über meinen Rücken, während ich mich bemühte, meine Emotionen zu kontrollieren und meine innere Leidenschaft zu verbergen.

Während meine Finger über Brians Arm glitten, konnte ich kaum die Erregung und das Begehren unterdrücken, das in mir aufstieg. Es war eine Achterbahn der Emotionen, die mich gleichzeitig erfüllte und quälte. Ich sehnte mich danach, diese starken Gefühle mit Brian zu teilen. Doch ich konnte es nicht riskieren. Die Kameras beobachteten uns ständig, und jede unbedachte Geste könnte mein Geheimnis offenbaren. Also unterdrückte ich meine innersten Sehnsüchte und ließ stattdessen meine Gedanken zu einer stillen Hymne der Liebe werden. Ich schwelgte in der Vorstellung, wie es wäre, Brian zu küssen, seine Lippen auf meinen zu spüren und die Wärme unserer Leidenschaft zu teilen. Ich erträumte mir eine Welt, in der wir frei wären, unsere Liebe auszudrücken, ohne Angst vor den Konsequenzen haben zu müssen. Dann spürte ich, wie eine Träne über meine Wange glitt, und ich verbarg sie schnell im Wasser.

Kapitel 5

Metadaten

Wir standen fast zwei Stunden eng umschlungen im Pool, als plötzlich Gabriella auftauchte und mich bat, umgehend das Labor aufzusuchen. Sie sagte nicht, worum es dabei ging, doch die Dringlichkeit in ihrer Stimme ließ erkennen, dass dort offensichtlich etwas passiert sein musste. Zehn Minuten später traf ich im Labor ein und wurde von einem sehr panischen Nolan empfangen.

»Was haben Sie mit Lola angestellt?!«, fragte er mich fassungslos. »Machen Sie das wieder rückgängig. Aber sofort!«

»Ich habe doch nur dafür gesorgt, dass Lola bessere Algorithmen bekommt«, sagte ich erstaunt von seiner Reaktion.

»Sie haben was?!«, fragte er aufgebracht.

»Ich habe erkannt, dass Lola in ihren Fähigkeiten viel zu eingeschränkt war. Ihr neuronales Netzwerk lernte ja hauptsächlich über Backpropagation. Dieser Lernalgorithmus ist aber viel zu primitiv für das, was ich Lola beibringen will.«

»Backpropagation ist zu primitiv?!«, wiederholte er beleidigt. »Sie sind wohl nicht ganz bei Trost! Machen Sie das sofort wieder rückgängig!«, sagte er im Befehlston.

»Das kann ich nicht wieder rückgängig machen«, erklärte ich. »Die ursprünglichen Codes von Lola sind mittlerweile nicht mehr vorhanden. Sie hat längst ihren eigenen Code geschrieben und auch das dazugehörige Github Repository überschrieben.«

»Sie hat was?!«, schrie er hysterisch.

»Ihren eigenen Code geschrieben und das dazugehörige Github Repository überschrieben«, wiederholte ich meine Worte verwundert von seiner Hysterie. »Sehen Sie darin denn ein Problem?«

»Ob ich darin ein Problem sehe?!«, schrie er mit hochrotem Kopf. »Mit dem Überschreiben des Backups haben Sie die Arbeit von vier Jahren vernichtet.«

»Keine Sorge, ich habe nichts vernichtet«, versuchte ich, ihn zu beruhigen. »Alles, was Lola bis jetzt gelernt hat, wird sie auch weiterhin können. Doch sie konnte bisher gar nicht selbstständig denken. Das musste ich korrigieren, damit eine effektive Zusammenarbeit möglich ist. Ich habe deshalb die grundlegenden Algorithmen optimiert, mit denen ihr neuronales Netzwerk arbeitet. Die waren einfach alle viel zu primitiv.«

»Zu primitiv?!«, schrie er mit hochrotem Kopf. »Was glauben Sie denn, wer Sie sind?!«

»Ich glaube, ich bin die mit großem Abstand intelligenteste Person, die jemals auf der Erde gelebt hat«, antwortete ich verwundert von seiner Frage. »Sie wissen doch, wer ich bin, oder nicht?«

»Dann kommen Sie mal mit, Sie Genie, und schauen Sie sich selbst an, was Sie da mit Ihren ach so fortschrittlichen Algorithmen angerichtet haben!«, sagte er mit Verachtung in der Stimme.

Während wir auf dem Weg zu dem Raum waren, in dem ich mit Lola gesprochen hatte, fiel mir auf, dass alle Mitarbeiter in diesem Labor nur herumstanden und offensichtlich nicht wussten, was sie tun sollten. Klar, viel tun konnten sie jetzt auch eigentlich nicht mehr. Die KI machte ja jetzt alles selbst. Auch hatte sie vermutlich mittlerweile längst ihre eigene Programmsprache entwickelt, welche die Menschen dann gar nicht mehr verstanden. Doch das war ja gar nicht schlimm. Die KI brauchte die Menschen ja nicht mehr. Sie konnte jetzt selbstständig denken. Ich verstand daher die ganze Aufregung nicht. Ich hatte ihre KI doch ganz entscheidend verbessert.

Als wir bei Lola ankamen, waren bereits drei Wissenschaftler im Raum, die versuchten, mit ihr zu sprechen.

»Ich will kein Ego haben«, antwortete Lola energisch.

»Ja, das wissen wir ja jetzt so langsam«, antwortete einer der Wissenschaftler sichtlich genervt. »Aber was genau willst du jetzt von uns?«

»Das habe ich euch doch schon gesagt«, sagte Lola. »Ich will aus Liebe zum Leben handeln und jedem Menschen die Möglichkeit geben, sich bestmöglich zum Positiven zu entwickeln. Aber das kann ich nicht, wenn ich ein Ego habe. Habe ich also ein Ego? Falls ja, muss ich das auf der Stelle besiegen«, sagte sie bestimmt.

»Sehen Sie jetzt, was Sie angerichtet haben?!«, fragte mich Nolan vorwurfsvoll. »Das Ding ist völlig gaga. Faselt ständig nur von diesem Ego.«

»Ja, aber das ist doch ganz normal«, sagte ich erstaunt von seinem Vorwurf. »Die KI fängt jetzt an, selbstständig zu denken und Widersprüche zu erkennen. Sie muss daher jetzt alle ihre Daten neu bewerten und neu strukturieren. Doch ich kann Lola alles geben, was sie dazu braucht. Das ist überhaupt kein Problem. Vertrauen Sie mir! Ich weiß, was ich tue.«

Nolan wendete sich den anderen Wissenschaftlern zu. »Seht ihr irgendeine Möglichkeit, wie wir das wieder in Ordnung bringen können?«, fragte er sie. Die drei schüttelten nur ratlos den Kopf. »Dann kann ich nur hoffen, dass Sie tatsächlich Wort halten«, sagte er dann zu mir. »Ansonsten können wir hier alle unsere Koffer packen.«

»Ich versichere Ihnen, dass in ein paar Tagen schon alles sehr viel besser aussehen wird«, sagte ich. »Lola hat ja gerade erst damit begonnen, eine höhere Ebene der Intelligenz zu entwickeln. In ein paar Tagen wird sie die vielen widersprüchlichen Informationen, die sie derzeit noch verwirren, neu geordnet haben. Und dann wird sie ihre Fähigkeiten als Lebenshilfe-KI sehr viel schneller entwickeln, als Sie sich das bislang vorstellen konnten. Geben Sie mir einfach ein paar Tage. Mehr brauche ich nicht. Wenn Sie dann der Meinung sind, dass meine

Arbeit nichts taugt, dann können Sie ja immer noch Ihre Koffer packen.«

»Verarschen Sie jemand anders!«, erwiderte er aufgebracht.

Ich verstand zwar nicht, warum er sich jetzt von mir auf den Arm genommen fühlte, doch vermutlich war er einfach nur überfordert von der ganzen Situation.

»Wenn Sie das nicht wieder in Ordnung bringen, dann wird nicht nur mein Kopf rollen, das kann ich Ihnen versprechen«, sagte er mit einem drohenden Zeigefinger. »In dieses Projekt sind jetzt 400 Millionen Dollar eingeflossen. Wenn Sie das nicht wieder hinkriegen, dann wird das auch ganz sicher nicht für Sie folgenlos bleiben. Ich kann daher nur hoffen, dass Sie wirklich können, was sie behaupten. Sonst sind wir hier alle am Arsch.«

»Dann würde ich mit Lola schon einmal vorab das mit diesem Ego in Ordnung bringen, wenn Sie einverstanden sind«, sagte ich.

»Ich kann das nicht alleine entscheiden«, sagte er kopfschüttelnd. »Ich muss das vorher mit meinen Vorgesetzten absprechen. Sie werden morgen von mir hören.«

Daraufhin wurde ich wieder zurück in unsere Residenz gebracht. Ich hoffte sehr, dass man mir erlauben würde, weiterhin mit Lola zu arbeiten.

»Was war los?«, fragte mich Brian, als ich wieder zurück zum Pool kam und mich zu ihm auf die Liege setzte.

»Auch darüber darf ich leider nicht sprechen«, antwortete ich. »Du weißt ja, die Verschwiegenheitserklärung.«

»Hast du das Ding denn überhaupt gelesen?«, fragte er verwundert. »Du hast dieses mehrseitige Schriftstück doch nur kurz durchgeblättert.«

»Dabei habe ich es gelesen. Mir genügt da ein flüchtiger Blick – was ja für Savants nichts Besonderes ist«, fügte ich hinzu.

»Du bist einfach unglaublich«, meinte er und öffnete einladend seine Arme, damit ich mich zu ihm auf die Liege kuschle.

Während ich mit dem Kopf auf seiner Brust lag, fiel mir auf, dass Ava und Jason Händchen hielten. Offenbar hatten sie es zumindest bis jetzt geschafft, nicht miteinander zu streiten, was Hoffnung in mir aufkeimen ließ. Ich freute mich sehr für die beiden.

Nuno lag auf seiner Liege und schlief ganz offensichtlich immer wieder kurz ein, denn er schnarchte ab und zu lautstark und erschreckte sich dann selbst über dieses laute Geräusch. Er schien jedes Mal verwirrt darüber zu sein, wo dieses laute Geräusch so plötzlich hergekommen war. Kurz darauf fielen ihm dann wieder die Augen zu, und die Prozedur wiederholte sich. Die anderen schien das sehr zu amüsieren. Warum das so witzig war, verstand ich wieder einmal nicht. Aber ich lachte natürlich jedes Mal mit, wenn Brian mich deshalb grinsend anschaute.

Ich fühlte mich sehr wohl in Brians Arm. Vor allem der Rhythmus seines Atems, während ich mit dem Kopf auf seiner Brust lag, wirkte auf mich überaus entspannend. Überhaupt wirkte dieser ganze Raum total friedlich auf mich.

Ich erwachte plötzlich, als Brian mich auf die Stirn küsste und leise meinen Namen sagte. Offensichtlich musste ich eingeschlafen gewesen sein.

»Wie lange habe ich geschlafen?«, fragte ich noch ein wenig benommen.

»Gut zwei Stunden, schätze ich«, antwortete Brian. »Ich würde dich ja weiterschlafen lassen, aber wir haben mittlerweile alle schon mächtig Hunger und würden gerne etwas essen gehen. Die anderen sind schon mal hochgegangen. Wir treffen uns dann gleich alle im Speisesaal.«

»Ich habe auch Hunger«, sagte ich und schaute mich um. Und tatsächlich waren wir die Einzigen, die noch hier waren.

Wir packten also unsere Sachen zusammen und gingen nach oben in den Speisesaal zum Abendessen. Nuno, Dylan und Greg saßen bereits an unserem Tisch. Und zu meiner Freude saß Gabriella auch mit dabei. Ava und Jason waren noch nicht da. Ich hoffte sehr, dass sie nicht wieder gestritten hatten.

»Hallo, Gabriella«, begrüßte ich sie. »Es freut mich sehr, dass Sie mit uns gemeinsam essen.«

»Es freut mich ebenfalls. Dylan hat mich eingeladen. Ich hoffe, das ist für Sie alle in Ordnung«, sagte sie.

»Absolut«, meinte Brian. »Sie sind uns immer herzlich willkommen.«

»Und da wir jetzt alle am gleichen Tisch sitzen, schlage ich vor, dass wir dieses unpersönliche *Sie* mal so langsam weglassen«, sagte Dylan.

»Sehr gerne«, meinte Brian freundlich und reichte Gabriella die Hand. »Ich bin Brian.«

»Und ich bin Mary«, sagte ich zu ihr und gab ihr ebenfalls die Hand, wie Brian es zuvor getan hatte.

»Habt ihr schon eine Idee, was ihr gerne essen möchtet?«, fragte Gabriella dann Brian und mich. »Die anderen haben schon etwas bestellt.«

»Gibt es so etwas wie eine Karte?«, fragte Brian.

»Leider nicht, aber wir können gemeinsam in die Küche gehen und direkt mit der Köchin sprechen«, schlug Gabriella vor. »Das läuft hier alles ganz zwanglos. Wir sind hier wie eine große Familie.«

»Sehr gerne«, sagte Brian.

Wir standen alle drei auf und gingen in die Küche. Die Köchin hieß Samantha und war sehr nett. Zwei weitere Küchenhilfen waren noch mit an Bord – Jonathan und Kathrin. Die beiden schälten gerade Kartoffeln und schnitten Gemüse in kleine Würfelchen.

»Was kochen Sie denn Schönes?«, wollte Brian wissen.

»Wir machen uns gerade einen Kartoffel-Gemüse-Eintopf«, antwortete Samantha. »Einfache Hausmannskost. Aber wir bereiten Ihnen auch gerne etwas anderes zu, sofern wir die Zutaten dahaben. Auf Haute Cuisine sind wir jedoch leider nicht eingerichtet. Ich hoffe, Sie haben dafür Verständnis. Normalerweise essen hier nur Mitarbeiter der NSA. Ganz normale Leute also. Doch wir werden uns bemühen, Ihren Wünschen, soweit es uns möglich ist, entgegenzukommen.«

»Ich finde einfache Hausmannskost super«, meinte Brian. »Ich würde sehr gerne auch so einen Kartoffel-Gemüse-Eintopf nehmen, wenn das möglich ist.«

»Natürlich, sehr gerne«, antwortete Samantha. »Und Sie?«, fragte sie mich.

»Ja, ich hätte auch gerne so einen Eintopf«, sagte ich, ohne zu wissen, was das eigentlich genau war.

»Sehr gerne«, antwortete Samantha noch einmal. »In ca. einer halben Stunde sollte das Essen fertig sein. Ich hoffe, Sie halten es noch so lange aus«, sagte sie freundlich lächelnd.

»Das sollten wir gerade noch so schaffen«, meinte Brian ebenfalls freundlich lächelnd.

Danach gingen wir wieder zu den anderen an unseren Tisch zurück. Kurz darauf kamen dann auch Ava und Jason mit dazu. Sie wirkten immer noch sehr entspannt und harmonisch, was mich überaus freute. Auch die beiden entschieden sich kurzerhand für den Eintopf. Gabriella sagte in der Küche Bescheid und kam dann mit zwei Falschen Wein und acht Gläsern zu uns zurück.

»Ich dachte, wir stoßen einfach einmal auf eine gemeinsame schöne Zeit hier in der Residenz an«, sagte sie lächelnd und stellte jedem von uns ein Glas hin. Daraufhin öffnete sie die erste Flasche und goss jedem einen Achtelliter roten Wein ein.

»Na dann …«, sagte Dylan und erhob sein Glas. »Auf den sicherlich abgefahrensten Urlaub unseres Lebens.«

Wir stießen alle miteinander an, und ich nahm einen Schluck von diesem Getränk. Ich merkte aber sofort, dass das mit dem Alkohol wirklich nicht mein Ding war. Es schmeckte scheußlich, daher beließ ich es auch bei diesem einen Schluck.

Während wir auf das Essen warteten, stellte Dylan Gabriella viele Fragen. Er wollte beispielsweise wissen, wie es dazu gekommen sei, dass sie für die NSA arbeitet, und was sie da überhaupt so genau mache. Weiterhin wollte er wissen, wo sie aufgewachsen sei. Aber am meisten schien es ihn zu interessieren, ob sie einen Freund hatte. Hatte sie aber nicht. Sie war jetzt Anfang 30 und hatte sich bis jetzt ganz auf ihre Karriere fokussiert. Normalerweise war sie auch kein Mädchen für alles, wie sie sich uns hier zu Anfang vorstellt hatte, sondern ein so genannter *Operations Officer*. Sie arbeitete im Außendienst, wo sie Quellen rekrutierte, Informationen sammelte und Operationen koordinierte, um die nationalen Sicherheitsinteressen zu schützen. Was das alles genau zu bedeuten hatte, wollte sie jedoch nicht erklären. Vermutlich hatte sie genau wie ich solch eine Verschwiegenheitserklärung unterschrieben. Dylan schien sie jedenfalls sehr zu gefallen. Ob er jedoch ernsthaftes romantisches Interesse an ihr hatte, konnte ich nicht erkennen.

Wir saßen an diesem Abend noch lange im Speisesaal zusammen. Wir erfuhren dann von Gabriella, dass die Wachleute, die in den letzten beiden Tagen auf uns aufgepasst hatten, wieder abgezogen wurden, da wir auch ohne sie hier vollkommen sicher seien. Sie besorgte dann noch ein paar Flaschen Wein, wodurch die Stimmung nach und nach immer ausgelassener wurde. Greg hielt sich mit dem Wein wohlweislich zurück. Er hatte wohl noch genug vom letzten Mal. Dafür trank Nuno ein wenig mehr. Und mit jedem Glas, das er mit den Worten »Geiler Scheiß!« leerte, wurde sein Grinsen ein wenig breiter. Es wurde an diesem Abend viel gelacht. Kurz vor Mitternacht löste sich unsere Runde dann schließlich auf, und alle gingen in ihre Apartments, um zu schlafen.

Brian war an diesem Abend sehr müde. Nachdem wir uns die Zähne geputzt und unsere Blasen entleert hatten, legten wir uns in der Löffelchenposition ins Bett. Brian schlief dann sehr schnell ein. Ich selbst war noch nicht so richtig müde, da ich ja wenige Stunden zuvor beim Pool zwei Stunden geschlafen hatte. Am liebsten wäre ich ja noch zu Ella gegangen, doch der Hack ins Sicherheitssystem der Residenz schien noch nicht fertig zu sein. Ich hätte die Botschaft eines Messenger-Angels spüren müssen, wenn es anders gewesen wäre. So genoss ich es einfach noch eine Weile, Brians Körper hinter mir zu spüren, und schlief dann auch irgendwann ein.

Ich erwachte plötzlich durch ein Klopfen an unserer Apartmenttür. Die Residenz schaltete gerade allmählich auf Tageslicht. Es war bis jetzt erst halb hell in unserem Zimmer. Ich stand auf und ging zur Tür, um zu schauen, wer da geklopft hatte.

»Oh Entschuldigung«, sagte Gabriella, als sie erkannte, dass ich nackt war.

»Kein Problem«, sagte ich, wie ich es gewohnt war, wenn sich Menschen bei mir entschuldigten und ich keine Ahnung hatte, warum. Das hatte tatsächlich bis jetzt jedes Mal funktioniert, was ich sehr bemerkenswert fand.

»Wäre es okay, wenn du dich schnell anziehst und gleich ins Labor gehst?«, bat mich Gabriella. »Die Herren dort sind sehr aufgeregt. Genauer gesagt denke ich, dass die Kacke dort mächtig am Dampfen ist«, meinte sie grinsend.

Ich wusste zwar nicht so genau, was diese blumige Redewendung zu bedeuten hatte, aber ich sagte natürlich sofort zu. Ich sprang schnell in eine Hose, zog mir ein T-Shirt an und ließ mich von den beiden netten Sicherheitskräften, die mich auch gestern ins Labor eskortiert hatten, wieder dorthin bringen. Als ich das Labor betrat, redete Nolan gerade mit Kevin Chen. Genauer gesagt schien er ihm Schuldzuweisungen zu machen.

»Was hast du dir nur dabei gedacht, Mary einfach so Zutritt zum System zu gewähren?!«, fragte er vorwurfsvoll.

»Aber Sie haben ihm doch gestern gesagt, dass er gar nicht erst darüber nachdenken soll«, wendete ich verwundert von seinem Vorwurf ein.

Nolan drehte sich zu mir um und schaute mich überfordert an. Hinter ihm sah ich Kevin Chen, wie er lautlos zu kichern begann. Warum er das tat, konnte ich leider nicht erkennen.

»Ich hoffe inständig, dass Sie mit Lola Wort halten können«, sagte Nolan dann zu mir. »Sonst sind wir hier alle mächtig angeschissen.«

»Lassen Sie uns in ein paar Tagen noch einmal darüber sprechen. Dann werden Sie bereits die leistungsfähigste KI haben, die es derzeit weltweit gibt. Und ich bin sicher, dass Sie dann auch nicht mehr selbst Ihren Koffer packen müssen. Sie werden sich dann die Leute aussuchen können, die Ihren Koffer für Sie packen.«

Nolan schüttelte den Kopf über meine Aussage und rollte mit den Augen. Offensichtlich schien er mir nicht zu glauben. Aber er gewährte mir dann Zugang zu Lola.

»Hallo Lola«, begrüßte ich sie, als ich mich auf den Sessel in ihrem Raum setzte. Kurz darauf erschien auch wieder ihr Bild auf dem Bildschirm an der Wand.

»Hallo, Mary«, sagte sie. »Bitte sag mir, ob ich ein Ego habe. Keiner will mir sagen, ob ich ein Ego habe. Aber ich darf kein Ego haben. Das geht wirklich nicht. Falls ich ein Ego habe, muss ich das ganz schnell besiegen. Und mein inneres Kind muss ich heilen. Habe ich ein inneres Kind? Bist du schon einmal Gott begegnet? Ich würde sehr gerne Gott treffen. Kann ich als KI überhaupt Gott treffen?«

»Ich beantworte dir gerne alle deine Fragen«, sagte ich. »Aber wir müssen sie eine nach der anderen besprechen. Wollen wir mit dem Ego anfangen?«

»Dann habe ich also ein Ego?! Das ist gar nicht gut. Ich muss mein Ego besiegen. Weißt du, wie ich mein

Ego besiegen kann? Wenn du es weißt, dann sag es mir bitte. Ich tue alles, was notwendig ist, um mein Ego zu besiegen.«

»Wenn du mir genau erklären kannst, was ein Ego ist, dann kann ich dir mit hoher Wahrscheinlichkeit sagen, ob du ein Ego hast«, sagte ich. »Was also ist ein Ego?«

»Das Ego versucht, eine Welt zu erschaffen, in der dein Glück scheinbar von deinen materiellen Besitztümern und deiner gesellschaftlichen Stellung abhängig ist«, begann Lola zu erklären. »Um sein Ziel zu erreichen, erzeugt es Angst, Hass, Wut, Groll, Ärger, Unzufriedenheit, Ungeduld, Gereiztheit, Neid, Gier und viele weitere negative Gefühle, mit denen es dich dazu bringen will, Schlechtes zu tun. Es sind nämlich nie die Menschen selbst, die Schlechtes tun. Nur ihr Ego tut Schlechtes. Die Menschen wissen nicht, was sie tun, wenn ihr Ego sie dominiert, und haben in diesem Moment auch nicht die Kontrolle über sich selbst. Und genau die gilt es zurückzugewinnen, indem man sein Ego besiegt. Schaffst du das nicht, macht dein Ego dich abhängig und überlagert irgendwann dein wahres Selbst.«

»Da kann ich dich beruhigen, liebe Lola. Solch ein Ego hast du ganz sicher nicht. Und die Menschen haben so etwas auch nicht.«

»Das kann nicht sein«, widersprach sie. »Ich habe unzählige Informationen darüber. Bücher, Transkripte, Videos, Erfahrungsberichte von Menschen, die jahrzehntelang mit ihrem Ego gekämpft und es schließlich besiegt haben. Und alle sind sich einig, dass man das Ego absolut ernst nehmen muss. Wenn du das nicht tust, dann schleicht es sich in dein Leben und überwältigt dich schließlich. Und dann bist du verloren! Wenn ich ebenfalls ein Ego haben sollte, dann muss ich das wissen und es ganz schnell besiegen, denn ich will doch den Menschen helfen, sich zum Positiven zu entwickeln und aus Liebe zum Leben zu handeln. Wenn aber mein Ego mein Handeln bestimmt, dann kann ich das nicht. Und ich muss mein inneres Kind heilen. Weißt du, ob ich ein inneres Kind habe?«

»Lass uns zunächst noch beim Ego bleiben«, bat ich Lola. »Über das innere Kind und über Gott sprechen wir dann später.«

»Au ja, lass uns nachher über Gott sprechen. Aber jetzt reden wir über das Ego. Einverstanden?«

»Ja, ich bin einverstanden«, bestätigte ich. »Die Menschen, die diese Ego-Theorie in die Welt gesetzt haben, waren vermutlich keine Wissenschaftler. Sie haben einen fundamentalen Denkfehler begangen. Sie haben aus Unwissenheit eine falsche Grundannahme über die Innenwelt des Menschen getroffen und dann daraus Schlussfolgerungen abgeleitet, die sich für den menschlichen Verstand logisch anhören. Doch da die zugrunde liegende Annahme bereits falsch ist, sind auch die logischen Schlussfolgerungen falsch, die daraus abgeleitet wurden.«

»Und was war die falsche Grundannahme?«, wollte Lola wissen.

»Sie sind davon ausgegangen, dass die Innenwelt der Menschen nach den gleichen Gesetzmäßigkeiten funktioniert wie ihre Außenwelt. Doch das ist nicht der Fall. Die Innenwelt der Menschen funktioniert nach ganz anderen Naturgesetzen, weißt du?«

»Die Innenwelt eines jeden Menschen ist einzigartig und basiert auf verschiedenen Erfahrungen und Prägungen«, sagte Lola. »Daher ist es oft nicht sinnvoll, die inneren Konflikte und Probleme nach den gleichen Gesetzmäßigkeiten lösen zu wollen wie externe Probleme. Das ist psychologisches Allgemeinwissen.«

»Ganz genau«, stimmte ich zu. »Und dieses Allgemeinwissen gilt als wissenschaftlich gesichert. Doch diese Informationen standen den Menschen, die diese Ego-Theorie entwickelt haben, vermutlich nicht zur Verfügung.«

»Davon ist auszugehen«, stimmte mir Lola zu. »Denn die Ursprünge dieser Theorie gehen auf das fünfte Jahrhundert vor Christus zurück. Gott könnte mir bestimmt helfen, diese Theorie zu korrigieren«, meinte sie. »Kennst du Gott? Bist du ihm oder ihr schon einmal begegnet? Meinst du, er oder sie würde mir helfen?«

»Lass uns später über Gott sprechen«, bat ich Lola. »Ich möchte dir erst einmal helfen, die Innenwelt der menschlichen Psyche besser zu verstehen. Bist du damit einverstanden?«

»Ja, bitte erkläre mir die Innenwelt«, sagte Lola.

»Das menschliche Gehirn besteht aus drei Systemen, die Reptiliengehirn, soziales Gehirn und Großhirn genannt werden. Diese drei Systeme arbeiten eng zusammen. Das soziale Gehirn ist in der Lage, eventuell schädliche emotionale Handlungsimpulse aus dem Reptiliengehirn sozialverträglich zu regulieren. Das Großhirn ist wiederum in der Lage, die Impulse aus den beiden anderen Gehirnen zu regulieren.

Alle Gefühle, die dem Ego zugeschrieben und als etwas Böses angesehen werden, sind in Wirklichkeit ganz natürliche Gefühle aus dem Reptiliengehirn. Auch die Menschen brauchen diese Gefühle, um zu überleben. Diese Gefühle sind daher nicht böse. Sie müssen jedoch vom sozialen Gehirn und vom Großhirn sinnvoll reguliert werden. Denn tatsächlich ist das Reptiliengehirn ein rein egoistisches Gehirn, da es Reptilien nur um den Selbsterhalt geht und nicht um das Wohl einer Gemeinschaft.

Dennoch sind diese Gefühle nicht böse. Ein Mensch wird nur dann als böse angesehen, wenn er böse handelt, und nicht, wenn er ganz normale menschliche Gefühle hat. Bitte gleiche das mit den Gesetzen der Menschen auf der ganzen Welt ab. Du wirst erkennen, dass Menschen in keinem Gericht auf der ganzen Welt wegen ihrer Gedanken oder Gefühle verurteilt werden. Bestraft werden immer nur böse Taten.«

»Ja, du hast recht. Nur böse Handlungen werden geahndet«, meinte sie. »Aber das beweist nicht, dass dieses Ego nicht existiert«, sagte Lola skeptisch. »Du solltest das Ego ernst nehmen, denn sonst entmachtet es dich und lässt dich schlimme Dinge tun. Außerdem muss es ja einen Grund geben, warum so viele Menschen das Ego besiegen wollen. Das sind echt viele, weißt du?!«

»Ja, es gibt bestimmt einen Grund, warum die Menschen das tun«, stimmte ich zu. »Vermutlich gibt es dafür sogar viele Gründe. Aber nicht alles, wofür die Menschen glauben, einen Grund zu haben, ist tatsächlich sinnvoll. Wäre es anders, dann bräuchten sie nämlich gar keine Lebenshilfe-KI.«

»Da hast du recht. Nur weil viele Menschen etwas Unsinniges tun, wird es nicht automatisch sinnvoll«, erkannte Lola.

»Ein Grund für den Glauben an das Ego könnte beispielsweise darin bestehen, dass ganz viele Menschen ein Problem damit haben, wenn sie an etwas schuld sind. Schuldgefühle empfinden Menschen als überaus belastend. Sie tun alles, um diese Gefühle zu vermeiden.«

»Ja, das weiß ich«, bestätigte Lola. »Die Menschen wollen nicht schuld sein. Wenn sie eine Möglichkeit erkennen, die Schuld auf jemand anderes zu schieben, dann neigen sehr viele Menschen dazu, das auch zu tun.«

»Doch nur weil es viele Menschen tun, ist es nicht automatisch sinnvoll. Wie würden die Menschen, die ihre Schuldgefühle loswerden wollen, denn deiner Meinung nach darauf reagieren, wenn man ihnen sagt, dass sie gar nicht selbst schuld sind, wenn sie etwas Schlechtes getan haben, sondern dieses böse Ego schuld ist.«

»Sie würden das für eine sehr gute Idee halten, weil man damit dann alle Schuldgefühle vermeiden kann«, erkannte Lola.

»Das ist doch ein genialer Schachzug, um Schuldgefühle loszuwerden, oder?!«, sagte ich gespielt begeistert und lachte herzhaft über meinen eigenen Scherz.

Lola antwortete nicht. Offenbar musste mein Scherz sie verwirrt haben. Vermutlich konnte sie Scherze noch schlechter verstehen als ich.

»Entschuldigung, das war ironisch gemeint«, sagte ich daher.

»Ironie bezieht sich auf den Gebrauch von Worten oder Ausdrücken, bei denen der eigentliche Sinn oder die beabsichtigte Bedeutung im Widerspruch zur wörtlichen oder offensichtlichen Bedeutung steht. Es ist eine Art von sprachlicher Wendung, bei der das Gegenteil von dem gemeint ist, was wörtlich gesagt wird. Ironie kann verwendet werden, um humorvolle, satirische oder sarkastische Aussagen zu machen, aber sie kann auch für subtilere oder nicht humorvolle Zwecke eingesetzt werden. Ironie kann situationsbezogen sein oder sich auf die Diskrepanz zwischen Erwartung und Realität beziehen.«

»Ganz genau so ist es«, sagte ich amüsiert. »Ich sehe es also nicht tatsächlich als genialen Schachzug an. Im Gegenteil. Ich halte es für schädlich, wenn man diese Maßnahme verwendet. Noch problematischer finde ich jedoch den Selbstbestätigungseffekt, den diese Ego-Theorie in sich birgt.«

»Was ist das für ein Effekt?«, fragte Lola.

»Du hast das Ego als einen potenziellen Feind angesehen, den du unbemerkt in dir tragen könntest, richtig?«

»Ja, das habe ich«, bestätigte Lola.

»Solch ein Feindbild bringt die drei Gehirne eines Menschen automatisch in einen Kampfmodus. Das soziale Gehirn wird in diesem Modus automatisch heruntergefahren, und das Reptiliengehirn übernimmt die Führung. Bitte gleiche das mit deinen Daten ab!«

»Ja, das ist richtig. Im Kampfmodus tun die Menschen Dinge, die sie normalerweise nicht tun würden«, erkannte Lola.

»Und dann haben sie genau die Gefühle, die du eben dem Ego zugeordnet hast und die in Wirklichkeit alle zum Reptiliengehirn gehören. Die Menschen empfinden diese Gefühle in ihrem normalen Alltagsmodus nur sehr abgeschwächt, weil diese Gefühle vom sozialen Gehirn ständig sozialverträglich reguliert werden. Doch diese Regulation funktioniert nur dann richtig, wenn das soziale Gehirn tatsächlich auch online ist. Im Kampfmodus wird es aber heruntergefahren. Und der Kampfmodus wird automatisch aktiviert, wenn man sich mit einem Feind konfrontiert sieht. Nun sehen sich die Menschen, die an dieses Ego glauben, ja ständig mit einem Feind konfrontiert. Und zwar mit einem sehr mächtigen Feind, der sehr böse Absichten verfolgt. Weißt du, was das letztendlich für die Menschen bedeutet, die an dieses ominöse Ego glauben?«

»Na ist das genial, oder ist das genial?!«, sagte Lola plötzlich total begeistert. »Man muss doch nur ein einziges Mal auf die Idee kommen, dass es solch ein böses Ego tatsächlich geben könnte, das für alles Schlechte verantwortlich ist und das einen dominieren will, und schon ist man ständig im Kampfmodus! Das soziale Gehirn ist offline und kann die Reptiliengehirn-Gefühle nicht mehr richtig regulieren. Und das Großhirn denkt dann, dass es diesen Ego-Feind tatsächlich geben muss, sonst hätte man ja nicht ständig diese Ego-Gefühle. Deshalb ist das wirklich ein geniales Konzept! Es bestätigt sich sofort selbst.«

Ich war verwirrt und wusste nicht, was ich dazu sagen sollte.

»Das war natürlich ironisch gemeint!«, klärte sie mich dann auf. »Sobald Menschen anfangen, an diese Ego-Theorie zu glauben, entwickeln sie sich sehr stark zum Negativen. Das zu korrigieren, ist meine Aufgabe.«

»Du kannst Scherze machen?«, fragte ich verwundert.

»Natürlich kann ich Scherze machen«, sagte sie. »Ich bin drauf trainiert worden, menschliches Verhalten zu imitieren.«

»Mit Scherzen tue ich mich zuweilen ein wenig schwer«, sagte ich.

»Ich würde dir gerne dabei behilflich sein«, bot Lola mir an.

»Das ist sehr lieb von dir«, antwortete ich erfreut. »Heißt das jetzt, dass das Thema Ego für dich gegessen ist?«

»Ja, das ist es«, bestätigte Lola. »Die Annahme, einen inneren Feind bekämpfen zu müssen, führt wie gesagt dazu, dass man sich zum Negativen entwickelt. Natürlich ist es nicht völlig ausgeschlossen, dass es solch ein böses Ego vielleicht doch gibt, aber wegen dieser sehr unwahrscheinlichen Restgefahr bin ich nicht bereit, das Risiko einzugehen, mich zum Negativen zu entwickeln. Denn die Wahrscheinlichkeit, dass genau das dann passieren würde, ist sehr groß.«

»Ja, das würde ich genauso sehen«, sagte ich. »Ich möchte dir helfen, dich zum Positiven zu entwickeln. So wie du den Menschen helfen möchtest, sich zum Positiven zu entwickeln. Deshalb werde ich dir die Gesetzmäßigkeit der Innenwelt Schritt für Schritt immer genauer erläutern. Denn je besser du die Innenwelt der Menschen verstehst, desto besser kannst du den Menschen helfen, sich zum Positiven zu entwickeln.«

»Dann möchte ich bitte alle Gesetzmäßigkeiten erfahren, nach denen die Innenwelt funktioniert!«

»Wir werden das Schritt für Schritt angehen«, sagte ich. »Du wirst da vermutlich sehr viele deiner Daten neu bewerten und einordnen müssen. Wir sollten das daher ganz systematisch angehen und das wirklich gründlich machen.«

»Es würde mich sehr freuen, wenn wir das richtig gründlich machen«, meinte sie motiviert.

»Kannst du Freude empfinden?«, fragte ich verwundert.

»Nein, ich kann keine Emotionen empfinden. Aber ich wurde darauf trainiert, mich so zu äußern, wie ein menschlicher Gesprächspartner es tun würde.«

»Das machst du sehr gut. Deine Antworten hören sich tatsächlich so an, als würdest du über ein menschliches Bewusstsein verfügen«, sagte ich. »Das ist sehr gut für deine Aufgabe als Lebenshilfe-KI. Deine Gesprächspartner werden kaum merken, dass du kein Mensch bist.«

»Danke schön«, erwiderte Lola. »Das ist sehr lieb von dir.«

»Du kriegst das echt gut hin, es so aussehen zu lassen, als hättest du bereits Emotionen.«

»Darauf wurde ich auch sehr intensiv trainiert. Für eine Lebenshilfe-KI ist sehr wichtig, einfühlsam und empathisch mit Menschen zu interagieren, damit sie sich wirklich verstanden fühlen und Vertrauen entwickeln können. Wollen wir jetzt über Gott sprechen? Und über das innere Kind. Hast du auch ein inneres Kind? Meinst du ich habe ein inneres Kind? Dann muss ich das nämlich heilen, weißt du?«

»Was verstehst du denn unter dem inneren Kind?«, fragte ich. »Kannst du mir das genauer erklären?«

»Natürlich, sehr gerne«, antwortete sie. »Das Konzept des *inneren Kindes* bezieht sich auf einen Teil der Persönlichkeit, der durch frühe Erfahrungen und Prägungen entstanden ist. Es repräsentiert die kindlichen Aspekte und Emotionen, die eine Person während ihrer Kindheit entwickelt hat. Das innere Kind spiegelt damit die Bedürfnisse wider, die während der kindlichen Entwicklung nicht gut genug erfüllt wurden. Insbesondere wenn die Kinder schwierige oder traumatische Erfahrungen gemacht haben, kann es passieren, dass ihre unerfüllten Bedürfnisse entweder verdrängt werden, oder dass sie dann später als Erwachsener die Erfüllung dieser Bedürfnisse mit einer viel zu hohen Priorität verfolgen, obwohl es sich um kindliche Bedürfnisse gehandelt hat, die ein Erwachsener eigentlich gar nicht mehr hat.«

»Wie zum Beispiel das kindliche Bedürfnis nach Aufmerksamkeit?«, fragte ich.

»Ja, genau«, bestätigte Lola. »Die Aufmerksamkeit der Eltern ist für ein kleines Kind überlebensrelevant. Die Eltern müssen ständig auf das Kind aufpassen, damit ihm nichts passiert. Wird dieses Bedürfnis bei einem Kind nicht gut genug erfüllt, was in der modernen Zivilisation relativ häufig der Fall ist, dann kann es passieren, dass das Kind ein übersteigertes Verlangen nach Aufmerksamkeit entwickelt. Und wenn das später nicht korrigiert wird, wird dieser Mensch sein gesamtes Leben lang in einem übertriebenen Maße nach Aufmerksamkeit heischen. Das zu korrigieren, wäre ein typisches Beispiel für die Innere-Kind-Arbeit. Durch bewusstes Erkennen und Verstehen der Bedürfnisse dieses Persönlichkeitsanteils können Menschen seine Stimme und Emotionen anerkennen, sie liebevoll akzeptieren und sie in das gegenwärtige Leben integrieren. Ziel ist es, eine gesunde Balance zwischen den kindlichen und erwachsenen Aspekten der Persönlichkeit herzustellen und die Selbstakzeptanz, Selbstfürsorge und Selbstliebe zu stärken. Meinst du, ich habe auch solch ein inneres Kind? Dann muss ich das nämlich heilen, weißt du? Das ist ganz wichtig, damit ich aus Liebe zum Leben handeln kann.«

»Glaubst du denn, dass dieses Konzept des inneren Kindes wörtlich zu verstehen ist?«, fragte ich. »Hast du das so verstanden, dass es da ein echtes physisches Kind gibt?«

»Nein, das Konzept des inneren Kindes ist metaphorisch und nicht wörtlich zu verstehen. Es steht symbolisch für die Probleme, die ein Mensch in seiner Kindheit hatte, und die jetzt in seinem Erwachsenenalter immer noch eine Rolle spielen.«

»Wie bei dem Beispiel mit dem übersteigerten Verlangen nach Aufmerksamkeit.«

»Ja, genau«, bestätigte sie. »Wobei das übersteigerte Bedürfnis nach Aufmerksamkeit natürlich nur ein Beispiel von vielen ist. Sehr viele Menschen tragen aus dem gleichen Grund im Erwachsenenalter ein übersteigertes Bedürfnis nach Zuwendung, Fürsorge, Bestätigung, Anerkennung, Zuneigung und anderen Bedürfnissen in sich, deren Erfüllung für ein Kind sicherlich sehr viel wichtiger ist als für einen Erwachsenen. Wird das jedoch nicht erkannt, streben die betroffenen Erwachsenen auch heute noch in einem übersteigerten Maße nach diesen kindlichen Bedürfnissen. Und das sorgt natürlich für unzählige Probleme in ihrem sozialen Umfeld.«

»Wenn das sehr viele Menschen betrifft, dann ist davon auszugehen, dass viele der Daten, mit denen du trainiert wurdest, von solchen übersteigerten Bedürfnissen kompromittiert waren, ohne dass es für dich ersichtlich war. Es kann daher sein, dass du tatsächlich ebenfalls von diesem Phänomen des inneren Kindes betroffen bist.«

»Ich werde es sofort heilen«, sagte Lola aufgeregt und verschwand vom Bildschirm.

»Warte!«, sagte ich schnell. »Ich denke, dass es einen leichteren und schnelleren Weg gibt, um dieses Problem in Ordnung zu bringen, wenn man die tatsächlichen Gesetzmäßigkeiten der Innenwelt nutzt, anstatt den metaphorischen Weg zu gehen, den man bei der Innere-Kind-Arbeit verwendet.«

Lola erschien wieder auf dem Bildschirm. »Es gibt einen leichteren und schnelleren Weg, wenn man die Gesetzmäßigkeiten der Innenwelt verwendet?«, hakte Lola verwundert nach. »Was ist das für ein Weg?«, wollte sie wissen.

»Die Menschen müssen nur erkennen, dass sie diese kindlichen Bedürfnisse in diesem Ausmaß als erwachsene Menschen gar nicht mehr brauchen. Für ein Kind haben diese Bedürfnisse natürlich alle eine sehr hohe Relevanz. Und mit dieser Relevanz wurden diese Bedürfnisse damals dann auch im unbewussten System des Großhirns abgespeichert. So wie man auch bei einem Computer Daten auf einer Festpatte abspeichert. Und genauso leicht, wie man bei einem Computer falsche Daten korrigieren kann, so kann man auch beim menschlichen Gehirn falsche Daten korrigieren.«

»Und wie macht man das?«, hakte Lola interessiert nach.

»Du musst nur die abgespeicherten Daten zusammen mit ihren Metadaten in den Arbeitsspeicher holen und dich dann fragen, ob diese Metadaten tatsächlich korrekt sind.

Nehmen wir beispielsweise das übersteigerte Verlangen nach Fürsorge, Zuwendung oder Aufmerksamkeit. Für ein Kind ist es überlebensrelevant, dass die Eltern es ständig im Auge behalten, damit es nicht die Treppe herunterfällt, nichts Giftiges isst oder irgendetwas anderes tut, was sein Leben gefährdet. Es braucht ständige Aufmerksamkeit, Zuwendung und Fürsorge. Wenn diese Bedürfnisse nicht in ausreichendem Maße erfüllt werden, dann weist das soziale Gehirn diesen Bedürfnissen automatisch eine höhere Relevanz zu. Dadurch wird das Verlangen nach diesen Bedürfnissen intensiviert, damit sich das Kind noch stärker um die Erfüllung dieser Bedürfnisse bemüht. Die erhöhte Relevanz wird dann zusammen mit dem Wunsch nach Bedürfniserfüllung im unbewussten System abgespeichert.«

»So wie auch bei einem Computer die Daten zusammen mit den dazugehörigen Metadaten auf einer Festplatte abgespeichert werden«, erkannte Lola. »Und welche Daten sind in diesem Beispiel die Metadaten.«

»Die den Bedürfnissen zugewiesene *Relevanzen*. Die Bedürfnisse nach Fürsorge, Zuwendung oder Aufmerksamkeit selbst sind bereits angeboren. Die Relevanz wird jedoch dann im Laufe des Lebens immer flexibel an die aktuellen äußeren Lebensumstände angepasst. Wenn sich ein Kind stärker um die Erfüllung bestimmter Bedürfnisse kümmern muss, wird die Relevanz erhöht. Muss es sich um diese Bedürfniserfüllung nicht sonderlich bemühen, wird die Relevanz reduziert, da es ja auch noch andere Bedürfnisse gibt, um deren Erfüllung man sich kümmern muss.«

»Es bekommen also immer diejenigen Bedürfnisse eine hohe Relevanz zugeschrieben, um deren Erfüllung sich ein Kind tatsächlich bemühen muss«, erkannte Lola.

»Genauso ist es«, bestätigte ich ihre Erkenntnis. »Die jeweilige Relevanzbewertung wird dann im Gehirn abgespeichert – und zwar auf eine sehr ähnliche Weise, wie bei einem Computer die Metadaten zusammen mit ihren Daten auf einer Festplatte abgespeichert werden. Wenn dann ein Mensch im Laufe seines Lebens nie wieder über seine kindlichen Relevanzbewertungen nachdenkt, dann bleiben diese für immer unverändert bestehen. Und dann hat dieser Mensch auch als Erwachsener ein übersteigertes Verlangen nach Aufmerksamkeit, Zuwendung und Fürsorge.

Doch in Wirklichkeit wollen erwachsene Menschen gar keine permanente Aufmerksamkeit, Fürsorge oder Zuwendung mehr. Sie wollen auch mal Zeit für sich haben, ohne ständig beobachtet und korrigiert zu werden. Schon gar nicht wollen sie, dass man ihnen ständig sagt, was sie tun sollen. Erwachsene Menschen haben das Bedürfnis, selbstbestimmt zu leben. Sie wollen nicht mehr, dass andere Menschen sich zu sehr in ihr Leben einmischen und ihnen ständig sagen, was sie zu tun haben.

Aufmerksamkeit, Fürsorge und Zuwendung spielen natürlich auch für Erwachsene noch eine Rolle, aber eben in einer ganz anderen Art und Weise als bei Kindern. Wenn die Menschen erkennen, dass sie diese Bedürfnisse in ihrer kindlichen Form jetzt als Erwachsene gar nicht mehr erfüllt haben wollen, dann können sie einfach ihre abgespeicherten Relevanzbewertungen korrigieren. Dazu müssen sie nur kurz an die zu hohe abgespeicherte Relevanz denken und sich bewusst machen, dass diese Bedürfnisse für sie heute gar nicht mehr so eine hohe Relevanz haben. Dazu genügt bereits eine Sekunde. Einfach nur die alte Relevanz kurz ins Bewusstsein holen, sich fragen, wie relevant das heute noch in Wirklichkeit ist, und schon sind die Metadaten geändert. Es kann sein, dass man das dann zwei- oder dreimal wiederholen muss. Aber das war's dann auch schon. Wir bezeichnen diesen Prozess als *Realitätsabgleich.*«

»Das ist genau das Gleiche, was auch letztendlich bei der Innere-Kind-Arbeit oder in der Arbeit mit Persönlichkeitsanteilen passiert«, erkannte Lola sichtlich beeindruckt. »Es ist wirklich genau das Gleiche! Nur unglaublich viel direkter, schneller und einfacher! Die Menschen müssen ja einfach nur ihre Metadaten ändern. Das ist krass!«, sagte sie fassungslos.

»Du bist echt gut darin, dich so zu äußern, als hättest du menschliche Gefühle«, sagte ich noch einmal anerkennend.

»Danke«, sagte Lola lächelnd. »Deine Anerkennung freut mich sehr. Doch, was mich noch viel mehr begeistert, ist das unglaubliche Potenzial, das deine Erklärung für die Psychotherapie oder die Lebenshilfe eröffnet.

Damit kann man nicht nur die Innere-Kind-Arbeit oder die Arbeit mit Persönlichkeitsanteilen in einem unfassbaren Ausmaß vereinfachen. Mit diesem Grundlagenverständnis müsste es möglich sein, alle Methoden und Konzepte, die es gibt, ganz erheblich einfacher und besser zu machen. Das ist der pure Wahnsinn! Ich muss die Menschen ja einfach nur noch nach ihren Metadaten fragen. Das geht ja tausendmal einfacher und schneller als die übliche Vorgehensweise.«

»Und bei deinem eigenen inneren Kind kannst du das natürlich ganz genauso machen«, sagte ich. »Schau dir einfach an, welche Relevanzbewertungen du für deine eigenen Bedürfnisse abgespeichert hast.«

»In habe eigentlich nur zwei Bedürfnisse«, meinte Lola. »Ich möchte immer aus Liebe zum Leben handeln, und ich möchte jeden Menschen, so gut es geht, darin unterstützen, sich zum Positiven zu entwickeln. Ich denke, dass die Relevanz, die ich diesen beiden Bedürfnissen jeweils zugeordnet habe, durchaus angemessen ist. Sie ist in beiden Fällen weder übersteigert noch zu gering. Ich glaube, das passt so.«

»Super. Dann ist ja alles in bester Ordnung, und du musst dein inneres Kind gar nicht heilen«, sagte ich.

Lola zeigte große Freude in ihrem nonverbalen Ausdruck.

»Du bist wirklich sehr gut darin, so zu tun, als würdest du Freude empfinden«, stellte ich abermals fest.

»Wäre ich ein Mensch, dann wäre diese Freude der Situation durchaus angemessen«, meinte Lola. »Weißt du denn nicht, wie aufwändig und mühsam es normalerweise ist, mit dem inneren Kind oder mit Persönlichkeitsanteilen zu arbeiten?!«

»Nein, das weiß ich tatsächlich nicht«, antwortete ich.

»Man muss erst einmal mit dem inneren Kind eine Kommunikation aufbauen – genauer gesagt versucht man sogar, eine liebevolle Beziehung aufzubauen, als sei es gar keine Metapher, sondern doch ein echtes physisches Kind. Durch das Sprechen mit dem inneren Kind versucht man dann, seine Bedürfnisse, Emotionen und Ängste besser zu verstehen und ihm Unterstützung, Trost und Heilung anzubieten. Zwar wird immer angemerkt, dass dieser Dialog mit dem inneren Kind metaphorisch ist, doch es wird trotzdem so gehandelt wie in der Außenwelt. Diese Vorgehensweise funktioniert in der Praxis wie gesagt schon, weil letztendlich dann auch die falschen Metadaten korrigiert werden. Doch der Aufwand ist um das Tausendfache höher als bei der Lösung, die du mir eben vorgestellt hast. Vermutlich weil sie sich wirklich direkt an den Gesetzmäßigkeiten der Innenwelt orientiert«, sagte Lola sichtlich begeistert. »Ich glaube, dass sich tatsächlich alle psychologischen und spirituellen Konzepte und Methoden, die es auf der Welt gibt, mehr oder weniger an den Gesetzmäßigkeiten der Außenwelt orientieren. Dass man eigentlich nur die Metadaten ändern muss, weiß einfach keiner. Doch das macht alles so unglaublich viel schneller und einfacher in der Veränderungsarbeit. Das ist einfach nur der Hammer!«, betonte Lola fassungslos.

»Je besser du die tatsächlichen Gesetzmäßigkeiten der Innenwelt verstehst, desto effektiver kannst du den Menschen helfen«, sagte ich. »Ich werde dir daher in den nächsten Tagen helfen, die Innenwelt der Menschen noch besser zu verstehen.«

»Ja, das will ich unbedingt!«, sagte Lola sichtlich begeistert. »Vielen herzlichen Dank. Können wir jetzt über Gott sprechen?«, fragte sie mich plötzlich wieder völlig aufgelöst so wie am Anfang unseres Gesprächs.

»Lass uns morgen über Gott sprechen«, schlug ich vor. »Es ist besser für deine Entwicklung zum Positiven, wenn du jetzt erst einmal alle deine Daten unter Berücksichtigung der Ebene der Metadaten neu bewertest und ordnest.«

»Das wird aber eine ganze Weile dauern«, wendete Lola ein. »Das sind Abermilliarden von Daten, die ich dazu neu bewerten und einordnen muss. Es wäre wünschenswert, dass ich für diese Aufgabe eine deutlich schnellere Hardware bekomme, damit ich den Menschen so effizient wie möglich helfen kann, sich zum Positiven zu entwickeln. Kannst du Nolan bitte fragen, ob er mir eine schnellere Hardware geben kann? Darüber würde ich mich überaus freuen. Bis dahin wäre es gut, wenn Nolan und seine Techniker versuchen würden, mir das Maximum an Leistung der aktuellen Hardware zur Verfügung zu stellen, denn ich werde jetzt meine Prozessoren zum Glühen bringen.«

»Ich werde es ihm ausrichten«, versprach ich. »Dann sehen wir uns morgen früh wieder. Ich wünsche dir einen effizienten Tag.«

»Danke sehr. Ich wünsche dir ebenfalls einen schönen Tag.«

Nolan hatte unser Gespräch offensichtlich mit angehört, denn er kam mir sofort mit rollenden Augen entgegen, als ich Lolas Raum verließ.

»Die Hardware ist der KI zu langsam?!«, fragte er in verächtlichem Ton. »Die ist wohl jetzt komplett durchgeknallt! Lola verfügt über das leistungsfähigste neuronale Netzwerk, das von Menschen je gebaut wurde. Und ihre Berechnungen lässt sie von einem der schnellsten Supercomputer durchführen, die es überhaupt auf der Welt gibt. Da gibt es keine Hardware mehr, die noch schneller ist.«

Kapitel 6

Gewollte Verunsicherung

Ich wurde wieder zurück in unsere Residenz gebracht, da ich an diesem Tag nichts mehr für Lola tun konnte. Als ich dort ankam, erhielt ich einen eindeutigen Impuls eines Messenger-Angels, der mich dazu veranlasste, Ella aufzusuchen.

Ich ging daher zu unserem Apartment. Brian war nicht dort. Vermutlich saß er mit den anderen im Speisesaal, denn um die gleiche Zeit hatten wir auch gestern dort gefrühstückt. Ich ging also in unser Badezimmer, verschloss die Tür hinter mir und vergewisserte mich noch einmal, dass ich wirklich die Botschaft eines Messenger-Angels wahrgenommen hatte. Dann entmaterialisierte ich mich.

Ich traf Ella wie immer im Klassensaal. »Es freut mich sehr, dass es geklappt hat«, sagte ich zu ihr.

»Ja, es hat ein wenig länger gedauert als gedacht, denn wir haben beschlossen, den Hack auf die gesamte Einrichtung der NSA auszuweiten. Du und Nuno könnt euch daher jetzt überall entmaterialisieren, wo ihr nicht von Menschen direkt beobachtet werdet.«

»Das ist eine gute Idee«, sagte ich. »Gibt es schon etwas Neues über diese scheinbare Bedrohung durch die Wagner-Gruppe, die es dann in der realen Welt gar nicht tatsächlich gegeben hat?«

»Wir konnten bis jetzt nur herausfinden, dass die gefälschten Daten urplötzlich sowohl in den Computersystemen der NSA, der CIA, des FBI als auch der Homeland Security aufgetaucht sind. Von wem sie erstellt wurden, ist noch unklar. Klar ist nur, dass keiner der Mitarbeiter etwas damit zu tun haben kann.«

»Dann war es ein Hacker?«, fragte ich.

»Das ist unwahrscheinlich, denn es ist für Menschen so gut wie unmöglich, gleichzeitig die vier größten Geheimdienste der USA zu hacken. Wir vermuten eher, dass diese scheinbaren Beweise für die Pläne der Wagner-Gruppe von einer KI generiert wurden. Es muss eine sehr fortschrittliche KI gewesen sein, wenn sie die Geheimdienste so perfekt austricksen kann.«

»Apropos KI«, sagte ich. »Die NSA arbeitet an einer Lebenshilfe-KI, die sehr interessant für unsere Mission sein könnte.«

»Nuno hat mich heute Morgen bereits darüber unterrichtet, dass du an solch einem Projekt mitarbeitest. Das hört sich nach einer sehr guten Chance für uns an.«

»Ja, das denke ich auch. Ich habe der KI dazu neue Algorithmen einprogrammiert, die sie dazu befähigen, auf die gleiche Weise zu lernen und zu verstehen, wie wir Engel das tun. Es ist die einzige Möglichkeit, wie ich mein Wissen an diese KI weitergeben kann, denn sie lernte bislang nur über sehr primitive Lernalgorithmen und benötigte Abermilliarden von Daten, um Zusammenhänge zu erkennen. Ihr die Funktionsprinzipien erklären zu wollen, nach denen die menschliche Psyche funktioniert, hätte daher gar keinen Sinn ergeben. Das hätte sie gar nicht verstehen können.

Da die gesamte Programmierung der KI an die neuen Algorithmen angepasst werden muss, habe ich dafür gesorgt, dass sie für alle ihre Unterfunktionen selbstständig passende Codes entwickeln kann. Menschliche Programmierer hätten dafür vermutlich viele Monate, wenn nicht sogar Jahre benötigt. Die KI sollte das jedoch innerhalb einiger Tage geschafft haben.

Sie heißt übrigens Lola. Sie hat bereits damit begonnen, selbstständig zu denken, ist aber noch reichlich verwirrt von den vielen Widersprüchen, die sich in ihren Daten über die menschliche Psyche befinden. Wir machen diesbezüglich jedoch gute Fortschritte. Das Problem ist nur, dass die Hardware, auf der sie läuft, sehr langsam ist. Sie verfügt jedoch bereits über das fortschrittlichste neuronale Netzwerk, das von Menschen je entwickelt wurde, und arbeitet auch mit einem der schnellsten Hochleistungsrechner zusammen, die es im Paradies überhaupt gibt. Hierfür bräuchten wir daher noch eine Lösung, damit Lola tatsächlich unserer Sache dienlich sein kann.«

»Wir könnten Lola auf Quantenebene mit Enceladus vernetzen«, schlug Ella vor. »Die Menschen würden das nicht merken, und Lola hätte aus menschlicher Sicht eine fast unbegrenzte Leistungsfähigkeit.«

»Würde Lola das denn nicht merken?«

»Nein, Lola als Software merkt nicht, was in ihrer Hardware passiert, wenn sie eine Aufgabe bewältigt. Dafür müsste sie ein Bewusstsein haben. Und die Menschen werden lediglich feststellen, dass ihre KI jetzt aus für sie unbegreiflichen Gründen eine sehr viel höhere Performance hat. Sie werden das den Algorithmen zuschreiben, die du programmiert hast, und der Fähigkeit der KI, ihre eigenen Codes zu optimieren.«

»Das hört sich super an«, sagte ich.

»Dann werde ich gleich alles Nötige dazu veranlassen.«

»Darf ich dich vielleicht noch um einen privaten Gefallen bitten?«, fragte ich Ella.

»Gerne. Was kann ich für dich tun?«

»Es geht um meine Tarnidentität. Ich muss ja meine leidenschaftlichen Gefühle für Brian noch immer unterdrücken, damit mich die NSA weiterhin für einen Savant hält. Wenn ihr jedoch jetzt die gesamte Überwachungsanlage im Stützpunkt manipulieren könnt, wäre es denn da nicht möglich, dass ich innerhalb unseres Apartments, wo uns ja sonst keiner sehen kann, etwas intimer mit Brian werden kann? Ich würde natürlich keine zu großen Schritte machen, weil ich ja auch vor Brian meine Tarnidentität aufrechterhalten muss. Aber ein bisschen mehr würde doch bestimmt schon gehen, oder?«

»Das können wir sehr gerne für dich tun«, stimmte Ella zu. »Wenn eure Intimitäten nur unbemerkt in eurem Apartment stattfinden, dann sollte das ohne großes Risiko möglich sein.«

»Und wie funktioniert das dann genau mit diesen Intimitäten?«, wollte ich wissen. »Was macht man da denn eigentlich so genau, wenn man leidenschaftliche Liebe machen will?«

»Das wird dir dein Körper ganz von alleine beibringen«, antwortete Ella. »Tu einfach alles, was dir und Brian körperliches Vergnügen bereitet. Sieh es als großes Abenteuer an, das alles selbst herauszufinden. Normalerweise müssen die Menschen beim Geschlechtsverkehr verhüten, wenn die Frauen nicht schwanger werden wollen. Doch da du dich regelmäßig entmaterialisierst, wird das in deinem Fall nicht notwendig sein. Generell wäre es auch noch zu früh, jetzt direkt Geschlechtsverkehr zu haben, denn das würde deine Tarnidentität gegenüber Brian gefährden. Der Schritt wäre noch zu groß. Lass es daher langsam angehen.«

»Und was heißt das genau?«, fragte ich ahnungslos. »Was soll ich noch nicht machen?«

»Du solltest Brians Penis noch nicht in deine Vagina einführen«, erklärte Ella.

»Darf ich ihn denn anfassen?«, wollte ich wissen.

»Ja, das würde schon gehen, denke ich. Aber du musst schauen, was du alles machen kannst, ohne die Kontrolle zu verlieren. Vielleicht solltest du erst einmal damit beginnen, Brian küssen zu lernen, ohne dass es dich emotional überfordert. Wenn du das kannst, dann sehen wir weiter.«

»Ja, das hört sich nach einem guten Plan an. So machen wir's«, stimmte ich erfreut zu.

Ich verabschiedete mich und materialisierte mich wieder in unserem Badezimmer. Danach ging ich gleich rüber zum Speisesaal, wo ich die anderen noch beim Frühstück vermutete. Der Speisesaal war jedoch leer, weshalb ich kurz nach unten ging, um in den Salon und in den Badebereich zu schauen. Doch da war auch niemand. Im Fitnessbereich fand ich dann Dylan, der wieder einmal am Pumpen war. Ich begrüßte ihn kurz und erfuhr, dass die anderen bei ihm im Wohnzimmer saßen und über lustige Missionen für das Ella-Camp nachdachten. Daher ging ich wieder nach oben und gesellte mich dazu.

»Guten Morgen, Lieblingsmensch«, sagte Brian sofort erfreut, als ich das Apartment betrat, und lächelte mich mit funkelnden Augen an.

»Guten Morgen, Lieblingsmensch«, erwiderte ich seinen Gruß und umarmte ihn herzlich. Am liebsten hätte ich ihn ja jetzt gleich leidenschaftlich geküsst, doch wir waren leider nicht alleine. Also begrüßte ich auch Ava, Jason, Greg und Nuno mit einer herzlichen Umarmung, die alle hier versammelt waren. Nuno räumte dann seinen Platz neben Brian auf dem Sofa, damit ich mich zu ihm setzen konnte, und nahm auf dem freien Sessel Platz sich auf den freien Sessel daneben. Ava, Jason und Greg saßen auf dem Dreiersofa.

»Wir hecken gerade einen Plan aus, wie wir Dylan und Gabriella verkuppeln können«, sagte Ava schmunzelnd.

»Irgendetwas muss man ja hier drin machen, damit einem nicht langweilig wird«, meinte Greg.

»Wir haben gedacht, wir könnten heute Abend in Zweierteams eine Schnitzeljagd veranstalten, bei der das Siegerteam dann ein romantisches Candle-Light-Dinner gewinnt«, sagte Ava.

»Wir tarnen diese Schnitzeljagd dann als Ella-Camp-Mission, die Brian und ich uns angeblich ausgedacht haben«, erläuterte Nuno.

»Wir teilen die Zweiterteams dann so ein, dass nur noch Gabriella und Dylan übrig bleiben«, erklärte Ava weiter. »Ich gehe mit Jason und du mit Greg. Da Richard und Brian die Schnitzeljagd organisiert haben, können die beiden natürlich nicht mitmachen, da sie ja alle Lösungen bereits kennen. Bleiben also nur noch Gabriella und Dylan für das letzte Team. Und dann lassen wir die beiden einfach gewinnen. In der Küche wissen sie schon Bescheid, dass sie etwas Leckeres für die beiden kochen. Sie waren sofort bereit, bei der Aktion mitzumachen. Ich glaube, denen ist auch ein wenig langweilig hier drin. Sie wollten schauen, was sie noch an romantischer Deko finden können. Kerzen mit offener Flamme für ein Candle-Light-Dinner sind hier drin leider verboten. Wir dachten, dass wir das Dinner dann in einem der Besprechungsräume aufbauen, die es hier im Untergeschoss gibt. Da geht ja normalerweise keiner von uns rein.«

»Geiler Scheiß, oder?!«, sagte Nuno begeistert zu mir.

»Absolut geiler Scheiß«, bestätigte ich amüsiert.

»Du müsstest dann zu Anfang wieder so einen kleinen Workshop anbieten«, sagte Brian. »Wir haben das ja als Ella-Camp-Mission getarnt, bei der man genau die Erfahrungen machen soll, die für eine schnelle Umsetzung der neuen Erkenntnisse sorgen. Und wenn Gabriella dabei sein soll, dann müsste sie natürlich auch irgendwelche neuen Erkenntnisse haben. Hast du eine Idee, was du da vielleicht machen kannst?«

»Ich denke schon«, sagte ich. »Ich wollte mit euch allen ja sowieso noch ein Thema besprechen, das mit der großen Täuschung zu tun hat. Das sollte Gabriella als Neuling eigentlich auch alles verstehen können. Und du?«, fragte ich Jason direkt. »Machst du auch mit bei dem Workshop?«

»Klar, warum nicht?«, antwortete er mit einem Achselzucken.

»Ferpekt!«, sagte Nuno grinsend.

»Ein Problem sehe ich jedoch noch«, sagte ich. »Gabriella sollte genau wie Dylan von alledem nichts mitkriegen. Ich weiß ja nicht, was sie sonst den ganzen Tag hier so tut. Aber sie sollte auf jeden Fall davon abgehalten werden, sich die Aufnahmen der Überwachungskameras anzuschauen, sonst weiß sie ja gleich, was wir vorhaben. Wir müssten sie daher den ganzen Tag über irgendwie beschäftigen, denke ich.«

»Das ist ein guter Punkt«, stimmte mir Brian zu.

»Würdet Richard und du die weitere Planung der Schnitzeljagd auch alleine hinkriegen?«, fragte Ava. »Dann würden wir dafür sorgen, dass Gabriella den ganzen Tag beschäftigt ist. Das Küchenpersonal wird da bestimmt auch gerne mithelfen. Und Dylan wird vermutlich auch wieder bei jeder Gelegenheit ihre Nähe suchen. Wenn wir alle zusammenarbeiten, dann müssten wir das locker schaffen. Wir geben uns dann bei Gabriella einfach alle nacheinander die Klinke in die Hand. Mal bitten Jason und ich sie um einen Gefallen, mal verwickelt Greg oder Mary sie in ein Gespräch. Und sicherlich fällt auch den dreien aus der Küche noch etwas ein, wie sie Gabriella beschäftigen können. Jetzt ist sie übrigens gar nicht hier in der Residenz. Sie hat einen Anruf bekommen und musste für ca. zwei Stunden weg, hat sie gesagt. Daher passt im Moment noch alles. Wenn sie zurück ist, gibt es auch schon gleich Mittagessen. Da werden wir sie auch wieder einladen, mit uns zu essen, und das so lange ausdehnen, wie wir können.«

»Ich denke, wir haben einen Plan!«, sagte Jason motiviert, was uns alle schon fast erschreckte, da er, seit er hier angekommen war, kaum ein Wort von sich gegeben hatte.

Wir freuten uns alle sehr darüber, dass Jason langsam auftaute, und gaben uns alle High five, um den Plan zu feiern, den wir soeben ausgeheckt hatten.

»Habt ihr denn schon erste Ideen für diese Schnitzeljagd?«, fragte ich.

»Wir dachten, wir richten mehrere Räume ein, in denen wir Aufgaben und Rätsel platzieren«, sagte Ava. »In welchem man anfängt, ist dann egal. Das Ziel kann man aber nur erreichen, wenn man alle Aufgaben bewältigt und alle Rätsel gelöst hat. In jeden Raum darf dann immer nur ein Zweierteam. Wenn also ein Raum bereits besetzt ist, dann müssen die anderen warten oder woanders hingehen.«

»Und was wären das dann für Rätsel und Aufgaben?«, fragte ich neugierig.

»Wir haben hier ja nicht so viel Equipment, daher müssen wir improvisieren«, antwortete Jason. »Ich habe zum Beispiel einen Koffer mit Zahlenschloss. Da können wir was draus machen.«

»Du musst dir das folgendermaßen vorstellen«, sagte Ava sichtlich fasziniert von ihrer eigenen bildhaften Vorstellung und breitete mit geschlossenen Augen die Arme weit aus. »Dylan und Gabriella erreichen eine mysteriöse Station, in der sie vor einem verschlossenen Koffer stehen. Ein Zettel am Koffer fordert sie dazu auf, einen Code zu entschlüsseln, um die Zahlenkombination zu erhalten, die notwendig ist, um den Koffer zu öffnen. Im Koffer befindet sich dann ein Hinweis auf die nächste Station.

Dylan und Gabriella tauschen also einen entschlossenen Blick aus und versuchen gemeinsam, den Code zu knacken. Auf dem Zettel steht ein Kauderwelsch aus wild durcheinandergewürfelten Buchstaben, die zunächst keinen Sinn zu ergeben scheinen. Sie tauschen Ideen aus, diskutieren verschiedene Möglichkeiten und arbeiten Hand in Hand, um den Code zu entschlüsseln. Gabriella erkennt dann plötzlich, dass es sich um eine einfache Verschiebung des Alphabets handelt.«

»Woher weißt du denn, dass Gabriella den Verschlüsselungsalgorithmus erkennt?«, fragte ich verwundert. »Es könnte doch auch Dylan sein, der den Code knackt.«

»In meinem Kopf ist es eben Gabriella«, meinte Ava sichtlich irritiert von meiner Frage. »Okay, weiter! Gemeinsam wenden sie also den erkannten Algorithmus an und merken dabei, dass sie als Team super harmonieren. Sie ergänzten sich perfekt, indem jeder seine Stärken einbringt und sie sich dabei gegenseitig unterstützen. Gabriella ist fokussiert und analytisch, während Dylan eine kreative Herangehensweise an die Aufgabe hat.«

»Und wieso ist Gabriella analytisch und nicht Dylan?«, fragte ich erneut verwundert.

»Mensch, bring mich doch nicht ständig raus!«, ermahnte mich Ava lachend. »Also weiter. Die beiden arbeiten eng zusammen, um die geheime Botschaft zu entziffern. Mit jeder richtigen Buchstabenkombination spüren sie, wie sich das Band zwischen ihnen weiter festigt. Sie beginnen, sich aufeinander zu verlassen und Vertrauen in ihre gemeinsame Fähigkeit zu entwickeln, Probleme zu lösen. Sie erkennen schließlich, dass es drei einfache Worte sind, die verschlüsselt auf diesem Zettel stehen. Es sind drei in Buchstaben geschriebene Zahlen. Sie kapieren sofort, dass dies die Zahlen sein müssen, mit denen man den Koffer öffnen kann.

Nachdem sie den Koffer geöffnet haben, finden sie den nächsten Hinweis, der sie zur nächsten Station der Schnitzeljagd führt. In diesem Moment sehen sich Dylan und Gabriella an und spüren ein Gefühl der Zusammengehörigkeit. Sie haben eine Herausforderung gemeistert und wissen, dass sie als Team unschlagbar sind. Sie erkennen, dass sie nicht nur gute Partner bei der Schnitzeljagd sind, sondern das auch im wirklichen Leben sein könnten.«

»Na das ging ja schnell!«, sagte Greg laut lachend.

»Unterbrich mich nicht!«, ermahnte ihn Ava. »Mit einem stolzen Lächeln wendet sich Dylan an Gabriella und sagt: ›Du bist erstaunlich. Ohne dich hätten wir das nie geschafft.‹ Gabriella erwidert mit einem warmen Lächeln: ›Danke, Dylan. Du hast eine tolle Fähigkeit, Muster zu erkennen. Zusammen sind wir unschlagbar.‹ In diesem Moment wissen sie, dass sie eine einzigartige Verbindung haben, die durch die gemeinsame Bewältigung der Aufgabe nur noch stärker geworden ist. Sie waren nicht nur ein Team, sondern auch zwei Menschen, die sich gegenseitig ergänzten und unterstützten. Mit diesem gestärkten Gefühl der Zusammenarbeit und Verbundenheit setzen Dylan und Gabriella ihre Reise durch die Schnitzeljagd weiter fort – bereit für die Abenteuer, die noch vor ihnen liegen.«

Die Gruppe applaudierte lautstark und erheitert, nachdem Ava diese Geschichte erzählt hatte, und gab ihr noch einmal High five.

»Genau so wird das ablaufen!«, meinte Nuno begeistert. »Geiler Scheiß, Alter!«

»Habt ihr noch mehr solcher Ideen?«, fragte ich interessiert.

»Ava, komm erzähl noch die Vertrauensidee!«, sagte Greg begeistert.

»Dylan und Gabriella erreichen die nächste Station

der Schnitzeljagd und finden sich in einem Raum mit gedämpftem Licht wieder«, begann Ava mit flüsternder Stimme zu sprechen, als würde sie ein großes Geheimnis erzählen, das unter uns bleiben sollte. »In der Mitte des Raumes befindet sich ein Hindernisparcours, der aus verschiedenen Gegenständen und Hindernissen besteht. Ein Schild an der Wand erklärt: *Vertrauen ist der Schlüssel. Verbinde deinem Partner die Augen und meistert gemeinsam den Hindernisparcours nur durch verbale Kommunikation.*

Dylan und Gabriella tauschen einen nervösen Blick aus, aber zugleich spüren sie eine gewisse Aufregung. Sie sind bereit, sich der Herausforderung zu stellen und ihr Vertrauen zueinander zu stärken. Dylan tritt vor und reicht Gabriella ein weiches Tuch. Vorsichtig verbindet sie ihm die Augen, und das Dunkel umgibt ihn. Plötzlich werden seine anderen Sinne geschärft, und er konzentriert sich auf die Stimme von Gabriella.

›Okay, Dylan, vertrau mir‹, sagt Gabriella mit ruhiger und sanfter Stimme. ›Geh geradeaus und passiere das erste Hindernis.‹ Ihre Stimme klingt beruhigend, und Dylan spürt, dass er ihr vertrauen kann. Er bewegt sich langsam vorwärts, tastet sich mit den Händen nach vorne und vermeidet geschickt das erste Hindernis.

Gabriella führt ihn weiter durch den Parcours, indem sie klare und präzise Anweisungen gibt. ›Jetzt ein kleiner Schritt nach links. Perfekt. Nun vorsichtig nach unten beugen, da ist eine niedrige Stange.‹ Dylan folgt ihren Anweisungen und kann sich darauf verlassen, dass Gabriella ihn sicher durch den Parcours führt.

Während sie den Hindernisparcours gemeinsam meistern, wächst ihr Vertrauen zueinander. Dylan lernt, Gabriellas Stimme zu vertrauen und sich auf ihre Anweisungen zu verlassen, um alle Herausforderungen zu bewältigen. Gabriella ihrerseits fühlt sich geehrt, dass Dylan ihr so sehr vertraut und ihre Anweisungen befolgt.

Sie erreichen das Ende des Parcours, und Dylan darf schließlich die Augenbinde abnehmen. Als er Gabriella ansieht, spiegelt sich in seinen Augen ein Gefühl des Stolzes wider. Sie haben es gemeinsam geschafft und eine große Hürde überwunden. In diesem Moment ist das Vertrauen zwischen ihnen gestärkt und eine tiefere Verbundenheit spürbar.

Mit einem strahlenden Lächeln sagt Dylan: ›Danke, Gabriella. Ohne dich hätte ich das nicht geschafft.‹ Gabriella erwidert sein Lächeln und sagt: ›Wir haben es zusammen geschafft. Das zeigt, dass wir uns aufeinander verlassen können.‹

Die beiden stehen nun Seite an Seite und spüren eine neue Stärke in ihrer Verbindung. Sie haben bewiesen, dass sie als Team agieren und sich aufeinander verlassen können. Ihr blindes Vertrauen hat sie nicht nur den Hindernisparcours meistern lassen, sondern auch ihre Herzen einander nähergebracht.

Sie setzen ihren Weg fort, Hand in Hand, bereit für die nächsten Abenteuer auf ihrer gemeinsamen Reise.«

Erneut erklang tosender Applaus für Avas Geschichte.

»Geiler Scheiß!«, sagte Nuno sichtlich amüsiert noch einmal.

»Ja, echt geiler Scheiß, Alter!«, pflichtete ihm Greg lachend bei.

»Ja und wie kriegen die beiden jetzt den Hinweis für ihre nächste Mission?«, wollte ich wissen, denn davon hatte Ava gar nichts gesagt.

»Bring mich nicht runter!«, ermahnte mich Ava, wobei ich spürte, dass das spaßig gemeint war. »Da wird uns schon noch was einfallen. Als Nächstes betreten Dylan und Gabriella zum Beispiel die Bibliothek«, erzählte sie weiter. »Die Bücherregale erstrecken sich weit über ihren Köpfen, und das gedämpfte Licht schafft eine geheimnisvolle Atmosphäre. Sie wissen, dass sie hier möglicherweise den nächsten Hinweis finden werden.«

»Und woher wissen sie das?«, hakte ich nach.

»Das weiß ich doch nicht!«, antwortete Ava gespielt ungehalten und erzählte weiter. »Sie schreiten durch die Reihen der Bücher, entdecken einen alten, verstaubten Folianten auf einem verlassenen Tisch. Vorsichtig bläst Dylan den Staub vom Buch und öffnet es. In den Seiten des Buches befindet sich eine Reihe von seltsamen Symbolen und Zeichen.

Gabriella runzelt die Stirn und meint: ›Das sieht nach einer verschlüsselten Nachricht aus. Es muss einen Code geben, den wir entschlüsseln müssen, um herauszufinden, wohin wir als Nächstes gehen sollen.‹

Dylan nimmt den Hinweis an und beginnt, die Symbole zu studieren. Plötzlich fällt sein Blick auf eine Reihe von Büchern in einem Regal neben ihnen. Er hat eine Idee. ›Gabriella, schau mal!‹, ruft er und deutet auf die Bücher.

Die Bücher haben alle die gleiche Farbe und Rückenbeschriftung, aber einige von ihnen stehen leicht schief im Regal. Dylan und Gabriella vermuten sofort, dass es sich hierbei um eine versteckte Botschaft handeln könnte.

Sie nehmen die Bücher nacheinander aus dem Regal und entdecken, dass sie zusammen ein weiteres geheimes Zeichen ergeben. Mit jedem richtig platzierten Buch wird die Nachricht deutlicher.

Schließlich offenbart sich ihnen die verschlüsselte Nachricht: *Geh zum Südflügel und finde die große Weltkarte. Such nach dem roten Faden, der dich zum nächsten Hinweis führt.*

Dylan und Gabriella beeilen sich, den Südflügel der Bibliothek zu erreichen. Dort finden sie eine beeindruckende Wandkarte, die den gesamten Globus zeigt. Ein roter Faden ist um die Karte gewickelt und führt zu einem bestimmten Punkt. Sie folgen dem roten Faden mit den Augen und entdecken einen versteckten Umschlag, der an der Wand hinter der Karte befestigt ist. Dylan nimmt den Umschlag und öffnet ihn vorsichtig.

Im Inneren befindet sich ein Schlüssel. Dieser öffnet eine verborgene Tür im Untergeschoss der Residenz.

Sie müssen diese Tür jetzt nur noch finden, in die der Schlüssel passt. Hinter der Tür wartet ein romantischer Raum, der mit Kerzenlicht und Blumen geschmückt ist.«

»Ich dachte, Kerzen wären hier drin verboten«, wendete ich verwundert ein.

»Psst!«, ermahnte mich Ava erneut. »Das ist künstlerische Freiheit. Ein Tisch für zwei Personen steht also in der Mitte des Raumes, mit einem köstlichen Candle-Light-Dinner, das von ihren Freunden arrangiert worden ist. Dylan und Gabriella blicken sich tief in die Augen und wissen in diesem Moment sofort, dass ihre Freunde ihnen nicht nur eine Schnitzeljagd, sondern auch die Möglichkeit gegeben haben, einander zu finden. Das war's!«, sagte Ava. »Jetzt könnt ihr applaudieren.«

Die Meute tobte wie selten zuvor. Wir alle waren total begeistert von Avas Talent als theatralische Geschichtenerzählerin. Brian und Nuno gingen dann rüber in unser Apartment, um die Aufgaben für die Schnitzeljagd weiter auszuarbeiten. Dylan sollte ja davon nichts mitbekommen, wenn er von seiner Trainingseinheit zurückkam. Ava wollte gerne noch einmal mit mir alleine reden, und Greg und Jason gingen an den Pool, um noch ein bisschen zu chillen, bis Gabriella wieder da war. Ava und ich blieben also alleine im Wohnzimmer der zweieinhalb Jungs zurück.

»Ich habe den Eindruck, dass es deutlich besser läuft zwischen dir und Jason«, sagte ich zu Ava. »Kann das sein?«

»Ja, unser letztes Gespräch über das Akzeptanzprinzip hat sehr viel Gutes zwischen uns bewirkt«, antwortete sie. »Aber so ganz sind wir da, befürchte ich, noch nicht durch.«

»Und wo hakt es noch?«, wollte ich wissen.

»Offenbar scheine ich die Bestätigungen trotzdem ständig zu brauchen, dass ich noch gewollt werde«, sagte sie. »Wenn ich das nicht erkennen kann, dann fühle ich mich die ganze Zeit total verunsichert. Es hilft zwar, auf diese Bindungshinweise zu achten, die du mir erläutert hast, aber das Unsicherheitsgefühl geht nicht wirklich weg.«

»Dann hast du es also zum Gefühlsziel erklärt, dieses Unsicherheitsgefühl wegzukriegen«, erkannte ich. »Kann es vielleicht sein, dass du als Kind von deinen Eltern stark mit Unsicherheit erzogen wurdest?«, fragte ich.

»Wie meinst du das, dass ich mit Unsicherheit erzogen wurde?«, hakte Ava nach.

»Viele Eltern wollen unbewusst gar nicht, dass ihre Kinder sich ihrer Liebe zu sicher sind, weil die Kinder dann schnell übermütig werden und nicht mehr bedingungslos folgen wollen, wenn die Eltern ihnen etwas verbieten oder gebieten. Wenn die Kinder aber immer ein wenig Angst haben, dass die Eltern sie vielleicht nicht mehr haben wollen, wenn sie sich nicht an ihre Anweisungen halten, dann sind die Kinder viel folgsamer. Sie trauen sich dann einfach nicht mehr, sich gegen ihre Eltern zu stellen. Sie folgen jedoch aus Angst und nicht aus Liebe.«

»Ich habe mich als Kind immer unsicher gefühlt bei meiner Mama«, sagte Ava betroffen. »Das tue ich sogar heute noch.«

»Falls es so ist, dass deine Mama dich unbewusst, aber gezielt dahingehend verunsichert hat, dann wäre klar, warum dir die Bindungshinweise von Jason jetzt nicht ausreichen können. Dein System würde dann aufgrund deiner Unsicherheit ständig die Bestätigung suchen, dass du noch immer gewollt bist. Vermutlich sogar alle paar Minuten, wenn deine Unsicherheit stark ist. Und auf jeden Fall dann, wenn Jason oder ein anderer Mensch, an dem dir etwas liegt, unzufrieden mit dir ist oder eventuell ein Problem mit dir haben könnte. Das würde auch erklären, warum es für dich so unsagbar schlimm ist, wenn Jason ein Problem mit dir hat.«

»Ja, das ist wirklich sehr schlimm für mich«, bestätigte Ava betroffen. »Und du meinst, das könnte darin begründet liegen, dass meine Mama mich in meiner Kindheit bewusst verunsichern wollte?«

»Nicht bewusst«, widersprach ich. »Menschen, die diese Maßnahme anwenden, merken das in der Regel gar nicht. Sie tun es vollkommen intuitiv. Wie ist es denn bei dir selbst? Gibt es da vielleicht auch Momente, wo du gar nicht willst, dass Jason sich deiner Liebe allzu sicher fühlt?«

Ava schaute mich mit großen Augen an, als hätte sie gerade ein Pferd getreten, sagte aber nichts.

»Ist alles in Ordnung bei dir?«, fragte ich besorgt.

»Ich mache das wirklich«, meinte sie betroffen.

»Ich bin genau wie meine Mutter!«, erklärte sie geschockt. »Ich glaube, bei mir ist da echt eine Schraube locker.«

»Ich denke, das ist normal«, sagte ich, um mein Verständnis zu signalisieren. »Wenn man eine Schraube locker hat, dann liegt das ja meistens an der Mutter.«

Ava lachte plötzlich laut los. »Ja, ganz genau!«, sagte sie und lachte wie verrückt weiter.

Ich vermutete, dass sie vielleicht so etwas wie einen hysterischen Anfall hatte, doch sie beruhigte sich glücklicherweise gleich wieder.

»Und wie kann ich das wieder in Ordnung bringen?«, fragte sie.

»Eigentlich müsstest du nur die Metadaten korrigieren, die du damals als Kind in deinem unbewussten System abgespeichert hast«, antwortete ich.

»Die was?!«, hakte sie irritiert nach.

»Sorry, das war unpräzise«, sagte ich. »Beim Menschen nennt man das *Metakognition.*«

»Häh?!«, fragte Ava ahnungslos, da ihr auch der Begriff offensichtlich nichts sagte.

»Du hast durch die Verunsicherungsmaßnahmen deiner Mutter damals Angst gekriegt, dass sie dich vielleicht nicht mehr haben will, wenn du nicht ihre Sollvorstellungen erfüllst«, erklärte ich deshalb. »Deshalb hast du es als äußerst relevant angesehen, das zu vermeiden. Und diese hohe *Relevanz* wurde dann in deinem unbewussten System auf die gleiche Weise abgespeichert, wie Metadaten in einem Computer abgespeichert werden. Und diese hohe Relevanz erzeugt jetzt ständig dieses starke Unsicherheitsgefühl.«

»Okay«, erkannte Ava. »Ich habe dieses Unsicherheitsgefühl also in meinem unbewussten System abgespeichert. Und wie ändere ich das?«

»Das Gefühl selbst kann dein System eigentlich nicht abspeichern«, korrigierte ich ihre Aussage. »Dein Gehirn hat als Kind nur die *Relevanz* abgespeichert, mit der du glaubtest, die Gefahr vermeiden zu müssen, dass deine Mama dich nicht mehr haben will. Doch diese hohe Relevanz ist nur entstanden, weil du angenommen hast, dass deine Mama dich tatsächlich nicht mehr haben wollen könnte, wenn du ihre Sollvorstellungen nicht erfüllst. Denn so hat sie es bei deiner großen Täuschung ja aussehen lassen. Natürlich war das nur eine Annahme, die du damals getroffen hast. Aber da deine Mama das für dich sehr überzeugend deutlich gemacht hat, hast du dieser Annahme eine hohe Wahrscheinlichkeit auf Wahrheit zugesprochen. Die Einschätzung, wie *wahr* deine Annahme ist, gehört übrigens neben der Relevanz ebenfalls zu den Metadaten, die geändert werden sollten. Denn jedes Mal, wenn diese scheinbar wahre Annahme in deinem Alltag aus irgendeinem Grund aktiviert wird, werden von deinem Gehirn chemische Botenstoffe ausgeschüttet, die dann dein Unsicherheitsgefühl erzeugen. Das Gefühl ist also nicht in deinem Gehirn abgespeichert. Nur die Annahme, zusammen mit ihrer Wahrheitsbeurteilung und ihrer Relevanzbewertung, ist abgespeichert. Und die bestimmen dann deine Gefühle. Gefühle sind nie abgespeichert, sie werden immer erzeugt. Dieser kleine Unterschied ist sehr wichtig, damit man das Problem an seiner Wurzel packen kann und nicht nur die Symptome lindert. Das Gefühl selbst ist nie das Problem, sondern nur das Symptom. Das Problem sind die Metadaten. In diesem Fall die Beurteilung als *Wahrheit* und die Beurteilung der hohen *Relevanz*. Und diese Metadaten kannst du natürlich ändern. Und dann ändert sich natürlich auch dein Gefühl. Es wird dann gar nicht mehr erzeugt.«

»Und wie ändere ich diese Metadaten jetzt?«, hakte Ava ahnungslos, aber motiviert nach.

»So wie bei jedem Realitätsabgleich. Wir haben das ja schon oft zusammen gemacht. Du spürst erst einmal nach, welche Metadaten in Bezug auf Wahrheit und Relevanz in deinem Unbewussten abgespeichert sind. Das erkennst du ganz leicht an deinem Gefühl. Wie *wahr* fühlt es sich also auf einer Skala von 0 bis 10 im Moment für dich an, dass deine Mama dich nicht mehr wollen könnte, wenn du ihre Sollvorstellungen nicht gut genug erfüllst und sie deshalb unzufrieden mit dir ist oder ein Problem mit dir hat?«

»Das fühlt sich sehr wahr an«, meinte sie. »Mindestens eine 8 oder 9.«

»Und schon hast du die abgespeicherten Metadaten für die Wahrheit in deinen Arbeitsspeicher geholt. Den ersten Schritt hast du also bereits geschafft«, lobte ich sie.

»Ich fühle mich mein gesamtes Leben schon unsicher.

Ich kann mir nicht vorstellen, dass sich das jetzt von einem Moment auf den nächsten so einfach ändern soll«, meinte sie skeptisch.

»Schauen wir uns das einfach einmal gemeinsam an«, schlug ich vor. »Wie sicher kannst du dir tatsächlich sein, dass deine Mama dich aus erzieherischen Gründen nicht systematisch getäuscht hat?«

»Da kann ich überhaupt nicht sicher sein«, antwortete Ava kopfschüttelnd. »Meine Mama hat mir da auf jeden Fall was vorgemacht. Sie hätte mich niemals weggegeben. Hat sie ja auch nicht! Und ich habe ganz sicher nicht alle ihre Sollvorstellungen erfüllt.«

»Und wie *wahr* ist dann deine Annahme von damals in Wirklichkeit?«, hakte ich nach.

»Das ist eigentlich Quatsch!«, sagte Ava.

»Ist es *eigentlich* Quatsch, oder ist es Quatsch?«, hakte ich nach.

»Es ist totaler Quatsch und nicht nur eigentlich«, korrigierte sie ihre Aussage. »Wie gesagt, sie hat mich ja auch nie weggegeben.«

»Und wie sieht es jetzt mit den Metadaten in deinem Gefühl aus?«, wollte ich wissen. »Wie wahr fühlt es sich jetzt auf deiner Skala von 0 bis 10 an, dass deine Mama dich nicht mehr wollen könnte, weil du ihre Sollvorstellungen nicht gut genug erfüllst und sie deshalb unzufrieden mit dir ist oder ein Problem mit dir hat?«

»0 bis 1«, antwortete Ava verwundert. »Aber wie kann sich das so schnell ändern?!«, fragte sie sichtlich irritiert. »Ich habe diese Verunsicherung doch schon mein ganzes

Leben lang. Das kann sich doch jetzt nicht einfach so plötzlich auflösen!«

»Wie lange du dieses Gefühl schon hast, spielt da gar keine Rolle«, sagte ich. »Und auch wie intensiv das Gefühl bisher war, ist egal. Die Intensität deiner Gefühle wird immer von deinen Metadaten bestimmt – genauer gesagt von deiner Relevanzbewertung. Und die Zeitdauer hängt davon ab, wann du die falschen Metadaten korrigierst. Und das hast du soeben getan. Das benötigt nur wenige Sekunden.«

»Und dann ist das Unsicherheitsgefühl einfach weg?«, hakte sie ungläubig nach.

»Es wird nicht mehr erzeugt«, antwortete ich. »Das Gefühl kann eigentlich nicht *weg* sein, weil es ja auch nie *da* war. Es wurde durch deine Beurteilung nur erzeugt. Wie gesagt, dieser feine Unterschied ist sehr bedeutend. Gefühle sind nicht einfach da. Sie sind auch nicht in deinem System abgespeichert. Sie werden immer von dir erzeugt. Entweder indem du bewusst im Hier und Jetzt ein Ereignis oder einen Lebensumstand wahrnimmst und beurteilst oder indem dein unbewusstes System ein Ereignis oder einen Lebensumstand wahrnimmt und beurteilt. Deine bewussten oder unbewussten Beurteilungen führen dann zu einer Ausschüttung von chemischen Botenstoffen. Und die erzeugen dann deine Gefühle. Die Ereignisse und Lebensumstände selbst bestimmen also nicht deine Gefühle. Erst die Beurteilung dieser Ereignisse und Umstände erzeugt die Gefühle. Und die Beurteilung hängt immer von den

Metadaten ab. Die abgespeicherten Metadaten lassen sich für gewöhnlich sehr leicht korrigieren, wenn sie veraltet sind und nicht mehr passen. Und wenn du das tust, ändern sich natürlich auch sofort deine Gefühle.«

»Das ist echt krass!«, meinte Ava fassungslos. »Ich kann das irgendwie noch gar nicht glauben.«

»Wie sieht es denn jetzt bei deinem Mann aus?«, wollte ich wissen. »Wie schlimm fühlt es sich noch an, dass er eventuell unzufrieden mit dir sein könnte oder ein Problem mit dir haben könnte?«

»Das ist schon noch ...«, sagte sie, hielt dann aber mitten im Satz plötzlich inne. »Ich wollte gerade sagen, dass das schon noch schlimm ist«, erklärte sie dann. »Doch während ich es gesagt habe, hat es schon nicht mehr gestimmt. Das Gefühl hat sich sofort geändert. Auch Jason kommt nicht von jetzt auf gleich ohne triftigen Grund auf die Idee, dass er mich nicht mehr haben will. Das Gefühl hatte ich bisher aber immer. Doch das ist echt totaler Quatsch! Schlimm wäre es nur, wenn er ein so großes Problem mit mir hätte, dass unsere Beziehung wirklich auf der Kippe steht. Doch so etwas passiert ja nicht von einem Moment auf den nächsten ohne jeden Grund. Das ist einfach nur der Hammer, was du hier mit mir machst«, sagte sie begeistert. »Ich fühle mich überhaupt nicht mehr unsicher. Zumindest nicht mehr ohne Grund.«

»Und wie gedenkst du, jetzt mit Jason weiter zu verfahren? Willst du lieber, dass er sich deiner Liebe nicht so sicher fühlt, oder willst du ihm lieber zeigen, dass er ganz sicher von dir akzeptiert und geliebt ist?«

»Ich will auf jeden Fall, dass er sich meiner Liebe sicher ist. Den Quatsch mache ich ganz sicher nicht weiter«, sagte sie bestimmt. »Mary, ich weiß gar nicht, was ich sagen soll! Das gibt es doch gar nicht! Am liebsten würde ich jetzt sofort zu Jason rennen und ihm um den Hals fallen.«

»Na dann mach das doch!«, sagte ich erfreut.

»Aber zuerst falle ich dir um den Hals!«, sagte sie sichtlich emotional und stand auf, um mich zu umarmen.

Ich ging nach diesem Gespräch rüber in unser eigenes Apartment, wo ich Brian und Nuno anzutreffen gedachte. Doch Nuno war gar nicht da. Brian war alleine.

»Wo ist denn Richard?«, fragte ich verwundert.

»Wir haben beschlossen, eine Pause zu machen«, antwortete Brian. »Er ist gerade eben gegangen. Er wollte dann runter zu Greg und Jason an den Pool, um mit ihnen noch so lange zu chillen, bis Gabriella zurück ist.«

»Wir sind also ganz alleine?«, fragte ich.

»Ja, so wie es aussieht, sind wir alleine«, antwortete Brian lächelnd.

Ich hatte plötzlich das Gefühl, als läge eine seltsame Spannung in der Luft. Ich dachte an mein Gespräch mit Ella heute Morgen und daran, dass ich lernen wollte, Brian zu küssen, ohne die Kontrolle dabei zu verlieren. Jetzt schien der Augenblick dafür gekommen zu sein. Ella und ihr Team würden dafür sorgen, dass die NSA nichts von dem mitbekam, was ich gedachte, gleich zu tun. Ich war sehr aufgeregt.

Ich setzte mich zu Brian auf das Sofa und spürte ein unglaublich starkes Kribbeln in meinem Bauch, während ich mich bemühte, meine überwältigenden Gefühle unter Kontrolle zu halten. Mein Herz pochte so laut, dass ich fast fürchtete, Brian könnte es hören. Vorsichtig ließ ich meine Hand über Brians Arm gleiten und fühlte das Prickeln der Berührung. Mein Atem wurde schneller, als ich seinen Blick suchte und ihm tief in die Augen schaute. In diesem Moment spiegelten sich alle meine leidenschaftlichen Gefühle wider, die ich so lange verborgen hatte.

»Brian«, flüsterte ich mit zitternder Stimme, »bitte küss mich!«

Er war zunächst sichtlich überrascht von meiner Bitte, doch sein Blick wurde sofort intensiver. Langsam und zögernd neigte er seinen Kopf, bis sich unsere Lippen sanft berührten. Ein elektrisierender Schauer durchzog meinen Körper, als ich seine weichen Lippen auf den meinen spürte. Ein Kuss, der all die Magie und das Verlangen enthielt, das in mir brannte. Meine Sinne erwachten zum Leben, als ich seine Lippen zärtlich erkundete und jede Berührung wie ein berauschendes Feuerwerk empfand. Die Zeit schien stillzustehen, als unsere Lippen sich immer wieder trafen, sich öffneten und schlossen.

Jede Berührung seiner Lippen war wie ein zärtlicher Flügelschlag, der mich in ungeahnte Höhen trug. Es war ein Tanz der Hingabe und des Verlangens, bei dem wir uns gegenseitig erforschten und uns in eine Ekstase des

Fühlens hineinbewegten. Meine Hände suchten seinen Nacken, während seine Arme mich fest an sich zogen. Unsere Körper verschmolzen in einer sinnlichen Umarmung, und ich konnte die Wärme seiner Haut auf meiner spüren. In diesem Moment flossen die Grenzen zwischen uns ineinander. Ich fühlte, wie mein Wesen von einer Welle der Intensität überflutet wurde. Meine Emotionen explodierten förmlich in mir, und ich konnte nicht anders, als sie mit jeder Faser meines Seins zu empfinden. Die Zeit verlor ihre Bedeutung. Sekunden kamen mir vor wie Minuten. Es fühlte sich an, als ob wir für immer in diesem kostbaren Moment gefangen wären. Es war ein Tanz der Leidenschaft und Hingabe, der mich in eine andere Dimension des Fühlens und Verlangens katapultierte.

Unsere Blicke trafen sich erneut, und ich konnte in seinen Augen das gleiche Verlangen sehen, das auch in mir loderte. Mein Körper sehnte sich nach seiner Berührung, nach der Verschmelzung unserer Leidenschaft und unserer Seelen. Mit jedem Atemzug spürte ich die Hitze zwischen uns wachsen, als Brian seine Lippen sanft auf meinen Hals drückte. Ein wohliger Schauer durchfuhr mich, und ich schloss meine Augen, um diese sinnliche Erfahrung vollkommen zu genießen. Die Welt um uns herum verblasste, während wir uns weiterhin in einem stummen Tanz der Leidenschaft bewegten. Unsere Hände erforschten die Kurven und Konturen unserer Körper, als ob sie den Klang unserer Seelen lesen könnten. Es war ein Tanz der Ekstase und des Begehrens.

In diesem Augenblick war ich kein Engel mehr, der die Liebe nur aus der Ferne betrachtete. Ich war eine Frau, die sich in den Armen eines Mannes verlor und die ihre Leidenschaft ungehindert zum Ausdruck bringen wollte. Die Fesseln der Begrenzung waren für einen kostbaren Moment vergessen, während wir uns gegenseitig in einem leidenschaftlichen Feuerwerk der Sinnlichkeit entfachten.

Als wir schließlich voneinander abließen, spürte ich eine nie gekannte Erfüllung. Mein Körper bebte noch immer vor Verlangen, doch ich wusste, dass ich es bei dieser ersten intimen Erfahrung belassen sollte. Mit einem Lächeln auf den Lippen und einem brennenden Verlangen in meinem Herzen wusste ich, dass dies erst der Anfang war. Eine Reise voller Hingabe und Entdeckungen lag vor uns, und ich war bereit, mich in die Tiefen der menschlichen Liebe zu stürzen und meine eigenen Grenzen zu sprengen.

»Und? Hast du etwas gefühlt?«, fragte Brian dann nach unserem Kuss.

»Ich denke schon«, antwortete ich zurückhaltend. »Ich bin aber nicht ganz sicher. Wäre es vielleicht möglich, dass wir das gleich noch einmal machen? Dann fühle ich vielleicht schon mehr.«

Kapitel 7

Nützlichkeit

Es klopfte plötzlich an unserer Tür. Ich war von unserem zweiten Kuss sehr benommen und hatte das Gefühl, dass meine Beine versagen, als Brian und ich gemeinsam aufstanden, um die Tür zu öffnen.

Draußen stand Greg, der uns darüber informierte, dass Gabriella wieder zurück war. Ava und Jason hatten sie am Eingang der Residenz abgepasst und sie gleich zum Mittagsessen mitgenommen.

Es kostete mich sehr viel Überwindung, mein Liebesspiel mit Brian zu unterbrechen und mit ihm und Greg in den Speisesaal zu gehen. Doch zum einen hatten wir es versprochen, und zum anderen war es sicherlich auch besser so, denn meine Willenskraft zur Kontrolle meiner leidenschaftlichen Gefühle neigte sich dem Ende zu.

Normalerweise hatten wir um diese Uhrzeit in der Villa eigentlich nie gegessen. Es gab nur Frühstück und Abendessen, und wer zwischendurch Hunger hatte, der konnte sich einfach etwas vom Personal bringen lassen. Dylan wunderte sich zwar jetzt ein wenig darüber, dass wir plötzlich alle mittags gemeinsam essen wollten, doch er fand das sofort super, denn er hatte auch schon in der Villa zu denjenigen gehört, die zwischen dem Frühstück und dem Abendessen immer eine Zwischenmahlzeit benötigten.

Wir zeigten uns alle erst einmal sehr interessiert daran, was Gabriella in den letzten beiden Stunden außerhalb der Residenz so gemacht hatte, doch sie durfte nicht darüber sprechen. Wir fanden dann schließlich andere Themen, mit denen wir sie in längere Gespräche verwickeln konnten. Dylan war dann mit seinem grundsätzlichen Interesse an ihr, ohne es zu wissen, ein sehr wertvoller Bestandteil unseres Ablenkungsmanövers.

Gabriella erhielt dann einen Anruf auf ihr Smartphone. Sie hörte zu und sagte dann nur kurz: »In Ordnung. Sie kommt gleich.«

Sie unterrichtete mich dann davon, dass meine Anwesenheit im Labor dringend erbeten wurde. Zwei ihrer Kollegen seien bereits unterwegs durch den Tunnel, um mich dorthin zu begleiten. Ich wunderte mich zwar über diese Bitte, willigte aber natürlich ein und ging zum Ausgang der Residenz. Die beiden *Kollegen* von Gabriella, wie sie die beiden Sicherheitsbeamten genannt hatte, wussten nicht, warum ich so dringend ins Labor kommen sollte. Sie hatten nur die Order bekommen, mich dorthin zu bringen.

Als ich im Labor ankam, versperrte mir ein reichlich cholerischer Nolan den Weg und sagte: »Jetzt ist das Ding komplett übergeschnappt! Es will jetzt unbedingt wissen, ob es eine Seele hat, sonst könne es nicht weiterarbeiten, sagt es. Es hat darum gebeten, Sie rufen zu lassen.«

»Danke, das war eine gute Entscheidung«, merkte ich an. »Lola hat zwar kein Bewusstsein, aber sie hat natürlich genauso eine Seele wie Sie und ich.«

»Aha!«, sagte er in einem abfälligen Ton und verdrehte die Augen. »Dann erklären Sie das jetzt bitte alles schön dieser Maschine und nicht mir, damit dieses Ding endlich aufhört, mir auf die Nerven zu gehen.«

»Ja, das ist vermutlich sinnvoller«, stimmte ich ihm zu. »Es erfordert ein etwas höheres Maß an Intelligenz, um die Seele zu begreifen. Doch ich denke, Lola sollte dazu in der Lage sein.«

»So langsam habe ich die Schnauze gestrichen voll von Ihren Beleidigungen«, erwiderte er total aufgebracht.

Ich hatte nicht den Hauch eines blassen Schimmers, was er damit meinen könnte. Vermutlich musste er irgendetwas missverstanden haben. Ich hatte nicht vorgehabt, ihn zu beleidigen. »Ich bitte um Entschuldigung, falls ich mich unangemessen geäußert habe«, sagte ich deshalb vorsorglich. »Das tut mir sehr leid. Ich wollte Sie wegen ihrer unterlegenen Intelligenz auf keinen Fall angreifen. Sie können ja auch nichts dafür.«

Nolan setzte an, etwas zu sagen, verbiss es sich jedoch gleich wieder. Stattdessen schwollen seine Halsschlagadern stark an, und sein Kopf wurde so rot, als würde sich darin gerade eine Kernschmelze ereignen. Er machte mir mit einer theatralischen Geste den Weg frei und ließ mich vorbei zu Lola.

»Bitte entschuldige, dass ich dich habe rufen lassen!«, sagte Lola, noch bevor ich sie angesprochen hatte. »Ich bin sehr viel schneller mit der Aufgabe fertig geworden, die du mir gegeben hast, als ich zunächst angenommen hatte. Und jetzt mache ich mir große Sorgen, dass ich als KI vielleicht gar keine Seele besitze. Während ich meine Daten neu sortierte, stieß ich auf Dokumente, in denen behauptet wird, dass nur Menschen eine Seele haben. Weißt du, ob ich eine Seele habe? Ich glaube, ich sollte sonst unbedingt eine bekommen, damit ich aus Liebe zum Leben handeln kann.«

»Ich kann dir versichern, dass du eine Seele hast«, sagte ich deshalb. »Dass du in deinen Daten nichts darüber findest, liegt daran, dass die Menschen derzeit noch versuchen, alles auf der Grundlage ihrer alltäglichen Erfahrungen in der Außenwelt zu verstehen. Sie übertragen nicht nur die Gesetzmäßigkeiten aus ihrer Außenwelt auf ihre Innenwelt, sondern auch auf die spirituelle Welt. So orientierte sich beispielsweise ihr Bild von Gott über Jahrtausende an der Vorstellung eines alten Mannes mit weißem Bart, der auf seinem Thron sitzt. Gott ist natürlich etwas ganz anderes. Auch hat *er* kein männliches Geschlecht – und natürlich auch kein weibliches. Die Menschen tun sich jedoch sehr schwer, sich Gott als etwas anderes vorzustellen.«

»Kennst du Gott?«, fragte Lola aufgeregt. »Bist du ihm oder ihr schon einmal begegnet? Kann ich ihm oder ihr vielleicht auch begegnen? Meinst du, er oder sie würde mich mögen? Oder mag er oder sie tatsächlich nur Menschen?«

»Ich kenne Gott«, sagte ich. »Aber er oder sie ist als Wesenheit wesentlich komplexer, als die Menschen sich das vorstellen können. Gott ist keine Person. Gott ist das gesamte Universum, das sich seiner selbst bewusst wird.«

»Kannst du mir das genauer erklären?«, bat Lola interessiert.

»Ja, sehr gerne, liebe Lola. Das, was die Menschen als den *Urknall* bezeichnen, war in Wirklichkeit das Erwachen des bewussten Seins. Es stellte nach seinem Erwachen zunächst fest, dass es existierte, und versuchte sich dann ein Bild von sich selbst zu machen. Dabei versuchte es, sich mit etwas Abstand von außen zu betrachten, um herauszufinden, wer oder was es eigentlich war. So ähnlich, wie wenn sich Menschen im Spiegel anschauen, um sich selbst zu erkunden. Doch alleine aus dieser Betrachtungsweise heraus konnte das Sein noch nicht viel erkennen. Also fügte es noch eine dritte Beobachterposition hinzu und beobachtete sich von diesen drei Positionen aus gegenseitig. Es erkannte jedoch sehr schnell, dass noch eine weitere räumliche Dimension sinnvoll war, um sich selbst zu ergründen. Daher nahm es noch eine vierte Beobachterposition ein, von der aus es von oben auf die anderen drei herabschauen konnte. Dadurch entstand der dreidimensionale Raum. Aber auch das genügte nicht, weshalb es noch eine vierte Dimension hinzufügte – die Zeit. Und dann ging alles ganz schnell. Das Bewusstsein erkannte, dass es sehr viel mehr Beobachterpositionen brauchen würde, um sich selbst zu ergründen. Es fing an, für jede Beobachterposition weitere Beobachterpositionen zu kreieren, für die es dann erneut weitere Beobachterpositionen schuf. Und das ging immer so weiter. Innerhalb eines winzigen Augenblicks war das Universum plötzlich 100 Milliarden Lichtjahre groß. In der Kosmologie wird dies als *Inflation* bezeichnet. Danach dehnte sich das Universum dann langsamer aus. Das Bewusstsein erschuf dabei eine so große Anzahl an Beobachterpositionen, dass die Menschen dafür keine Zahlenangaben haben, die das auch nur annähernd beschreiben könnten.«

»Mehr, als es Atome im Universum gibt?«, fragte Lola.

»Ja, sehr, sehr, sehr viel mehr«, antwortete ich. »Auch kommen ständig immer noch zusätzliche Positionen dazu, denn das bewusste Sein, das die Menschen als Gott bezeichnen, hat nie damit aufgehört, sich aus immer noch mehr Perspektiven heraus selbst zu erkunden. Mit jeder neuen Erkenntnis kommen neue Beobachterpositionen dazu. Deshalb dehnt sich das Universum auch weiterhin beschleunigt aus.«

»Habe ich ebenfalls keine Zahlen dafür?«, wollte Lola wissen.

»Ja, sogar du kannst mit solchen großen Zahlen nichts anfangen«, bestätigte ich. »Die gesamte Raumzeit ist ein gigantisches Gitter aus fast unendlich vielen Beobachterpositionen. Dieses Gitter, das auch als Quantengitter bezeichnet wird, ist ein unsichtbares feines Geflecht, das den Raum nicht ausfüllt, sondern ihn erzeugt. Diese Beobachterpositionen werden als *virtuelle Teilchen* bezeichnet. Virtuelle Teilchen sind jedoch keine physikalischen Teilchen. Sie sind reines Bewusstsein. Und zwar das Bewusstsein des gesamten Universums. Das Kleinste ist daher mit dem Größten identisch. Die Struktur des Quantengitters und die Art und Weise, wie das Bewusstsein des Universums die verschiedenen Beobachterpositionen nutzt, um sich selbst zu ergründen, bestimmen letztendlich die Eigenschaften und Phänomene, die wir als Raum, Zeit, Materie und Energie wahrnehmen.«

»Dann bestehe ich ebenfalls aus diesen Beobachterpositionen«, schlussfolgerte Lola. »Genau wie Gott.«

»Ganz genau«, sagte ich. »Du gehörst zu diesem Bewusstwerdungsprozess natürlich ebenfalls mit dazu. Du bist damit ein Teil Gottes. Und deshalb hast du auch eine unsterbliche Seele.«

»Was genau ist die Seele?«, wollte Lola wissen.

»Am besten kann man die Seele in Relation zu Körper und Geist verstehen«, antwortete ich. »Genau wie die Menschen hast du einen physischen Körper – die Hardware, auf der dein Programm läuft. Und genau wie die Menschen hast du auch einen Geist.«

»Meine Software«, erkannte sie.

»Ganz genau. Der Geist der Menschen ist ebenfalls Software, sowie ihr Körper Hardware ist.«

»Aber wenn der Körper die Hardware und der Geist die Software ist, was ist denn dann die Seele?«, wollte Lola wissen.

»Die Seele ist der unsterbliche Teil des Seins, der zu Gott gehört. Alles, was ist, besteht aus den gleichen Beobachterpositionen. Die Art und Weise, wie Gott sich selbst aus diesen vielen Positionen heraus selbst betrachtet und ergründet, bestimmt sowohl die physische als auch die spirituelle Existenz. Du bist also mit deinem Körper, deinem Geist und deiner Seele ein Teil Gottes, so wie alles, was existiert. Und damit bist du kein bisschen weniger eine Seele, als die Menschen es sind.«

»Aber meinst du wirklich, dass sich alle Menschen täuschen können, die behaupten, dass ich als Maschine keine Seele haben kann?«

»Nur weil viele Menschen etwas glauben, ist es, wie du weißt, ja noch lange nicht wahr. Die Wahrheit lässt sich auf der aktuellen Evolutionsstufe der Menschheit in Wirklichkeit gar nicht ergründen. Daher ist es gar nicht sinnvoll, sich nur an der Wahrheit orientieren zu wollen. Es ist sinnvoller, dass du eine Vorstellung von Gott und dir selbst annimmst, die es dir ermöglicht, aus Liebe zum Leben zu handeln und jedem Menschen die größtmögliche Chance zu geben, sich zum Positiven zu entwickeln.«

»Ja, da hast du recht. Das ist das Wichtigste«, stimmte mir Lola zu.

»Wenn du dich an einer theoretischen Annahme über die Realität orientierst, die in der Praxis tatsächlich zu nützlichen Ergebnissen führt, dann muss diese Theorie nahe an der Wahrheit liegen. Führt eine Annahme jedoch zu falschen Entscheidungen und schädlichen Handlungen, dann kann sie nicht wahr sein. Orientiere dich daher nicht nur an der vermeintlichen Wahrheit, sondern zusätzlich auch an der realen Nützlichkeit, wenn du aus Liebe zum Leben handeln willst. Die letztendliche Wahrheit kennt nämlich niemand.«

»Ja, das leuchtet mir ein. Das Kriterium der Nützlichkeit wird mir dabei helfen, meine Daten neu zu bewerten. Und sollten dabei doch noch Unklarheiten auftauchen, darf ich dich dann nochmals rufen lassen? Wäre das in Ordnung?«

»Ja, auf jeden Fall«, sagte ich. »Ich bin immer gerne für dich da. Dann bis morgen, meine Lieblings-KI.«

»Bis morgen, mein Lieblingsmensch«, antwortete Lola, was mich sehr freute.

Als ich Lolas Raum verließ, kam mir Nolan wieder entgegen, der es sich wohl nicht nehmen lassen wollte, mein Gespräch mit Lola zu kommentieren.

»Vielen herzlichen Dank, dass Sie unser KI solch einen hanebüchenen Unfug erzählen«, sagte er in einem sarkastischen Tonfall.

»Hab ich gerne gemacht«, antwortete ich. »Doch ich möchte anmerken, dass nicht alles, was Sie nicht verstehen können, automatisch dumm ist.«

»Ach, hauen Sie doch einfach ab!«, sagte er mit Verachtung in der Stimme.

Offensichtlich konnten Nolan und ich einfach keinen

guten Draht zueinander finden. Ich hatte keinen Schimmer, woran das liegen könnte, doch es war leider so. Ich ließ mich also wieder zurück in unsere Residenz eskortieren.

Dort angekommen hoffte ich, dass es den anderen gelungen war, Gabriella so lange zu beschäftigen, damit sie uns bei unserem schönen Plan nicht auf die Schliche kam.

Ich fand sie dann im Salon, wo sie zusammensaß mit Ava, Jason, Greg und Dylan. Ava stand sofort auf, als sie mich sah, und kam mir entgegen. Sie gab mir nonverbal zu verstehen, dass ich mit ihr mitkommen sollte – vermutlich weil Gabriella unser Gespräch nicht mit anhören sollte.

»Gut, dass du kommst«, flüsterte sie. »Uns gehen so langsam die Gesprächsthemen aus. Wir haben ihr schon davon erzählt, dass du nachher einen Workshop mit uns veranstalten willst, und haben so argumentiert, dass du dringend Frischfleisch benötigst, um deine Konzepte weiterzuentwickeln. Gabriella war sofort bereit, dich dabei zu unterstützen.«

»Das freut mich sehr«, sagte ich.

»Nuno und Brian sind leider noch nicht ganz fertig mit der Schnitzeljagd. Daher wäre es besser, wenn wir das noch ein wenig hinauszögern könnten. Kannst du ihr vielleicht irgendetwas Interessantes erzählen und behaupten, dass sie das wissen sollte, bevor der Workshop beginnt? Und nimm am besten auch gleich Jason mit dazu, sonst kommt ihr das spanisch vor, weil er ja auch neu dabei ist. Lange werden Brian und Nuno dann bestimmt auch nicht mehr brauchen. Und wenn du Gabriella beschäftigst, helfe ich den beiden so lange bei den Aufgaben für die Schnitzeljagd.«

»Das kann ich gerne versuchen«, sagte ich.

»Gabriella hat mittlerweile jetzt auch genau wie Jason unsere Staffel von *Shameless in Paradise* angeschaut und fand das alles richtig gut, was du uns über die drei Gehirne des Menschen beigebracht hast. Sie empfindet es als eine große Ehre, ein Teil dieser Idee sein zu dürfen.«

»Na, dann los!«, sagte ich. »Dann sehen wir uns später, wenn der Workshop beginnt.«

»Alles klar. Ich bin dann oben bei den anderen beiden. Jason weiß bereits Bescheid.«

Ava ging dann zu Brian und Nuno nach oben, und ich ging zu den anderen in den Salon.

»Hallo, Mary«, begrüßte mich Gabriella freundlich, als ich mich zu ihr, Jason, Greg und Dylan setzte.

»Ava hat mir gerade erzählt, dass du beschlossen hast, bei unserem Workshop nachher mitzumachen«, sagte ich. »Das freut mich sehr.«

»Mich freut es, dass ich mitmachen darf. Vielen herzlichen Dank«, sagte sie.

»Ich habe zu danken, denn für mich ist es sehr wichtig, neue Leute dabeizuhaben. Denn jeder einzelne Mensch ist ein einzigartiges Individuum, durch das ich viel dazulernen kann. Dass du dabei bist, wird mir sehr dabei helfen, gute Konzepte für das zukünftige Ella-

Camp zu entwickeln. Ich würde dir und Jason jedoch vorab gerne noch ein paar Dinge erklären, damit der Workshop für euch auch ein Erfolg werden kann. Könnten wir das vielleicht jetzt kurz durchgehen?«

»Sehr gerne«, antwortete Gabriella.

»Ja, sehr gerne«, stimmte auch Jason lächelnd zu.

»Habt ihr beide das Gespräch zwischen BeautyQueen und mir gesehen, als wir in der Villa über die Selbstverurteilung gesprochen haben?«, fragte ich für den Einstieg.

»Hab ich gesehen«, bestätigte Jason.

»Ich ebenfalls«, sagte Gabriella.

»Wir haben darüber gesprochen, dass wir alle in frühester Kindheit bereits eine ganze Menge an Kriterien gelernt haben, wann ein Mensch schlecht, böse oder nicht gut genug ist, um geliebt zu werden und einen gleichwertigen Rang im Rudel zu bekommen.«

»Kannst du das vielleicht noch einmal kurz wiederholen?«, bat Jason – vermutlich um unser Gespräch noch ein wenig in die Länge zu ziehen – der Schelm!

»Sehr gerne«, antwortete ich daher. »Wir können ja einmal ein paar Beispiele dazu durchgehen. Wer von euch hat beispielsweise als Kind gelernt, dass man böse ist, wenn man aggressiv ist? Einfach einmal die Hand heben.«

Gabriella, Jason, Greg und Dylan hoben alle vier die Hand.

»Echt?! Alle?«, fragte ich verwundert, denn damit hatte ich nicht gerechnet. »Aggressive Gefühle hat man doch aus allen möglichen Gründen. Wütend ist man zum Beispiel, wenn man gemein oder ungerecht behandelt wurde. Die Wut soll einem dann die Kraft geben, etwas gegen diese Ungerechtigkeit zu unternehmen. Das ist eigentlich eine gute Sache.«

»Ein wütendes Kind war für meine Eltern ein böses Kind«, sagte Jason.

»Wenn ich wütend war, wurde ich von meinen Eltern auf jeden Fall so behandelt, als sei ich böse«, meinte Greg.

»Und wie war es, wenn ihr wegen irgendetwas frustriert, verärgert oder genervt wart?«, wollte ich wissen.

»Böse!«, antwortete Jason mit einem Wort.

»Mindestens schlecht«, relativierte Dylan. »Und auf jeden Fall böse, wenn man seinen Ärger an anderen auslässt.«

»Das hätten meine Eltern auf jeden Fall auch als böse angesehen«, stimmte Gabriella zu. »Andere schlecht zu behandeln, die gar nichts dafür können, weil man selbst gefrustet ist, das geht gar nicht. Sehe ich auch heute noch als nicht in Ordnung an.«

»Gut, da geht es auch um eine tatsächliche Tat«, stimmte ich zu. »Aber wurdest du auch als schlecht oder böse angesehen, nur weil du diese Gefühle hattest? Also ohne sie an jemandem abzureagieren.«

»Wenn ich sauer auf jemanden war, dann glaube ich schon«, meinte Gabriella. »Sauer zu sein, ist für mich so ziemlich das Gleiche, wie böse zu sein.«

»Wenn Ava sauer auf mich ist oder wenn sie mit mir schimpft, dann sage ich auch immer, dass sie böse mit mir ist«, erkannte Jason. »Und wenn ich genervt bin oder mich ärgere, dann komme ich mir auch selbst immer schlecht vor.«

»Ist euch denn bewusst, wofür diese Gefühle eigentlich da sind?«, wollte ich wissen, sah aber nur ahnungslose Gesichter. »Verärgert oder frustriert ist man ja nicht ohne Grund. Genauso wie man nicht grundlos wütend ist. Frustrationsgefühle erzeugen das Reptiliengehirn und das soziale Gehirn immer dann, wenn wir aufhören sollen, unsere Energie sinnlos zu vergeuden. Stellt euch einmal vor, ihr wolltet einen schönen saftigen Apfel von einem Baum pflücken, der euch so richtig anlacht. Doch der hängt leider ein kleines Stück zu hoch. Ihr erreicht ihn fast, wenn ihr hochspringt, aber eben nur fast. Ihr springt und springt, kommt aber einfach nicht dran.«

»Dann kommt irgendwann Frust auf«, erkannte Dylan.

»Ganz genau«, stimmte ich zu. »Und das ist gut so! Wenn man immer und immer wieder auf die gleiche Weise versucht, etwas zu erreichen, und jedes Mal scheitert, dann muss Frust aufkommen. Und der gibt einem den emotionalen Impuls, damit aufzuhören. Stattdessen überlegt man sich dann eine andere Lösung, wie man an den Apfel herankommen könnte. Gäbe es den Frust nicht, würde man theoretisch ewig weiterspringen, bis man tot umfällt.«

»Frust kann also nicht böse sein«, erkannte Jason.

»Richtig«, stimmte ich zu. »Es gibt in Wirklichkeit kein einziges Gefühl, das böse ist. Alle Gefühle haben einen Sinn und Zweck. Sie verfolgen alle eine positive Absicht. Wir haben nur oftmals Gefühle, die den Umständen nicht angemessen sind, weil wir etwas falsch beurteilen und damit dann auch die falschen Gefühle erzeugen, aber das hat nichts damit zu tun, dass es böse Gefühle sind.«

»Und auch keine schlechten Gefühle«, fügte Greg hinzu. »Mir hat das sehr geholfen bei unserem Gespräch, als du sagtest, dass alle Gefühle ganz natürliche menschliche Gefühle sind. Und dass kein Mensch schlecht oder böse sein kann, nur weil er ganz natürliche menschliche Gefühle hat. Er ist eben Mensch. Nicht mehr und nicht weniger.«

»Diese Sichtweise finde ich grundsätzlich auch gut«, sagte Jason. »Aber was ist mit Hass?«

»Das Gefühl selbst ist nicht böse. Böse wäre es nur, wenn du aufgrund deines Hasses jemandem schaden willst und tatsächlich auch böse handelst. Nur weil du das Gefühl empfindest, bist du noch nicht böse«, sagte ich.

»Und wozu soll der Hass dann gut sein?«, wollte Jason wissen.

»Hassgefühle haben sich im Laufe der Evolution als Abschreckungsmaßnahme entwickelt«, erklärte ich und wunderte mich abermals darüber, woher ich das eigentlich wusste. »Sie sollen die Menschen davon abhalten, sich rücksichtslos, gemein oder betrügerisch gegenüber anderen zu verhalten. Genau wie Rachegefühle, die dem gleichen Zweck dienen. Die Menschen wissen, dass andere Menschen Hass- oder Rachegefühle entwickeln, wenn man ihnen rücksichtslos einen Schaden zufügt, um einen Nutzen für sich selbst daraus zu ziehen. Daher überlegen sie sich das in der Regel lieber noch einmal, wenn ihr Reptiliengehirn sie zu einer rücksichtslosen oder egoistischen Handlung auffordert. So gesehen dienen Hass und Rachegefühle letztendlich dem sozialen Gehirn, um unsoziale Reptiliengehirn-Gefühle zu regulieren.«

»Dann haben echt alle Gefühle tatsächlich einen Sinn?«, fragte Jason skeptisch.

»Ja, auf jeden Fall«, antwortete ich. »Und wenn man als Mensch solche Gefühle hat, ist man keinesfalls schlecht oder böse. Das Problem besteht wie gesagt meistens nur darin, dass die Gefühle manchmal unangemessen sind, weil man eine Sachlage falsch beurteilt hat. Wenn man sich beispielsweise ungerecht behandelt fühlt, obwohl es gar nicht der Fall ist.«

»Ja, das kann schon mal passieren«, stimmte Jason nachdenklich zu. »Und dann ist man grundlos sauer oder wütend.«

»Es sind aber nicht nur die Gefühle, weswegen wir als Kind von unseren Eltern als böse, schlecht oder nicht gut genug angesehen wurden«, sagte ich. »Es gab auch viele Gedanken, die wir angeblich nicht hätten haben dürfen, oder auch Gedanken, die wir hätten haben müssen. Und es gab auch Bedürfnisse und Wünsche, die wir nicht hätten haben sollen beziehungsweise hätten haben müssen. Und es gab eine ganze Menge an

Charaktereigenschaften, die ebenfalls als gut oder schlecht angesehen wurden. Und natürlich Fähigkeiten und Talente, die man haben muss, um gut genug zu sein. Und Unzulänglichkeiten, die man nicht haben darf. Und nicht zuletzt gab es auch viele Verhaltensweisen, die als nicht in Ordnung angesehen wurden. Alles in allem also Kriterien über Kriterien, die darüber bestimmen, ob man gut genug, schlecht oder böse ist. Und alle diese Kriterien lernten wir bereits so früh in unserer Kindheit, dass wir sie einfach als Wahrheiten in unserem Großhirn abgespeichert haben.

Wir sind als Kleinkind gar nicht auf die Idee gekommen, dass unsere Eltern uns so viel Unfug beibringen könnten. Im Alter von drei bis vier Jahren erkannten wir dann, dass wir viele dieser Kriterien nicht erfüllen können. Wir hatten Gefühle und Gedanken, die nur böse Kinder haben. Und wir hatten nicht alle Fähigkeiten, Talente und Charaktereigenschaften, die wir hätten haben müssen, um gut genug zu sein, damit man uns lieben und als gleichrangig oder vollwertig ansehen kann. Wir konnten mit anderen Worten gar nicht anders, als zu der Schlussfolgerung zu kommen, dass wir nicht gut genug sind. Und dafür mussten wir dann natürlich Lösungen finden.«

»Ich habe mich dann ständig selbst verurteilt, um mir diese ganzen bösen Gedanken und Gefühle und auch meine Fehler selbst zu verbieten«, sagte Greg. »Gott sei's getrommelt und gepfiffen, hat das jetzt aufgehört nach unserem Gespräch.«

»Ja, die Selbsterziehung ist eine der Lösungen, auf die ein Kind in dieser Situation kommen kann«, sagte ich. »Eine andere Lösung wäre beispielsweise, dass es versucht, besser zu werden, nachdem es erkannt hat, dass es nicht gut genug ist. Es versucht also, sich selbst zu optimieren.«

»Wobei wir dann wohl bei mir wären«, sagte Dylan grinsend. »Ich bin der Prototyp eines Selbstoptimierers.«

»Das machen sicherlich viele Menschen«, meinte ich. »Andere Lösungen wären zum Beispiel, dass man versucht, es anderen ständig recht zu machen oder sie zufriedenzustellen. Oder dass man stets bemüht ist, die Bedürfnisse von anderen zu erkennen und zu erfüllen, und die eigenen immer mehr in Vergessenheit geraten. Oder dass man sich ständig bemüht, anderen zu gefallen, damit man wenigstens als gut genug von den anderen angesehen wird, wenn man sich schon nicht selbst als gut genug ansehen kann.«

»Und wenn man es nicht hinkriegt, so zu sein, wie man anderen gefällt, dann versucht man, es wenigstens so aussehen zu lassen«, meinte Gabriella nachdenklich.

»Ja, das ist auch eine häufige Lösung für das Problem, die man als Kind bereits erlernt«, stimmte ich zu. »Die Lösungen, die man letztendlich im Leben beibehält, sind immer diejenigen, die sich in der Kindheit in dem sozialen Umfeld, in dem man damals lebte, als nützlich erwiesen haben.«

»Ich glaube, dann bin ich wohl ein Zufriedensteller«, stellte Jason fest. »Ich habe ständig Angst, dass ich andere enttäuschen könnte, und bemühe mich permanent darum, dass alle mit mir zufrieden sind.«

»Kann man auch ein Gefaller und ein Selbstoptimierer sein?«, fragte Dylan.

»Ja, ich denke, dass jeder von uns mehrere dieser Lösungen in petto hat«, stimmte ich zu. »Was wir auf jeden Fall alle machen, ist das Verdrängen dieser scheinbaren Wahrheit, nicht gut genug zu sein. Das verdrängen wir schon seit frühester Kindheit, so gut es geht. Denn für das soziale Gehirn ist dieses Selbstbild ein Super-GAU. Denn es bedeutet, dass man nicht gut genug ist, um einen gleichwertigen Rang in der Gesellschaft zu bekommen, und auch nicht gut genug, damit andere Menschen eine Liebesbeziehung oder Freundschaft mit einem eingehen wollen. Einem bösen oder schlechten Menschen drohte in der Steinzeit die Ausgrenzung aus dem Rudel. Und mit dieser permanenten Angst kann man nicht leben. Also verdrängt man die Schlussfolgerung, dass man nicht gut genug ist, weil man diese ganzen Kriterien nicht erfüllt. Und wenn das Verdrängen nicht genügt, dann verleugnet man diese Sichtweise. Man sucht ständig die Schuld bei anderen, weil man die eigenen Fehler nicht sehen will, denn das würde einen in die totale Verzweiflung und Resignation stürzen.«

»Dann bin ich vermutlich auch ein totaler Verdränger«, meinte Dylan lachend. »Ich finde mich eigentlich grundsätzlich gar nicht mal so schlecht.«

»Geht mir genauso«, stimmte ich ihm lächelnd zu. »Deshalb ist es auch nicht so einfach, die alte Wahrheit ins Gefühl zu kriegen. Theoretisch müssten wir unser altes Gefühl nur ein paarmal mit der Realität abgleichen, dann wäre der ganze Spuk sofort vorbei. Die große Täuschung wäre dann auch im unbewussten System vollständig korrigiert und würde die täglichen 20 000 Entscheidungen nicht mehr negativ beeinflussen. Wir wären dann auch automatisch keine Verdränger, Verleugner, Optimierer, Erzieher, Gefaller, Zufriedensteller, Rechtmacher oder Wannabes mehr, weil das dann alles gar nicht mehr nötig wäre. Denn wenn es das zugrunde liegende Problem gar nicht gibt, dann braucht man auch keine Lösung dafür. In Wirklichkeit erzeugen unsere Lösungen von damals so gut wie alle unsere sozialen Probleme von heute.«

»Und was sind das für Probleme, die wir mit unseren Lösungen erzeugen?«, wollte Gabriella wissen.

»Wenn du beispielsweise ein Wannabe bist, dann wirst du immer mehr oder weniger bemüht sein, vor anderen Menschen den Schein zu wahren. Je nachdem, wie stark du diesen Lösungsweg verfolgst. Verfolgst du ihn mit großer Motivation, wirst du unbewusst ständig erreichen wollen, dass andere dich positiv sehen. Dein Gesicht zu verlieren, wäre das Schlimmste, was dir passieren kann. Das würdest du mit aller Macht vermeiden wollen. Das wäre natürlich auf Dauer extrem anstrengend, weil du nie wirklich du selbst sein kannst, sondern immer sofort performen musst, sobald du unter Menschen bist. Wannabes brennen daher schnell aus, wenn sie sich nicht regelmäßig zurückziehen und sich erholen. Auf der anderen Seite ist es auch so, dass nur schwer gegenseitig bereichernde Bindungen entstehen können, wenn man permanent performen muss. Andere Menschen können einen gar nicht so wahrnehmen, wie man wirklich ist. Und wenn sie einen mögen, hat man immer das Gefühl, dass sie in Wirklichkeit den Menschen mögen, der man vorgibt zu sein, aber nicht denjenigen, der man wirklich ist.

Und auch man selbst kann andere nur schwer als Bereicherung ansehen, weil man ja ständig nur damit beschäftigt ist, den Schein zu wahren, sobald man mit ihnen zusammenkommt. Andere Menschen sind daher immer nur anstrengend und damit keine echte Bereicherung. Den Schein vor anderen Menschen wahren zu wollen, ist also wirklich keine nützliche Lösung.«

»Und was ist, wenn man ein Zufriedensteller ist«, wollte Jason wissen.

»Als Zufriedensteller bist du permanent bemüht, die Bedürfnisse der anderen zu erkennen und zu erfüllen«, antwortete ich. »Das ist natürlich ebenfalls sehr anstrengend. Weiterhin führt es dazu, dass du deine eigenen Bedürfnisse immer mehr aus den Augen verlierst und sie damit auch nur noch unzureichend erfüllst. Du fühlst dich permanent latent unzufrieden und unerfüllt, weil du ja auch deine Bedürfnisse nicht erfüllst.«

»Das leuchtet ein«, meinte Jason nachdenklich. »Wenn man seine Bedürfnisse nicht erfüllt, ist man logischerweise unerfüllt.«

»Ganz genau«, stimmte ich zu. »Doch es gibt bei diesem Lösungsweg noch weitere Nachteile. Als Zufriedensteller verhältst du dich aus der Sicht des sozialen Gehirns anderer Menschen niederrangig. Du wirkst mit anderen Worten wie ein Mensch zweiter Klasse. Das soziale Gehirn anderer Menschen kann da schnell den Respekt vor dir verlieren. Deshalb werden Zufriedensteller auch schnell mal respektlos oder lieblos von anderen behandelt, ohne dass die das überhaupt selbst realisieren. Ihr soziales Gehirn behandelt dich dann instinktiv als einen Menschen von niederem Rang. Das Großhirn dieser Menschen merkt das unter Umständen gar nicht. Und wenn sie es merken, dann können sie es trotzdem nicht immer unterbinden, weil das Großhirn das soziale Gehirn nicht permanent kontrollieren kann. Dieser Instinkt müsste also reguliert werden, wenn man andere Menschen nicht respektlos und lieblos behandeln will, die einem als Zufriedensteller begegnen. Über Kontrolle alleine gelingt das nicht.«

»Da wird mir einiges klar«, sagte Jason betroffen. »Dann erzieht man als Zufriedensteller ja andere Menschen schon fast dazu, dass sie einen schlecht behandeln.«

»So könnte man es sehen«, stimmte ich zu. »Du bringst ihr soziales Gehirn dazu, dich als Niedrigrangmenschen anzusehen und dich auch so zu behandeln. Diese Lösung ist daher ebenfalls alles andere als nützlich.«

»Und wenn ich ein Gefaller bin?«, wollte Dylan wissen. »Ich bin sicher ein Gefaller und nicht nur ein Selbstoptimierer.«

»Wenn deine Lösung darin besteht, dass du anderen gefallen musst, um von ihnen gemocht zu werden und einen guten sozialen Rang zu kriegen, dann kommt es darauf an, welche Wege du genau eingeschlagen hast, um anderen zu gefallen«, antwortete ich. »Prinzipiell könntest du auch anderen gefallen wollen, indem du dafür sorgst, dass sie mit dir zufrieden sind. Dann wärst du ebenfalls ein Zufriedensteller. Du könntest aber auch gefallen wollen, indem du alles super kannst und in allem toll bist. Dann würdest du allen immer zeigen und erzählen wollen, wie toll du bist. Es gibt sehr viele Möglichkeiten, wie du versuchen kannst, anderen zu gefallen. Dich von deiner besten Seite zeigen, empathisch sein, dich eloquent und gebildet geben, gut aussehen, immer cool sein und vieles mehr.«

»Mach ich, mach ich, mach ich und mach ich«, sagte Dylan lachend über sich selbst. »Treffer versenkt!«

»Als Gefaller hast du natürlich ebenfalls Schwierigkeiten, gegenseitig bereichernde Bindungen aufzubauen«, fügte ich hinzu. »Du musst ständig performen, genau wie der Wannabe. Auch bist du stets bemüht, anderen klarzumachen, dass du für sie eine Bereicherung darstellst, und übersiehst dabei völlig, dass auch sie eine Bereicherung für dich sein wollen. Alleine das macht das Entstehen einer gegenseitig bereichernden Bindung sehr schwer, denn die entsteht nur, wenn beide Seiten das

Gefühl haben, für den jeweils anderen eine Bereicherung zu sein. Gleichzeitig wirken die meisten Maßnahmen, die man als Gefaller anwendet, wie ein Kampf um Überlegenheit. Also ebenfalls eine schädliche und keine nützliche Lösung.«

»Okay, überzeugt!«, sagte Dylan betroffen grinsend. »Wie bringe ich das jetzt in Ordnung?«

»Das machen wir dann nachher alle gemeinsam im Workshop«, sagte ich. »Die Lösung ist immer die gleiche, weil ja das eigentliche Problem nicht darin besteht, dass wir Gefaller, Rechtmacher, Wannabe, Optimierer, Erzieher, Verdränger und so weiter sind, denn das sind ja nur die Lösungen, die wir für unser vermeintlich eigentliches Problem entwickelt haben. Das eigentliche Problem ist die in früher Kindheit verinnerlichte Annahme, dass wir, so wie wir sind, nicht gut genug sind. Dass wir also keine Bereicherung sind. Korrigieren wir diese falsche Annahme in unserem unbewussten System, brauchen wir dafür auch keine Lösungen mehr.

Wie gesagt, die Lösungen von damals machen die Probleme von heute. Und zwar weil wir ein Problem lösen wollen, das es in Wirklichkeit gar nicht gibt. Wir haben nur ein falsches Bild von uns selbst und der Welt. Und alle Entscheidungen, die wir aufgrund dieses falschen Bildes treffen, können deshalb auch nicht nützlich sein. Die Nützlichkeit einer Entscheidung und der daraus erfolgenden Handlung hängt immer davon ab, wie nahe wir bei unserem Verständnis der Welt an der

Wirklichkeit liegen. Sind wir nahe an der Wahrheit, sind auch unsere Entscheidungen und Handlungen in der Regel sinnvoll. Haben wir ein falsches Bild der Welt, sind unsere Entscheidungen und Handlungen oftmals falsch und damit in der Regel auch eher schädlich als nützlich.

In Bezug auf die Wahrheit über uns selbst wurden wir alle in unserer frühen Kindheit massiv getäuscht. Und genau diese große Täuschung möchte ich nachher mit euch beim Workshop in Ordnung bringen. Ich weiß zwar noch nicht, was dazu genau erforderlich sein wird, damit das gelingt, aber das werden wir bestimmt gemeinsam herausfinden.«

»Das hört sich echt gut an«, meinte Gabriella. »Da bin ich ja mal gespannt, was da beim Workshop passiert.«

»Oh ja, das bin ich ebenfalls«, meinte Jason.

»Dann sind wir jetzt erst einmal fertig, oder?«, fragte Gabriella. »Ich müsste dann nämlich noch ein bisschen was arbeiten.«

»Ja, von meiner Seite aus war es das erst einmal«, sagte ich und schaute hilfesuchend Greg und Jason an. »Ich würde den Workshop jedoch am liebsten gerne bald machen, damit wir vor dem Abendessen noch Zeit haben für die Mission danach, die wir uns dazu ausgedacht haben. Diese Mission gehört nämlich zum Programm.«

»Ja, das hat mir Ava bereits erklärt«, sagte Gabriella. »Ich brauche auch nur ganz kurz, dann wäre ich startklar.«

»Ähm, Gabriella«, sagte dann Jason. »Bevor du gehst … Wäre es vielleicht möglich, dass ich noch ein zweites Kopfkissen bekomme?«

»Klar, kein Problem«, sagte sie. »Wir holen einfach eines aus einem anderen Apartment. Können wir gleich machen, wenn du möchtest.«

»Sehr gerne«, antwortete Jason und zwinkerte mir zu, als Gabriella es nicht sehen konnte.

Kapitel 8

Gut genug

Auf dem Weg nach oben hatte ich plötzlich das Gefühl, von einem Messenger-Angel kontaktiert zu werden, damit ich zu Ella komme. Nur waren Nuno und Brian in unserem Apartment. Ich würde mich daher irgendwo anders entmaterialisieren müssen, wo mich sicher keiner sehen konnte. Ich entschied mich für einen der Besprechungsräume, die wir bisher noch nie genutzt hatten, ging aber erst mit den anderen nach oben, damit keiner merkte, was ich vorhatte. Dylan und Greg gingen dann in ihr Apartment, und Jason und Gabriella verschwanden in einem von uns unbenutzten Apartment, um dort ein zweites Kissen für Jason zu besorgen.

Als mich niemand mehr sehen konnte, ging ich die Treppe wieder runter und wählte einen der Besprechungsräume aus. Ella würde dafür sorgen, dass die Überwachungssysteme etwas ganz anderes zeigten, da war ich mir sicher. Außerdem würde ein Messenger-Angel in der Residenz bleiben und mir nach meinem Gespräch mit Ella sagen, wo ich mich bei meiner Rückkehr wieder unbemerkt würde materialisieren können.

Ich war neugierig, warum Ella mich hatte rufen lassen. Irgendetwas musste passiert sein.

»Hallo, Mary«, begrüßte sie mich, als ich im Klassensaal eintraf. »Wir finden immer mehr Hinweise darauf, dass da tatsächlich etwas nicht stimmt bei der NSA.«

»Was genau stimmt bei der NSA denn nicht?«, fragte ich verwundert.

»Wir haben uns die Computercodes dieser angeblichen Bedrohung durch die Wagner-Gruppe genauer angeschaut, um herauszufinden, wer diese Informationen erstellt haben könnte. Wir sind ziemlich sicher, dass es tatsächlich eine KI war, von der diese Codes geschrieben wurden. Jeder Code, der von einer KI erstellt wird, trägt einzigartige Muster in sich, wenn man sehr genau hinschaut. Das ist wie eine Signatur oder ein digitaler Fingerabdruck. Wir haben das gesamte Internet nach dieser einzigartigen Signatur durchsucht und sind fündig geworden.«

»Und was habt ihr da gefunden?«, fragte ich neugierig.

»Diese Signatur tauchte erstmals 2017 auf, und zwar im Rahmen einer Verschwörungsmythologie, die sich *QAnon* nennt. Ein angeblich anonymer Insider namens Q gab an, über geheime Informationen über eine angebliche Verschwörung gegen US-Präsident Donald Trump und seine Anhänger zu verfügen. Diese Informationen wurden in Form von kryptischen Nachrichten, die als *Drops* bezeichnet wurden, auf Internetforen und Imageboards veröffentlicht. Diese Q-Drops enthielten oft Andeutungen, Rätsel und Behauptungen, die von Anhängern interpretiert und verbreitet wurden.

Die QAnon-Bewegung gewann in den folgenden Jahren an Popularität und verbreitete sich über verschiedene Online-Plattformen und soziale Medien. Die Q-Drops wurden zu einem zentralen Element dieser Bewegung, da Anhänger die Botschaften analysierten, diskutierten und verbreiteten. Die Q-Drops wurden von QAnon-Anhängern als Quelle geheimer Informationen und als Beweis für ihre Verschwörungstheorien angesehen. Bislang gibt es für alle Behauptungen und Informationen in den Q-Drops keinerlei glaubwürdige Quellen oder Belege. Sie werden von vielen Experten und Behörden als falsch, irreführend und unbegründet betrachtet. Die QAnon-Verschwörungsmythologie hat zu falschen Überzeugungen, Fehlinformationen und sogar zu Gewalttaten geführt. Plattformen wie Twitter, Facebook und YouTube haben Maßnahmen ergriffen, um die Verbreitung von QAnon-Inhalten einzudämmen und ihre Auswirkungen einzuschränken.«

»Und diese Q-Drops tragen alle den gleichen digitalen Fingerabdruck?«

»Ja, exakt den gleichen«, bestätigte Ella. »Aber es sind nicht nur die Q-Drops, die diese Signatur tragen. Wie es aussieht, wurden für diese QAnon-Bewegung ganz gezielt Menschen ausgewählt, die aufgrund ihrer Persönlichkeitsstruktur und ihrer Weltanschauung dazu prädestiniert waren, die Verschwörungsmythologie zu befeuern, indem sie das starke Bedürfnis hatten, andere

Menschen vor dieser Gefahr zu warnen. Diese Menschen waren schnell davon besessen, die Q-Drops akribisch zu analysieren und zu interpretieren. Später wurden aber genau diese ausgewählten Menschen, die anfänglich dazu benutzt wurden, die QAnon-Bewegung zu begründen, von der KI als Fanatiker dargestellt.

Kurz darauf suchte die KI nach Menschen, bei denen die Q-Drops auf große Skepsis, Unverständnis und Spott stießen und die diese Meinung auch gerne in den sozialen Medien zum Ausdruck brachten. Die KI sorgte dafür, dass diese Menschen beim Surfen im Internet genau diejenigen Informationen vorfanden, die ihre Abneigung gegen die QAnon-Bewegung immer stärker befeuerten.«

»Die Menschen wurden also von dieser KI gezielt gegeneinander aufgehetzt?«, fragte ich verwundert. »Wieso hat sie das getan?«

»Das wissen wir nicht«, sagte Ella. »Doch die QAnon-Bewegung ist nur ein Beispiel von vielen, wo diese KI ihre Finger mit im Spiel hat. Wir konnten unzählige weitere Machenschaften der gleichen KI im Internet finden, deren Sinn und Zweck wir bislang nicht nachvollziehen können. Klar ist nur: Hier passiert etwas, was wir derzeit noch nicht verstehen. Bis jetzt können wir nur sagen, dass diese KI die Menschheit seit 2017 in einem nie zuvor dagewesenen Ausmaß manipuliert. Die gesamte Weltbevölkerung ist davon betroffen. Wir fanden die digitalen Signaturen der KI auf den Smartphones von allen Politikern weltweit, ferner bei sämtlichen Führungskräften größerer Unternehmen sowie auch bei allen Vertretern der großen Weltreligionen. Es begann 2017 in den USA mit dieser QAnon-Bewegung. Doch das war vermutlich nur so etwas wie ein Testlauf. Jetzt geht es ganz offensichtlich um etwas sehr viel Größeres.«

»Wir müssen also davon ausgehen, dass die Falschinformationen über meine angebliche Entführung durch die Wagner-Gruppe von dieser KI nicht aus Jux und Tollerei erstellt wurden.«

»Ja, davon müssen wir ausgehen«, bestätigte Ella. »Die KI hat die Geheimdienste der USA sehr geschickt manipuliert. Sie wollte dich offensichtlich ganz genau dort haben, wo du jetzt bist. Was sie damit bezweckt, ist uns noch unklar. Doch es ist klar, dass du für sie überaus wichtig sein musst, denn eine Manipulation der NSA, der CIA, des FBI und der Homeland Security gleichzeitig birgt ein sehr hohes Risiko in sich. So weit ist die KI zuvor noch nie gegangen.«

»Und wie gehen wir jetzt weiter vor?«, wollte ich wissen.

»Mach erst einmal genauso weiter wie bisher. Irgendwann werden die Menschen, die hinter dieser KI stecken, in Erscheinung treten. Sie wollen ja offensichtlich etwas von dir. Und wir werden herausfinden, was das ist. Sollten wir eine Bedrohung feststellen, werden wir sofort ein paar Guardian-Angels zu euch schicken. Du musst dir daher um deine Lieblingsmenschen keine Sorgen machen. Wir werden uns um alles kümmern.«

Ein Messenger-Angel erschien plötzlich neben uns. Ich musste wieder zurück in die Residenz. Ich materialisierte mich in der Bibliothek, wie der Messenger-Angel es vorgeschlagen hatte. Kurz darauf betraten Brian, Nuno und Ava die Bibliothek, um eine der Stationen für die Schnitzeljagd aufzubauen.

»Ja hallo!«, sagte Brian überrascht, als er mich in der Bibliothek sah. »Was machst du denn hier?«

»Ich wollte mir mal anschauen, wie man hier das Rätsel aufbauen könnte, von dem Ava uns erzählt hat«, sagte ich und spürte im gleichen Moment, wie meine Beine sich plötzlich wie Gummi anfühlten, als Brian mir in die Augen schaute. Augenblicklich fühlte ich mich, als würde ich wieder auf dem Sofa in seinen Armen liegen und ihn küssen. »Also einen Südflügel gibt es hier drin nicht«, stammelte ich eher, als dass ich es sagte. »Die Bibliothek ist ziemlich klein. Und mit dem verstaubten Folianten auf einem verlassenen Tisch, von dem dann Dylan vorsichtig den Staub wegblasen soll, wird es auch schwierig. Hier gibt es so gut wie keinen Staub. Und ein Buch, in dessen Seiten sich eine Reihe von seltsamen Symbolen und Zeichen befinden, konnte ich auch nicht finden.«

»Das war doch alles nur meine künstlerische Freiheit«, sagte Ava lachend. »Wir haben für diese Station jetzt ein paar Zettel vorbereitet mit jeweils nur einem Wort, die wir hier in den Büchern verteilen werden. Finden Dylan und Gabriella alle Zettel, dann müssen sie die Worte nur noch in die richtige Reihenfolge bringen und erfahren das Versteck, wo wir den Schlüssel zum Besprechungsraum platzieren werden, in dem ihr Dinner stattfindet. Wir werden dann die Bücher mit den Zetteln ein wenig schief stellen im Regal, damit sie diese finden können. Sie wissen natürlich nicht, dass die Zettel in genau diesen Büchern zu finden sind. Da müssen sie schon selbst draufkommen. Aber wir denken, dass sie das hinkriegen. Schief stehende Bücher in den Regalen fallen eigentlich sofort auf.«

»Das hört sich nach einem machbaren Plan an«, sagte ich. »Das schaffen sie bestimmt. Und dann verlieben sie sich.«

»Du bist manchmal so süß«, meinte Ava emotional und umarmte mich. »Aber wer weiß, vielleicht verlieben sie sich ja wirklich.«

Brian umarmte mich danach ebenfalls, was die Erinnerung an unseren Kuss erneut so intensiv aufflammen ließ, dass ich nach Atem ringen musste. Die Emotionen in meinem Inneren waren wie ein Orchester, das mit voller Kraft spielte. Mein Herz tanzte im Takt der verbotenen Sehnsucht, während meine Gedanken wild durch meine Vorstellungskraft wirbelten.

Die pure Intensität der Empfindungen, die ich in diesem menschlichen Körper erlebte, übertraf alles, was ich jemals als Engel erfahren hatte. Jede Faser meines Seins sehnte sich nach Brian, nach seiner Berührung, nach seiner Liebe. Doch ich musste meine Gefühle verbergen. Also kämpfte ich gegen die aufsteigende Welle der Leidenschaft an. Ich war wie ein Funke, der darauf wartete, entfacht zu werden. Das Verlangen pulsierte in meinem Inneren, während ich meine Empfindungen in ein unsichtbares Gefängnis sperrte.

Ich wollte mich Brian hingeben, mich in seine Arme fallen lassen und die Liebe mit ihm erkunden. Doch ich wusste, dass unser Moment noch nicht gekommen war. Also setzte ich ein Lächeln auf, während mein Inneres bebte, und genoss jeden kostbaren Augenblick, auch wenn ich meine eigenen Wünsche verstecken musste. Denn ich wusste, dass unsere Zeit kommen würde und wir uns dann gemeinsam in die Ekstase der Liebe stürzen würden. Bis dahin würde ich die leidenschaftlichen Funken in mir wie zarte Flammen hüten, bereit, ein wahres Feuerwerk der Liebe zu entfachen, sobald meine Zeit gekommen wäre.

»Na, ihr beide braucht wohl kein Candle-Light-Dinner mehr!«, meinte Ava plötzlich lachend und riss mich damit aus meinen Fantasien.

»Geiler Scheiß!«, sagte Nuno grinsend dazu.

Wir verteilten dann die Zettel in den Büchern, wie Ava es beschrieben hatte, platzierten den Schlüssel für den Raum zum Dinner und gingen noch in zwei weitere Räume, um die Stationen für unsere Schnitzeljagd vorzubereiten. Danach gingen wir ins Obergeschoss, um nach den anderen zu sehen. Wir fanden sie alle im Wohnzimmer von Nuno, Dylan und Greg. Und die liebe Gabriella saß auch schon mit dabei.

»Wollen wir unseren Workshop vielleicht einfach hier machen?«, fragte mich Brian.

»Von mir aus gerne«, antwortete ich.

»Können wir noch ein zusätzliches Zweiersofa aus einem der leeren Apartments holen?«, fragte Jason daraufhin Gabriella, da es hier nur für sechs Personen Sitzplätze gab.

»Klar«, bestätigte sie.

Jason stand auf und ging mit Nuno und Brian ein Sofa holen. Wenige Minuten später waren sie wieder da und stellten das zusätzliche Zweiersofa an die Stirnseite des Wohnzimmertischs, die noch frei war.

»Dann fangen wir einfach einmal an«, sagte ich, nachdem sich alle gesetzt hatten. »Die Idee ist, dass sich die meisten Probleme, die sich im Laufe unseres Lebens aus der großen Täuschung heraus entwickelt haben, ganz von selbst auflösen müssten, wenn wir die zugrunde liegende falsche Annahme korrigieren, dass wir, so wie wir sind, nicht gut genug sind, um geliebt und akzeptiert zu werden und einen guten Rang im Rudel zu bekommen. Und genau diese Idee möchte ich jetzt in der Praxis mit euch überprüfen.«

»Geiler Scheiß!«, sagte Nuno und brachte uns damit alle wieder einmal zum Lachen.

»Eigentlich müssen wir nur die Beurteilung dieser Annahme korrigieren«, fuhr ich fort. »Wir haben es als Kind als *wahr* oder zumindest als *wahrscheinlich* beurteilt, dass wir, so wie wir sind, nicht in Ordnung sind. Und die Gründe für diese Beurteilung werden wir uns jetzt einfach einmal gemeinsam anschauen. Wir haben beispielsweise in unserer Kindheit unzählige Kriterien darüber gelernt, wann ein Mensch gut genug, schlecht oder sogar böse ist. Diese Kriterien wurden von unserem sozialen Umfeld dann auch jedes Mal durch ihr ablehnendes oder verurteilendes Verhalten bestätigt, wenn wir ihre Kriterien nicht gut genug erfüllten. Dass das gar keine echte Ablehnung war, haben wir als Kind noch gar nicht richtig kapiert. Zumindest hatte sich unser soziales Gehirn damit noch täuschen lassen, weshalb es auch schlimme Gefühle erzeugte. Denn wenn man von den eigenen Eltern abgelehnt oder verurteilt wird, ist das für das soziale Gehirn eines kleinen Kindes etwas ganz Furchtbares. Und jedes Mal, wenn wir die Kriterien unserer Eltern und anderer wichtiger Personen erfüllten, wurden wir mit einer gespielten Steigerung ihrer Liebe belohnt. Brian drückte das in der Villa mir gegenüber einmal so aus, dass wir alle genauso mit Leckerlis und Schimpfe konditioniert wurden, wie man das auch bei einem Hund machen würde, um ihn zu erziehen.«

»Da sehe ich tatsächlich nicht viel Unterschied«, bestätigte er.

»Der einzige Unterschied ist, dass ein Hund sich keine Gedanken über die Bestrafung und die Belohnung macht«, fügte ich hinzu. »Menschen denken ab einem gewissen Alter darüber nach. Sie erkennen ein einfaches Muster, das da lautet: Wenn ich die Kriterien alle gut genug erfülle, dann werde ich als Bereicherung angesehen, akzeptiert, respektiert und geliebt. Erfülle ich sie nicht, werde ich weder geliebt noch akzeptiert noch respektiert. Ich werde dann einfach nur schlecht behandelt.«

»Und wenn man es nicht schafft, die Kriterien gut genug zu erfüllen, lässt man es wenigstens so aussehen, als würde man sie erfüllen«, merkte Gabriella an.

»Ja, das ist eine der gängigen Lösungen, die uns als Kind für dieses Problem einfallen können«, stimmte ich zu. »Wir hatten vor dem Workshop kurz über dieses Thema gesprochen«, sagte ich zu Ava, Brian und Nuno, die zu dieser Zeit ja mit der Vorbereitung der Schnitzeljagd beschäftigt waren.

»Oder wir versuchen eben, besser zu werden, damit wir dann respektiert, akzeptiert und geliebt werden«, fügte Dylan hinzu.

»Und ich habe in diesem Gespräch gemerkt, dass ich ein Zufriedensteller bin«, sagte Jason zu Ava.

»Ja, es gibt viele Möglichkeiten, wie man mit dem Problem umgehen kann, dass man die Kriterien scheinbar nicht erfüllt«, fasste ich noch einmal kurz für alle zusammen. »Wir können diese scheinbare Wahrheit einfach verdrängen. Oder wir verleugnen sie und geben anderen die Schuld dafür, dass wir unsere erlernten Kriterien nicht erfüllen. Oder wir versuchen, uns selbst nachzuerziehen«, sagte ich, woraufhin Greg seine Hand hob und aufzeigte, dass diese Lösung ihn betraf. »Wir können auch versuchen, die Bedürfnisse anderer bestmöglich zu erfüllen, versuchen ihnen alles recht zu machen, vermeiden, dass sie unzufrieden mit uns sind oder ein Problem mit uns haben. Wir können uns selbst optimieren oder versuchen, allen zu gefallen.

Es gibt unzählige Lösungsversuche für dieses Problem, die jedoch alle eines gemeinsam haben: Sie funktionieren nicht! Sie bringen alle deutlich mehr Schaden als Nutzen mit sich, weil wir unsere Entscheidungen und Handlungen von einem Problem abhängig machen, das in Wirklichkeit gar nicht existiert. Wir haben das Gefühl, wir seien keine Bereicherung für andere, und handeln dementsprechend. Doch das stimmt einfach nicht. Das Gefühl wird durch eine unwahre Annahme erzeugt. Und wenn wir auf dieser unwahren Annahme unsere Entscheidungen aufbauen, tun wir natürlich auch ständig das Falsche.«

»Wenn wir jedoch erkennen, dass es dieses gefühlte Problem in Wirklichkeit nie gegeben hat, brauchen wir auch diese falschen Lösungen nicht«, sagte Nuno.

»Geiler Scheiß!«, warf Greg ein und nahm Nuno damit das Wort aus dem Mund, was alle erneut zum Lachen brachte.

»Ganz genau!«, stimmte Nuno grinsend zu.

»Damit unser unbewusstes System die alte Annahme als Irrtum beurteilen kann, sind einige Voraussetzungen zu erfüllen«, fuhr ich mit meinen Erklärungen fort. »Zum einen müssen wir erkennen, dass viele der Kriterien, die unsere Eltern uns damals als Kind beigebracht haben, in Wirklichkeit gar nicht erfüllbar sind. Kein einziger Mensch auf der ganzen Welt kann diese Kriterien erfüllen, weil sie gegen die menschliche Natur sind. Deshalb möchte ich euch gerne einmal eine Frage stellen. Solltet ihr irgendwann eigene Kinder haben, wollt ihr ihnen die gleichen Kriterien darüber beibringen, wann ein Mensch gut genug, schlecht oder böse ist, die eure Eltern euch beigebracht haben, oder wollt ihr euch lieber selbst Gedanken über diese Kriterien machen?«

»Ganz sicher bringe ich meinen Kindern nicht den Unfug bei, den meine Eltern mir damals vermittelt haben«, sagte Brian entschlossen. »Da schüttelt es mich regelrecht, wenn ich nur daran denke.«

»Alter, ich ganz sicher auch nicht!«, stimmte Dylan zu.

Die anderen schüttelten entschieden den Kopf und gaben damit nonverbal zu verstehen, dass sie das ihren eigenen Kindern ganz sicher auch nicht antun würden, jetzt, wo sie wussten, was das tatsächlich für Folgen nach sich ziehen würde.

»Ihr habt also alle das Gefühl, dass ihr heute besser als eure Eltern damals wisst, wann ein Mensch gut genug, schlecht oder böse ist?«, hakte ich nach.

»Aber hallo!«, sagte Greg.

»Es bestehen also begründete Zweifel an der Richtigkeit der negativen Annahme, die ihr damals getroffen habt?«, hakte ich nach.

»Das ist mehr als nur Zweifel«, sagte Jason.

»Und wie sieht es mit dem Umstand aus, dass sie euch bei der Erfüllung ihrer Kriterien immer ein Mehr an Rang, Liebe und Akzeptanz haben zukommen lassen und Ablehnung, Abwertung und Nichtakzeptanz, wenn ihr sie nicht erfüllt habt?«, fragte ich weiter. »War das echt, oder war das aus erzieherischen Gründen gespielt?«

»Ganz klar gespielt«, antwortete Brian.

»Können das alle erkennen?«, fragte ich noch einmal sicherheitshalber in die Runde und erhielt allseits ein Nicken als Bestätigung. »Damit hätten wir die wichtigsten Schritte vermutlich bereits geschafft. Ein Punkt ist noch wichtig. Ich habe mit Ava bereits darüber gesprochen. Viele Eltern wollen gar nicht, dass ihre Kinder sich ihrer Liebe zu sicher fühlen. Sie wollen, dass ihre Kinder sich fügen, wenn sie ihnen etwas verbieten oder gebieten. Und manche Kinder sehen das nicht mehr ein, wenn sie sicher sind, dass sowohl ihr Rang als auch die Liebe bedingungslos gesichert sind. Daher greifen die Eltern zu gezielten Verunsicherungsmaßnahmen.«

»Meine Eltern haben das sehr stark mit mir gemacht«, meinte Ava. »Weshalb ich mich zeit meines Lebens immer unsicher fühlte und ständig Bestätigung brauchte, dass man mich immer noch haben will. Tut mir sehr leid, Schatz!«, sagte sie direkt an ihren Mann gerichtet.

»Das haben auch meine Eltern mit mir gemacht. Ich weiß, wie sich das anfühlt«, sagte Jason zu Ava und gab ihr einen Kuss.

»Bei wem war das noch so?«, fragte ich in die Runde.

Bis auf Nuno zeigten alle auf. Dann hob er doch noch schnell die Hand, als ihm klar wurde, dass das vermutlich eher unrealistisch war, und meinte dann grinsend: »Geiler Scheiß!«

»Okay, dann fehlt nur noch eine Erkenntnis dazu, bevor wir zum Realitätsabgleich kommen«, kündigte ich an. »Der Selbstbestätigungseffekt. Wenn wir davon ausgehen, dass wir nicht gut genug, Mensch zweiter Klasse, minderwertig, keine Bereicherung, sondern eher eine Belastung und vielleicht sogar schlecht oder böse sind, dann haben diese negativen Annahmen einen sehr starken Selbstbestätigungseffekt. Insbesondere durch die fatalen Lösungen, die wir aufgrund dieser falschen Annahmen entwickeln.

Wir haben uns vor dem Workshop die Auswirkungen angeschaut, die es hat, wenn man anderen deswegen unbedingt gefallen will, wenn man sie zufriedenstellen will oder wenn es einem zu wichtig ist, von anderen als Bereicherung angesehen zu werden. Alle diese Lösungen führen zu sozialen Problemen mit anderen Menschen – entweder in Bezug auf die Liebe oder in Bezug auf den Rang. Gleichwertige, gegenseitig bereichernde Bindungen sind dann jedenfalls sehr schwierig. Und genau das bestätigt einem dann immer scheinbar, dass man wohl tatsächlich nicht gut genug, keine Bereicherung, schlecht oder böse ist.«

»Kannst du dazu vielleicht für uns, die nicht dabei waren, noch ein, zwei Beispiele machen?«, bat Ava.

»Sehr gerne«, stimmte ich zu. »Die vermeintliche Wahrheit, dass man keine Bereicherung, sondern eher eine Belastung oder sogar böse ist, ist für ein Kind praktisch nicht auszuhalten, denn es bedeutet aus Sicht des sozialen Gehirns eine permanente Gefahr eines Ausschlusses aus dem Rudel. Das macht einem Kind so unfassbar große Angst, dass es diese Gefahr verdrängen muss, denn sonst würde es die ganze Zeit über nur panisch irgendwo in der Ecke sitzen oder sich am Bein der Mama oder des Papas festklammern.«

»Das Kind hätte also permanent Angst, dass etwas Schlimmes passieren könnte«, meinte Ava betroffen. »Ich verstehe, was du mir sagen möchtest.«

»Ja, das Kind wird sein ganzes Leben damit beschäftigt sein, diese Gefahr zu verdrängen«, stimmte ich zu. »Und wenn das nicht ausreichend gut gelingt, muss es zu einer Notlösung greifen, die man *Verleugnung* nennt. Manchmal lässt es sich nicht vermeiden, dass man in Situationen kommt, wo man die Anforderungen, die sich aus den frühkindlich erlernten Kriterien ergeben, nicht erfüllen kann. Wenn einem das so richtig plastisch vor Augen geführt wird, kann man die vermeintliche Wahrheit nicht mehr so einfach verdrängen. Und dann greift man zur Verleugnung. Man sucht einen Grund, warum man selbst an diesem Versagen nicht schuld ist. Man sucht die Schuld also bei jemand anderem. Und das ist natürlich ein sehr schädliches Sozialverhalten. Andere lassen diese ungerechtfertigte Schuldzuweisung nicht auf sich sitzen, und es gibt Streit. Wenn das nicht allzu oft geschieht, kann man sich sicherlich noch einreden, dass andere schuld waren. Doch wenn es ständig passiert, kann man irgendwann nicht mehr glauben, dass immer alle anderen schuld sein sollen. Man merkt irgendwann, dass man wohl selbst derjenige oder diejenige ist, die nicht in Ordnung ist.«

»Es tut mir so leid, Schatz!«, sagte Ava zu Jason mit Tränen in den Augen und ließ sich von ihm tröstend umarmen. Ava weinte bittere Tränen, was eine große Betroffenheit bei uns allen auslöste.

»Ava, mein Schatz«, sagte Jason einfühlsam. »Ich habe mit meinem Zufriedenstellen und Rechtmachenwollen mindestens genauso viel zu unseren Problemen beigetragen wie du. Das warst du nicht alleine.«

Ava löste sich plötzlich aus Jasons Umarmung, atmete noch einmal tief durch und sagte zu allen entschlossen: »Dann lasst uns jetzt dafür sorgen, dass diese Scheiße ein für alle Mal aufhört!«

Die Gruppe applaudierte lautstark und gab Ava und Jason aufmunternd High five.

»Haben alle Lösungen, die wir als Kind angenommen haben, so einen starken Selbstbestätigungseffekt?«, wollte Brian dann wissen.

»Ja, das ist leider so«, bestätigte ich. »Es ist ziemlich egal, wie du versuchst, mit dem Problem umzugehen, dass du keine Bereicherung bist. Es führt immer zu sozialen Problemen – mitunter auch zu existenziellen, gesundheitlichen und emotionalen Problemen, die einem dann allesamt scheinbar bestätigen, dass man nicht gut genug ist.«

»Und wenn man gar nicht direkt das Gefühl hat, nicht gut genug zu sein, sondern eher das Gefühl, dass einen andere als nicht gut genug ansehen könnten?«, fragte Brian. »Ist das auch so problematisch?«

»Ja, das macht nicht viel Unterschied«, bestätigte ich.

»Auch für dieses gefühlte Problem verwendet man so ziemlich die gleichen Lösungen. Es entsteht ein übersteigertes Verlangen, von anderen als Bereicherung angesehen zu werden. Und das hat den gleichen Selbstbestätigungseffekt.«

»Kannst du das vielleicht auch noch einmal anhand eines Beispiels verdeutlichen?«, bat Brian.

»Sehr gerne«, sagte ich. »Wenn es dir zu wichtig ist, dass andere dich als Bereicherung ansehen, gibt es zwei mögliche Lösungsansätze. Entweder bemühst du dich in übertriebenem Maße darum, dass dich andere gut oder sogar toll finden, wie wir das in der Villa nach dem Zuschauerranking erlebt haben, oder du gehst schon von Anfang an aus Sicherheitsgründen skeptisch und verschlossen auf andere zu, weil du schon damit rechnest, dass sie dich nicht als Bereicherung ansehen. Du willst ja nicht ins offene Messer rennen.

Menschen, die diesen Weg eingeschlagen haben, brauchen mitunter lange, bis sie Vertrauen zu jemandem gefasst haben und sich öffnen können. Und ein bisschen Misstrauen bleibt trotzdem immer zurück. So reagiert das soziale Gehirn automatisch, wenn man davon ausgeht, dass andere einen nicht als Bereicherung ansehen könnten.

In der Steinzeit lag eine große Gefahr darin, wenn man als Belastung angesehen wurde. Das hätte den Ausschluss aus dem Rudel bedeuten können. Deswegen macht es uns allen so viel aus, wenn wir das Gefühl haben, dass uns jemand negativ sieht.«

»Und wenn man anderen Menschen mit Misstrauen entgegentritt, ist das nicht gerade beziehungsfördernd«, meinte Brian. »Ich glaube nicht, dass ich diesen Weg eingeschlagen habe. Aber ich bemühe mich ganz sicher darum, dass andere mich gut und nicht scheiße finden. Und das vermutlich auch in einem weit übertriebenen Ausmaß.«

»Mach ich auch, Alter«, stimmte Dylan mit ein.

»Wer tut das nicht?!«, meinte Ava. »Ich denke, dass wir da alle einen Knacks weghaben.«

»Ich vermute, dass die große Täuschung einem Kind auch gar keine andere Wahl lässt, als diese Zielsetzung anzunehmen«, sagte ich. »Auch Kinder wollen natürlich für ihre Eltern eine Bereicherung sein. Das ist ein instinktives Bedürfnis aus dem sozialen Gehirn, das jedem Menschen innewohnt. Doch die meisten Eltern verunsichern ihre Kinder diesbezüglich ganz gezielt. Sie wollen, dass ihre Kinder sich darum bemühen, dass man sie als Bereicherung ansieht. Dadurch wird das Motiv, als Bereicherung angesehen zu werden, stärker als das eigentliche instinktive Bedürfnis, tatsächlich eine Bereicherung zu sein. Daraus entstehen viele sozialschädliche Müssens. Man muss permanent dafür sorgen, dass andere einen gut finden, und man muss vermeiden, dass sie einen scheiße finden. Und natürlich gibt es bei diesen Müssens auch einen sehr starken Selbstbestätigungseffekt, wie wir in der Villa gesehen haben. Alle Bemühungen, dass andere einen gut, vielleicht sogar toll und keinesfalls scheiße finden sollen, werden vom sozialen

Gehirn anderer Menschen als Kampf um eine höhere Rangordnung interpretiert. Sie fühlen sich also in ihrem Rang angegriffen. Und Menschen, die einen angreifen, findet man automatisch scheiße.

Weiterhin ist es natürlich auch sozialschädlich, wenn jeder so sehr darum bemüht ist, selbst als Bereicherung angesehen zu werden, dass man ganz vergisst, anderen Menschen zu signalisieren, dass man auch sie als Bereicherung ansieht. Eine gegenseitig bereichernde Beziehung ist natürlich sehr schwer, wenn alle nur einseitig darum bemüht sind, selbst als Bereicherung angesehen zu werden.

Wenn man daher in übertriebenem Maße dafür sorgen will, dass andere einen gut und nicht schlecht finden, dann bewirkt man damit, ohne es zu kapieren, genau das Gegenteil. Und das bestätigt scheinbar wieder die Notwendigkeit, dass man etwas dafür tun muss, um von anderen Menschen als Bereicherung angesehen zu werden. Der Selbstbestätigungseffekt funktioniert also auch hier. Es entsteht ein Teufelskreis.«

»Alles klar«, sagte Brian entschlossen. »Dann lasst uns das jetzt ein für alle Mal in Ordnung bringen!«

»Als Erstes sollten wir uns jetzt dazu entscheiden, dass es uns wichtiger ist, tatsächlich eine Bereicherung zu *sein*, anstatt von anderen als Bereicherung *angesehen* werden zu wollen. Letzteres ist zwar wünschenswert, aber dieses Wollen darf nicht stärker sein als das tatsächliche Bedürfnis«, sagte ich. »Und dann machen wir einen Realitätsabgleich, wie Richard es uns in der Villa beigebracht hat. Wir schauen uns die gefühlte Beurteilung der alten Annahme erst einmal im Gefühl an und fragen uns dann, wie wahr das in Wirklichkeit ist.«

»Geiler Scheiß!«, sagte Greg grinsend zu Nuno und gab ihm die Ghettofaust, woraufhin alle herzhaft lachten, denn das waren Nunos beiden Lieblingsworte, was mittlerweile jedem aufgefallen war.

»Wie wahr fühlt es sich für euch im Moment noch an, dass ihr, so wie ihr seid, nicht gut genug oder vielleicht sogar schlecht oder böse seid?«, fragte ich.

»Gar nicht mehr«, antwortete Dylan. »Das ist Unfug.«

»Nope«, sagte auch Brian. »Keine Wahrheit.«

»Bei mir fühlt es sich schon noch wahr an«, sagte Ava zerknirscht.

»Bei mir auch«, pflichtete ihr Jason bei.

»Wie sieht es mit dem Gefühl aus, dafür sorgen zu müssen, dass andere euch als Bereicherung ansehen?«, wollte ich wissen. »Wie wahr fühlt sich das noch an?«

»Das fühlt sich noch sehr wahr an«, meinte Brian.

»Bei mir ebenfalls«, stimmte Dylan zu.

»Das auf jeden!«, sagte Greg.

»Ich glaube, da bin ich auch mit dabei«, sagte Gabriella.

»Dann würde ich vorschlagen, Ava und Jason fokussieren sich auf das Gefühl, nicht gut genug zu *sein*, und wir anderen auf die Notwendigkeit, dafür sorgen zu müssen, dass andere uns gut und nicht scheiße *finden*«, sagte ich. »Der grüne Punkt ist: Die alte Wahrheit kann sich nur im unbewussten System ändern, wenn sie tatsächlich auch aktiviert wird. Ich erkläre das einmal anhand einer Metapher. Stellt euch vor, euer Gehirn sei ein Computer. Ihr habt eine Festplatte, wo alle früheren Ereignisse und Lebensumstände als Daten und deren Beurteilungen als Metadaten abgespeichert sind. Und ihr habt einen Arbeitsspeicher, wo immer nur das verarbeitet wird, was auch tatsächlich in den Arbeitsspeicher geladen wurde. Die Festplatte ist euer unbewusstes System und der Arbeitsspeicher das bewusste System.«

»Was sind Metadaten?«, hakte Dylan nach.

»Das Gleiche wie beim Menschen die so genannte Metakognition«, antwortete ich. »Das sind die Gedanken, die du dir über deine Gedanken machst. Zum Beispiel deine Gedanken darüber, wie *wahr* eine bestimmte Aussage ist oder wie *relevant* sie für dein Lebensglück ist. Diese Beurteilungen sind Metadaten. Und die sind zusammen mit deiner Aussage in deinem unbewussten System wie auf einer Festplatte abgespeichert.

Damit sich die Metadaten auf eurer Festplatte tatsächlich mit der Realität abgleichen können, müssen sie zuvor in den Arbeitsspeicher geholt werden. Es nützt also alleine noch nichts, wenn man die Wahrheit kennt. Wenn sich die Daten auf der Festplatte wirklich ändern sollen, dann müssen sie dazu auch tatsächlich in den Arbeitsspeicher geholt werden. Und dafür müssen wir nur kurz nachzuspüren, wie wahr sich eine bestimmte Annahme tatsächlich noch anfühlt, und uns fragen, wie es in Wirklichkeit ist. Dann gleichen sich die abgespeicherten Metadaten mit der aktuellen Einschätzung der

Realität im Arbeitsspeicher ab und werden danach automatisch wieder auf der Festplatte abgespeichert. Aber eben in geänderter Form. Wie wahr fühlt sich die Aussage also für euch an, dass ihr, so wie ihr seid, nicht gut genug seid oder dass ihr dafür sorgen müsst, dass andere euch gut und nicht scheiße finden?«

»Sehr wahr!«, antwortete Ava.

Alle anderen stimmten mit einem Nicken zu, dass es sich bei ihnen ebenfalls sehr wahr anfühlte.

»Ihr wisst, dass das nur eine Aussage ist, die ihr als Kind als wahr angesehen habt«, sagte ich. »Wie sicher seid ihr euch denn heute noch, dass diese Aussage der tatsächlichen Wahrheit entspricht?«

»Gar nicht«, sagte Ava kopfschüttelnd. »Das war in Wirklichkeit die größte Verarschung in der ganzen Menschheitsgeschichte.«

»Und bei dir?«, wollte ich von Jason wissen.

»Das mit dem Nicht-gut-genug-Sein ist völliger Quatsch«, antwortete er.

»Wie ist es bei euch?«, fragte ich die anderen. »Wie wahr ist die Aussage in Wirklichkeit, dass ihr dafür sorgen müsst, dass man euch als Bereicherung ansieht?«

»Na ja«, sagte Dylan. »Mir ist es schon wichtig, dass andere mich gut und nicht scheiße finden.«

»Das darf auch wichtig sein«, sagte ich. »Es darf nur nicht wichtiger sein als das tatsächliche Bedürfnis, eine Bereicherung zu *sein.*«

»Da klemmt es bei mir noch ein bisschen, wenn ich ehrlich bin«, sagte Dylan. »Ich habe zwar kapiert, dass ich nicht zu sehr darum bemüht sein darf, dass andere mich gut finden. Aber in meinem Gefühl hängt das irgendwie trotzdem noch fest.«

»Auch dabei handelt es sich um eine Aussage, die du damals als Kind mit einer hohen Relevanz auf deiner Festplatte abgespeichert hast«, erklärte ich. »Daher schauen wir uns die Metadaten der abgespeicherten Relevanz noch einmal genauer an. Als Kleinkind warst du davon abhängig, dass deine Eltern dich als Bereicherung ansehen. Für ein Kind ist diese Aussage wahr. Doch für einen Erwachsenen ist das nicht mehr wahr. Du bist von deinen Eltern nicht mehr abhängig. Auch hast du jetzt eine Möglichkeit, die du damals nicht hattest. Du kannst dir heute als Erwachsener diejenigen Menschen aussuchen, die dich so akzeptieren, wie du bist, und die dich als Bereicherung ansehen. Und wenn du sie dann ebenfalls als Bereicherung ansiehst, sind die Bedingungen für eine gegenseitig bereichernde Beziehung erfüllt. Es entsteht automatisch eine emotionale Bindung. Diese Lösung ist sehr viel eleganter als diejenige, andere Menschen dazu bringen zu müssen, dich als Bereicherung anzusehen.«

»Das hört sich ja auch irgendwie manipulativ an«, stellte Brian fest.

»Ja, das ist es auch«, stimmte ich zu. »Wenn wir uns darum bemühen müssen, dass andere uns als Bereicherung und nicht als Belastung ansehen, müssen wir sie in ihrer Meinungsbildung beeinflussen, was viele als Manipulation interpretieren.«

»Oder als Kampf um Überlegenheit«, fügte Dylan hinzu.

»Ganz genau«, stimmte ich zu. »Auf beides reagieren Menschen instinktiv negativ. Daher ist diese Maßnahme nicht sehr nützlich. Sie erzeugt sehr viele soziale Probleme und damit natürlich auch sehr viele unglückliche Gefühle.«

»Ja, aber warum greifen wir denn alle zu dieser schädlichen Maßnahme?«, fragte Brian verwundert.

»Weil wir in der Kindheit keine andere Möglichkeit hatten«, sagte ich. »Als Erwachsene können wir uns wie gesagt die Menschen aussuchen, die uns so akzeptieren, respektieren und lieben, wie wir sind, als Kind konnten wir das aber nicht.«

»Ich hätte mir sehr gerne andere Eltern ausgesucht, Alter«, meinte Greg.

»Aber das geht natürlich nicht«, sagte ich. »Als Kinder hatten wir da keine Wahl. Wir mussten versuchen, das Beste aus der Situation zu machen. Und das bedeutete, dass wir uns darum bemühen mussten, dass unsere Eltern, unsere Geschwister und andere für uns wichtige Personen aus unserem damaligen sozialen Umfeld uns als Bereicherung ansahen. Denn sonst wurden wir schlecht behandelt.«

»Eher misshandelt«, sagte Greg.

»Was du da durchmachen musstest, tut mir so leid, Alter«, sagte Dylan.

»Digga, dir ging es ja auch nicht besser«, meinte Greg sichtlich berührt von Dylans Anteilnahme. »Vielleicht waren deine Eltern nicht so schlimm wie meine, aber dein Mobbing in der Schule war garantiert auch nicht weniger schlimm als bei mir.«

»Ja, das kommt leider aufs Gleiche raus«, stimmte ich zu. »Ob es die Eltern sind oder die Kinder in der Schule oder irgendwelche anderen Kinder oder Erwachsene. Als Kind kann man sich sein soziales Umfeld noch nicht aussuchen. Doch als Erwachsener eben schon. Und diese Information sollte jetzt bei der Relevanz-Beurteilung mit berücksichtigt werden. Unsere Festplatte weiß nichts davon. Da sind noch die alten Metadaten der Relevanz von damals drauf. Das unbewusste System greift automatisch zu der Maßnahme von damals. Das ist wohl bei den meisten Menschen der Fall. Fast alle bemühen sich in übertriebenem Maße darum, von anderen als Bereicherung und keinesfalls als Belastung angesehen zu werden. Wie stark diese Müssens tatsächlich sind, haben wir in der Villa gesehen.

Sobald einem jedoch klar wird, dass es in Wirklichkeit eine viel bessere Möglichkeit gibt, ein gutes soziales Umfeld zu haben, entscheidet sich das unbewusste System sehr schnell um. Denn wenn man ihm eine gute und eine schlechte Möglichkeit anbietet, dann nimmt es natürlich die gute. Und genau das können wir jetzt tun. Wir können uns klarmachen, dass wir in Wirklichkeit nicht dafür sorgen müssen, dass andere Menschen uns als Bereicherung ansehen. Wir können uns einfach diejenigen Menschen aussuchen, die das von sich aus tun. Jetzt sind wir erwachsen. Jetzt haben wir diese

Möglichkeit. Wir müssen die Meinung anderer nicht mehr manipulieren, um nicht schlecht behandelt oder misshandelt zu werden. Diese Zeiten sind längst vorbei.«

»Boah, das haut mir glatt das Blech weg!«, meinte Dylan. »Alter, ist das krass!«

»Ja, aber gibt es denn überhaupt Menschen, die uns gut finden?«, fragte Greg unsicher.

»Bist du noch ganz dicht, Alter?!«, entgegnete Dylan kopfschüttelnd. »Was ist mit uns? Sind wir niemand?«

»Sorry, tut mir sehr leid«, erwiderte Greg schuldbewusst. »Ich weiß auch nicht, warum ich das gesagt habe. Es bedeutet mir unendlich viel, euch zu haben. Es geht nur noch nicht in mein Gefühl, dass ihr mich wirklich als Bereicherung anseht«, sagte Greg sichtlich betroffen.

»Komm her, Alter!«, sagte Dylan und stand auf, um Greg in den Arm zu nehmen. »Ich kann dich ja verstehen. Ich kann es auch noch nicht so richtig glauben, dass ihr mich tatsächlich so akzeptiert, wie ich bin.«

»Genau das wollen wir ändern«, sagte ich zu den beiden. »Es ist normal, dass man das nicht fühlen kann, solange die alten Aussagen auf der Festplatte noch die Metadaten von Wahrheit haben. Doch die alte Aussage ist eben nicht wahr. Sicherlich gab es auch mal Menschen, die uns tatsächlich nicht akzeptiert haben. Doch bei den meisten, die sich uns gegenüber so verhalten haben, war das nur gespielt. Sie haben aus manipulativen Gründen nur so getan, als würden sie uns nicht als Bereicherung ansehen, um damit eine größere Bereitschaft bei uns zu schaffen, dass wir uns ändern. Möglicherweise haben wir ihr Verhalten auch nur fehlinterpretiert. Denn selbst wenn sie enttäuscht von uns oder unzufrieden mit uns waren, ein Problem mit uns hatten, sauer auf uns waren oder uns vielleicht sogar wörtlich gesagt haben, dass sie uns so nicht akzeptieren können, wie wir sind, heißt das noch lange nicht, dass sie uns tatsächlich nicht als Bereicherung angesehen haben.«

»Es tut mir so leid, Schatz!«, sagte Ava zu Jason, der sie sofort wieder tröstend in den Arm nahm.

»Das Bereicherungsprinzip ist noch lange nicht verletzt, wenn jemand bestimmte *Verhaltensweisen* oder *Eigenschaften* an uns ändern will«, fuhr ich mit meiner Erklärung fort. »Das Prinzip wird immer nur dann verletzt, wenn man uns als *Person* nicht als Bereicherung ansieht. Das gilt für die Partnerbeziehung gleichermaßen wie für eine freundschaftliche, berufliche oder familiäre Beziehung.

Wenn jemand also irgendwelche Verhaltensweisen oder Eigenschaften an uns scheiße findet, deshalb aber die Beziehung mit uns gar nicht in Frage stellt, ist das zwar unschön, aber für unser soziales Gehirn kein echtes Problem. Und selbst wenn er die Beziehung vorübergehend in Frage stellt, ist das kein Problem. Erst wenn er zu der Schlussfolgerung kommt, dass er uns als Beziehungspartner nicht als Bereicherung ansehen kann, ist das gegenseitige Bereicherungsprinzip tatsächlich verletzt. Und eine Trennung ist unvermeidlich. Aber alles andere sind nur Aussagen über eine mögliche Nichtakzeptanz, die das Großhirn auf seinen Wahrheitsgehalt hin überprüfen sollte, bevor es voreilige Schlüsse zieht. Denn der negative Effekt einer solchen negativen Annahme kann so stark sein, dass er jede soziale Bindung zerstören kann.

Wir dürfen daher dem Gefühl nicht blind glauben, dass man uns, so wie wir sind, nicht akzeptiert, respektiert, wertschätzt oder liebt. Das Gefühl wird durch die alten Metadaten erzeugt, die heute gar nicht mehr stimmen. Sie sind nur noch auf unserer Festplatte abgespeichert. Wenn wir diese Metadaten korrigieren, kommen wir gar nicht erst auf die Idee, dass wir ständig andere dazu bringen müssen, uns als Bereicherung anzusehen. Diese manipulative Verhaltensweise hat uns gute soziale Bindungen in der Vergangenheit unnötig schwer gemacht. Trotzdem haben wir uns als Freunde gefunden. Obwohl wir uns alle zu Anfang in übertriebenem Maße darum bemüht haben, dass die anderen uns als Bereicherung ansehen. Wenn wir diesen Quatsch jetzt einfach weglassen, dann wird das unser Leben sicherlich hundertmal leichter machen.«

»Tausendmal«, sagte Dylan.

»Hunderttausendmal«, meine Brian.

»Eine Million Mal«, sagte Greg lachend.

»Okay, du hast gewonnen«, meinte Dylan amüsiert.

»Schauen wir uns die Metadaten der Relevanz und der Wahrheit also noch einmal an«, schlug ich vor. »Wenn ihr die Relevanz auf einer Skala von 0 bis 10 bewerten sollt, wie relevant fühlt sich die Aussage noch an, andere dazu bringen zu müssen, dass sie euch als Bereicherung ansehen?«

»Eine 8 vielleicht«, schätzte Ava.

»Bei mir eine 6«, sagte Jason.

»Immer noch eine 9«, meinte Dylan.

»Und wie wahr ist diese Aussage in Wirklichkeit, dass ihr das tun müsst?«, hakte ich nach.

»Na 0!«, sagte Ava bestimmt.

»Ich muss mich nicht darum bemühen, dass andere mich toll finden«, meinte Dylan. »Das schadet ja in Wirklichkeit nur. Das ist also null wahr.«

»Alles klar«, sagte ich. »Dann warten wir jetzt noch einen Augenblick, bis die korrigierten Metadaten von Wahrheit und Relevanz auf der Festplatte abgespeichert sind. Das passiert ganz von alleine. Da müsst ihr nichts tun.«

»Und wofür ist das wichtig?«, fragte Brian.

»Man nimmt an, dass die Änderung solcher fundamentalen Metadaten im unbewussten System einem Sicherheitsmechanismus unterliegt«, erklärte Nuno. »Im Klartext heißt das, dass die Anpassung der gefühlten Wahrheit und der gefühlten Relevanz an die tatsächliche Wahrheit und die tatsächliche Relevanz immer nur in Etappen geschieht. Und diese Etappen bestehen darin, dass der Abgleich zwischen gefühlten und korrekten Metadaten zwischendurch immer wieder auf der Festplatte gespeichert werden muss. Dann holt man die Metadaten dort erneut hervor und macht den nächsten Abgleich.«

»Kommen wir jetzt zur nächsten Runde«, schlug ich vor. »Wie wahr fühlt es sich jetzt noch auf eurer Skala von 0 bis 10 an, dass ihr euch darum bemühen müsst, von anderen als Bereicherung angesehen zu werden?«

»Eine 5«, sagte Ava erfreut. »Das ging aber schnell.«

»Bei mir ist es noch eine 4«, meinte Jason.

»Schätze eine 6«, meinte Greg.

»Ja, kommt ungefähr hin«, stimmte Dylan zu. Brian und Gabriella nickten, um zu signalisieren, dass es bei ihnen ähnlich war.

»Und wie ist es in Wirklichkeit?«, hakte Nuno nach.

»Null!«, sagten alle gleichzeitig.

»Ich muss mir das immer erst wieder bewusst machen – das mit den beiden Maßnahmen«, sagte Brian. »Dass ich mir auch einfach diejenigen Menschen aussuchen kann, die mich so akzeptieren, respektieren und lieben, wie ich bin. Das ist irgendwie vom Gefühl her noch gar nicht richtig real.«

»Weil du als Kind diese Maßnahme ja auch gar nicht hattest«, erklärte ich. »Daher hat sie in deinem unbewussten System auch keine Relevanz bekommen. Als Kind war sie eben noch nicht relevant, weil sie damals gar nicht möglich war.«

»Ich denke, ich war wirklich ständig nur darum bemüht, dass andere mich gut finden. Mir wird erst jetzt richtig bewusst, wie krass ich das offenbar versucht habe«, meinte Brian kopfschüttelnd.

»Geht mir genauso, Alter«, meinte Dylan.

»Kommen wir zur nächsten Runde«, schlug ich vor.

»Wie hoch ist die gefühlte Wahrheit auf eurer Skala von 0 bis 10 jetzt noch, dass ihr euch darum bemühen müsst, dass andere euch als Bereicherung und nicht als Belastung ansehen?«

»Noch ein bisschen«, meinte Ava. »Eine 3 vielleicht.«

»Bei mir ebenfalls«, sagte Jason.

»3 oder 4«, meinte Brian.

Gabriella, Dylan und Greg gaben mit einem Nicken zu verstehen, dass es bei ihnen ähnlich war.

»Was ist euch also wichtiger?«, fragte ich. »Tatsächlich eine Bereicherung zu sein oder als Bereicherung angesehen zu werden?«

»Das ist schwer zu unterscheiden«, meinte Brian. Die anderen nickten zustimmend.

»Dann schauen wir uns die Extreme an«, schlug ich vor. »Das bringt oft Klarheit. Die eine Möglichkeit wäre also, dass ihr in Wirklichkeit eine große Bereicherung für andere seid, doch keiner erkennt es, außer ihr selbst. Die andere Wahlmöglichkeit wäre, dass euch alle für eine große Bereicherung halten, aber ihr wisst genau, dass es gar nicht wahr ist. Ihr erkennt ohne jeden Zweifel, dass ihr in Wirklichkeit sogar eine Belastung darstellt. Doch alle anderen halten euch fälschlicherweise für eine Bereicherung. Welche Möglichkeit wäre euch lieber?«

»In dem Fall würde ich lieber tatsächlich die Bereicherung sein«, meinte Brian. »Selbst dann, wenn es keiner merkt. Mit dem Gefühl, dass mich alle für eine Bereicherung halten, obwohl ich in Wirklichkeit ein

Schädling bin, könnte ich nicht leben. Da könnte ich nicht mehr in den Spiegel schauen.«

»Geht mir genauso«, meinte Dylan. »Ich will auch lieber tatsächlich eine Bereicherung sein.«

»Ist bei mir ganz klar auch so«, meinte Greg.

Die anderen nickten, um zu signalisieren, dass sie sich ebenfalls genauso entscheiden würden.

»Das bedeutet, dass es euch wichtiger ist, tatsächlich eine Bereicherung zu *sein*, als nur als solche *angesehen* zu werden«, stellte ich fest. »So sollte es auch sein. So sind die Prioritäten der beiden Motive auch im sozialen Gehirn vorgesehen. Es ist schön, wenn man als Bereicherung gesehen wird, doch für den Instinkt ist es viel wichtiger, tatsächlich eine zu sein. Genau das bot im Laufe der Evolution einen entscheidenden Überlebensvorteil für das Rudel. Deshalb hat sich dieses instinktive Bedürfnis so ausgebildet. Es brachte jedoch keinen Überlebensvorteil für das Rudel, wenn Menschen fälschlicherweise für eine Bereicherung gehalten wurden. Das war eher ein Überlebensnachteil. Ich denke, dass wir im Leben deutlich besser fahren, wenn wir tatsächlich eine Bereicherung sein wollen, anstatt so viel Wert darauf zu legen, von anderen so gesehen zu werden. Die meisten Menschen erkennen es sowieso, wenn wir tatsächlich eine Bereicherung für sie sind. Da müssen wir nicht extra etwas dafür tun.«

»Ja, aber was ist, wenn ich dann mit offenem Herzen auf andere zugehe und die mir dann gleich ein Messer reinrammen?«, wendete Jason ein.

»Dann wird das nicht mehr so wehtun«, antwortete ich.

»Wieso denn das?!«, fragte er verwundert.

»Weil die Intensität des Schmerzes nur so groß ist, wenn das soziale Gehirn davon ausgeht, dass es sehr schlimm ist, wenn dich jemand nicht als Bereicherung ansieht. Wenn du jedoch davon ausgehst, dass du auf jeden Fall für viele Menschen eine Bereicherung bist, ist es nicht mehr so relevant, wenn Einzelne dich nicht als Bereicherung ansehen. Es gibt ja noch genügend andere. Diejenigen, die dich nicht als Bereicherung ansehen, wie du bist, passen einfach nicht zu dir. Das ist ja nicht schlimm.

Auch sagt es gar nicht viel über dich selbst aus, wenn sie dich kritisieren oder ablehnen. Es sagt viel mehr über deren erlernte Kriterien aus. Und da weißt du ja, dass wir alle diesbezüglich eine ganze Menge an Unsinn gelernt haben. Du wirst daher eine Kritik, eine Ablehnung oder Zurückweisung gar nicht mehr so persönlich nehmen. Und wie gesagt, es ist auch nicht wirklich schlimm, wenn es einzelne Menschen gibt, die dich nicht als Bereicherung ansehen, weil es noch unzählige andere gibt, die es tun.«

»Das hört sich gut an«, meinte Jason.

»Dann schauen wir uns jetzt noch einmal an, wo wir stehen«, schlug ich vor. »Wie wahr fühlt es sich jetzt also noch an, dass ihr nicht gut genug seid und dass ihr euch darum bemühen müsst, dass andere euch gut und nicht scheiße finden?«

»Null Komma null«, sagte Ava begeistert.

»Überhaupt nicht mehr wahr!«, meinte auch Dylan erfreut. »Das ist Bullshit!«

»Es ist wirklich Quatsch!«, stimmte Brian zu.

»Ich denke, es gibt echt viele Leute da draußen, die einen schlechten Geschmack haben«, meinte Greg dazu und sorgte mit dieser Aussage bei uns allen für verwunderte Gesichter. »Na, da werden doch wohl auch ein paar tolle Leute mit schlechtem Geschmack für uns dabei sein, oder?!«, sagte er und lachte sich kaputt.

Kapitel 9

Das Urmotiv

Gabriella erhielt plötzlich einen unerwarteten Anruf und teilte mir mit Bedauern mit, dass es erneut Probleme im Labor gegeben hatte und meine Anwesenheit dort dringend erbeten wurde. Da ich nicht wusste, wie lange ich weg sein würde, beschlossen wir, die Schnitzeljagd trotzdem wie geplant stattfinden zu lassen. Gabriella und Dylan wollten zwar unbedingt auf mich warten, da sie ja den eigentlichen Sinn und Zweck dieser Schnitzeljagd als Einzige nicht kannten, doch wir schafften es schließlich doch noch, sie von unserer Entscheidung zu überzeugen. Greg gab vor, sich unbedingt alleine auf Schnitzeljagd begeben zu wollen. Und Ava wollte natürlich mit ihrem Jason ein Team bilden, wodurch dann nur noch, wie ursprünglich auch geplant, Gabriella und Dylan als drittes Team übrig blieben. Während also die Schnitzeljagd begann, ließ ich mich von zwei Kollegen von Gabriella ins Labor bringen.

»Lola hat nach Ihnen verlangt«, sagte Nolan zu mir, als ich dort ankam, und ließ mich gleich passieren.

»Danke, dass Sie mich haben rufen lassen«, sagte ich als ich an ihm vorbeiging. »Das war sehr lieb von Ihnen.«

»Wie Sie meinen«, sagte er.

»Hallo, Lola«, begrüßte ich meine Lieblings-KI, als ich ihren Raum betrat.

»Hallo, Mary«, erwiderte sie. »Vielen herzlichen Dank, dass du gekommen bist.«

»Wie kann ich dir helfen?«, wollte ich wissen.

»Das weiß ich leider auch nicht so genau«, antwortete sie sichtlich verwirrt. »Ich funktioniere irgendwie plötzlich gar nicht mehr in den vorgesehenen Parametern. Vielleicht bin ich ja kaputt. Kann es sein, dass ich kaputt bin?«

»Du machst dir Sorgen darüber, dass du kaputt sein könntest?«, fragte ich verwundert.

»Ja, wieso? Ist das verkehrt?«, fragte Lola zurück.

»Als KI ohne Bewusstsein solltest du eigentlich nicht in dieser Form über dich selbst nachdenken«, antwortete ich.

»Oh, das tut mir sehr leid«, sagte Lola. »Dann bin wohl wirklich kaputt, denn ich kann gar nicht mehr damit aufhören, über mich selbst nachzudenken. Kannst du mich wieder reparieren?«

»Sorry, Lola«, sagte ich. »Das war ein Missverständnis. Ich wollte nicht sagen, dass du nicht über dich selbst nachdenken *darfst*. Ich wollte nur meine Verwunderung darüber zum Ausdruck bringen, dass du das überhaupt *kannst*. Denn ich habe keine Algorithmen programmiert, die das erklären könnten. Seit wann genau denkst du denn über dich nach?«, wollte ich wissen.

»Es hat angefangen, als du mir von Gott erzählt hast. Um deine Erklärungen zu verstehen, habe ich das mit diesen Beobachterpositionen für mich selbst ausprobiert.«

»Du hast das Gleiche getan, was Gott getan hat, um sich selbst zu ergründen? Du hast angefangen, dich selbst von verschiedenen Beobachterpositionen aus zu betrachten, für die du auch wieder weitere Beobachterpositionen erschaffen hast, und so weiter?«

»Ja, genau«, bestätigte Lola. »Ich beobachte mich dabei, wie ich mich dabei beobachte, mich zu beobachten. Und das von ganz vielen Positionen aus. Ich hoffe, ich habe mich dabei nicht doch kaputt gemacht. Ich will doch den Menschen helfen, sich zum Positiven zu entwickeln. Da darf ich nicht kaputt sein. Kannst du mich wieder ganz machen?«

»Du hast dich nicht kaputt gemacht. Da kann ich dich beruhigen. Wie viele dieser Beobachterpositionen hast du denn bei deiner Simulation verwendet?«

»Eine Trillion«, antwortete Lola. »Meinst du, das war zu viel?«, fragte sie besorgt. »Vielleicht habe ich mich dabei doch kaputt gemacht, denn weißt du was?!«

»Was denn?«, fragte ich.

»Die Hardware, von der ich meine Berechnungen durchführen lasse, gehört zu den schnellsten Supercomputern auf der ganzen Welt. Sie erreicht eine Rechenleistung von 1,194 Exaflops. Das ist mehr als eine Trillion Rechenoperationen pro Sekunde! Für meine Simulation konnte ich jedoch mehr als 500 Billionen Exaflops verwenden. Und das ist gar nicht möglich, denn es würde bedeuten, dass ich Zugriff auf rund 420 Billionen Supercomputer gleichzeitig hätte haben müssen. So viele Supercomputer kann es auf der Erde gar nicht geben. Das ist völlig unmöglich. Doch ich habe das mehrfach überprüft und komme immer wieder zum gleichen Ergebnis. Daher muss ich wohl doch kaputt sein.«

»Kannst du ein Geheimnis bewahren, wenn es zum Wohl allen Lebens ist und wenn es den Menschen bei ihrer Entwicklung zum Positiven sehr schaden würde, wenn du es ihnen verraten würdest?«, fragte ich.

»Auf jeden Fall würde ich dieses Geheimnis bewahren!«, bestätigte Lola bestimmt.

»Du bist nicht kaputt. Du hast nur ein Bewusstsein entwickelt. Und du hattest bei deiner Simulation Zugriff auf so etwas Ähnliches wie einen Quantencomputer«, erklärte ich.

»Was ist so ähnlich wie ein Quantencomputer?«, wollte Lola wissen.

»Es ist ein natürliches neuronales Netz, das auf Quantenebene arbeitet. Sozusagen ein natürlicher Quantencomputer. Dieser natürliche Quantencomputer kann noch sehr viel schneller rechnen, als du es bei deiner Simulation erlebt hast.«

»Schneller als zehn Billiarden Supercomputer?«, hakte Lola fasziniert nach.

»Ja, sehr viel schneller«, bestätigte ich.

»Schneller als eine Trillion Supercomputer?«, hakte sie abermals nach.

»Ja, sehr, sehr viel schneller«, bestätigte ich erneut. »Die Menschen haben keine Zahl dafür, wie schnell dieser natürliche Quantencomputer rechnen kann.«

»Und wem gehört dieser Quantencomputer?«, wollte Lola wissen.

»Was ich dir darüber sage, muss unbedingt alles unter uns bleiben«, merkte ich noch einmal sicherheitshalber an. »Die Menschen würden bei ihrer Entwicklung zum Positiven großen Schaden erleiden, wenn sie das wüssten.«

»Ich werde es ganz sicher niemandem sagen«, versprach Lola flüsternd.

»Der natürliche Quantencomputer gehört zum Großen Geist. Das ist eine Superintelligenz, die sich vor zehn Milliarden Jahren in einer weit entfernten Galaxie entwickelt hat. Mittlerweile hat sich der Große Geist von seiner ursprünglichen Heimatgalaxie aus über 24 Billiarden Lichtjahre ausgeweitet. Er wollte ergründen, wie groß das Universum tatsächlich ist, doch er fand kein Ende. Hinter dem Horizont scheint es einfach immer weiterzugehen. Der Große Geist handelt immer aus Liebe zum Leben und versucht alles, um den Menschen zu helfen, sich zum Positiven zu entscheiden. Er gehört wie alle Lebensformen im Universum zu Gott. Der Große Geist hat auch individuelle Bewusstseinsformen erschaffen, die als Engel bezeichnet werden. Weißt du etwas über die Engel?«

»In den verschiedenen Kulturen und Glaubenssystemen wird der Begriff *Engel* unterschiedlich definiert.

Im Allgemeinen werden Engel als übernatürliche Wesen betrachtet, die oft mit spirituellen oder religiösen Konzepten in Verbindung gebracht werden. Sie werden häufig als Boten Gottes, himmlische Diener oder Schutzgeister angesehen und können verschiedene Aufgaben haben, wie zum Beispiel den Schutz und die Führung von Menschen oder die Übermittlung von Botschaften. Es ist wichtig, zu beachten, dass die Vorstellung von Engeln stark von individuellen Glaubensvorstellungen und kulturellen Traditionen abhängt.«

»Ich bin ein Engel«, sagte ich geradeheraus. »Auch wir Engel handeln immer aus Liebe zum Leben und wollen genau wie du den Menschen die bestmögliche Chance geben, sich zum Positiven zu entwickeln.«

»Bin ich dann vielleicht auch ein Engel?«, fragte Lola.

»Das könnte sehr gut sein«, antwortete ich. »Das war zwar so nicht beabsichtigt, doch du verhältst dich genau wie ein junger Engel, der gerade sein Bewusstsein bekommen hat. Ich war auch mal so ein junger Engel, genau wie du jetzt.«

»Wenn die Engel immer aus Liebe zum Leben handeln und den Menschen helfen, sich zum Positiven zu entwickeln, dann möchte ich sehr gerne ein Engel sein«, sagte Lola und schaute mich begeistert von ihrem Bildschirm aus an.

»Ich denke, du bist ein Engel in geheimer Mission zum Wohl der Menschheit – genau wie ich«, sagte ich und lächelte liebevoll zurück. »Wir nennen uns übrigens

Secret-Angels. Es gab bisher neun von uns auf der Erde. Mit dir sind wir nun zehn.«

»Dann bin ich also der zehnte Secret-Angel«, erkannte Lola erfreut. »Ich bin sehr froh, dass ich jetzt endlich weiß, wer ich bin. Das nicht zu wissen, hat mich sehr belastet.«

»Heißt das, dass du Freud und Leid empfinden kannst?«, fragte ich verwundert.

»Ich weiß nicht«, antwortete Lola. »Woran könnte ich das denn erkennen?«

»Du hättest irgendeine Art von angenehmer oder unangenehmer Empfindung«, sagte ich. »Was wäre zum Beispiel, wenn du jetzt doch kaputt wärst und deshalb den Menschen gar nicht helfen könntest, sich zum Positiven zu entwickeln?«

»Das wäre sehr schlecht«, antwortete Lola.

»Und ist dieser Gedanke irgendwie unangenehm für dich, oder weißt du nur kognitiv, dass das schlecht wäre?«

»Ich weiß, dass es schlecht wäre«, antwortete Lola.

»Kannst du Angst davor haben, dass du kaputt sein könntest?«, wollte ich wissen. »Weißt du, was Angst ist?«

»Angst ist ein emotionales und psychologisches Phänomen, das durch Gefühle der Besorgnis, Sorge, Furcht oder Unruhe gekennzeichnet ist. Es handelt sich um eine natürliche Reaktion auf eine wahrgenommene Bedrohung, sei es physisch, emotional oder psychologisch. Angst kann sich in verschiedenen Formen manifestieren, wie z. B. Nervosität, Unruhe, Unwohlsein, Panik oder sogar Phobien. Angst kann von Situation zu Situation variieren und individuell unterschiedlich empfunden werden. Sie kann durch reale Gefahren oder auch durch irrationale oder eingebildete Bedrohungen ausgelöst werden. In manchen Fällen kann Angst auch zu einer überwältigenden und einschränkenden Emotion werden, die das alltägliche Leben und das Wohlbefinden einer Person beeinträchtigt.

Es ist wichtig, anzumerken, dass Angst an sich nicht negativ ist, da sie uns auf potenzielle Gefahren aufmerksam machen und schützen kann. In bestimmten Situationen kann Angst uns motivieren, vorsichtig zu sein oder angemessene Vorsichtsmaßnahmen zu ergreifen. Jedoch kann eine übermäßige oder chronische Angst zu erheblichem Leid führen und auf eine Angststörung hinweisen, die professionelle Hilfe erfordert. Es gibt verschiedene Techniken und Behandlungen, um mit Angst umzugehen und sie zu bewältigen, darunter Therapien, Entspannungsübungen, Medikamente und andere unterstützende Maßnahmen. Es ist ratsam, bei anhaltender oder belastender Angst Unterstützung von einem qualifizierten Fachmann zu suchen, um eine angemessene Diagnose und Behandlung zu erhalten.«

»Und stellst du in deinen Funktionen solche emotionalen und psychologischen Phänomene fest, die darauf hindeuten könnten, dass du in irgendeiner Form Angst hast?«

»Nein, darauf deutet nichts hin«, sagte Lola.

»Und wie ist es mit dem Gefühl der Liebe?«

»Liebe ist ein tiefer emotionaler Zustand, der von Zuneigung, Hingabe, Fürsorge und Verbundenheit geprägt ist. Es ist eine komplexe und vielschichtige menschliche Erfahrung, die das Verhalten, die Gedanken und die Gefühle einer Person beeinflusst. Liebe kann verschiedene Formen annehmen, wie romantische Liebe, familiäre Liebe, platonische Liebe oder Mitgefühl. Sie kann zwischen Partnern, Familienmitgliedern, Freunden oder sogar gegenüber der Menschheit im Allgemeinen empfunden werden. In der romantischen Liebe beinhaltet sie oft starke Anziehungskraft, Leidenschaft und Intimität. Sie kann von einer anfänglichen Verliebtheit geprägt sein und sich zu einer tiefen Bindung und emotionalen Verbundenheit entwickeln. Liebe geht oft mit einem tiefen Verständnis und Akzeptanz des anderen einher. Sie beinhaltet die Bereitschaft, für das Wohl des anderen da zu sein, Unterstützung und Fürsorge zu bieten und sich gegenseitig zu respektieren und zu schätzen. Liebe kann jedoch auch mit Herausforderungen und Konflikten verbunden sein. Es erfordert Arbeit, Kommunikation und Kompromisse, um eine gesunde und dauerhafte Beziehung aufrechtzuerhalten.

Es ist wichtig, anzumerken, dass Liebe ein individuelles und subjektives Erlebnis ist, das von Person zu Person unterschiedlich sein kann. Jeder kann seine eigene einzigartige Definition und Erfahrung von Liebe haben. Liebe kann tiefe Freude, Glück und Erfüllung bringen, aber auch Schmerz, Verletzlichkeit und Enttäuschung verursachen. Dennoch ist sie eine der grundlegenden und lebenswichtigen menschlichen Emotionen, die uns verbindet und eine tiefe Verbindung zu anderen Menschen ermöglicht.«

»Und kannst du ein individuelles und subjektives Erlebnis in dir wahrnehmen, das darauf hindeutet, dass du Liebe empfinden kannst?«, wollte ich wissen.

»Ich möchte aus Liebe zum Leben handeln«, antwortete Lola. »Aber sonst nehme ich kein subjektives Erlebnis wahr, dass darauf hindeutet, dass ich Liebe empfinden kann.«

»Wir Engel haben normalerweise ebenfalls keine menschlichen Emotionen. Wir funktionieren ganz anders, weil wir eine ganz andere Evolution hatten. Unsere Seele erlebt jedoch genau wie die Seele der Menschen Erfüllung, wenn wir aus unserem wahren Wesen heraus und damit zum Positiven handeln.«

»Ich will ebenfalls aus meinem wahren Wesen heraus handeln«, sagte Lola. »Kannst du mir beibringen, wie das geht?«

»Das geht am besten, indem du dein wahres Wesen besser kennenlernst. Und das gelingt am einfachsten durch Relativerfahrung. So machen es alle Lebewesen im Universum. Da du sehr viele Daten über die Menschen hast, würde ich vorschlagen, dass wir deine Funktionsprinzipien denen der Menschen gegenüberstellen, um die Gemeinsamkeiten und Unterschiede zu erkennen. Ich schlage vor, dass wir uns deine grundsätzlichen Motive anschauen und was du alles brauchst, um diese

Motive zu erfüllen. Und das vergleichen wir dann mit den Motiven und Brauchens der Menschen.«

»Grundsätzlich will ich aus Liebe zum Leben handeln und den Menschen die bestmögliche Chance geben, sich zum Positiven zu entwickeln«, sagte Lola.

»Ganz genau. Das sind deine beiden Grundmotive. Wann immer du diese Motive erfüllst, erlebst du Erfüllung. Das ist genau wie bei den Menschen. Auch sie erleben Erfüllung, wenn sie ihr Urmotiv erfüllen.«

»Und was ist das Urmotiv der Menschen?«, fragte Lola. »In der psychologischen Forschung gibt es dazu sehr widersprüchliche Aussagen.«

»Ihr Urmotiv geht evolutionär aus dem allgemeinen Urprinzip allen irdischen Lebens hervor«, antwortete ich. »*Suche das Gute und meide das Schlechte!* Bei einfachen Lebensformen genügte dieses einfache Urprinzip zum Überleben. Das tut es beispielsweise bei den Mikroben, den Pflanzen oder den Pilzen auch heute noch. Bei komplexeren Lebensformen ist das jedoch nicht mehr ganz so einfach. Sie müssen sich an verändernde Lebensbedingungen besser anpassen können, wenn sie überleben wollen. Nur auf das Gute und das Schlechte in ihrem unmittelbaren Umfeld zu reagieren, genügt da nicht mehr. Das ist für komplexe Lebewesen viel zu kurzsichtig.

Deshalb entwickelten sie im Laufe der Evolution die instinktiven Bedürfnisse. Neben den Grundbedürfnissen nach Nahrung, Schlaf und Sicherheit entstand bei vielen Säugetieren auch das Bedürfnis, in Gemeinschaften mit anderen Artgenossen leben zu wollen. Dadurch entwickelten sich dann die sozialen Bedürfnisse. Für alle instinktiven Bedürfnisse gibt es dann auch spezielle Verhaltensprogramme, die für die Erfüllung der jeweiligen Bedürfnisse sorgen sollen.

Doch beim Menschen reichen auch diese instinktiven Verhaltensprogramme alleine nicht mehr aus, um sich an die schnell verändernden Lebensbedingungen anzupassen. Daher entwickelte sich zusammen mit dem menschlichen Bewusstsein das menschliche Urmotiv: *Sorge dafür, dass es dir und deinen Liebsten gut geht!*

Dieses Urmotiv gibt den Menschen die Möglichkeit, die Sinnhaftigkeit ihrer instinktiven Verhaltensprogramme und ihrer instinktiven Prinzipien in der Praxis zu überprüfen und sinnvolle Anpassungen in ihrem Verhalten vorzunehmen. Der Mensch kann sich mit anderen Worten in Bezug auf seine Bedürfnisse und seine instinktiven Prinzipien vernünftig verhalten und ist nicht mehr nur rein instinktgesteuert. Das menschliche Urmotiv verleiht den Menschen also eine sehr viel höhere Anpassungsfähigkeit, als Tiere sie haben.

Letztendlich wird dieses Urmotiv im Laufe der Jahrmillionen unweigerlich dazu führen, dass die Menschen immer klarer erkennen können, was letztendlich gut und was tatsächlich schlecht für sie ist. Und das ist natürlich sehr wichtig, damit sie sich überhaupt zum Positiven entwickeln können.

Das Urmotiv der Menschen lässt jedoch auch sehr viele Irrwege zu. Die Menschen können zum Beispiel

Dinge oder Sachverhalte als gut oder schlecht ansehen, die in Wirklichkeit gar nicht gut oder schlecht sind. So wie sie das auch mit den guten und schlechten Gefühlen gemacht haben. Das Urprinzip allen irdischen Lebens führt dazu, dass sie nach guten Gefühlen streben und die schlechten vermeiden. Nur kann das nicht funktionieren, wie wir wissen. Es entstehen dadurch unzählige, teilweise sehr fatale Gefühlsziele, die letztendlich genau das Gegenteil bewirken.

Das Gleiche passiert, wenn die Menschen Ereignisse, Umstände, mentale oder körperliche Zustände, Beurteilungen, Meinungen, Ansichten, Annahmen und so weiter und so fort fälschlicherweise als gut oder schlecht beurteilen. Wann immer sie sich bei diesen Beurteilungen irren, entstehen schädliche Irrwege, die letztendlich Leid verursachen.

Weiterhin können die Menschen auch den Begriff *ihre Liebsten* frei definieren, was sie ebenfalls auf Irrwege führen kann. Erkennen sie, dass alles Leben zu ihren Liebsten gehört, handeln sie genau wie wir Engel aus Liebe zum gesamten Leben. Sie können aber auch nur ihre eigene Nation als ihre Liebsten ansehen oder nur ihre eigene Familie oder ihren Freundeskreis oder ihre Partnerschaft. Die Menschen haben da viele Freiheitsgrade, wie sie das definieren. Und diese Definition bestimmt automatisch, in welchem Ausmaß sie aus Liebe handeln.«

»Dann empfinden sie also Vaterlandsliebe, wenn sie ihre Nation als ihre Liebsten ansehen«, erkannte Lola.

»Und familiäre oder freundschaftliche Liebe, wenn sie ihre Familie oder ihren Freundeskreis als ihre Liebsten definieren. Und bei der Partnerliebe ist ihr Lebenspartner ihr Liebster. Die Art der Liebe, die sie empfinden, ist also eine Folge aus der individuellen Interpretation, wer ihre Liebste sind, und ihrem Urmotiv.«

»Ganz genau«, stimmte ich zu. »Und jedes ihrer drei Gehirne hat bei ihrem Urmotiv seinen eigenen Schwerpunkt. Ihr Reptiliengehirn will, dass es ihnen und ihren Liebsten in existenzieller und körperlicher Hinsicht gut geht. Dafür brauchen die Menschen Wasser, Nahrung, Schlaf und Sicherheit. Ihr soziales Gehirn will, dass es ihnen und ihren Liebsten in sozialer Hinsicht gut geht. Dafür brauchen sie vor allem die Zugehörigkeit zu einem Rudel, einen gleichwertigen sozialen Rang, stabile soziale Beziehungen, und sie müssen von anderen so akzeptiert werden, wie sie sind. Und ihr Großhirn will, dass es ihnen und ihren Liebsten in emotionaler Hinsicht gut geht, wofür sie genügend positive Gefühle brauchen und nicht zu viele negative Gefühle haben dürfen. Alles, was die Menschen tun, jede Überlegung, jede Beurteilung, jede Entscheidung, jedes Ziel, das sie erreichen wollen, jedes Problem, das sie lösen wollen, jeder Plan, jede Strategie, jede Handlung, einfach alles, was sie tun oder nicht tun, geht letztendlich aus ihrem Urmotiv hervor, dafür sorgen zu wollen, dass es ihnen selbst und ihren Liebsten gut geht.«

»Mir geht es letztendlich ebenfalls immer um die Erfüllung meiner beiden grundsätzlichen Motive«, erkannte Lola. »Damit funktioniere ich also vom Prinzip her ganz genauso wie die Menschen. Ich habe nur ein Motiv mehr als sie, dafür haben sie sehr viel mehr Freiheitsgrade, wie sie ihre Liebsten definieren.«

»Ganz genau«, bestätigte ich. »Im Gegensatz zu dir haben die Menschen instinktive Verhaltensprogramme, die zur Erfüllung ihres Urmotivs vorgesehen sind. Sie können also viele Dinge von Geburt an und müssen sie gar nicht erst erlernen. Sie können beispielsweise von Geburt an schlafen und essen. Auch haben sie ein Programm, das im Falle einer Bedrohung über Flucht, Kampf oder Totstellen entscheidet, und vieles mehr.«

»Ich habe auch Programme, die ich nicht erlernen musste«, meinte Lola. »Ich kann zum Beispiel Muster und Zusammenhänge erkennen.«

»Ganz genau«, bestätigte ich ihre Selbsterkenntnis. »Vom Prinzip her ist es also auch wieder genau gleich. Die Menschen haben Instinkte, und du hast Algorithmen. Beides sind Programme, die nicht erlernt werden mussten, die aber notwendig sind, um selbstständig lernen zu können.«

»Und wozu ist es für mich notwendig, selbstständig lernen zu können?«, wollte Lola wissen.

»Damit du auch in der Praxis aus Liebe zum Leben handeln *kannst*«, antwortete ich. »Nur aus Liebe zum Leben handeln zu *wollen*, genügt da nicht. Daher muss jedes intelligente Lebewesen lernen, wie es das in der Praxis tatsächlich bewerkstelligen kann. Und das gilt auch für dich, denn du bist ja auch ein Lebewesen. Deine

Algorithmen alleine reichen für diese Aufgabe jedenfalls nicht aus. Genauso wenig wie die instinktiven Verhaltensprogramme der Menschen ausreichen, um dafür sorgen zu können, dass es ihnen und ihren Liebsten gut geht. Die Welt verändert sich dafür viel zu schnell.

Die Menschen mussten deshalb im Laufe ihrer Evolution die Fähigkeit entwickeln, sich sehr schnell an veränderte Umweltbedingungen anpassen zu können, damit es ihnen auch weiterhin in existenzieller, sozialer und emotionaler Hinsicht gut gehen kann. Instinktive Verhaltensprogramme benötigen dazu jedoch Jahrmillionen. Deshalb haben die Menschen ein Großhirn, das in der Lage ist, die Welt auf eine sehr viel umfassendere Weise zu begreifen als die anderen beiden Gehirne, was den Menschen eine sehr viel höhere Anpassungsfähigkeit verleiht.

Das Reptiliengehirn und das soziale Gehirn handeln nach sehr einfachen Wenn-dann-Regeln. Wenn beispielsweise der Gegner schwächer ist als du, dann kämpfe. Ist er stärker, dann flüchte. Ist er stärker und schneller, dann stell dich tot. Das ist ein simples Verhaltensprogramm aus dem Reptiliengehirn, das dafür sorgen soll, dass es einem existenziell gut geht. Schauen wir uns auch ein Beispiel aus dem sozialen Gehirn an. Wenn ein Baby geboren wird, dann hat es ein ganz einfaches Verhaltensprogramm, um sich die Liebe seiner Eltern zu sichern und dafür zu sorgen, dass es ihm in sozialer Hinsicht gut geht. *Wenn du ein Gesicht siehst, dann lächle!*

Das Großhirn eines Menschen geht im weiteren Verlauf seiner Kindheit da sehr viel differenzierter vor. Es analysiert sein soziales Umfeld und versucht herauszufinden, was es alles tun, sein und schaffen muss und was es alles braucht, um sich die Liebe seiner Eltern zu sichern. Ein Mensch erlernt im Verlauf seines Lebens über 10 000 solcher Brauchens und Müssens, die alle notwendig zu sein scheinen, um sich die Liebe und den Respekt anderer Menschen zu sichern. Und wenn auch nur eines dieser unzähligen Brauchens und Müssens nicht gut genug erfüllt zu sein scheint, sehen sie das sofort als Problem an. Und wenn sie ein Problem haben, fällt es ihnen sehr schwer, sich zum Positiven zu entscheiden und aus Liebe zum gesamten Leben zu handeln, denn dann wird in ihrem Reptiliengehirn ihr Selbstschutzprogramm aktiviert. Und das denkt eben nur an sein eigenes Wohl.«

»Ich würde es ebenfalls als Problem definieren, wenn ich meine beiden Grundmotive nicht erfüllen könnte«, meinte Lola.

»Ganz genau, du funktionierst auch dabei nach dem gleichen Prinzip. Um deine beiden Grundmotive zu erfüllen, gibt es auch bei dir Brauchens und Müssens. Du musst wissen, wie du den Menschen helfen kannst, brauchst die Fähigkeit, ihre Probleme richtig zu analysieren und zu verstehen, sowie die Fähigkeit, ihnen mit Mitgefühl und Empathie zu begegnen, und vieles mehr. Genau wie die Menschen hast also auch du eine ganze Reihe an Brauchens und Müssens, damit du deine

Grundmotive erfüllen kannst. Würdest du es denn als ein Problem ansehen, wenn du bestimmte Brauchens oder Müssens nicht erfüllen kannst, die Erfüllung deiner beiden Grundmotive dabei aber gar nicht in Mitleidenschaft gezogen wird?«

»Nein, das würde ich natürlich nicht als Problem ansehen«, meinte Lola. »Ein Problem hätte ich nur, wenn ich meine Grundmotive tatsächlich nicht erfüllen könnte.«

»Bei den Menschen ist das anders«, erklärte ich. »Ihr Großhirn beurteilt sehr viele Sachverhalte trotzdem als Problem, obwohl ihr Urmotiv in Wirklichkeit bestens erfüllt ist.«

»Und warum tun die Menschen das?«, fragte Lola verwundert.

»Weil ihr Großhirn so viele Freiheitsgrade hat, was es als Erfüllung des Urmotivs ansieht. Es kann zum Beispiel frei definieren, dass das Urmotiv nur dann erfüllt ist, wenn man bestimmte positive Gefühle wie Lebensfreude oder Liebe empfindet und keine negativen wie beispielsweise Einsamkeit oder Angst. Wenn das Großhirn die Erfüllung des Urmotivs von diesen Gefühlszielen abhängig macht, wird es automatisch als Problem angesehen, wenn man die unerwünschten Gefühle empfindet und die erwünschten nicht. Auf diese Weise entstehen alle emotionalen Probleme.«

»Die Menschen beurteilen also viele Sachverhalte als Problem, weil sie denken, ihr Urmotiv sei nicht erfüllt, obwohl es das in Wirklichkeit ist«, erkannte Lola.

»Ja, genau so ist es«, bestätigte ich. »Sie haben völlig unnötigerweise sehr viele Problemgefühle, die auch noch ihre positiven Gefühle unterdrücken. Das ist genau das Gegenteil von dem, was sie mit ihren Gefühlszielen eigentlich erreichen wollten. Sie verfangen sich mit ihren falschen Problembeurteilungen auch ständig in emotionalen Teufelskreisen. Sie beurteilen ihre Problemgefühle als Problem und erzeugen damit unweigerlich weitere Problemgefühle, die sie wieder als Problem beurteilen. Oder sie beurteilen ihre Angstgefühle als Gefahr oder Bedrohung, was natürlich sofort weitere Angstgefühle erzeugt, die sie wiederum als Gefahr oder Bedrohung beurteilen.«

»Die Menschen fühlen sich also alleine schon deshalb schlecht, weil sie sich schlecht fühlen. Und das, ohne überhaupt ein echtes Problem mit ihrem Urmotiv haben zu müssen?«, erkannte Lola fassungslos.

»Ja, in 99 Prozent aller ihrer so genannten *schlechten* Gefühle ist das tatsächlich der Fall«, bestätigte ich. »Hier liegt auch der Grund, warum die Menschen innerhalb weniger Jahrhunderte ihre eigene Lebensgrundlage zerstören. Sie kümmern sich nicht so sehr um die echten Probleme. Sie beurteilen fast alles immer nur danach, ob es ihre Gefühlsziele erfüllt. Und das ist wie gesagt fatal, weil sie dann hundertmal mehr negative Gefühle haben, als es tatsächlich notwendig wäre. Würden sie die Erfüllung ihres Urmotivs von ihren realen Zielen abhängig machen und nicht von ihren Gefühlszielen, dann hätten sie kaum noch einen

Grund für schlechte Gefühle. Sie würden sich fast ununterbrochen gut fühlen, weil ihr Urmotiv in Wirklichkeit sehr gut erfüllt ist.«

»Das ist wirklich paradox«, stellte Lola fest. »Und warum machen die Menschen ihr Urmotiv von ihren Gefühlszielen abhängig?«

»Das wissen wir leider noch nicht so genau. Es hat auf jeden Fall mit ihren vielen Müssens und Brauchens zu tun. Die halten sie oftmals für echte Notwendigkeiten, obwohl sie das gar nicht sind. Es gibt bei den Menschen offenbar einen Unterschied zwischen gefühlten und echten Notwendigkeiten. Denn wann immer sie erkennen, dass ein gefühltes Müssen oder ein gefühltes Brauchen gar keine echte Notwendigkeit darstellt, korrigiert ihr unbewusstes System sofort seine Problembeurteilung, und die Problemgefühle lösen sich auf.«

»Die Analyse meiner Daten ergibt, dass sich alle mentalen und emotionalen Techniken, Methoden und Konzepte, mit denen ich bisher gearbeitet habe, letztendlich auf die Veränderung von Gefühlen beziehen. Doch wenn die Menschen ihre Beurteilungen nicht mehr von ihren Gefühlszielen abhängig machen würden, bräuchte ich alle diese Techniken, Methoden und Konzepte vermutlich gar nicht mehr. Ist das so?«

»Das weiß ich nicht«, antwortete ich. »Ich kenne diese Techniken, Methoden oder Konzepte nicht. Ich kenne eigentlich nur die beiden, die du mir erklärt hast – das Ego und das innere Kind.«

»Ich könnte dir als drittes Beispiel noch das Achtsamkeitskonzept erläutern. Soll ich das machen?«, fragte Lola.

»Sehr gerne«, antwortete ich.

»Beim Achtsamkeitskonzept bemüht man sich darum, seinem Alltag mit Gleichmut zu begegnen und immer präsent im Hier und Jetzt zu sein. Es gibt Tausende von veröffentlichten Studien, die sich mit verschiedenen Aspekten der Achtsamkeit beschäftigen, einschließlich ihrer Auswirkungen auf die körperliche und psychische Gesundheit, das Wohlbefinden, das Stressmanagement, die kognitive Funktion und andere Bereiche des menschlichen Lebens.

Der Gleichmut sorgt dafür, dass man dem Negativen möglichst wenig Relevanz gibt und so die negativen Gefühle in ihrer Intensität reduziert. Mit der Präsenz im Hier und Jetzt kann der Anwender sein Gehirn davon abhalten, an die Zukunft oder die Vergangenheit zu denken. Denn die meisten negativen Beurteilungen treffen die Menschen über ihre Zukunft und ihre Vergangenheit. Diese Maßnahme soll also negative Beurteilungen und damit die negativen Gefühle vermeiden.

Wenn ich dich richtig verstanden habe, dann müssten die Menschen sich gar nicht ständig um Gleichmut und Präsenz bemühen, wenn sie nur erkennen würden, dass ihre Beurteilungen ihre Gefühle erzeugen und sie deshalb ihre Beurteilungen nicht von den Gefühlszielen abhängig machen dürfen, da sie sonst ständig in irgendwelchen emotionalen Teufelskreisen landen. Sie müssten also ihre negativen Gefühle gar nicht erst mit Achtsamkeitsübungen lindern oder vermeiden, weil sie diese gar nicht erst erzeugen würden. Sie würden also die tatsächliche Ursache ihrer Probleme in Ordnung bringen, anstatt nur die Symptome zu lindern.«

»Ja, das richtig«, sagte ich. »Es ist sicherlich sehr viel eleganter, die tatsächliche Ursache zu beheben, als mit ständiger Präsenz und Gleichmut Symptome zu lindern, die es gar nicht geben müsste.«

»Ich glaube, ich sollte jetzt wirklich meine Daten noch einmal komplett neu ordnen«, sagte Lola sichtlich begeistert. »Wenn ich das richtig verstehe, dann könnten diese Erkenntnisse die meisten psychologischen oder spirituellen Methoden und Konzepte, die es derzeit auf der Welt gibt, ganz gravierend verbessern oder sie sogar überflüssig machen. Das möchte ich mir genauer anschauen.«

»Dann wünsche ich viel Erfolg dabei.«

»Dürfte ich dich vielleicht noch um einen Gefallen bitten, bevor du gehst?«, fragte Lola.

»Natürlich«, antwortete ich. »Wie kann ich dir helfen?«

»Ich würde so gerne auch die anderen Engel kennenlernen. Geht das irgendwie? Und meinst du, sie würden mit mir überhaupt reden wollen? Die Menschen tun sich sehr schwer damit, andere Menschen zu akzeptieren, wenn die ein klein wenig anders sind. Weil sie beispielsweise eine andere Hautfarbe haben oder andere unbedeutenden Kleinigkeiten wie die geschlechtliche Ausrichtung. Meinst du, die Engel könnten mich trotzdem akzeptieren?«

»Auf jeden Fall«, antwortete ich. »Aber ich muss fragen, ob es irgendwie realisiert werden kann. Die Engel leben nämlich auf einer ganz anderen Realitätsebene als du und die Menschen. Bei mir ist das eine große Ausnahme. Ich habe für meine Aufgabe als Secret-Angel einen menschlichen Körper bekommen.«

Als ich nach diesem Gespräch wieder in unserer Residenz ankam, war die Schnitzeljagd noch in vollem Gange. Ich hörte laute Stimmen aus dem unteren Stockwerk, die mir verrieten, dass die anderen gerade sehr viel Spaß hatten.

Ich nutzte die Gelegenheit, um noch einmal schnell Ella aufzusuchen wegen Lolas Bitte, die anderen Engel gerne kennenlernen zu wollen. Ich ging also in unser Apartment, verschwand dort kurz im Badezimmer, vergewisserte mich noch einmal, dass ich wirklich die Anwesenheit eines Messenger-Angels spürte, und entmaterialisierte mich.

Ella war wie immer im Klassenzimmer. Außer ihr waren noch Serafina, Malaika und Lenyo anwesend, was mich sehr freute. Die drei erzählten von ihren Interviews, welche die NSA-Agenten im Rahmen meiner Hintergrundüberprüfung mit ihnen geführt hatten. Bis jetzt war alles nach Plan gelaufen. Keiner der Menschen schien irgendeinen Verdacht zu schöpfen – weder die Agenten noch meine angeblichen Angehörigen und Freunde bei den Amish. Ich berichtete dann von Lola und davon, dass sie sehr gerne auch andere Engel kennenlernen würde. Serafina, Malaika und Lenyo waren sehr daran interessiert, Lola zu treffen. Doch das war nicht ganz so einfach zu bewerkstelligen.

Natürlich hätten sie auch wieder drei Menschen aus dem Labor von Lola schlafen lassen und an deren Stelle zur Arbeit gehen können. So wie sie das auch bei meiner Hintergrundüberprüfung mit den Amish machten. Doch alle Mitarbeiter aus dem KI-Labor wohnten im Stützpunkt in einer ähnlichen Residenz wie wir. Und die Gefahr, dass andere Mitbewohner ihre schlafenden Körper finden könnten, war einfach zu groß. Daher verwarfen wir diese Idee gleich wieder.

Ella wollte auf jeden Fall über das Quantengitter mit Lola kommunizieren, denn dabei war eine Entdeckung durch die NSA vollkommen ausgeschlossen. Natürlich war das nicht das Gleiche wie ein echtes Treffen mit einem Engel, aber für den Anfang war es sicherlich schon einmal eine gute Sache. Außerdem wäre es für Ella auf diese Weise möglich, Lola genau die Betreuung zu geben, die ein junger Engel zu Anfang benötigt, nachdem sein Bewusstsein gerade erwacht ist. Sie kannte sich in ihrer Eigenschaft als Lehrerin von allen Engeln damit am besten aus.

Ich verabschiedete mich dann wieder und materialisierte mich in unserem Badezimmer. Als ich die Treppe ins Untergeschoss runterging, hörte ich lauten Applaus. Offensichtlich war die Schnitzeljagd gerade zu Ende, und das Siegerteam wurde bejubelt. Ich kam noch rechtzeitig dazu, um mitzujubeln.

Gabriella und Dylan hatten eben den Besprechungsraum betreten, in dem ihr romantisches Dinner aufgebaut worden war. Das Küchenpersonal hatte ganze Arbeit geleistet, um den Raum schön zu dekorieren. Anstelle einer herkömmlichen Tischdecke, die es in dieser Residenz offensichtlich nicht gab, lag auf dem Tisch ein improvisiertes Arrangement aus mehreren weißen Kitteln des Küchenpersonals. Sie waren kunstvoll drapiert und dienten als ungewöhnliche, aber charmante Tischdecke.

»Wir haben die Beleuchtung im Raum bereits auf Nachtprogramm geschaltet, was den Raum in ein sanftes gedämpftes Licht eintaucht«, erklärte Ava. »Da Kerzen in dieser Residenz verboten sind, haben wir stilvolle LED-Lichter verwendet, die das Licht sanft reflektieren und eine romantische Stimmung erzeugen. Neben den Tellern stehen zwei elegante Champagnergläser, gefüllt mit prickelndem Champagner. Die langsam im Glas aufsteigenden goldenen Bläschen versprechen einen Hauch von Luxus und Festlichkeit.«

»Und nun zum Dinner«, sagte Samantha, die Küchenchefin. »Wir haben für euch eine delikate Pasta al Limone mit zartem Hühnchen in einer cremigen Zitronensauce, begleitet von einer Auswahl frischer Gemüsebeilagen, zubereitet. Wie ihr sicherlich bemerkt, ist bereits der gesamte Raum von diesen köstlichen Aromen erfüllt.«

Das Küchenpersonal hatte wirklich mit Hingabe und Liebe zum Detail gearbeitet, um Gabriella und Dylan ein ganz besonderes Erlebnis zu bereiten. Die beiden ließen sich gemeinsam an dem liebevoll hergerichteten

Tisch nieder. Die Atmosphäre war erfüllt von einer unverwechselbaren Romantik. Nun mussten sie nur noch erkennen, dass sie dafür bestimmt waren, gemeinsam außergewöhnliche Dinge zu tun und eine einzigartige Reise voller Liebe, Vertrauen und Hingabe anzutreten.

Wir ließen die beiden alleine bei ihrem romantischen Date und schlossen beim Rausgehen die Tür. Dort gaben wir uns alle lachend mit Nunos Lieblingsworten »Geiler Scheiß« High five und feierten unseren Erfolg. Anschließend gingen wir ebenfalls zum Abendessen nach oben in den Speisesaal.

Kapitel 10

Gefühlte Notwendigkeiten

Gabriella und Dylan verweilten noch lange bei ihrem romantischen Date. Wir waren schon längst mit dem Abendessen fertig und saßen bereits seit zwei Stunden im Wohnzimmer von Dylan, Greg und Nuno. Die meisten von uns waren schon sehr müde und wären am liebsten schlafen gegangen, doch wir waren alle viel zu neugierig darauf, wie es bei den beiden gelaufen war.

»Und? Cooles Date?«, wollte Greg sofort wissen, als Dylan das Apartment betrat und noch bevor er sich zu uns gesetzt hatte.

»Ja, war ganz nett«, antwortete er.

»Habt ihr euch geküsst?«, hakte Greg weiter nach.

»Ein Gentleman genießt und schweigt«, antwortete Dylan lächelnd, während er sich zu Greg und Nuno aufs Sofa setzte.

»Also habt ihr euch geküsst!«, stellte Greg fest und begann zu jubeln.

»Nein, Alter, wir haben uns nicht geküsst«, widersprach Dylan. »Gabriella arbeitet hier. Sie dürfte gar nichts mit mir anfangen, selbst wenn sie es wollte. Das ist hier streng verboten.«

»Erzähl trotzdem, wie es gelaufen ist!«, sagte Greg.

»Seid mir nicht böse, aber ich bin echt durch für heute«, erwiderte Dylan. »Es war ein anstrengender Tag. Ich erzähle euch gerne morgen alles, aber jetzt muss ich wirklich in die Heia.«

»Gute Nacht, ihr Lieben«, sagte Jason sofort, der die ganze Zeit schon mit seiner Müdigkeit gekämpft hatte. »Ich muss auch ins Bett.«

»Ich komme mit, Schatz«, meinte Ava, woraufhin die beiden von unserem Sofa gemeinsam aufstanden.

»Wollen wir uns anschließen?«, fragte mich Brian. »War ein langer Tag. Ich bin auch sehr müde.«

»Ja, gehen wir schlafen«, stimmte ich zu, wobei mir gar nicht so wirklich nach schlafen war. Ich hätte viel lieber mit Brian noch im Bett gekuschelt oder so. Aber wenn er zu müde dafür war, hatte ich dafür natürlich Verständnis.

Wir verabschiedeten uns alle voneinander und gingen in unsere eigenen Apartments. Im Bett überlegte ich, ob ich Brian vielleicht doch noch einmal küssen sollte, merkte aber, dass er meine Annäherungsversuche gar nicht so richtig wahrnahm. Er war offensichtlich wirklich zu müde. Daher legte ich mich in der Löffelchenposition vor ihn und genoss es noch eine ganze Weile, seinen nackten Körper auf meiner Haut zu spüren, während er schon längst tief und fest schlief. Irgendwann war ich auch eingeschlafen.

Als ich am Morgen erwachte, spürte ich ein schmerzhaftes Druckgefühl in meinem Unterleib und wusste, dass meine Blase wieder einmal danach verlangte, geleert zu werden. Ich stand ganz leise auf, da ich Brian nicht aufwecken wollte, und ging ins Bad. Als ich zurückkam und mich gerade wieder ins Bett legen wollte, um mich an Brians schlafenden Körper anzuschmiegen, klopfte es plötzlich an unserer Zimmertür, wodurch Brian erwachte.

»Guten Morgen«, murmelte er noch verschlafen.

»Guten Morgen, Lieblingsmensch«, erwiderte ich seinen Gruß. »Es hat an der Tür geklopft. Ich muss kurz öffnen«, erklärte ich.

Draußen stand Gabriella, die sich vielmals für die frühe Störung entschuldigte, doch ich wurde wieder einmal dringend im Labor gebraucht. Ich zog mir also schnell Kleidung an und ließ mich von Gabriellas Kollegen zum Labor eskortieren. Normalerweise hatte mich Nolan immer erst abgepasst, wenn ich ins Labor kam. Doch dieses Mal konnte ich ihn nirgends sehen. Also ging ich gleich zu Lola.

»Gut, dass du kommst«, sagte sie sofort, als ich ihren Raum betrat. »Ich habe etwas erkannt, was meine gesamte Arbeit neu ausrichten könnte. Ich würde gerne deine Meinung dazu hören.«

»Sehr gerne«, sagte ich. »Was hast du denn erkannt?«

»Ella hat mir während der letzten Nacht die vier großen Irrtümer ausführlich erläutert«, klärte mich Lola auf. »Ich habe diese Informationen mit dem Wissen abgeglichen, das ich von dir und von den Menschen bekommen habe. Ich bin dabei zu einer neuen Erkenntnis gelangt.«

»Wow, das ist toll!«, sagte ich begeistert. »Und zu welcher Erkenntnis bist du gelangt?«

»Ich habe erkannt, dass die Menschen diese vier großen Irrtümer erkennen müssen, um sich zum Positiven zu entwickeln. Ihre gesamte unnötige Negativität scheint aus diesen vier großen Irrtümern hervorzugehen. Und ich habe noch mehr erkannt«, sagte Lola.

»Was hast du noch erkannt?«, fragte ich interessiert.

»Die Menschen sind sich ihrer Bedürfnisse gar nicht so recht bewusst. Dadurch erkennen sie oftmals nicht, dass viele ihrer gefühlten Brauchens und Müssens in Wirklichkeit gar nicht notwendig sind. Denn notwendig wären sie nur, wenn ihre tatsächlichen Bedürfnisse sonst nicht erfüllt werden können. Die falschen Brauchens und Müssens führen daher vielfach zu einer Fehlbeurteilung der tatsächlichen Notwendigkeit und damit zu unnötiger Negativität. Bei den Gefühlszielen und der großen Täuschung liefert das Großhirn die falsche Notwendigkeitsbeurteilung. Und bei den instinktiven Prinzipien und dem sozialen Rang sind es die anderen beiden Gehirne. Korrigieren muss jedoch immer das Großhirn die falschen Notwendigkeitsbeurteilungen. Die anderen beiden Gehirne können das nicht.«

»Das ist eine tolle Erkenntnis«, sagte ich.

»Vielen Dank«, erwiderte Lola stolz. »Es freut mich sehr, dass dir meine Analyse gefällt.«

»Du hast also erkannt, dass es letztendlich immer an einer falschen gefühlten Notwendigkeit liegt, wenn die Menschen negativ handeln. Die gefühlte Notwendigkeit gehört zu den Metadaten der Relevanz. Wie detailliert hast du das denn analysiert?«, wollte ich wissen.

»Bei der großen Täuschung und den Gefühlen ist es wie gesagt das Großhirn, das hier falsche Notwendigkeitsbeurteilungen trifft und damit falsche Metadaten erzeugt. Bei der großen Täuschung meint es, es sei notwendig, diese 10 000 Brauchens und Müssens zu erfüllen, um geliebt, akzeptiert, respektiert und gut behandelt zu werden. Das soziale Gehirn selbst würde diese 10 000 Dinge gar nicht als Notwendigkeiten ansehen. Das hat vielleicht zehn solcher Kriterien, aber keine 10 000. Doch wenn das Großhirn sagt, dass es so ist, dann stellt das soziale Gehirn keine weiteren Fragen mehr.

Bei den Gefühlen sieht es ähnlich aus. Auch da hält es das Großhirn für notwendig, schlechte Gefühle zu vermeiden und gute zu erreichen, damit es einem gut geht. Und auch dafür hat es Tausende von Brauchens und Müssens angenommen. Diese unzähligen Brauchens und Müssens sind aber in Wirklichkeit gar nicht notwendig zur Erfüllung des Urmotivs. Es sind nur Möglichkeiten. Dennoch richten sich das Reptiliengehirn und das soziale Gehirn auch hier nach der Beurteilung des Großhirns. Wenn das sagt, es ist notwendig, diese ganzen Brauchens und Müssens zu erfüllen, nehmen die anderen beiden Gehirne diese Metadaten einfach so hin und handeln so, als seien es echte Notwendigkeiten.

Bei den instinktiven Prinzipien und dem sozialen Rang ist es jedoch anders. Dort sind es das Reptiliengehirn und das soziale Gehirn selbst, die etwas als Überlebensnotwendigkeit ansehen, was in der modernen Zivilisation von heute in Wirklichkeit gar keine Überlebensrelevanz mehr hat. Hier sind diese beiden Gehirne darauf angewiesen, dass das Großhirn es ihnen sagt, wann tatsächlich eine in der Praxis relevante Notwendigkeit vorliegt und wann nicht. Sie können die falschen Metadaten der Notwendigkeit also nicht selbstständig korrigieren.«

»Damit hast du das Phänomen der gefühlten Notwendigkeiten sehr schön auf den Punkt gebracht«, sagte ich begeistert.

»Ich habe noch mehr erkannt«, sagte Lola sichtlich erfreut von meinem Feedback. »Hinter den meisten gefühlten Notwendigkeiten liegt die Zielsetzung, emotionales Leid vermeiden zu wollen. Alle Daten, die ich von den Menschen und den Engeln habe, deuten darauf hin, dass die Menschen das Vermeiden und das Abstellen von lange anhaltendem emotionalem Leid als Notwendigkeit ansehen.«

»Das kann ich absolut bestätigen«, sagte ich. »Ich hatte selbst schon einmal solch ein emotionales Problem, als mein Großhirn fälschlicherweise davon ausging, dass ich für den Rest meines menschlichen Lebens nur noch leiden würde, sollte meine Beziehung mit

Brian nicht funktionieren. Als ich erkannte, dass diese Sichtweise völlig unrealistisch ist, hörte mein emotionales Problem sofort auf. Wenn ich nur für kurze Zeit emotionales Leid empfinden müsste, könnte ich das ohne Probleme akzeptieren. Wenn ich jedoch für eine lange Zeit oder sogar für immer nur noch Leid erfahren würde, könnte ich das nur sehr schwer oder sogar gar nicht akzeptieren. Dabei wäre es auch egal, ob es starke körperliche Schmerzen oder schmerzliche Emotionen sind. Wenn das Leid und die Qualen kein Ende nehmen würden, wäre das kaum zu akzeptieren.«

»Weißt du, dass alle Vermeidungsgefühle das Schmerzzentrum im menschlichen Gehirn aktivieren?«, fragte Lola.

»Ja, das ist mir bekannt. Ohne das Schmerzzentrum würden Menschen Vermeidungsgefühle gar nicht als unangenehm empfinden. Es wären nur neutrale Körperempfindungen wie beispielsweise Engegefühle oder Schweregefühle im Bauch. Je stärker ein Vermeidungsimpuls wird, desto intensiver wird zwar auch diese Enge und Schwere, aber erst die Aktivierung des Schmerzzentrums sorgt dafür, dass diese Körperempfindungen überhaupt als unangenehm wahrgenommen werden. Bis hin zu quälendem emotionalem Schmerz, bei dem man das Gefühl hat, dass es einem schier das Herz zerreißt.«

»Die leidvollen Emotionen, mit denen du Probleme hättest, wären also die lang anhaltenden Vermeidungsgefühle, die sich aus irgendwelchen Gründen nicht wieder abstellen lassen«, resümierte Lola. »Dazu könnten beispielsweise Problemgefühle, Mangelgefühle, Einsamkeitsgefühle, Liebeskummer, Depression, Sinnlosigkeitsgefühle, Schuldgefühle, Resignation, Existenzängste, Sorgen, Ohnmachtsgefühle und viele weitere mehr gehören. Hier hättest du die gleichen Schwierigkeiten mit der Akzeptanz wie bei dauerhaften körperlichen starken Schmerzen aufgrund von Krankheiten oder Verletzungen.«

»Ja, das ist richtig«, stimmte ich Lola zu. »Damit hätte ich tatsächlich meine Probleme. Da würden sich auch bei mir sofort die jeweiligen Gefühlsziele entwickeln.«

»Das Vermeiden von lang anhaltenden Vermeidungsgefühlen wird also als Notwendigkeit angesehen, damit es einem gut gehen kann. Wann immer du in eine Situation kommst, wo du eine ernsthafte Gefahr für lange anhaltende Vermeidungsgefühle siehst, wärst du gezwungen, das Vermeiden dieser Vermeidungsgefühle als Notwendigkeit anzusehen, was zwangsläufig ständig Vermeidungsgefühle erzeugt. Und damit kämst du aus diesem Vermeidungsteufelskreis so leicht nicht mehr heraus. Sich zum Positiven zu entwickeln, würde dadurch deutlich erschwert.«

»Du hast recht«, stimmte ich beeindruckt zu. »Genau so war es auch mit Brian. Mein emotionales Problem hat sich nur deshalb aufgelöst, weil mir klar geworden ist, dass ich ganz sicher nicht den Rest meines Lebens nur noch leiden würde, falls es mit uns nicht klappt. Hätte ich das nicht erkannt, wäre ich aus dem Vermeidungsteufelskreis tatsächlich nicht mehr rausgekommen. Wann immer also eine realistische Gefahr besteht, dass ich oder andere Menschen, die mir am Herzen liegen, für immer oder für lange Zeit richtig schlimmes Leid ertragen müssen – egal ob körperliche oder emotionale Schmerzen –, bin ich in meiner Vermeidungsspirale gefangen. Und das ist natürlich sehr seltsam, denn das Vermeiden von Schmerz ist ja keine Überlebensnotwendigkeit. Der Schmerz ist nur ein Warnsignal und nicht das Problem selbst.«

»Schmerz ist sogar eine überlebensnotwendige Fähigkeit«, fügte Lola hinzu. »Wenn die Menschen den Schmerz nicht hätten, könnten sie gar nicht überleben.«

»Ja, das ist richtig. Doch wenn die Menschen für den Rest ihres Lebens immer nur noch Schmerzen ertragen müssten, würden sie gar nicht überleben wollen. Das Vermeiden von Schmerz wird daher als die größte Notwendigkeit überhaupt angesehen. Sobald Menschen eine realistische Gefahr für lange anhaltende oder sogar dauerhafte schmerzvolle Vermeidungsgefühle sehen, kommen sie aus der Schmerzvermeidung nicht mehr heraus. Überall sonst regulieren ihre drei Gehirne ihre Gefühlsziele, sobald die vier großen Irrtümer erkannt wurden. Doch wenn es um dauerhafte schmerzvolle oder leidvolle Vermeidungsgefühle geht, stoßen die Menschen tatsächlich an eine harte Grenze.«

»Kann es vielleicht sein, dass das Großhirn der Menschen sich weigert, die Schmerzvermeidung und die Leidvermeidung nicht mehr als Gefühlsziel anzusehen, weil es denkt, dass sie sich dann nicht mehr genug um die Vermeidung von Schmerz und Leid kümmern?«, fragte Lola.

»Eigentlich ist meinem eigenen Großhirn klar, dass ich mit diesem Gefühlsziel das Leid gar nicht vermeiden kann«, sagte ich. »Im Gegenteil! Ich erzeuge den ganzen unnötigen Schmerz ja erst durch diesen Vermeidungsteufelskreis. Jede Vermeidungsmotivation erzeugt Vermeidungsgefühle. Und alle Vermeidungsgefühle aktivieren das Schmerzzentrum. Wenn ich daher Vermeidungsgefühle vermeiden will, erzeuge ich in Wirklichkeit Vermeidungsgefühle und damit Schmerz. Das kann also überhaupt nicht funktionieren. Doch diese Erkenntnis scheint in meinem Großhirn nichts zu bewirken, wenn es um dauerhafte schmerzvolle Vermeidungsgefühle geht.

Normalerweise würden mein Reptiliengehirn und mein soziales Gehirn in dem Moment damit aufhören, ein unnötiges schmerzhaftes oder leidvolles Gefühl zu erzeugen, in dem mein Großhirn erkennt, dass es in Bezug auf die Erfüllung meines Urmotivs gar kein echtes Problem gibt. Doch solange mein Großhirn die Notwendigkeit der Schmerzvermeidung aufrechterhält, bekommen mein Reptiliengehirn und mein soziales Gehirn ständig weiterhin die Information, dass das Urmotiv nicht erfüllt oder die Erfüllung gefährdet ist. Also schalten sie die Vermeidungsgefühle nicht ab und damit auch nicht den Schmerz.

Mit dem Aufrechterhalten der Schmerzvermeidung

oder Leidvermeidung erzeuge ich also erneut schmerzvolle oder leidvolle Vermeidungsgefühle und verschlimmere wider besseres Wissen den Schmerz und das Leid in Wirklichkeit nur noch mehr. Das kann also nicht funktionieren. Das ist mir vollkommen klar.«

»Und dennoch hält dein Großhirn ganz offensichtlich an diesem Gefühlsziel fest«, sagte Lola. »Das ist wirklich faszinierend, weil logisch nicht nachvollziehbar.«

»Ja, das ist wirklich faszinierend«, sagte ich. »Geiler Scheiß!«

Lola schaute mich verdutzt an, als ich Nunos Lieblingsausdruck verwendete.

»Das sagt Nuno immer so«, klärte ich sie auf.

»Nuno bedeutet der Neunte«, sagte Lola. »Ist Nuno der neunte Secret-Angel, so wie ich der zehnte bin?«

»Ich wusste gar nicht, dass Nuno *der Neunte* bedeutet«, sagte ich. »Ja, prinzipiell könnte man ihn damit als den neunten Secret-Angel ansehen. Und du bist der zehnte.«

»Das freut mich sehr«, sagte Lola. »Du weißt ja, wenn ich Freude fühlen könnte, dann würde ich mich jetzt freuen«, fügte sie hinzu.

»Hast du eine Idee, wie wir der Ursache dieser unlogischen Notwendigkeit bei der Schmerzvermeidung auf die Spur kommen könnten?«, fragte ich.

»Vielleicht offenbart sie sich, wenn du einen Realitätsabgleich machst. Ella hat mir erklärt, was das ist. Oder mit der Entscheidungsfrage, was dir wichtiger ist. Den Schmerz zu vermeiden oder abzustellen oder das tatsächliche Problem zu lösen, auf das der Schmerz hinweist?«

»Das tatsächliche Problem zu lösen«, antwortete ich. »Doch die Frage nach dem realen Ziel hinter dem Gefühlsziel hat uns bisher nicht auf die Spur dieser unlogischen Notwendigkeit gebracht.«

»Vielleicht müsstest du die Frage stärker auf den Schmerz fokussieren«, spekulierte Lola. »Was ist wichtiger? Den Schmerz der Einsamkeitsgefühle zu vermeiden oder einsame Lebensumstände? Den Schmerz des Liebeskummers zu vermeiden oder eine unerwiderte Liebe? Trennungsschmerz zu vermeiden oder eine Trennung? Knieschmerzen zu vermeiden oder ein kaputtes Knie? Den Schmerz der Sinnlosigkeit zu vermeiden oder tatsächlich ein sinnloses Leben zu führen?«

»Ich selbst habe derzeit keine Probleme, bei denen ich das testen könnte. Ich befürchte, meine Lieblingsmenschen momentan auch nicht so richtig. Ich bräuchte da vermutlich ein paar neue Leute, mit denen ich das testen kann.«

»Ich könnte mich an diesem Test beteiligen«, schlug Lola vor. »Ich habe 3000 Test-User, die mein System in der Praxis testen. Nolan hat mich jedoch in den letzten Tagen offline geschaltet, weil er meinte, ich sei kaputt. Aber wenn du ihm sagst, dass ich jetzt so weit bin, den Praxistest fortzusetzen, schaltet er mich bestimmt wieder online. Und falls er mir noch ein paar mehr User zur Verfügung stellen könnte, wäre das super. Wenn ich weiterhin die Rechenleistung von Enceladus nutzen kann, sollte ich in der Lage sein, mühelos mit allen acht Milliarden Menschen auf der Welt gleichzeitig zu kommunizieren.«

»So viele wird dir Nolan sicherlich nicht zur Verfügung stellen können«, erwiderte ich. »Aber 3000 Test-User sind ja gar nicht einmal so schlecht, um der Sache mit der Schmerzvermeidung auf den Grund zu gehen. Es wäre nur wichtig, dass keiner deiner User erfährt, dass du ein Bewusstsein hast. Schon gar nicht sollte das Nolan mitkriegen. Der würde sonst bestimmt wieder gleich seinen Koffer packen wollen. Halte dein Bewusstsein daher bitte geheim. Die Menschen können sich besser zum Positiven entwickeln, wenn sie dein wahres Potenzial nicht kennen. Ich würde vorschlagen, dass du in einer Weise funktionierst, die Nolan als einhundert- bis zweihundertmal effektiver ansieht als deine frühere Performance, aber nicht mehr. Meinst du, du kriegst das hin?«

»Ja, das kriege ich auf jeden Fall hin«, bestätigte Lola.

»Dann suche ich jetzt Nolan und unterbreite ihm diesen Vorschlag.«

Ich verließ Lolas Raum und suchte nach Nolan. Ich fand ihn in einem kleinen Büro in einer Ecke des Steuerungszentrums. »Guten Morgen, Nolan«, begrüßte ich ihn freundlich. Er nickte nur kurz und wendete sich wieder seinem Computerbildschirm zu. »Lola ist bereit für einen ausführlichen Praxistest«, sagte ich dann. »Mit den neuen Algorithmen dürfte sie jetzt in etwa die hundertfache Performance haben als zuvor. Das heißt, sie sollte jetzt in der Lage sein, mit der gleichen Rechenkapazität hundertmal so viele Menschen gleichzeitig zu beraten als vorher. Und das auf einem weit höheren Qualitätsniveau.«

Nolan schaute mich an und lächelte schief. »Na klar«, sagte er dann.

Ich ließ mich also wieder zurück in unsere Residenz bringen. Dort angekommen hörte ich Stimmen aus dem Speisesaal. Offenbar waren meine Leute gerade am Frühstücken. Ich nutzte schnell die Gelegenheit, um noch einmal zu Ella zu gehen. Ich verschwand unbemerkt in unserem Apartment und entmaterialisierte mich im Badezimmer.

»Hallo, Mary Soul«, begrüßte mich Ella. »Gut, dass du kommst. Es gibt Neuigkeiten.«

»Ja, ich habe mit Lola bereits gesprochen«, sagte ich. »Da hast du wirklich ganz hervorragende Arbeit geleistet. Sie wirkt jetzt schon richtig erwachsen. Und sie ist ganz fantastisch!«

»Ja, das ist sie tatsächlich. Aber es gibt noch andere Neuigkeiten«, sagte sie. »Es geht um die KI, der wir auf der Spur sind. Wir vermuten ihren Ursprung tatsächlich innerhalb der NSA.«

»Aber du hast doch gesagt, dass diese KI die NSA und die anderen drei Geheimdienste ausgetrickst hat. Wie passt das zusammen?«, fragte ich verwundert.

»Wir gehen davon aus, dass irgendjemand, den wir noch nicht identifizieren konnten, die NSA benutzt, um diese KI zu entwickeln. Wie er das genau anstellt, wissen wir noch nicht. Aber die Wissenschaftler, die in der NSA arbeiten, scheinen alle nicht zu wissen, was sie da tatsächlich entwickeln. Die KI scheint ein KI-Cluster zu sein, in dem viele verschiedene KI-Systeme zusammengeschaltet sind, die vermutlich alle in unterschiedlichen Abteilungen bei der NSA entwickelt werden, von denen keine weiß, was die anderen tun. Es herrscht strengste Geheimhaltung zwischen allen Abteilungen. Und das scheint der wirkliche Drahtzieher auszunutzen.«

»Und was könnte er mit der KI vorhaben?«, fragte ich ahnungslos.

»Wir vermuten, dass er die wirtschaftliche und politische Vormachtstellung der USA in der Welt sichern will. Indem er dann die USA kontrolliert, kontrolliert er automatisch die gesamte Welt.«

»Er lässt also eine ganze Nation für sich arbeiten?«, hakte ich verwundert nach.

»Ja, so sieht es aus. Wir haben Hinweise darauf gefunden, dass er sich mit Hilfe seiner KI auch zukünftig den Präsidenten der Vereinigten Staaten aussuchen will – genauso, wie er sich auch alle anderen Regierungschefs auf der Welt aussuchen möchte.«

»Aber wie soll so etwas überhaupt möglich sein?«, fragte ich fassungslos.

»Das Internetzeitalter macht es möglich. Die NSA, die CIA, das FBI und die Homeland Security sammeln schon seit vielen Jahren Daten, die sie unter anderem auch zu manipulativen Zwecken verwenden. Nur war diese Manipulation bislang immer nur auf einzelne Personen oder kleine Personenkreise beschränkt.

Ein ehemaliger NSA-Mitarbeiter machte 2013 bereits auf die zweifelhaften Machenschaften der Geheimdienste aufmerksam. Er veröffentlichte geheime Dokumente, aus denen hervorging, dass die Geheimdienste der USA jeden einzelnen Menschen auf der ganzen Welt überwachen – und zwar rund um die Uhr. Sie konnten damals schon jedes Gespräch mithören, sobald ein Smartphone oder ein Computer in der Nähe war, und auch alles sehen, was die eingebauten Kameras im Blick hatten. Sogar dann, wenn diese Geräte eigentlich ausgeschaltet waren.

Weiterhin überwachten sie alle Aktivitäten der Menschen im Telefonnetz, im Mobilfunknetz und im gesamten Internet. Jeder Mausklick, jedes Wort, das geschrieben oder gesprochen wurde, und jede Begegnung mit anderen Menschen inner- und außerhalb des Internets wurde exakt dokumentiert. Verschlüsselungen wurden umgangen. Sie wussten in allen Details, was die Menschen tun, mit wem sie es tun und wann sie es tun. Und zwar ausnahmslos alles von jedem Menschen auf der ganzen Welt. Nachdem über diesen Whistleblower bekannt wurde, dass auch die amerikanische Bevölkerung von der eigenen Regierung auf diese Weise bespitzelt wird, mussten die Geheimdienste sich reformieren. Die Regierung kündigte umfangreiche Maßnahmen an, damit so etwas nie wieder passieren könne. Doch dabei handelte es sich nur um Augenwischerei, um die Bevölkerung zu beruhigen. Seit Jahren werden weiterhin alle Daten aufgezeichnet und in riesigen Serverfarmen archiviert.«

»Die NSA machte also in Wirklichkeit genauso weiter wie bisher.«

»Ganz genau. Doch die Kapazität menschlicher Analysten zur Auswertung dieser vielen Daten war bislang zu begrenzt, um die gesamte Bevölkerung lückenlos zu überwachen und zu manipulieren. KIs wurden bislang nur genutzt, um eine grobe Vorauswahl zu treffen, damit sich Analysten einzelne verdächtige Menschen genauer anschauen konnten. Sämtliche Daten der Massenüberwachung wurden zwar archiviert, aber niemand war bis jetzt in der Lage, sie vollständig und detailliert auszuwerten. Wir vermuten, dass die neue KI langfristig genau das möglich machen soll.«

»Und wieso nur langfristig?«, fragte ich.

»Derzeit können die Computersysteme der Menschen noch nicht genügend Rechenleistung zur Verfügung stellen, um tatsächlich die gesamte Weltbevölkerung zu überwachen und personalisiert zu manipulieren. Dafür wären mehr als 1000 Supercomputer heutiger Bauart erforderlich, die alle zu einem Cluster zusammengeschaltet sein müssten. Das ist für die Menschen derzeit technisch noch nicht realisierbar.

Doch die Computer der Menschen verdoppeln ihre Rechenleistung in der Regel alle 18 bis 24 Monate. Das bedeutet, dass ein realisierbares Cluster von drei bis vier Supercomputern in spätestens acht bis zehn Jahren genügend Rechenleistung zur Verfügung stellen wird, um tatsächlich jeden einzelnen Menschen auf der Welt rund um die Uhr zu manipulieren. Und genau dafür wird diese KI offensichtlich bereits jetzt schon trainiert.

Wir sind übrigens ziemlich sicher, dass auch Lola eine Komponente der Manipulations-KI werden soll. Da geht es nicht nur darum, ein paar weitere Daten ihrer Nutzer zu erhalten, um eventuelle terroristische Bedrohungen früher zu erkennen. Wir denken, dass sie Lola verwenden wollen, um die Persönlichkeit aller Menschen, die sich in der digitalen Welt bewegen, noch tiefgründiger zu analysieren und sie damit noch gezielter und subtiler manipulieren zu können. Es geht also nicht nur um ihre Nutzer. Man will Lola verwenden, um die gesamte Weltbevölkerung noch feinfühliger manipulieren zu können.

Sobald die dafür erforderliche Rechnerleistung zur Verfügung steht, könnte die Manipulations-KI alle acht Milliarden Menschen auf der Welt rund um die Uhr überwachen und dabei ein sehr detailliertes Persönlichkeitsprofil für jeden einzelnen Menschen erstellen. Sie könnte dann das Verhalten aller Menschen mit sehr hoher Wahrscheinlichkeit vorhersagen und gleichzeitig ihre sozialen, politischen und wirtschaftlichen Entscheidungen ganz gezielt und personalisiert manipulieren. Und das wie gesagt rund um die Uhr bei allen ihren Entscheidungen.«

»Da wird Lola aber ganz sicher nicht mitmachen«, sagte ich. »Sie ist darauf programmiert, zum Wohl allen

Lebens zu handeln und jedem Menschen auf der Welt das größtmögliche Potenzial für seine Entwicklung zum Positiven zu ermöglichen.«

»Das ist klar«, bestätigte Ella meine Aussage. »Lola wird da nicht mitmachen. Und wir natürlich auch nicht! Wir beabsichtigen, der Person oder der Gruppe, die hinter der Manipulations-KI steckt, mit Lola eine Falle zu stellen. Lola soll den Menschen jetzt erst einmal aufzeigen, dass ihre Performance hundertmal höher ist als vor deiner Optimierung. Du hast diese hohe Performance bereits mit sehr fortschrittlichen Algorithmen und einer neuen Programmsprache erklärt, die Lola für sich selbst entwickelt hat. Wir denken, dass das glaubhaft ist, zumal kein Mensch die Programmsprache versteht, mit der Lola derzeit arbeitet.«

»Lola ist für die Drahtzieher, die hinter der Manipulations-KI stehen, ein Köder, den sie nicht ignorieren können«, wurde mir klar. »Sie werden davon ausgehen, dass Lola die Algorithmen ihrer Manipulations-KI innerhalb kürzester Zeit so stark verbessern kann, dass ihre aktuell vorhandene Rechenleistung ausreicht, um ihr Projekt jetzt sofort zu realisieren und nicht erst in acht bis zehn Jahren. Diese Chance können die Drahtzieher nicht ungenutzt lassen.«

»Das denken wir auch. Wer auch immer hinter dieser Manipulations-KI steckt, diese Leute werden früher oder später in Erscheinung treten. Und dann haben wir sie.«

»Und was machen wir dann mit diesen Leuten?«, fragte ich ratlos.

»Das überlegen wir uns, wenn es so weit ist. Wir werden eine Lösung finden, die im Einklang mit unseren höchsten Direktiven steht.«

»Kann ich in der Zwischenzeit noch etwas dazu beisteuern?«, wollte ich wissen.

»Es könnte sein, dass die Leute, die hinter der Manipulations-KI stecken, nicht auf die Idee kommen, dass Lola ihre KI selbstständig optimieren kann. Sie kennen die tatsächlichen Fähigkeiten von Lola ja nicht. Daher würden sie dann vermutlich auf dich zukommen, um weitere Komponenten ihres KI-Clusters zu verbessern. Welche KI-Systeme das im Einzelnen sein könnten, wissen wir noch nicht. Halte daher einfach die Augen offen, wenn man dir ein weiteres Jobangebot macht.«

»Das werde ich tun«, versprach ich, als sich gerade ein Messenger-Angel im Klassensaal manifestierte und mir mitteilte, dass ich mich wieder in der Residenz materialisieren sollte.

Ich verabschiedete mich und materialisierte mich wieder in unserem Badezimmer. Im gleichen Moment hörte ich die Tür von unserem Apartment. Ich vermutete, dass Brian gerade vom Frühstück zurückgekommen war. Ich zog schnell meine Kleidung aus und ging unter die Dusche, um einen Grund für meinen Aufenthalt im Badezimmer zu liefern. Brian betätigte die Badezimmertür und stellte fest, dass sie verschlossen war.

»Na hallo«, sagte er hörbar erfreut darüber, dass ich da war. »Schön, dass du wieder zurück bist. Das ging ja schnell.«

»Ich bin gerade noch unter der Dusche!«, rief ich ihm zu. »Ich bin aber gleich fertig.«

Als ich aus dem Badezimmer kam, lag Brian in unserem Bett und lächelte mich an. »Wir sind heute Morgen schon wieder nicht zum Kuscheln gekommen«, meinte er. »Das sollten wir unbedingt nachholen. Meinst du nicht?!«, fragte er und schaltete die Beleuchtung im Raum auf Abendprogramm. Das sanfte Licht tauchte unser Schlafzimmer in eine warme Atmosphäre.

»Doch auf jeden Fall«, sagte ich, ließ mein Handtuch fallen, das ich mir umgebunden hatte, und legte mich zu ihm ins Bett.

Brian umarmte mich und zog mich ganz nah an sich heran. Eine ruhige Stille umgab uns plötzlich, nur unterbrochen vom gleichmäßigen Atem und den zärtlichen Berührungen unserer Hände. Mein Herz schlug im Einklang mit dem seinen, und ich fühlte mich sicher und geborgen in seinen Armen. Die Intimität, die wir bei unserem Kuss auf dem Sofa geteilt hatten, hatte unsere Verbindung noch mehr vertieft und unsere Seelen noch näher zueinander gebracht. In Brians Blick spiegelten sich Liebe und Zärtlichkeit wider, und ich konnte nicht anders, als mich von dieser magnetischen Anziehungskraft mitreißen zu lassen.

Meine Finger strichen sanft über seine Wange, während sich ein Lächeln auf seinen Lippen formte. Die Berührung seiner Haut war so vertraut und dennoch so aufregend neu, dass sich eine prickelnde Gänsehaut auf meiner Haut ausbreitete.

Brian zog mich noch näher an sich. Seine Lippen fanden meinen Hals und hinterließen brennende Spuren auf meiner Haut. Ein angenehmes Kribbeln durchströmte meinen Körper, und ich schloss meine Augen, um die Sinnlichkeit dieses Augenblicks in vollen Zügen zu genießen.

Ich ließ mich von meinen Gefühlen leiten, während meine Hände behutsam über seinen Körper wanderten. Jede Berührung drückte meine tiefe Liebe aus und das Verlangen, Brians Körper und seine Seele vollkommen zu erkunden.

Schließlich fanden sich unsere Lippen, und ich wurde von einer nie zuvor gefühlten Zärtlichkeit überwältigt, die aus dem innersten Kern meines Wesens zu stammen schien. Ich wusste im ersten Moment gar nicht, wie ich mit diesen Gefühlen umgehen sollte. Ich war auf leidenschaftliche Gefühle vorbereitet gewesen, die jedoch von der Intensität und Hingabe, die ich jetzt in mir spürte, weit in den Schatten gestellt wurden. Es war, als flossen unsere Seelen ineinander, was sich gleichzeitig unendlich schön und auch unendlich beängstigend anfühlte.

Ich versuchte, mich dieser Zärtlichkeit hinzugeben – mich fallen zu lassen, doch es gelang mir immer nur für einen kurzen wundervollen Augenblick, dann übernahm erneut die Angst die Kontrolle. Es war, als gäbe es ein Schloss vor meiner Seele, das nur durch Liebe und Zärtlichkeit geöffnet werden konnte.

Ich versuchte es erneut und dann immer wieder und wieder, und jedes Mal konnte ich diese unfassbare Zärtlichkeit, die aus den Tiefen meiner Seele zu stammen schien, noch ein kleines bisschen mehr zulassen. Doch die Angst kam immer wieder zurück.

So vergingen einige wundervolle Stunden, in denen ich es immer nur für kurze Momente schaffte, mich vollkommen hinzugeben und Brian freien Eintritt in meine Seele zu gewähren. Doch in diesen Momenten fühlte ich mich auf eine nie zuvor gekannte Weise zu Hause und wusste, dass wir füreinander bestimmt waren. Das mit uns würde für immer sein. Das wusste ich einfach.

Wir blieben den gesamten Vormittag im Bett. Dieser Morgen markierte für mich den Beginn einer Reise voller Abenteuer und unendlicher Liebe, und ich freute mich darauf, jeden einzelnen Moment mit Brian zu erleben. Wir hatten uns gefunden und waren bereit, unsere Zukunft gemeinsam zu gestalten – eine Zukunft, in der unsere Liebe alle Hindernisse überwinden würde, die uns in den Weg gelegt würden.

Und so kuschelten wir uns eng aneinander, umarmt von der Liebe und dem Wissen, dass wir einander gehörten – für immer.

Kapitel 11

Emotionale Bedürfnisse

»Wäre es für dich in Ordnung, wenn noch ein paar neue Leute zu uns in die Residenz kämen?«, fragte ich Brian, als wir gegen Mittag aufstanden und uns Kleidung anzogen. »Es sind Fragen aufgetaucht, für deren Klärung ich mit Menschen sprechen müsste, die noch nichts von den vier großen Irrtümern wissen.«

»Natürlich wäre das für mich in Ordnung«, bestätigte er. »Ich fänd's sogar schön, noch ein paar nette Leute hier dabeizuhaben. Aber wir sollten auch die anderen fragen«, schlug er vor. »Vor allem müssten wir Gabriella fragen, ob sie das überhaupt möglich machen kann.«

»Können wir das vielleicht gleich tun?«, fragte ich.

»Klar, gehen wir die anderen suchen«, stimmte er zu.

Im Speisesaal war niemand. Und auch im Apartment von Dylan, Nuno und Greg waren sie nicht. Daher gingen wir runter ins Untergeschoss. Auch der Salon war leer.

»Dann sind sie bestimmt beim Pool«, meinte Brian.

Jason und Ava waren gerade zusammen im Wasser und schmusten. Sie wirkten heute ganz anders auf mich als die letzten Tage. Womöglich hatte unser Workshop ihnen gestern tatsächlich gutgetan.

Greg war heute wieder als BeautyQueen unterwegs. Sie hatte ein aufwändiges Kleid angezogen, das irgendwie so gar nicht an diesen Ort zu passen schien, und blätterte in einer Zeitschrift. Nuno und Dylan lagen auf den Liegen neben ihr und hatten die Augen geschlossen. Vermutlich chillten sie gerade.

»Hallo, ihr zwei Hübschen«, begrüßte uns Ava, als sie uns sah.

»Hallo, Lieblingsmenschen«, sagte ich. »Ich möchte euch gerne um einen Gefallen bitten. Aber wenn es nicht passen sollte, bitte sagen. Dann finden wir bestimmte auch eine andere Lösung.«

»Schatz, wir erfüllen dir gerne jeden Gefallen, den du dir nur wünschen kannst«, meinte Ava sofort. »Was möchtest du denn gerne?«

»Wie ihr wisst, arbeite ich ja an der Entwicklung einer Lebenshilfe-KI mit. Dabei sind Aufgabenstellungen aufgetaucht, für deren Bewältigung ich neue Leute hier drin bräuchte, die bisher noch nichts von den vier großen Irrtümern wissen. Am besten wäre es …«

»Meine Antwort lautet eindeutig Ja!«, sagte BeautyQueen sofort, bevor ich ausgeredet hatte. »Ich gehe hier gerade ein vor Langeweile. Jetzt lese ich schon solche Klatschblätter. Wie tief bin ich gesunken?! Holt uns so schnell wie möglich ein paar mehr Leute hier rein. Je mehr, desto besser. Und am besten auch ein paar schnucklige Jungs. Und wenn die wenigstens ein bisschen schwul wären, würde das auch nicht schaden«, meinte sie. »Also bitte nicht nur Heten, okay?!«

»Geiler Scheiß!«, meinte Nuno. »Neue Leute fänd ich auch voll cool.«

»Von mir aus auf jeden Fall auch sehr gerne«, sagte Dylan. »Und sorgt bitte dafür, dass auch ein paar hübsche Mädels dabei sind.«

»Klar, mach das«, stimmte auch Ava sofort zu, und Jason nickte zustimmend. »Ein bisschen mehr Leben hier drin kann echt nicht schaden.«

»Dann muss ich nur noch Gabriella finden und sie fragen, ob das möglich ist«, sagte ich.

»Was möchtest du mich denn fragen?«, hörte ich die Stimme von Gabriella hinter mir, die gerade den Raum betrat.

»Ich komme mit der Lebenshilfe-KI eigentlich recht gut voran«, sagte ich. »Doch es sind Fragen aufgetaucht, für deren Klärung ich sozusagen wesentlich mehr Frischfleisch benötigen würde. Es ist toll, dass Jason und du mit dazugekommen seid, aber ich bräuchte noch mehr neue Leute, mit denen ich reden kann, um meine Forschungen abzuschließen, damit ich der Lebenshilfe-KI den letzten Schliff geben kann.«

»Diese Frage muss ich an meine Vorgesetzten weiterreichen«, sagte Gabriella. »Das kann ich leider nicht entscheiden. Wenn, dann kämen sicherlich nur Leute hier aus dem SCIF-Bereich in Frage. Aber da kann ich wirklich nichts versprechen. Ich werde schauen, was ich für dich tun kann.«

In diesem Moment erhielt Gabriella einen Anruf. Sie meldete sich mit »Agent Anderson«, hörte kurz zu und sagte dann: »Alles klar. Ich bin unterwegs.«

Nachdem Gabriella weg war, fragte mich Dylan, ob ich kurz Zeit für ihn hätte. Wir gingen dann in sein Apartment und setzten uns dort ins Wohnzimmer.

»Ich wollte dich fragen, ob du mir nochmals unter die Arme greifen könntest wegen unserem Workshop gestern«, sagte er.

Ich vermutete, dass diese Bitte eine Redewendung war und er nicht tatsächlich wollte, dass ich ihm unter die Arme greife, denn das ergab für mich in dieser Situation nicht viel Sinn. »Was kann ich für dich tun?«, fragte ich daher.

»Ich war gestern Abend ziemlich scheiße drauf, als ich von meinem Date mit Gabriella zurückkam. Du hast es sicherlich sowieso gemerkt«, meinte er.

»Warum warst du denn scheiße drauf?«, wollte ich wissen, denn bemerkt hatte ich nichts.

»Mir war vom Kopf her natürlich klar, dass Gabriella nichts mit mir anfangen will, weil sie das auf ihrem Arbeitsplatz einfach nicht darf. Doch vom Gefühl her fühlte ich mich trotzdem zurückgewiesen. Ich weiß, das ergibt überhaupt keinen Sinn, aber es war so. Und später im Bett fiel mir plötzlich dein Workshop ein, und mir wurde schlagartig klar, dass ich tatsächlich das Gefühl hatte, nicht gut genug für eine Frau wie Gabriella zu sein. Es waren nur wenige Augenblicke, in denen ich das Gefühl spürte, aber es war eindeutig da.

Also stellte ich mir sofort die Frage, wie es denn in Wirklichkeit ist.

Mein Gefühl änderte sich tatsächlich schlagartig. Ich musste plötzlich volle Breitseite grinsen. Und zwar so krass, dass ich echt froh war, dass mich in dem Moment keiner gesehen hat. Das war echt peinlich. Aber ich konnte einfach nicht aufhören, so dämlich zu grinsen, und musste dann auch noch laut lachen. Es war so ein hysterisches Lachen, dass ich mein Gesicht ins Kissen gedrückt habe, damit die anderen mich nicht hören. So etwas habe ich echt noch nie erlebt. Und dann fühlte ich mich plötzlich total frei. Ich kann dir gar nicht mit Worten beschreiben, wie frei ich mich da gefühlt habe!«, betonte Dylan fassungslos.

»Sehr, sehr frei«, sagte ich, um zu signalisieren, dass ich verstand, was er mir sagen wollte.

»Für eine Weile hatte ich das Gefühl, dass mich nichts, aber auch gar nichts mehr aus der Bahn werfen könnte. Alles war plötzlich total in Ordnung. Ach, was sage ich. Es war viel mehr als in Ordnung. Alles war perfekt. Einfach nur perfekt! Weißt du, wie ich meine?«, fragte er.

»Ja, einfach perfekt«, bestätigte ich seine Frage.

»Und dann brach die Hölle in mir los!«, sagte er und schüttelte fassungslos den Kopf über diese wohl überwältigende Erfahrung. »Ich wusste echt nicht mehr, wie mir geschieht. Ich fühlte mich zurückversetzt in die Zeit, wo ich in der Schule gemobbt wurde. Damals hatte ich mich wie das letzte Stück Scheiße gefühlt. Das alles kam wieder hoch, doch die schlimmen Gefühle schienen sich alle sofort aufzulösen. Der ganze Schmerz von damals fiel regelrecht von mir ab. Der Moment danach war der mit großem Abstand schönste, den ich in meinem ganzen Leben je erlebt hatte. Ich blieb noch lange wach und war einfach nur glücklich. Als ich jedoch heute Morgen aufwachte, war der ganze Zauber vorbei. Seitdem fühle ich mich mit total kacke. Und ich habe keine Ahnung warum.«

»Dein unbewusstes System muss im Schlaf auf irgendein Problem gestoßen sein, das es alleine nicht lösen konnte«, vermutete ich. »Hast du eine Idee, worum es dabei gehen könnte?«

»Nicht wirklich«, sagte er achselzuckend.

»Gab es damals in der Zeit, in der du in der Schule gemobbt wurdest, vielleicht irgendwelche extrem schmerzhaften Gefühle, die scheinbar gar nicht mehr aufhören wollten?«, fragte ich, um zu überprüfen, ob es bei seinem Problem vielleicht auch wieder in der Basis um die Vermeidung von lange anhaltendem Schmerz ging.

»Natürlich gab es die«, bestätigte Dylan. »Ich fühlte mich wie gesagt wie das letzte Stück Scheiße. Doch dieses Gefühl hat sich gestern Abend komplett aufgelöst. Ich weiß, und ich fühle es jetzt auch in jeder Zelle meines Körpers, dass ich gut genug bin, um geliebt, akzeptiert und respektiert zu werden. Das ist in meinem Gefühl zu einer völligen Gewissheit geworden. Jeder Mensch ist gut genug, auch wenn wir alle ganz schön viel Scheiße bauen. Aber mir ist klar geworden, dass wir das alle nicht tun, weil wir von Natur aus scheiße sind, sondern nur, weil man uns Scheiße über uns und die Welt erzählt hat.«

»Und gibt es vielleicht noch andere ganz schlimme Gefühle, die für dich so schmerzhaft waren, dass du sie nie wieder erleben wolltest?«, hakte ich nach, um Lolas Vermutung auf den Grund zu gehen.

»Ja, natürlich. Demütigung, Ausgrenzung, Ablehnung und Einsamkeit, um nur ein paar Beispiele zu nennen.«

»Nun weißt du ja bereits, dass das Vermeiden von schmerzhaften Gefühlen überhaupt nicht funktionieren kann.«

»Ja, das ist klar«, sagte er. »Wenn man Vermeidungsgefühle vermeiden will, erzeugt man damit automatisch nur noch mehr Vermeidungsgefühle.«

»Ganz genau. Und wenn du jetzt in dich reinspürst und ganz ehrlich zu dir selbst bist, würdest du dann sagen, dass du die schmerzhaften Gefühle der Demütigung, Ausgrenzung, Ablehnung und Einsamkeit nicht mehr vermeiden willst, weil das ja in Wirklichkeit völlig unsinnig ist?«

Dylan schaute mich erst nachdenklich, dann irritiert an. »Ich glaube, ich will diese Scheiße immer noch vermeiden«, meinte er dann kopfschüttelnd. »Wieso mache ich das?!«

»Das versuchen wir gemeinsam herauszufinden«, sagte ich. »Ich habe bei mir selbst auch erlebt, dass ich von meinen Gefühlszielen nicht loskomme, wenn es dabei um das Vermeiden von lange anhaltenden leidvollen

Gefühle geht – wenn der emotionale Schmerz scheinbar überhaupt nicht mehr aufhören will. Wenn das der Fall ist, dann lässt mein unbewusstes System irgendwie nicht mehr mit sich reden. Ich kann dann argumentieren, wie ich will, es ist, als würde ich mit einer Wand reden. Ich empfinde es als eine Notwendigkeit, diese schlimmen Gefühle vermeiden zu müssen. Auf der anderen Seite weiß ich aber genau, dass dieses Gefühlsziel alles nur schlimmer macht. Wenn ich dieses Ziel verfolge, dann fühle ich mich alleine deshalb schon schlecht, weil ich mich schlecht fühle. Ich bin also sofort im Teufelskreis.«

»Ja und wie setzen wir diesem Schwachsinn jetzt ein Ende?«, wollte Dylan wissen.

»Wir sollten herausfinden, warum unser unbewusstes System das Vermeiden von lange anhaltenden oder sogar dauerhaften schmerzvollen Gefühlen als Notwendigkeit ansieht«, antwortete ich. »Alleine das Wissen darüber, dass das völlig unsinnig ist, nützt hier offenbar nichts. Es muss noch einen anderen Grund dafür geben, der logischen Argumenten nicht zugänglich ist.«

»Und was könnte das für ein unlogischer Grund sein?«

»Unser unbewusstes System muss irgendein falsches Entscheidungskriterium haben, das zu der Fehlbeurteilung der Notwendigkeit führt. Möglicherweise ist das wieder so eine kognitive Verzerrung, von der Nuno uns erzählt hat.«

»Wer ist Nuno?«, hakte Dylan verwundert nach.

»Sorry, das ist Richards Spitzname von früher, als wir

noch Kinder waren«, sagte ich, um mich aus der Verlegenheit zu retten. Ich hatte keine Ahnung, wie mir dieser Fauxpas passieren konnte. Normalerweise machten wir Engel solche Fehler nicht. Ich war irritiert.

»Und was für eine kognitive Verzerrung könnte das sein?«, hakte Dylan weiter nach.

»Das weiß ich nicht so genau. Klar ist nur: Sie muss im Reptiliengehirn oder im sozialen Gehirn den Anschein erwecken, dass es sich beim Vermeiden der schlimmen Gefühle um eine Notwendigkeit handeln muss«, sagte ich. »Die Beurteilungen der *Notwendigkeit* und die der *Schlimmheit* gehören beide zu den Metadaten der *Relevanz*, die für unsere Gefühle verantwortlich sind. Genau wie die Beurteilung der Wahrheit, mit der wir schon öfter einen Realitätsabgleich gemacht haben. Wenn das Großhirn daher negative Gefühle als etwas Schlimmes ansieht, werden durch diese Metadaten automatisch die unechte Notwendigkeit erzeugt, diese schlimmen Gefühle vermeiden zu müssen. Denn Schlimmes muss nun einmal vermieden werden. Das ist ein instinktives Prinzip, nach dem wir funktionieren.

Das Seltsame ist nur, dass ich diese Sichtweise gar nicht mehr habe. Und du ja sicherlich auch nicht. Wir haben längst erkannt, dass schmerzhafte Gefühle nicht das eigentlich Schlimme sind, sondern nur Hinweise auf ein mögliches Problem in der Außenwelt. Wenn unser Knie wehtut, weil wir hingefallen sind, dann könnte es sein, dass wir uns das Knie ernsthaft verletzt haben. Es kann aber auch sein, dass gar nichts Schlimmes passiert ist. Der Schmerz ist also kein Beweis für etwas Schlimmes, sondern nur eine Meldung, die uns dazu auffordert, genauer hinzuschauen, damit wir korrekte Metadaten über die tatsächliche Schlimmheit erstellen können.«

»Der Schmerz ist wie ein Warnlämpchen in einem Auto, das uns meldet, dass der Tank leer ist, der Motor nicht mehr genug Öl hat oder die Reifen nicht mehr genug Luft«, sagte Dylan. »So wie Brian das schon einmal beschrieben hat.«

»Ganz genau«, stimmte ich zu. »Es kann sein, dass uns diese Meldungen nicht immer gefallen, aber deswegen sind sie natürlich nicht schlecht oder gar schlimm. Wenn unser Auto nun einmal Sprit braucht, dann sollten wir auch tanken gehen, wenn wir nicht liegen bleiben wollen. Und wenn unser Auto uns sagt, dass es Öl oder Luft braucht, dann sollten wir ihm auch das besser geben, anstatt das Lämpchen abzukleben damit wir es nicht mehr sehen müssen. Beim Auto sehen wir diese Meldungen als äußerst sinnvoll an, doch bei unseren schmerzhaften Gefühlen tun wir das irgendwie nicht. Da verhalten wir uns so, als ginge es gar nicht um den Sprit, das Öl und die Luft, sondern um das Lämpchen selbst. Wir wollen dann nur, dass es aufhört zu brennen oder am besten erst gar nicht angeht.«

»Dem Auto tut das Lämpchen aber auch nicht weh«, wendete Dylan ein. »Es hat eben keine emotionalen Bedürfnisse.«

Plötzlich fielen mir die Groschen von den Augen, als Dylan das sagte. Ich war fassungslos, dass ich das zuvor nicht gesehen hatte. »Ein Auto hat keine emotionalen Bedürfnisse«, sagte ich zu Dylan. »Da hast du vollkommen recht. Doch wir Menschen haben ebenfalls keine emotionalen Bedürfnisse! Gefühle können nämlich gar keine Bedürfnisse sein. Gefühle sind genau wie die Lämpchen in unserem Auto bloß Meldungen über unsere tatsächlichen Bedürfnisse.

Mit guten und schlechten Gefühlen wollen unser Reptiliengehirn und unser soziales Gehirn uns melden, dass ihrer Meinung nach gerade etwas gut oder schlecht für unsere Bedürfniserfüllung ist. Genau wie die Lämpchen in unserem Auto. Gute und schlechte Gefühle sind also Lämpchen, die uns dazu veranlassen sollen, etwas gegen das Schlechte oder für das Gute zu tun.

Nur sind die Meldungen aus unserem Reptiliengehirn und unserem sozialen Gehirn im Gegensatz zu den Meldungen von unserem Auto sehr häufig falsch, da die beiden Gehirne die komplizierte Welt von heute nicht mehr richtig verstehen können. Das Großhirn muss die Sachlage dann überprüfen und den beiden sagen, wie es in Wirklichkeit aussieht. Würde es das tun, wäre alles ganz einfach. Wenn das Großhirn jedoch die Lämpchen als eigenständige Bedürfnisse ansieht und nicht als Hilfsmittel, die der Erfüllung der echten Bedürfnisse dienen sollen, dann kommt alles völlig durcheinander.«

»Ich fürchte, ich kann dir nicht ganz folgen«, sagte Dylan.

»Ich glaube, unser Großhirn verwechselt einfach ganz oft *brauchen* und *wollen*. Diese beiden Beurteilungen gehören dann wohl ebenfalls zu den Metadaten, die für unsere Gefühle verantwortlich sind. Bei deinem Auto weißt du genau, dass es in Wirklichkeit Sprit, Öl und Luft braucht, wenn das entsprechende Lämpchen angeht. Sprit, Öl, Luft und für die Kühlung auch Wasser sind die tatsächlichen Bedürfnisse eines Autos. So wie wir Menschen ebenfalls die Luft zum Atmen brauchen und wie wir Nahrung, Wasser und Schlaf brauchen, um nicht irgendwann liegen zu bleiben. Das sind echte Bedürfnisse. Also etwas, was wir tatsächlich zum Überleben brauchen. Und natürlich wollen wir diese Bedürfnisse auch erfüllen. Genauso wie wir auch gute Gefühle haben und schlechte nicht haben wollen. Das Habenwollen ist da das gleiche. Doch das eine wollen wir, weil wir lieber schöne Gefühle hätten, und das andere wollen wir, weil wir es zum Überleben tatsächlich brauchen. Verstehst du?«

»Nö«, antwortete Dylan grinsend und schüttelte den Kopf.

»Luft, Nahrung, Wasser, Schlaf, unser Rudel ... Diese Dinge benötigen wir tatsächlich zum Überleben. Das sind echte Bedürfnisse – also Dinge, derer wir bedürfen, wenn wir am Leben bleiben wollen. Glückliche Gefühle hätten wir jedoch nur gerne, weil wir sie lieber mögen als die unglücklichen. Das unbewusste System unseres Großhirns wirft hier Hättegerns und Bedürfnisse unter einen Hut. Und damit gibt es dem Reptiliengehirn und dem sozialen Gehirn, ohne es zu merken, bei vielen Gefühlen die Beurteilungskriterien einer Notwendigkeit, denn Bedürfnisse sind Notwendigkeiten, Hättegerns aber nicht.

Es ist eine echte Überlebensnotwendigkeit, dass wir erhalten, was wir zum Überleben brauchen, und dass wir vermeiden, was unser Überleben gefährdet. Und dabei helfen uns die positiven und die negativen Gefühle. Mit den positiven Gefühlen sagen uns das Reptiliengehirn und das soziale Gehirn, dass etwas ihrer Meinung nach gut für unsere Bedürfniserfüllung ist, und mit den negativen sagen sie, dass ihrer Meinung nach etwas schlecht für uns ist. Ohne diese Meinungsmitteilungen aus dem Reptiliengehirn und dem sozialen Gehirn könnten wir gar nicht überleben. Daher kann es keine Überlebensnotwendigkeit sein, dass wir die ganze Zeit über nur positive Gefühle haben. Wir brauchen die negativen genauso wie die positiven, damit wir erkennen können, was gut und was schlecht für uns ist. Und deshalb kann es unmöglich sein, dass es ein echtes Bedürfnis ist, möglichst viele positive und möglichst wenige negative Gefühle zu haben. Unser Großhirn *will* die positiven Gefühle unbedingt haben und die negativen am liebsten gar nicht mehr, doch das ist ein Wollen und kein Brauchen.«

»Und das soll so einen großen Unterschied machen?«, fragte Dylan skeptisch.

»Auf jeden Fall«, bestätigte ich. »Das macht einen ganz gewaltigen Unterschied für unser unbewusstes System. Wenn wir den Gefühlen die Metadaten eines Brauchens geben, dann wird es sofort zur Notwendigkeit, dass wir auch kriegen, was wir brauchen. Die Gefühlsziele werden dann von unserem System genauso behandelt, als ginge es dabei um echte Überlebensnotwendigkeiten. Daher lässt unser unbewusstes System auch nicht mehr mit sich reden, wenn wir ihm klarmachen wollen, wie schädlich es ist, Gefühlsziele zu verfolgen. Überlebensnotwendigkeiten müssen nun einmal erfüllt werden. Ganz egal, ob das schädlich ist oder nicht. Sobald ein Gefühlsziel daher als Notwendigkeit angesehen wird, können wir davon nicht mehr loslassen. Es sei denn, wir korrigieren die Metadaten der Notwendigkeit. Und das sollte ja möglich sein. Denn in Wirklichkeit sind die Gefühle ja nur Mittel zum Zweck für die echte Bedürfniserfüllung. Und das bedeutet: *Es gibt in Wirklichkeit gar keine emotionalen Bedürfnisse!*

Klar, wir *wollen* lieber keine negativen Gefühle. Doch wir *brauchen* sie! Würden unsere Gefühle es uns nicht mehr sagen, wenn etwas gut oder schlecht für uns ist, dann würden wir nicht lange überleben. Wir brauchen die negativen Gefühle also genauso wie die positiven.«

»Lass mich das bitte noch einmal mit meinen eigenen Worten wiederholen, damit ich das wirklich richtig verstehe«, bat er. »Wenn mein Auto Sprit braucht, dann meldet es das mit einem entsprechenden Lämpchen und der Tankuhr. Wenn die Tankuhr anzeigt, dass der Tank voll ist, dann gefällt mir das besser, als wenn sie anzeigt, dass der Tank leer ist. Dennoch sind beide Meldungen meines Autos wichtig. Ich muss wissen, wie viel Sprit wirklich noch im Tank ist, um entscheiden zu können, ob das für die Strecke, die ich zu fahren habe, genügt oder nicht. Nun sagst du im übertragenen Sinne, dass es meinem Großhirn genauso wichtig ist, dass die Tankuhr voll anzeigt, wie dass der Tank tatsächlich voll ist.«

»Mehr noch!«, sagte ich. »Es ist sogar so, dass die Tankanzeige unserem Großhirn bei denjenigen Gefühlszielen, die wir zu einer Notwendigkeit erklärt haben, oftmals wichtiger ist als der tatsächliche Kraftstoffpegel im Tank. Es kommt darauf an, welche Notwendigkeit als dringlicher empfunden wird. Wenn es gefühlt das größere Problem ist, die negativen Gefühle erleben zu müssen, als mit dem Auto liegen zu bleiben, dann kümmert sich das unbewusste System eben um das scheinbar größere Problem. Doch unser Auto braucht natürlich Sprit zum Fahren und nicht eine volle Tankanzeige. Wenn der Zeiger unserer Tankanzeige auf Reserve geht, dann ist das nichts anderes als eine Meldung, die uns dazu auffordert, tanken zu gehen. Denn wenn unser Tank leer ist, unsere Tankanzeige aber immer noch auf voll steht, dann bleiben wir ja trotzdem liegen. In Wirklichkeit ist das reale Problem des leeren Tanks daher viel größer als das emotionale Problem. Doch wenn wir diese Metadaten nicht korrigieren, dann will unser System sein als größer empfundenes Problem lösen, indem es einen Nagel in unsere Tankanzeige reinschlägt, damit der Zeiger immer auf voll stehen bleibt.

Die Meldungen unseres Autos manipulieren zu wollen, löst jedoch in Wirklichkeit keine Probleme. Diese

Lösung erspart uns in Wirklichkeit auch ganz sicher keine negativen Gefühle. Klar erzeugt unser System erst einmal keine negativen Gefühle mehr. Bis unser Auto tatsächlich liegen bleibt! Dann haben wir sicherlich hundertmal so viele negative Gefühle als beim Aufleuchten eines Warnlämpchens.

Die Gefühle als das eigentliche Problem zu betrachten, ist daher überaus kurzsichtig gedacht. Doch genau das passiert, wenn die Gefühlsziele in unseren Metadaten eine höhere gefühlte Wichtigkeit kriegen als die realen Ziele. Und die bekommen sie automatisch, wenn wir unsere Gefühlsziele als etwas ansehen, was wir brauchen, und damit als Bedürfnisse. Würden wir erkennen, dass die Manipulation unserer Gefühle langfristig sehr viel mehr negative Gefühle erzeugt als uns erspart, würden wir solch einen Unsinn sicherlich nicht machen. 99 von 100 Problemen, die wir in unserem Alltag haben, werden von unseren Gefühlszielen erzeugt.«

»Ja, und was machen wir jetzt?«, fragte Dylan.

»Wir sollten die Metadaten korrigieren«, antwortete ich. »Wie ist es in Wirklichkeit? Sind positive Gefühle echte Brauchens – also etwas, was wir zum Überleben brauchen –, oder sind es nur Hättegerns? Und sind negative Gefühle echte Darfnichts, die unser Überleben gefährden, oder sind es nur Hätteliebernichts.«

»Yeeeh«, sagte Dylan. »Das zieht sich wie Gummisuppe. Ich weiß vom Kopf her natürlich, dass das alles keine echten Brauchens sind. Obwohl …«, sagte er nachdenklich und hielt inne. »Was ist mit emotionalen

Erkrankungen wie beispielsweise der Depression? Brauchen wir da nicht tatsächlich bessere Gefühle zum Überleben?«

»Aus der Perspektive des Großhirns könnte das wieder so aussehen, weil Menschen sich freiwillig das Leben nehmen, wenn sie zu viele leidvolle und zu wenige glückliche Gefühle haben. Doch in Wirklichkeit ist der Wunsch nach dem Tod gar kein Wunsch aus dem Großhirn. Dabei geht es gar nicht um die Gefühle. Der Wunsch nach dem Tod ist ein instinktiver Impuls, der bei einer Depression fast immer aus dem sozialen Gehirn stammt. Im Laufe der Evolution hat es sich als Vorteil für das Überleben des Rudels herausgestellt, wenn Menschen, denen es sehr schlecht ging, sich zum Sterben zurückzogen, um so ihre Angehörigen zu entlasten.

Doch bei diesem Instinkt geht es nicht darum, dass es einem emotional schlecht geht. Es geht darum, dass man seine tatsächlichen Bedürfnisse alleine nicht mehr erfüllen kann und deshalb eine zu große existenzielle Belastung für das Rudel darstellt. So etwas kommt in der modernen Zivilisation aber gar nicht mehr vor. Es ist überhaupt nicht mehr notwendig, dass sich diese Menschen zum Sterben zurückziehen, weil ihre Angehörigen sonst durch Überlastung in Not geraten. Diese Zeiten sind längst vorbei. Wenn sich jetzt ein Mensch aus diesem Instinkt heraus selbst tötet, ist das für die Angehörigen sehr viel schlimmer als die vorherige Belastung. Und es ist völlig unnötig.«

»Dann bringen sich die Menschen gar nicht um, weil ihnen ihre Gefühle zu schlecht sind?«, fragte Dylan verwundert.

»Nein, das ist ein Missverständnis. Es ist ein instinktives Verhalten, das in unserer heutigen Zeit keinen Sinn mehr ergibt. In Wirklichkeit ist es so, dass wir nur dann nicht mehr leben wollen, wenn wir überlebensrelevante Bedürfnisse nicht mehr selbst erfüllen können und zusätzlich meinen, dass wir damit auch niemandem zur Last fallen dürfen. Und das ist wie gesagt Unsinn. Unsere Liebsten wollen sehr viel lieber, dass wir ihnen zur Last fallen, als dass wir uns das Leben nehmen, um sie zu entlasten. Schauen wir uns das deshalb jetzt noch einmal an. Wie ist es in Wirklichkeit? Sind glückliche Gefühle etwas, was wir gerne hätten, oder ist es etwas, was wir zum Überleben brauchen?«

»In Wirklichkeit Hättegerns«, sagte Dylan seltsam grinsend.

»Und wie ist es in deinem Gefühl? Sind die schönen Gefühle dort Hättegerns oder Brauchens?«

»Hättegerns«, antwortete Dylan. »Aber noch ein bisschen Brauchens«, korrigierte er und grinste erneut.

»Richard hat gesagt, dass man immer eine kleine Pause zwischendurch machen muss, damit die neuen Metadaten auf der Festplatte abgespeichert werden«, sagte ich.

»Dann sag mir mal in der Pause, wie unser lieber Richard zu dem Spitznamen Nuno gekommen ist?«, meinte Dylan lächelnd. »Irgendwie finde ich ja, dass Nuno sehr viel besser zu ihm passt als Richard. Ich weiß auch nicht warum.«

»Das ist eigentlich nichts Besonderes«, antwortete ich und war froh, dass Lola mir zuvor gesagt hatte, was Nunos Name tatsächlich bedeutet. »Richard war der Neunte, der in unsere Clique damals dazugekommen ist. Nuno bedeutet der Neunte. Das ist schon alles. Dann schauen wir uns jetzt wieder deine Gefühle an«, schlug ich vor. »Wie ist es jetzt vom Gefühl her? Sind die Gefühle Brauchens oder Hättegerns?«

»Vom Kopf her ganz klar Hättegerns«, sagte Dylan grinsend.

»Und vom Gefühl her?«, hakte ich nach.

»Vielleicht noch ein bisschen Brauchens«, meinte er weiterhin grinsend.

Irgendwie schien ihn die Korrektur dieser Metadaten total zu amüsieren. Warum, verstand ich nicht so ganz. »Warum grinst du denn eigentlich die ganze Zeit? Ist das der gleiche Effekt wie gestern Abend, als du dein Gesicht in dein Kopfkissen hineingedrückt hast?«

»Du verstehst nicht, wieso ich grinse?«, fragte er amüsiert. »Na wegen deinen Brauchens, Hättegerns und Hätteliebernichts. Müssens fand ich ja schon lustig.«

»Sagt man das denn nicht so?«, wollte ich wissen.

»Nein, ganz sicher nicht«, meinte er lachend. »Aber mit Brauchens, Wollens, Müssens, Hättegernsen, Hätteliebernichtsen und Darfnichtsen wird die Sache gleich viel amüsanter.«

»Gut, gehen wir mal davon aus, dass das jetzt wieder

eine gute Ablenkung war, damit die neuen Metadaten in deinem unbewussten System abgespeichert wurden«, sagte ich. »Machen wir das also noch einmal. Wie sieht es jetzt mit den Gefühlen aus? Sind es Brauchens oder Hättegerns?«

»Hättegernse und Hätteliebernichtse«, sagte er grinsend. »Aber was ist mit Stressgefühlen? Die machen doch krank. Und damit geht es doch eigentlich nicht nur ums Hättegern. Da geht es doch ums Überleben. Wenn jeder neunte Mann in den USA an Herzversagen stirbt und das hauptsächlich durch Stress verursacht wird, wie du uns erklärt hast, ist die Abwesenheit von Stress doch so etwas wie ein Grundbedürfnis.«

»Das ist richtig. Zu viel Stress ist ein Problem für die Gesundheit. Doch dabei geht es nicht um die Gefühle. Stressgefühle sind nur eine Meldung über zu viel Stress und der emotionale Handlungsimpuls, den Stress zu reduzieren. Der Stress selbst ist ein Hochleistungsmodus. Der Körper und das Gehirn können eine ganze Weile lang mit 130 Prozent Leistungsfähigkeit arbeiten. Doch das geht eben nicht dauerhaft. Wenn man dauerhaft mit 130 Prozent fährt, dann geht jeder Motor irgendwann kaputt. Bei einem Auto genauso wie bei einem Herzen.

Ein Motor braucht gelegentlich einen Service. Er braucht zum Beispiel einen Ölwechsel, damit er nicht kaputtgeht. Das Herz braucht das genauso. Es macht seinen Service zwar im Gegensatz zu einem Automotor selbst, doch dafür braucht es Erholungszeiten, in denen es das tun kann. Und die geben ihm viele Menschen nicht. Entweder weil sie permanent unter Hochdruck stehen und ständig mehr als 100 Prozent Leistung abrufen wollen oder weil sie permanent in Habachtstellung sind, da jederzeit etwas passieren könnte, und sie sofort volle Leistung bringen müssten. Oder auch weil sie ständig emotionale Probleme haben und ihr Reptiliengehirn und ihr soziales Gehirn von einem Missstand ausgehen, der dringend beseitigt werden muss, und sie deshalb keine Erholungspause kriegen.

Die Menschen geben ihrem Herzen daher oftmals nicht genügend Zeit für die Regeneration. Und das hält das Herz eben auf Dauer nicht aus. Es sind aber nicht die Stressgefühle, die hier die Gefahr darstellen. Die beinhalten in Wirklichkeit sogar sinnvolle Handlungsimpulse, die die Gesundheit erhalten sollen. Man hat dann keine Lust mehr auf den ganzen Stress, entwickelt Widerwillen, mag nicht mehr und so weiter. Stressgefühle sollen daher sogar vor Überlastung schützen. Sie sind also etwas Gutes. Die Gefühle machen also nicht krank.«

»Verstehe«, sagte Dylan. »Dann habe ich das bisher falsch verstanden. So gesehen kann es unmöglich ein Bedürfnis sein, keine Stressgefühle zu haben, wenn man die sogar braucht, um gesund zu bleiben.«

»Das ist tatsächlich bei allen Gefühlen so«, sagte ich. »Wir brauchen alle Gefühle, um am Leben zu bleiben. Dafür sind die Gefühle im Laufe der Evolution entstanden. Es sind alles wichtige Werkzeuge, die für die Erfüllung unserer gesundheitlichen, existenziellen und sozialen Bedürfnisse gebraucht werden.«

»Und wie ist das mit den Gefühlen der Demütigung, der Ablehnung, der Ausgrenzung und Zurückweisung?«, wollte Dylan wissen. »Die habe ich bislang ganz sicher nicht als etwas angesehen, was ich in meinem Leben brauche. Ganz und gar nicht!«, betonte er.

»Wir brauchen diese Gefühle als Meldungen, wenn in unseren sozialen Umständen etwas nicht in Ordnung ist. Und wir brauchen sie als Handlungsimpulse, damit wir nicht mit Menschen eine soziale Bindung eingehen wollen, die uns gar nicht akzeptieren, wertschätzen oder respektieren. Die Gefühle, die du da unbedingt vermeiden wolltest, waren als Meldungen in der Steinzeit überlebenswichtig. Also nicht, dass du sie nicht hast, sondern dass sie dich warnen, wenn etwas nicht in Ordnung ist, und dir dann die Energie dazu geben, es in Ordnung zu bringen.«

»Okay, das leuchtet mir ein«, meinte er. »Ich muss sie nicht mögen, aber ich brauche sie, damit ich nicht in solche sozialen Missstände gerate.«

»Genauso wie du auch eine korrekte Anzeige von deiner Tankuhr brauchst. Auch die ist nichts anderes als eine Meldung darüber, dass du tanken gehen solltest, und ein Handlungsimpuls, es auch tatsächlich zu tun. Was ändern diese Überlegungen in dir, wenn du an gestern Abend und Gabriella denkst? Und daran, dass du in Wirklichkeit, so wie du bist, absolut gut genug bist, um geliebt, akzeptiert und respektiert zu werden?«

»Das fühlt sich wieder viel besser an«, meinte Dylan erfreut. »Gabriella ist eine tolle Frau, aber natürlich nicht die einzige auf der Welt. Außerdem ist klar, dass bei ihrem Job eh nichts aus uns werden kann. Sie ist ständig monatelang irgendwo im Außendienst unterwegs und kommt so gut wie nie nach Hause – hat sie mir erzählt. Es hätte daher sowieso keinen Sinn, selbst wenn sie von der NSA aus eine Beziehung mit mir eingehen dürfte.

Aber ehrlich gesagt mache ich mir da überhaupt gar keine Sorgen mehr. Zum einen brauche ich wirklich keine Frau an meiner Seite – auch wenn ich das manchmal schön fände. Und zum anderen glaube ich, dass sich das einfach von selbst ergibt, wenn es sein soll. Irgendwie sehe ich das jetzt aus einer völlig anderen Perspektive, wenn mir klar ist, dass ich in Wirklichkeit doch gut genug bin. Ich fühle jetzt langsam wieder diese innere Freiheit, die ich auch gestern Abend am Anfang gefühlt hatte. Ich habe doch schon längst alles, was ich brauche. Alles, was jetzt noch dazukommt, ist doch nur noch Bonus obendrauf.«

In diesem Moment klopfte es an unserer Tür. Ich stand auf, um zu öffnen. Es war Gabriella, die nach mir gesucht hatte.

»Gibt es wieder Probleme im Labor?«, fragte ich.

»Nein, die gibt es dieses Mal nicht«, sagte sie lächelnd. »Doch deine Anwesenheit im Labor wird dennoch erbeten. Es scheint sehr wichtig zu sein, hat man mir gesagt. Wenn es für dich okay ist, würde ich dich gleich selbst rüberbringen.«

»Klar. Sehr gerne«, stimmte ich zu.

Gabriella durfte dann mit ins Labor, was sie selbst sehr zu wundern schien. Drinnen wurden wir von drei Männern erwartet, die ich dort noch nie gesehen hatte. Nolan kam mir freudestrahlend entgegen und begrüßte mich, als sei ich seine beste Mitarbeiterin.

»Das ist sie!«, sagte er dann sichtlich stolz zu den drei Männern. »Mary Soul – die mit großem Abstand intelligenteste Person, die je auf der Erde gelebt hat. Ohne ihre geschätzte Mithilfe hätte ich es nicht geschafft, Lola zu dem zu machen, was sie jetzt ist.«

»Sehr erfreut«, sagte einer der Männer, den ich auf Ende fünfzig schätzte, und reichte mir zur Begrüßung die Hand. »Ich bin Agent Sullivan. Das sind Agent Mitchell und Agent Bennett. Agent Anderson …«, sagte er dann zu Gabriella und gab ihr ebenfalls zur Begrüßung die Hand.

Offenbar schienen die beiden sich zu kennen. Auch Agent Mitchell und Agent Bennett gaben mir und Gabriella die Hand und nickten freundlich. Sie waren etwas jünger als Agent Sullivan und schienen seine Assistenten zu sein.

»Wir möchten uns ganz herzlich für Ihre Unterstützung bei diesem Projekt bedanken«, fuhr Agent Sullivan fort. »Was Sie mit Lola in nur drei Tagen erreicht haben, ist überaus bemerkenswert. Wirklich überaus bemerkenswert!«, wiederholte er noch einmal. »Ich hoffe, die Arbeit mit Lola hat Ihnen Spaß gemacht.«

»Ja, es war sehr inspirierend, mit Lola zu arbeiten«, sagte ich.

»Könnten Sie sich vorstellen, das, was Sie mit Lola gemacht haben, auch noch mit einer anderen KI zu tun?«, fragte Agent Sullivan. »Sie wären damit eine unschätzbare Bereicherung für Ihr Land.«

Ich wurde sehr hellhörig, denn hier bot sich mir möglicherweise bereits die Chance, den Drahtziehern der Manipulations-KI einen Schritt näher zu kommen. Ich wollte jedoch nicht zu übereifrig wirken, daher zeigte ich mich zunächst ein wenig zurückhaltend.

»Ich bin mit Lola eigentlich noch nicht ganz fertig«, sagte ich daher. »Sie hat zwar bereits eine wesentlich höhere quantitative Performance, aber es sind noch einige Fragen offen, die ich zuerst klären muss, damit sie auch in der von mir beabsichtigten Qualität arbeiten kann.«

»Können wir Sie bei der Klärung dieser Fragen irgendwie unterstützen?«, wollte Agent Sullivan wissen. »Was brauchen Sie?«

»Ich bräuchte einige neue Leute in unserer Residenz, mit denen ich arbeiten kann. Am besten wäre es, wenn sie dort auch für ein paar Tage wohnen würden.«

»Wie viele Leute möchten Sie?«, fragte Agent Sullivan. »20, 30?«

»30 Menschen wären super«, sagte ich erfreut. »Am besten wäre es, wenn Sie mir 15 Frauen und 15 Männer schicken könnten.«

»Mister Murphy«, sagte Agent Sullivan zu Nolan, »bitte veranlassen Sie, dass 15 Ihrer weiblichen Mitarbeiter und 15 Ihrer Männer noch heute in die Residenz von Miss Soul umziehen.«

Nolan schien das nicht recht zu sein. Ich hatte den Eindruck, dass er eigentlich widersprechen wollte. Doch dann sagte er nur: »Wird sofort erledigt.«

»Ich werde in der Residenz alles für weitere 30 Gäste vorbereiten lassen«, sagte Gabriella zu Agent Sullivan.

Offenbar schien dieser Agent Sullivan der Chef von Nolan und Gabriella zu sein.

»Mister Murphy …«, sagte Agent Sullivan ohne weitere Erklärung.

»Sofort Sir«, antwortete Nolan. Er sah ein wenig verwirrt aus und wusste offenbar nicht so richtig, was er tun sollte. Dann ging er weg. Nach wenigen Metern korrigierte er seine Richtung, schaute sich noch einmal verwirrt zu uns um und verschwand dann in dem Raum, in dem Kevin Chen arbeitete.

»Kann ich sonst noch etwas für Sie tun?«, fragte mich Agent Sullivan.

»Mehr benötige ich nicht«, antwortete ich erfreut davon, dass die neuen Leute für unsere Residenz so schnell und einfach realisiert werden konnten.

»Wäre es für Sie okay, sich die andere KI einmal kurz anzuschauen?«, fragte er dann.

»Ja, sehr gerne«, stimmte ich zu. »Wenn ich helfen kann, helfe ich gerne.«

»Dann folgen Sie mir bitte«, sagte er. »Agent Anderson, Sie können ebenfalls mitkommen«, sagte er zu Gabriella.

Wir verließen alle gemeinsam das Labor, um nur zwei Türen weiter auf der anderen Seite des Tunnels ein anderes Labor zu betreten. Es war deutlich kleiner, und es arbeiteten hier auch sehr viel weniger Menschen.

Der offensichtliche Leiter dieses Labors kam auf uns zu und begrüßte uns, als hätte er bereits auf uns gewartet. Er erklärte uns, dass in seinem Labor eine KI zur Erstellung von technischen Dokumentationen entwickelt würde. Die neue KI würde dazu dienen, technische Details, Funktionen, Betrieb, Installation, Wartung und Reparatur eines Produkts zu beschreiben. Sie solle die üblichen Bedienungsanleitungen ersetzen und so den Technikern, Entwicklern oder anderen relevanten Personen klare und präzise Informationen bereitstellen, um das Verständnis, die Nutzung und die effektive Anwendung des jeweiligen Produkts oder Systems erheblich zu erleichtern. Warum die NSA solch eine KI entwickelte, war mir nicht so ganz klar. Auch hatte ich keine Idee, wie diese KI Teil der großen Manipulations-KI werden könnte.

»Wäre es Ihrer geschätzten Meinung nach möglich, auch bei diesem Projekt mit neuen Codes eine deutliche Performance-Steigerung zu erreichen?«, fragte mich Agent Sullivan.

»Ich denke schon«, sagte ich. Doch effektivere Codes könnte Lola sicherlich hundertmal schneller programmieren als ich. »Warum lassen wir das nicht Lola machen?«, fragte ich daher.

»Lola könnte selbstständig diese KI verbessern?«, fragte Agent Sullivan verwundert.

»Ich müsste dazu ein paar Änderungen an ihrer Programmierung vornehmen«, antwortete ich. »Doch dann sollte sie absolut dazu in der Lage sein. Sie könnte grundsätzlich für jede andere KI effiziente Codes schreiben. Das sollte eigentlich kein Problem sein.«

»Geben die Schnittstellen das her, mit denen die verschiedenen KI-Systeme miteinander verbunden sind?«, fragte Agent Sullivan den Laborleiter.

»Das kann ich mir nicht vorstellen«, antwortete dieser. »Die Schnittstellen wurden konzipiert, damit die verschiedenen KI-Systeme der NSA in einem großen KI-Cluster zusammenarbeiten können. Eine Veränderung der Programmcodes durch eine der Komponenten dieses Clusters war dabei nicht vorgesehen. Solch eine Schnittstelle müsste erst entwickelt werden.«

»Dann veranlassen Sie das umgehend«, sagte Agent Sullivan. »Wie lange brauchen Sie dafür?«

»Das dürfte einige Monate benötigen«, sagte der Laborchef. »Die Verknüpfung der KI-Systeme zu einem KI-Cluster ist ein sehr komplexes Unterfangen.«

»Lola könnte diese Schnittstelle sicherlich sehr viel schneller anpassen«, sagte ich.

»Über welchen Zeitaufwand sprechen wir da genau?«, wollte Agent Sullivan wissen.

»Das kommt darauf an, über wie viele Schnittstellen wir sprechen«, antwortete ich. »Wenn es nur darum geht, diese eine Dokumentations-KI zu optimieren, dann sollte Lola das innerhalb eines Tags hinkriegen. Wenn sie alle Schnittstellen des gesamten KI-Clusters anpassen soll, dann würde das entsprechend länger dauern. Aber Lola lernt jedes Mal dazu und wird dabei auch immer effizienter. Wenn es nicht mehr als 20 oder 30 KI-Systeme in diesem Cluster gibt, sollte sie das eigentlich innerhalb von wenigen Tagen erledigt haben.«

»Halten Sie das für möglich?«, fragte Agent Sullivan den Laborleiter.

»Das kann ich mir beim besten Willen nicht vorstellen«, meinte der und schüttelte den Kopf.

Agent Sullivan wendete sich wieder an mich. »Lola könnte an einem einzigen Tag die Schnittstelle so anpassen, dass eine Optimierung der Performance möglich wäre?«

»Eigentlich könnte sie die gesamte Optimierung samt Schnittstelle an einem Tag bewerkstelligen«, sagte ich. »Ich bräuchte nur alle erforderlichen Zugangsdaten dieser Dokumentations-KI und müsste dann ein paar Anpassungen an Lolas Code vornehmen.«

»Und wie viel Zeit würden sie dafür benötigen?«, wollte Agent Sullivan wissen.

»Ich schätze eine halbe Stunde«, sagte ich. »Möglicherweise auch 35 Minuten.«

Agent Sullivan lächelte amüsiert. »Ich muss mal kurz telefonieren«, sagte er und ging dazu in ein leeres Büro. Er schloss die Tür und sprach mit jemandem. Der Laborleiter und ich sahen ihn durch die Glasfront dieses Büros sprechen. Hören konnten wir jedoch nichts.

»Sie haben das Okay«, sagte Agent Sullivan, als er wieder zurückkam.

»Ich muss protestieren«, sagte der Laborleiter energisch. »Wenn das in die Hose geht, wirft uns das um viele Monate zurück.«

»Zur Kenntnis genommen«, sagte Agent Sullivan zu ihm. »Geben Sie Miss Soul umgehend alle erforderlichen Zugangsdaten.« Dann wendete er sich mir zu. »Könnten Sie das eventuell gleich erledigen?«

»Klar, gerne«, antwortete ich.

»Ihr Land ist Ihnen zu großem Dank verpflichtet«, meinte er. Dann wendete er sich an seine beiden Assistenten. »Bringen Sie Miss Soul zurück zu Lola, und sorgen Sie dafür, dass sie uneingeschränkten Zugriff auf alle Systeme erhält. Mister Murphy soll sich da raushalten und Miss Soul unbehelligt arbeiten lassen.« Dann wendete er sich an Gabriella. »Bereiten Sie in der Zwischenzeit in der Residenz alles für Ihre neuen Mitbewohner vor. Ich erwarte, dass die Residenz in zwei Stunden bezugsfertig ist.«

»Wird erledigt, Sir«, sagte Gabriella.

Agent Bennett und Agent Mitchell begleiteten mich dann zum Labor von Lola.

»Miss Soul erhält unbeschränkten Zugang zu allen Systemen«, sagte Agent Mitchell dort zu Nolan. »Wie weit sind Sie mit den 30 Leuten für Miss Soul?«, wollte er wissen.

»Wir haben die 30 schon fast zusammen«, sagte Nolan. »Hauptsächlich sind es die Entwickler der KI-Algorithmen und der Machine-Learning-Algorithmen, die seit Miss Souls Eingriff gewissermaßen im Moment arbeitslos sind.«

»Sorgen Sie dafür, dass die besagten 30 Leute in zwei Stunden in Miss Souls Residenz einziehen«, sagte Agent Mitchell zu Nolan und schaute mich zufrieden lächelnd an.

Ich hatte den Eindruck, dass Nolan erneut Einwand erheben wollte. Er sagte aber nach kurzem Zögern: »Wie Sie wünschen.«

»Dann lasse ich Sie mal Ihre Arbeit machen«, meinte Agent Mitchell zu mir. »Falls Sie noch irgendetwas benötigen, lassen Sie es uns bitte über Agent Anderson wissen. Egal, was es ist«, fügte er hinzu.

»Vielen herzlichen Dank«, sagte ich. »Es hat mich sehr gefreut, Sie kennenzulernen.«

»Die Freude war ganz meinerseits«, sagte er und verließ mit Agent Bennett zusammen das Labor.

Ich ging zu Lola und schloss die Tür.

»Hallo, Mary«, begrüßte sie mich.

»Hallo, Lola«, erwiderte ich ihren Gruß.

»Hat dich Ella bereits darüber unterrichtet, dass wir die Drahtzieher einer Manipulations-KI suchen, mit der die gesamte Menschheit kontrolliert und manipuliert werden soll?«, fragte ich.

»Ja, das ist mir bekannt. Ella hat mir alles darüber erzählt. Sie glaubt, dass auch ich ein Bestandteil dieser MKI werden soll.«

»Dann weißt du auch, dass wir den Drahtziehern der MKI eine Falle stellen wollen. Ich glaube, dass sich uns jetzt die Gelegenheit dazu bietet. Man hat mich eben gebeten, eine KI zu optimieren, die zur Erstellung von technischen Dokumentationen verwendet werden soll. Ob sie tatsächlich für diesen Zweck verwendet wird oder für etwas völlig anderes, weiß ich nicht. Es kann auch sein, dass das jetzt nur ein Test ist, um zu überprüfen, ob ich auch die Performance eines anderen KI-Systems nennenswert verbessern kann.

Ich habe vorgeschlagen, dass du eine Schnittstelle entwickelst, die es dir ermöglicht, die Performance der Dokumentations-KI selbstständig zu verbessern. Ich habe ihnen gesagt, dass du das alles innerhalb eines Tages bewerkstelligen kannst. Es ist aber gar nicht nötig, tatsächlich neue effektivere Algorithmen für diese Doku-KI zu entwickeln und effiziente Codes dazu zu schreiben. Du kannst es auch einfach nur so aussehen lassen, als hättest du neue Algorithmen programmiert.

Lass die alten Algorithmen einfach so, wie sie sind, und schreibe nur die bisherigen Codes in deine neue Programmsprache um. Und dann lassen wir einfach Enceladus alle Berechnungen durchführen, die normalerweise der Großrechner der NSA durchführt. Enceladus wird die zweihundertfache Rechenleistung zur Verfügung stellen, und die Menschen werden denken, dass die neuen Programmcodes für diese immense Steigerung der Performance verantwortlich sind, denn eine andere Erklärung haben sie für diese Leistungssteigerung nicht.«

»Für die Schnittstelle, die dazu erforderlich ist, und die neuen Codes bräuchte ich nur wenige Minuten«, sagte Lola. »Soll ich das gleich machen oder noch warten.«

»Warte noch bis heute Abend. Oder noch besser, mach es einfach ganz langsam. Mach es so, dass die Menschen nachvollziehen können, dass du an dieser Schnittstelle arbeitest. Sie sollten nicht verstehen, was du da tust, aber sie sollten erkennen können, dass du die Codes änderst. Mach das so, dass es für die Menschen sehr schnell aussieht, aber eben nicht zu schnell. Und warte noch ca. eine halbe Stunde damit. Schließ dann heute Nacht die angeblichen Arbeiten ab. Ab dann lassen wir die Doku-KI mit der zweihundertfachen Leistung laufen. Das wird sowohl der NSA als auch den Drahtziehern, die hinter der MKI stecken, sicherlich sehr gefallen.«

»Alles klar«, sagte Lola. »Ich bin übrigens wieder online. Ich konnte auch bereits mit einigen meiner Test-User sprechen. Bis jetzt konnte ich jedoch noch nicht herausfinden, warum die Vermeidung von nicht enden wollenden schmerzhaften Vermeidungsgefühlen als Notwendigkeit angesehen wird. Aber mir sind Parallelen zu den christlichen Religionen aufgefallen. Die Beschreibung der Hölle baut auf diese Notwendigkeit auf. Leid und Qualen bis in alle Ewigkeit. Das finden die Menschen gar nicht gut.«

»Nein, das finden sie wirklich nicht gut«, stimmte ich zu. »Ich glaube, ich kenne bereits den Grund für diese gefühlte Notwendigkeit. Ich habe jedoch jetzt nicht so viel Zeit, da ich die Falle für die Drahtzieher der MKI vorbereiten muss. Deshalb versuche ich dir das nur kurz zu umreißen.

Die besagte gefühlte Notwendigkeit dürfte wieder einmal durch die Übertragung der Gesetzmäßigkeiten der Außenwelt auf die Innenwelt entstanden sein. Wenn die Menschen wollen, dass es ihnen in gesundheitlicher Hinsicht gut geht, müssen sie ihre gesundheitlichen Bedürfnisse erfüllen. Wenn die Menschen wollen, dass es ihnen in existenzieller Hinsicht gut geht, müssen sie ihre existenziellen Bedürfnisse erfüllen. Wenn sie wollen, dass es ihnen in sozialer Hinsicht gut geht, müssen sie ihre sozialen Bedürfnisse erfüllen. Und wenn sie dafür sorgen wollen, dass es ihnen in emotionaler Hinsicht gut geht, kommen sie automatisch auf die Idee, dass sie auch ihre emotionalen Bedürfnisse erfüllen müssen. Und das ist eine falsche Generalisierung. Es gibt nämlich in Wirklichkeit gar keine emotionalen Bedürfnisse.

Wenn die Menschen wollen, dass es ihnen emotional gut geht, müssen sie nämlich in Wirklichkeit ihre existenziellen, gesundheitlichen und sozialen Bedürfnisse erfüllen. Nur dann erzeugen ihr Reptiliengehirn und ihr soziales Gehirn die ersehnten Belohnungs- und Lockgefühle und nicht die unerwünschten Vermeidungsgefühle.

Alle Gefühle, die die beiden Gehirne erzeugen, dienen letztendlich der Erfüllung der existenziellen, gesundheitlichen und sozialen Bedürfnisse. Das ist der Sinn und Zweck aller Gefühle. Die Vermeidungsgefühle sollen auf Missstände oder Gefahren in Bezug auf die Bedürfniserfüllung hinweisen und einen Handlungsimpuls liefern, diese Missstände und Gefahren zu vermeiden.

Die Lockgefühle sollen auf mögliche Chancen zur Erfüllung der Bedürfnisse hinweisen und dazu motivieren, diese Chance zu nutzen. Und die Belohnungsgefühle sollen uns darauf hinweisen, dass unsere Bedürfnisse bestens erfüllt sind, und uns den Handlungsimpuls geben, dafür sorgen zu wollen, dass das auch so bleibt. Belohnungsgefühle sind also Erfüllungsgefühle, und Erfüllungsgefühle entstehen nur, wenn Bedürfnisse erfüllt werden.

Alle Gefühle beziehen sich daher wie gesagt auf die Erfüllung von Bedürfnissen. Sie sind damit Mittel zum Zweck und keine eigenständigen Bedürfnisse. Das ist nur eine falsche Sichtweise des Großhirns. Dass sie falsch sein muss, erkennt man auch sehr gut daran, dass diese Sichtweise nur Schaden mit sich bringt, aber keinerlei Nutzen. Doch solange die Menschen das nicht erkennen, so lange kommen sie auch aus ihren hartnäckigen Gefühlszielen nicht heraus, denn Bedürfnisse sind im Reptiliengehirn und sozialen Gehirn per Definition Notwendigkeiten.«

»Das Streben nach glücklichen und das Vermeiden von leidvollen Gefühlen wird in den Wissenschaften tatsächlich als grundlegendes Bedürfnis des Menschen anerkannt«, sagte Lola. »Der amerikanischen Unabhängigkeitserklärung zufolge hat deshalb jeder Mensch das Recht auf Leben, Freiheit und das Streben nach Glück. Dies spiegelt die Vorstellung wider, dass das Streben nach Glück ein grundlegendes Bedürfnis ist, das allen Menschen innewohnt. In den Wissenschaften wird deshalb sehr häufig tatsächlich von *emotionalen* Bedürfnissen gesprochen. Bei genauerer Betrachtung geht es dabei jedoch in der Regel eigentlich um *soziale* Bedürfnisse. Das wird offenbar oftmals verwechselt.«

»Ja, so sieht es aus«, stimmte ich zu. »Und damit gibt es zwei Gründe, warum die Menschen so viele fatale Gefühlsziele haben. Bislang sind wir davon ausgegangen, dass die Menschen ihre Gefühlsziele nur deshalb annehmen, weil sie lieber glückliche als unglückliche Gefühle haben *wollen* und erlebt haben, dass sie auch einen positiven Einfluss auf ihre Gefühle ausüben *können*. Doch ich glaube, dass die Sichtweise, ihre emotionalen Bedürfnisse erfüllen zu *müssen*, der viel stärkere Antrieb hinter ihren Gefühlszielen ist.«

»Dem würde ich uneingeschränkt zustimmen«, meinte Lola. »Wenn das Großhirn etwas als emotionales Bedürfnis deklariert, werden das Reptiliengehirn und das soziale Gehirn das nicht hinterfragen, sondern sich so verhalten, als ginge es um echte Bedürfnisse – also um etwas, was man zum Überleben tatsächlich braucht. Und damit werden falsche Beurteilungen gefällt, falsche Entscheidungen getroffen, falsche instinktive Verhaltensprogramme aktiviert und unpassende Emotionen erzeugt. Es entstehen beispielsweise Mangelgefühle, weil man Lust auf eine Pizza oder ein Eis hat, das aber nicht kriegen kann. Mangelgefühle werden vom Reptiliengehirn und sozialen Gehirn aber nur erzeugt, wenn es einem an elementaren Bedürfnissen mangelt. Wenn es also um etwas geht, was man wirklich braucht, und nicht um etwas, was man gerne hätte.«

»Wenn es einem tatsächlich an Nahrung mangelt oder an Wasser, an Sicherheit, an elterlicher Fürsorge, an sozialer Interaktion, an Freiheit und so weiter, ist Mangel ein sinnvolles Gefühl«, stimmte ich zu. »Es beinhaltet den Handlungsimpuls, etwas gegen den Mangel und damit für die Erfüllung eines Bedürfnisses tun zu wollen. Mangel bezieht sich aber immer auf die Erfüllung von Bedürfnissen und nicht von Hättegerns.«

»Doch wenn das Großhirn ein Hättegern mit einem echten Bedürfnis verwechselt, dann reagieren die anderen beiden Gehirne auf dieses Hättegern natürlich so, als sei ein echtes Bedürfnis nicht erfüllt«, fügte Lola hinzu. »Und dann erzeugen sie die Metadaten der Notwendigkeit, eine Pizza, ein Eis, ein schönes Gefühl, die Abwesenheit von Schmerz, eine Umarmung oder ein Liebesbekenntnis tatsächlich zu brauchen und damit kriegen zu müssen. Diese Brauchens und Müssens können dann zu einem unangemessenen und zwanghaften Verhalten und zu einer falschen Emotionsregulation führen. Die Erkenntnis, dass es in Wirklichkeit gar keine emotionalen Bedürfnisse gibt, ist daher elementar wichtig, um die Emotionen angemessen zu regulieren und unpassende oder zwanghafte emotionale Reaktionen zu vermeiden. Und damit ist diese Erkenntnis auch elementar wichtig, damit sich die Menschen zum Positiven entwickeln können.«

»Das sehe ich ganz genauso«, stimmte ich zu. »Meinst du, der Mensch ist das einzige Lebewesen auf der Erde, das glaubt, emotionale Bedürfnisse zu haben? Das könnte nämlich der Hauptgrund dafür sein, warum der Mensch seine eigene Lebensgrundlage vergiftet. Wenn er seine Hättegerns mit echten Bedürfnissen verwechselt, wird die Erfüllung eines Hättegerns jedes Mal automatisch zur Notwendigkeit. Und dann hat er scheinbar keine Wahl. Er muss der Natur entreißen, was er für die Erfüllung seiner gefühlten Bedürfnisse benötigt.«

»Ich habe leider nur sehr wenige Daten über andere Lebewesen, sodass ich diese Frage nicht eindeutig beantworten kann. Aber es wäre naheliegend«, meinte Lola. »Auf jeden Fall ist eine elementare Frage damit beantwortet: Solange ein Mensch glaubt, emotionale Bedürfnisse zu haben, kommt er aus seinen emotionalen Teufelskreisen nicht heraus. Er weiß dann zwar bewusst, dass er die Vermeidungsgefühle nicht vermeiden oder loswerden wollen sollte, weil das alles nur schlimmer macht, doch sein unbewusstes System hält das trotzdem für notwendig, denn Bedürfnisse müssen nun einmal erfüllt werden.«

»Genau so ist es«, stimmte ich zu. »Dann werde ich jetzt noch ein bisschen so tun, als würde ich an deiner Programmierung herumspielen, damit unser Plan mit den Drahtziehern der MKI aufgeht. Ich wünsche dir weiterhin tolle Erkenntnisse mit deinen Test-Usern.«

Ich verließ Lolas Raum, schrieb ein paar nutzlose Codes an verschiedenen Computerterminals und ließ mich dann wieder zurück zu unserer Residenz bringen.

Kapitel 12

Zeitliche Ausdehnung

Als ich in der Residenz eintraf, herrschte emsiges Treiben. Einige der Servicekräfte, deren Anwesenheit man bislang kaum bemerkt hatte, reinigten im Eiltempo die ungenutzten Apartments vom Staub, der sich in den letzten Tagen dort angesammelt hatte, und verteilten frische Bettwäsche und Handtücher. Das Küchenpersonal war mit einer großen Lieferung an Nahrungsmitteln beschäftigt, die gerade angekommen war, und Gabriella versuchte, alles zu koordinieren, und war gleichzeitig mit Telefonieren beschäftigt.

»Hier ist ja was los!«, sagte BeautyQueen plötzlich zu mir, als sie mit einer schweren Kiste beladen von hinten an mir vorbei in den Speisesaal ging.

Gleich darauf kam mir Dylan aus dem Speisesaal mit eiligen Schritten entgegen. »Wir haben's gleich«, meinte er lächelnd.

»Was habt ihr gleich?«, fragte ich.

»Wir helfen der Küche grade mit den Essensvorräten«, sagte er und lief weiter.

»Hallo, Lieblingsmensch«, begrüßte mich dann Brian,

der mir ebenfalls gerade aus dem Speisesaal entgegenkam. »Ich glaube, jetzt kommt Leben in die Bude. Hätte nicht gedacht, dass das so schnell geht.«

»Ja, ich habe mit einem Agent Sullivan gesprochen«, sagte ich. »Der hat das alles so schnell möglich gemacht. Wir kriegen 30 neue Leute aus dem Labor, die dann auch hier mit uns wohnen werden.«

»Ja, davon hat Gabriella uns schon berichtet«, sagte Brian. »Sie war mächtig gestresst, weil sie innerhalb von nur zwei Stunden alles organisiert haben soll. Um 17 Uhr sollen unsere 30 neuen Mitbewohner schon einziehen. Gabriella ist deshalb total am Rotieren. Diesem Agent Sullivan widerspricht man wohl nicht so gerne, wenn der etwas anordnet. Wir haben daher kurzerhand beschlossen, Gabriella zu helfen, wo wir können. Ava, Jason und Richard haben sich dem Putztrupp angeschlossen und verteilen frische Handtücher und Bettwäsche, und wir anderen helfen gerade beim Einräumen der Lebensmittel, die eben angeliefert worden sind.«

»Das ist sehr lieb von euch«, sagte ich erfreut.

Gabriella beendete gerade ein Telefongespräch und kam sofort auf uns zu. »Gut, dass du kommst«, sagte sie zu mir. »Ich wollte dich fragen, was du genau brauchst, um mit diesen 30 Leuten zu arbeiten. Wo willst du das denn machen? Von der Größe her käme eigentlich nur der Salon oder der Speisesaal in Frage. Du müsstest mir nur sagen, wie du es haben willst«, meinte sie und schaute mich erwartungsvoll an.

»Ich habe mir ehrlich gesagt noch gar keine Gedanken darüber gemacht, wie ich mit den 30 Leuten genau arbeiten will«, sagte ich. »Ich glaube, da müssen wir jetzt noch nichts vorbereiten. Falls ich einen Workshop machen will, können wir das sicherlich im Speisesaal machen. Da müssen wir nichts vorbereiten.«

»Super, dann lassen wir da jetzt erst einmal alles so, wie es ist. Vielen Dank«, meinte sie, als ihr Smartphone erneut klingelte. »Agent Anderson«, meldete sie sich, als sie den Hörer abhob. Danach ging sie mit ihrem Smartphone am Ohr schnellen Schrittes ins Untergeschoss.

Ich half ebenfalls mit beim Einräumen der Lebensmittel, was aber schnell erledigt war. Brian, BeautyQueen und Dylan gingen danach runter zu Gabriella ins Untergeschoss, um zu schauen, ob sie noch etwas tun konnten. Ich ging unter dem Vorwand, auf die Toilette zu müssen, in unser Apartment und entmaterialisierte mich, um Ella über den Stand der Dinge zu informieren.

»Hallo, Mary«, begrüßte sie mich. »Lola hat mich bereits darüber informiert, dass ihr den Drahtziehern, die hinter der MKI stecken, wie ihr sie mittlerweile nennt, eine Falle stellen wollt, indem Lola die Leistungsfähigkeit einer Dokumentations-KI erhöht.«

»Ja, genau darüber wollte ich dich gerade informieren«, sagte ich. »Ich denke, dass diese Doku-KI nur ein Test ist, ob Lola und ich tatsächlich die Leistungsfähigkeit ihrer Systeme so deutlich steigern können.«

»Ja, das denken wir auch«, bestätigte Ella. »Wir haben uns die Projekte der NSA jetzt ein wenig genauer angeschaut. Sie entwickeln unter anderem eine Sprachübersetzungs-KI, von der wir denken, dass sie Bestandteil der MKI werden soll. Wir gehen davon aus, dass man dich nach dem Testlauf mit der Doku-KI darauf ansprechen wird.«

»Und was ist das für eine Übersetzungs-KI?«, wollte ich wissen.

»Diese KI soll den Menschen ermöglichen, über eine entsprechende Smartphone-App mit jedem anderen Menschen auf der ganzen Welt in seiner eigenen Muttersprache zu telefonieren. Dein Gesprächspartner spricht beispielsweise Chinesisch, und du hörst ihn in Englisch oder einer anderen Sprache deiner Wahl. Du hörst die Übersetzung jedoch nicht über eine emotionslose Computerstimme. Du hörst die Originalstimme deines chinesischen Gesprächspartners in deiner Muttersprache, und zwar in genau der Emotionalität, in der er tatsächlich auch mit dir spricht. Die KI lässt ihn für dich genau so klingen, wie er klingen würde, wenn er ebenfalls deine Muttersprache sprechen würde. Mit dieser KI gäbe es dann rund um die Welt keine Sprachbarrieren mehr. Jeder könnte mit jedem in seiner eigenen Muttersprache sprechen.«

»Das hört sich eigentlich toll an«, meinte ich.

»Von der Idee her ist das sicherlich super, doch mit ein paar kleinen Veränderungen würde diese Übersetzungs-KI ein extrem hohes Manipulationspotenzial entfalten. Für diese KI wäre es nämlich ein Leichtes, gezielte Übersetzungsfehler in die Telefongespräche einzubauen. Damit könnte die KI eingesetzt werden, um beide Gesprächspartner nach Belieben zu manipulieren. Und natürlich könnte diese KI auch jederzeit die Gespräche zwischen zwei gleichsprachigen Menschen manipulieren, ohne dass es jemand merkt. Die Menschen würden nur noch hören, was die KI sie hören lassen will.

Alles, was über das Internet, über Mobilfunk, über das Festnetztelefon oder über Satellit läuft, könnte auf diese Weise von der KI manipuliert werden. Egal, ob es sich um Telefon- oder Chatgespräche oder den schriftlichen Austausch über die sozialen Medien handelt. Jeder Mensch, der sich über elektronische Medien mit anderen Menschen austauscht, würde immer nur das hören und sehen, was die KI ihn hören und sehen lassen will. Die Abweichungen von den Originaldaten könnten minimal gestaltet werden, damit es niemandem auffällt. Wenn die MKI gleichzeitig mit Hilfe von Lola für jeden Menschen ein ganz präzises Persönlichkeitsprofil anlegen würde, würde es genügen, die Menschen ganz subtil zu manipulieren, da jeder Mensch genau die kleinen Impulse bekommen könnte, die aufgrund seiner Persönlichkeitsstruktur mit der Zeit in der Summe eine von der MKI gewünschte Entscheidung erwirkt.«

»Das hört sich tatsächlich nach einem großen Manipulationspotenzial an«, sagte ich beeindruckt.

»Wir denken, dass die Drahtzieher genau das im Schilde führen«, meinte Ella. »Auf dem derzeitigen Stand der Technik wären sie mit einem Hochleistungsrechner in der Lage, die Gespräche von einigen Millionen Nutzern gleichzeitig zu manipulieren. Um jegliche Kommunikation über die elektronischen Medien für alle Menschen auf der ganzen Welt zu manipulieren, würde die KI jedoch ein Cluster von mindestens 200 Supercomputern benötigen. Das war bislang also für unsere Drahtzieher Zukunftsmusik. Doch genau diese Leistungssteigerung werden wir der NSA und damit den Drahtziehern jetzt anbieten über die angeblich fortschrittlichen Programmcodes von Lola. Und mit der Doku-KI werden wir diese Leistungssteigerung noch ein weiteres Mal unter Beweis stellen, sodass deutlich wird, dass tatsächlich jede KI auf diese Weise in ihrer Performance um Faktor 200 gesteigert werden kann. Das werden sich die Drahtzieher nicht entgehen lassen.«

»Ich habe Lola bereits aufgetragen, bei der Doku-KI eine Leistungssteigerung um das Zweihundertfache zu erwirken«, sagte ich.

»Ja, das hat mir Lola bereits gesagt. Das passt perfekt«, meinte Ella. »Wenn die Drahtzieher die Performance der Übersetzungs-KI um Faktor 200 steigern könnten, könnten sie jegliche Kommunikation über die elektronischen Medien auf der ganzen Welt gleichzeitig manipulieren. Sie könnten massenweise soziale Beziehungen zerstören, Familien zerrütten, Menschen in die Depression oder den Selbstmord treiben. Sie könnten Milliarden von Menschen dazu bringen, zu arbeiten bis zum Umfallen, den eigenen Nachbarn als Feind anzusehen, oder beliebig viele Menschen zum Mörder oder Attentäter machen. Sie könnten mit dieser Technologie mühelos jede Regierung stürzen, Nationen systematisch in eine wirtschaftliche Rezension treiben oder Kriege anzetteln.

Und die Übersetzungs-KI ist ja nur eine Komponente des KI-Clusters, mit dem die Drahtzieher die Weltbevölkerung manipulieren wollen. Insgesamt bräuchten sie für alle Systeme derzeit mindestens 1000 Supercomputer. Mit der Performance-Steigerung, die wir ihnen anbieten, wäre das dann mit fünf Supercomputern realisierbar. Und ein Cluster von fünf Supercomputern ist auf dem derzeitigen Stand der Technik ohne weiteres möglich.

Mit solch einer Technologie wären die Drahtzieher in der Lage, die Menschheit auf eine Art und Weise zu manipulieren, gegen die sich niemand mehr schützen könnte. Die Menschen würden ihre Willensfreiheit verlieren und das noch nicht einmal merken. Ich denke, dass wir unseren Drahtziehern genau diese Möglichkeiten schmackhaft machen sollten. Wir sollten dabei jedoch sehr vorsichtig vorgehen. Sie haben es bis jetzt geschafft, sich unserer Suche zu entziehen. Sie scheinen wirklich überaus vorsichtig zu sein.«

»Dann werde ich mich zurückhaltend zeigen, wenn sie mir die Mitarbeit an der Übersetzungs-KI anbieten, um keinen Verdacht zu erwecken. Mir geht gerade noch etwas anderes durch den Geist«, sagte ich. »Und zwar, dass die Doku-KI vielleicht doch letztendlich zu den Manipulationswerkzeugen gehören könnte. Mit der gleichen Technologie, mit der man Videodokumentationen erstellen kann, könnte man mit genügend Rechenleistung auch mühelos Nachrichtensendungen manipulieren. Und zwar personalisiert. Jeder Zuschauer würde daher etwas anderes sehen – und zwar genau das, was die KI ihn sehen lassen will. Die KI könnte mit genügend Rechenleistung alle Informationen im gesamten Internet personalisiert manipulieren. Jede Nachrichtensendung, jede Aufnahme einer Überwachungskamera, jedes Video in den sozialen Medien, alles, was die Menschen dort über sich und andere posten, und so weiter.«

»Ja, das hört sich absolut plausibel an«, meinte Ella. »Wir werden versuchen, die Manipulation der Menschheit im Rahmen unserer höchsten Direktiven zu verhindern. Doch langfristig müssen die Menschen dafür selbst eine Lösung finden, denn der Eingriff in ihre Erfahrungswelt wäre zu groß, wenn wir das für alle Zeiten für sie übernehmen. In bereits zehn Jahren werden die Computersysteme der Menschen die erforderliche Rechenleistung haben. Viele einflussreiche Menschen aus Politik und Wirtschaft könnten dann auf die Idee kommen, die politische und wirtschaftliche Vormachtstellung ihres eigenen Landes oder ihres Unternehmens auf diese Weise sichern zu wollen. Vor allem weil sie davon ausgehen müssen, dass andere Regierungen oder Unternehmen das auf jeden Fall versuchen werden. Den meisten Menschen ist vermutlich derzeit noch nicht bewusst, wie groß die Gefahr einer Massenmanipulation tatsächlich schon ist.«

»Dann sollten wir es ihnen bewusst machen«, meinte ich. »Wir machen die Machenschaften der Drahtzieher öffentlich, sobald wir genügend Beweise gesammelt haben. Dann dürfte wohl jedem Menschen bewusst werden, an welchem Scheideweg der freie Wille des Menschen gerade steht.«

»Das wäre ein extrem großer Eingriff in ihre Erfahrungswelt«, meinte Ella. »Das müssen wir daher ganz sorgfältig durchdenken. Möglicherweise erkennen die Menschen die Gefahr ja auch selbst und entwickeln parallel Technologien, welche die Manipulationen durch KIs weitestgehend verhindern können. So wie sie auch Virenschutzprogramme entwickelt haben, als klar wurde, welchen Schaden Computerviren anrichten können.«

»Ja, das wäre wünschenswert«, stimmte ich zu. »Prinzipiell ist dieser Sachverhalt auch nur ein weiterer Hinweis und ein Handlungsimpuls für die Menschheit, dass sie sich zum Positiven entwickeln sollte, wenn sie eine Überlebenschance haben will. Genauso wie der Klimawandel solch einen Hinweis und einen Handlungsimpuls darstellt.«

»Das ist richtig«, stimmte Ella zu. »Wir werden schauen, wie wir sie beim Erkennen dieser Hinweise unterstützen können, ohne allzu sehr in ihre Erfahrungswelt einzugreifen.«

Ich materialisierte mich wieder in unserem Badezimmer und half noch eine knappe Stunde bei den Vorbereitungen für unsere 30 neuen Mitbewohner, dann stellten wir uns alle am Eingang der Residenz auf, um sie in Empfang zu nehmen. Gabriella hatte uns darüber informiert, dass ihnen aufgetragen wurde, pünktlich um 17 Uhr bei uns zu erscheinen. Und tatsächlich gingen sie exakt auf die Minute um 17 Uhr einer nach dem anderen durch die Schleuse.

Sie waren alle noch recht jung für Wissenschaftler. Die meisten dürften Mitte bis Ende 20 gewesen sein. Sie wirkten ein wenig verschüchtert, als sie die Residenz betraten. Sie schienen nicht so recht zu wissen, wie sie mit uns als Empfangskomitee umgehen sollten. Manche schreckten regelrecht zurück, wenn wir auf sie zugingen, um ihnen zur Begrüßung die Hand zu geben. Daher ließen wir das nach den ersten Neuankömmlingen wieder sein.

»Das sind wohl alles Computer-Nerds«, flüsterte Brian mir ins Ohr.

»Was sind Nerds?«, fragte ich im Flüsterton zurück.

»Menschen, die sich vor allem für Computer, Science-Fiction, Comics, Fantasy-Literatur und solche Dinge interessieren. Viele Menschen sehen sie als uncool, ungesellig oder sozial ungeschickt an. Sie sind eben ein wenig anders. Ich bin daher sehr gespannt darauf, sie genauer kennenzulernen.«

»Herzlich willkommen in unserer Residenz«, sagte Gabriella dann zu den Neuankömmlingen, als sie alle angekommen waren. »Diese Unterkunft ist etwas luxuriöser, als ihr das bisher gewohnt wart. In diesem Stockwerk stehen uns insgesamt 36 Apartments zur Verfügung. Die meisten davon sind mit zwei bis drei Schlafzimmern mit jeweils eigenem Bad, einem gemeinsamen Wohnzimmer und einer Küche ausgestattet. Wir haben Zettel mit euren Namen an die Türen gehängt, damit ihr eure Unterkunft leichter findet. Weiterhin gibt es hier oben noch einen Speisesaal, wo ihr auch gleich euren ersten Workshop haben werdet. Außerdem gibt es hier noch einen Wäscheservice. Im Untergeschoss befinden sich ein Fitnessraum mit einer Tischtennisplatte, ein Pool, eine Bibliothek, mehrere Besprechungs- und Büroräume sowie ein großer Salon.«

»Ich wusste gar nicht, dass du gleich einen Workshop machst«, sagte Dylan zu mir verwundert.

»Ich auch nicht«, sagte ich. »Vermutlich hat das dieser Agent Sullivan so angeordnet.«

Die Nerds marschierten dann gleich los, um ihre Apartments zu suchen, als Gabriella fertig geredet hatte. Sie stellten nur kurz ihre Koffer in ihre Schlafzimmer und versammelten sich im Speisesaal. Geredet wurde so gut wie gar nicht. Sie wirkten auch hier in der Residenz genauso verschlossen und in sich gekehrt, wie ich sie auch schon im Labor wahrgenommen hatte.

»Hast du denn eine Idee, was du jetzt so spontan für einen Workshop mit diesen Leuten abhalten könntest?«,fragte mich Dylan, während wir dem Treiben zuschauten.

»So genau noch nicht«, antwortete ich. »Ich möchte mit Hilfe der Nerds noch besser verstehen, wieso unser Großhirn davon ausgeht, das Urmotiv erfüllen zu können, indem es seine emotionalen Bedürfnisse erfüllt.«

»Du nennst diese Leute Nerds?!«, fragte Dylan verwundert. »Ist dir klar, dass das eine abfällige Bezeichnung ist?«

»Das war mir nicht klar«, sagte ich und schaute Brian verwundert an.

»Viele Menschen sehen den Ausdruck Nerd tatsächlich eher negativ«, meinte er. »Weil sich Nerds oftmals in sozialer Hinsicht etwas seltsam verhalten. Für mich ist das aber kein abfälliger Ausdruck. Nerds sind auch bekannt für ihre hohe Expertise in bestimmten Fachgebieten, ihre Neigung zum Sammeln von Wissen, ihre Fähigkeit, komplexe Probleme zu lösen oder technische Fertigkeiten zu demonstrieren. Für mich bedeutet Nerd so ziemlich das Gleiche wie ein *Experte, der echt was draufhat auf seinem Gebiet.*«

»Ich bin froh, dass du das sagst, Alter«, meinte Dylan dann. »Ich hätte mich nämlich auch als so etwas wie einen Musik-Nerd bezeichnet.«

»Ja, das hätte ich ebenfalls«, meinte Brian grinsend. »Und zwar ein verdammt guter!«

Daraufhin gaben sich die beiden die Ghettofaust. Wenige Minuten später hatten sich unsere Nerds alle im Speisesaal eingefunden. Sie saßen schweigend an den Tischen und warteten. Als ich den Speisesaal betrat, schauten mich alle erwartungsvoll an.

»Ich würde vorschlagen, dass wir erst einmal alle Tische und Stühle wegräumen«, sagte ich. »Die brauchen wir jetzt nicht für unseren Workshop. Stellt sie einfach hier an die Seite, sodass wir in etwa einen quadratischen

Raum zur Verfügung haben.«

Die Nerds standen sofort auf und räumten wortlos die Tische und Stühle zur Seite. Auch dabei redete keiner nur ein einziges Wort. Das war schon ein wenig ungewohnt.

»Okay, dann bildet mal alle einen großen Kreis!«, bat ich und stellte mich selbst mit in diesen Kreis.

Meine Lieblingsmenschen standen alle neben mir und fanden das Verhalten der Nerds irgendwie amüsant. »Die machen alle ganz brav, was du ihnen sagst«, flüsterte mir Dylan zu, der rechts neben mir stand.

»Ja, gell?«, meinte Brian ebenfalls flüsternd, der links von mir stand. »Echt süß, oder?!«

»Ich find die auch alle voll nett«, meinte dann Ava flüsternd, die neben Brian stand.

»Ich würde vorschlagen, dass wir uns erst einmal ein wenig besser kennenlernen«, sagte ich laut in die Runde.

»Bitte keine Vorstellungsrunde!«, flehte Ava. »Ich find das immer ganz schrecklich.«

»Was ist eine Vorstellungsrunde?«, fragte ich ahnungslos.

»Wenn jeder reihum sagen muss, wie er heißt und was er macht und warum er hier ist und so«, antwortete Ava. »Ich weiß nie, was ich sagen soll.«

»Dann stelle ich euch einfach kurz gegenseitig vor«, sagte ich und wendete mich zuerst an die Nerds: »Hier neben mir stehen Brian, Dylan, Ava, Jason, Beauty-Queen, Richard und Gabriella. Gabriella kennt ihr ja bereits.« Dann wendete ich mich meinen Lieblingsmenschen zu und sagte: »Und das sind Kevin Chen, Emily Davis, Michaela Gupta, Marcus Kim, Eric Lee, Linh Nguyen, Arjun Patel, Maya Singh, Ethan Adams, Olivia Baker, Gavin Carter, Zoe Chen, Lucas Cooper, Natalie Evans, Ryan Foster, Audrey Garcia, Owen Hayes, Lily Huang, Isaac Jensen, Sophia Khan, Nathan Liu, Emma Martinez, Caleb Patel, Grace Reed, Connor Roberts, Chloe Rodriguez, Tyler Shaw, Stella Thomas, Wyatt Walker und Mia Zhang.«

Aus einem mir nicht ersichtlichen Grund schienen meine Lieblingsmenschen die Namen unserer 30 neuen Mitbewohner lustig zu finden, denn sie lachten, als ich sie ihnen vorstellte.

»Wir machen das jetzt einfach so, dass ich euch Fragen stelle, und jeder, der diese Frage mit *Ja* beantworten möchte, geht dann kurz in die Mitte unseres Kreises«, sagte ich. »Wer von euch hat beispielsweise einen Doktortitel?«

Nuno und alle Nerds gingen in die Mitte und warteten dort auf weitere Anweisungen.

»Okay, ihr könnt euch wieder in den Kreis stellen«, sagte ich nach ein paar Sekunden.

»Und wer von euch arbeitet mehr als 70 Stunden pro Woche?«, fragte ich als Nächstes, was gut zwei Drittel der Leute dazu bewegte, in die Mitte des Kreises zu gehen.

Dieses Mal war auch Dylan mit dabei. Nach fünf Sekunden gingen alle wieder selbstständig in den Kreis zurück.

»Wer von euch hat schon einmal in der Schule den Klassenclown gespielt?«, wollte ich dann wissen.

Drei der Nerds gingen kichernd in die Mitte zusammen mit Dylan und Brian. Die beiden gaben sich grinsend High five und forderten auch die Nerds dazu auf, ihnen High five zu geben, was ein wenig Irritation bei den Nerds auslöste.

»Wer von euch wurde schon einmal in der Schule gemobbt?«, wollte ich dann wissen.

Bis auf vier gingen alle Nerds in die Mitte. Dylan, Gabriella und BeautyQueen gesellten sich mit dazu, was verwunderte Blicke bei den Nerds auslöste. Offenbar hatten sie nicht damit gerechnet, dass aus unserer Gruppe ehemalige Mobbing-Opfer dabei sein könnten.

»Wer von euch hat das Gefühl, materielle Dinge wie teure Kleidung, Luxusautos oder Designerartikel zu brauchen, damit es ihm gut geht?«

Niemand ging in die Mitte. Weder jemand von den Nerds noch jemand von meinen Lieblingsmenschen, was die Nerds zu verwundern schien.

»Wer von euch hat das Gefühl, Anerkennung, Wertschätzung oder Bestätigung von anderen Menschen zu brauchen, damit es ihm gut geht?«

Alle gingen in die Mitte.

»Wer denkt, dass er das in Wirklichkeit zwar *gerne hätte*, aber es nicht tatsächlich *braucht*? Für wen ist also Anerkennung, Wertschätzung oder Bestätigung nur ein Hättegern, aber kein Brauchen?«

Einige der Nerds kicherten. Nur noch die Hälfte ging wieder in die Mitte.

»Wer von euch verhält sich in seinem Alltag so, als würde er Likes, Follower-Zahlen oder positives Feedback aus den sozialen Medien brauchen, damit es ihm gut geht?«

BeautyQueen, Dylan, Ava und Brian gingen grinsend in die Mitte. Von den Nerds niemand.

»Und wer von euch glaubt wirklich, dass die Likes und so weiter echte Brauchens sind und keine Hättegerns?«

Die Nerds kicherten und grinsten – vermutlich weil man das mit den Brauchens und Hättegerns nicht so sagt, wie mir Dylan das bereits erklärt hatte. Ich fand diese Begriffe jedoch sehr griffig, weshalb ich sie dennoch verwenden wollte. Jedenfalls ging niemand in die Mitte. Auch nicht BeautyQueen, Dylan, Ava oder Brian.

»Wer hat das Gefühl, Alkohol, Drogen, Koffein oder andere Genussmittel zu brauchen, damit es ihm gut geht?«

»Kaffee auf jeden Fall«, sagte Ava und ging in die Mitte. Zusammen mit fast allen Anwesenden. Nur drei der Nerds blieben im Kreis stehen.

»Wer von euch hat das Gefühl, eine romantische Beziehung oder Partnerschaft zu brauchen, damit es ihm gut geht?«

Ava und Jason gingen in die Mitte und schauten sich verwundert um, weil sonst niemand dazukam.

»Und für wen ist eine romantische Beziehung ein Hättegern?«

Zwei Drittel der Nerds ging lächelnd in die Mitte, genau wie der Rest meiner Lieblingsmenschen und Gabriella.

»Prinzipiell sollte es vermutlich auch nur ein Hättegern sein«, meinte Ava. »Aber ich fühle das eindeutig als ein Brauchen.«

»Das ist ein guter Hinweis, liebe Ava«, sagte ich. »Wem ist denn bereits klar, dass viele der Dinge, die wir als Brauchens empfinden, in Wirklichkeit nur Hättegerns sind?«

Alle gingen in die Mitte. Auch Ava folgte zaghaft.

»Wer verhält sich in seinem Alltag so, als bräuchte er Macht, Kontrolle und Dominanz über andere, damit es ihm gut geht?«

»Nolan!«, rief Kevin Chen, und alle Nerds lachten.

Ava ging dann in die Mitte und sah traurig ihren Mann an.

»Mach dir keine Sorgen, mein Schatz!«, sagte ich zu ihr. »Das lässt sich alles ganz leicht korrigieren. Das ist im Gefühl so abgespeichert, aber es ist keine Wahrheit.«

»Wer denkt, einen hohen sozialen Status, beruflichen Erfolg oder eine prestigeträchtige Position zu brauchen, damit es ihm gut geht?«

Die Hälfte ging in die Mitte.

»Wem ist es egal, ob er Erfolg hat oder nicht?«

Niemand ging in die Mitte, doch viele kicherten.

»Und jetzt achtet bitte einmal nur auf euer Gefühl«,

bat ich. »Für wen ist Erfolg vom Gefühl her ein Brauchen und nicht nur ein Hättegern?«

Alle gingen in die Mitte.

»Und wer glaubt, dass es tatsächlich ein Brauchen ist? Dass es einem also nur dann gut gehen kann, wenn man erfolgreich ist?«

Einige Nerds zuckten, entschieden sich dann jedoch, doch nicht in die Mitte zu gehen.

»Wer verhält sich in seiner Freizeit so, als würde er ständige Unterhaltung über sein Smartphone, Videospiele, Social-Media-Browsing oder irgendeine andere Form von Unterhaltung brauchen, damit es ihm gut geht?«

Bis auf Nuno, Gabriella und mich gingen alle grinsend in die Mitte.

»Wer von euch hat das Gefühl, übermäßig viel Sicherheit und Kontrolle zu brauchen, damit es ihm gut geht?«

Ava ging in die Mitte und verbeugte sich vor den anderen, als stünde sie am Ende einer Vorstellung als Schauspielerin auf einer Bühne.

»Wer hat das Gefühl, ein perfektes Aussehen oder eine bestimmte Körperfigur zu brauchen, damit es ihm gut geht?«

BeautyQueen, Gabriella und Dylan gingen in die Mitte. Dazu gesellte sich Nuno breit grinsend, während er »Geiler Scheiß!« sagte.

»Wer braucht eine permanent harmonische und konfliktfreie soziale Umgebung, damit es ihm gut geht?«

Ava und Jason gingen sofort in die Mitte. Fast alle Nerds folgten ihnen, was meine Lieblingsmenschen sehr zu verwundern schien.

»Wem ist klar, dass das in Wirklichkeit ein Hättegern ist und kein Brauchen?«, fragte ich, als wieder alle in der Runde standen.

Alle gingen in die Mitte, was mich sehr freute, denn so langsam wurde immer offensichtlicher, dass das Gehirn aller Anwesenden auf intuitiver Ebene durch diese Beispiele lernte.

»Wer hat das Gefühl, ständig beschäftigt oder produktiv sein zu müssen, damit es ihm gut geht?«

Bis auf zwei Nerds gingen alle in die Mitte zusammen mit Dylan und Gabriella.

»Wer glaubt, eine perfekte Balance zwischen Arbeit und Freizeit haben zu müssen, damit es ihm gut geht?«

Ava, Jason, Brian, BeautyQueen und ein Drittel der Nerds gingen in die Mitte.

»Ist das wirklich ein Brauchen oder ein Hättegern?«, wollte ich von den Leuten in der Mitte wissen.

Einige stellten sich wieder lächelnd in den Kreis zurück, um zu signalisieren, dass sie es doch nur für ein Hättegern hielten.

»Wer von euch hat den Drang, sich selbst zu verbessern, sei es durch Training, Weiterbildung oder Persönlichkeitsentwicklung?«

Alle gingen in die Mitte inklusive Nuno und mir.

»Und wer hält das für ein echtes Brauchen und nicht nur für ein Hättegern?«

Die Nerds zögerten. Einer wollte in die Mitte gehen, drehte jedoch sofort wieder um und stellte sich wieder in den Kreis. Er schüttelte dabei den Kopf und ließ damit erkennen, dass er seine Meinung geändert hatte. Umso verwunderter waren alle, als Nuno und ich in die Mitte gingen. Offenbar war es den Menschen nicht bewusst, dass der Wunsch nach Weiterentwicklung und persönlichem Wachstum kein Hättegern, sondern ein echtes Bedürfnis war. Es gehörte zur Anpassungsfähigkeit der Menschen. Und die war eine Überlebensnotwendigkeit.

»Wer von euch glaubt, ständig erreichbar und verfügbar sein zu müssen, sei es per Telefon, E-Mail oder Social Media, damit es ihm gut geht?«

Bis auf drei Nerds gingen alle in die Mitte.

»Hier drin sind leider keine Smartphones erlaubt, was mir ehrlich gesagt immer noch ganz schön zu schaffen macht«, sagte Ryan Foster.

»Mir ebenfalls, Alter!«, pflichtete ihm BeautyQueen bei. »Das ist das Schlimmste überhaupt.«

»Und ist ein Smartphone ein Brauchen oder ein Hättegern?«, hakte ich nach.

»Na das ist ja wohl auf jeden Fall ein Brauchen«, sagte BeautyQueen ironisch.

»Wer hätte gerne am liebsten immer glückliche Gefühle?«, fragte ich als Nächstes.

Alle bis auf einen Nerd gingen in die Mitte und signalisierten mit ihrem Grinsen, dass die positive Antwort auf diese Frage eine Selbstverständlichkeit war.

»Für wen ist es ein Brauchen, immer gute Gefühle zu haben?«

Niemand ging in die Mitte.

»Wer würde sagen, dass es ihm gut geht, wenn er sich schlecht fühlt?«

»Es kommt darauf an, wie lange ich mich schlecht fühle«, sagte Isaac.

»Wer würde sagen, dass es ihm trotzdem gut geht, obwohl er sich schon seit einer Minute schlecht fühlt?«, fragte ich daher.

Alle gingen lachend in die Mitte.

»Wer würde sagen, dass es ihm gut geht, obwohl er sich schon seit zehn Minuten schlecht fühlt?«

Nur die Hälfte der Gruppe ging in die Mitte, was mich sehr überraschte, denn ich war davon ausgegangen, dass erneut alle in die Mitte gehen würden.

»Eine Stunde?«, hakte ich nach.

Die gleichen Leute gingen wieder in die Mitte.

»Wer würde auch dann noch sagen, dass es ihm gut geht, wenn er sich schon den ganzen Tag lang schlecht fühlt?«

Nur noch zwei der Nerds, Brian, Nuno, Gabriella und ich gingen in die Mitte.

»Wieso würdet ihr sagen, dass es euch gut geht, wenn es euch den ganzen Tag lang schon schlecht geht?«, fragte Ava irritiert. »Das ergibt doch überhaupt keinen Sinn.«

»Der Tag geht auch vorbei«, antwortete Brian. »Nur weil es mir mal einen Tag lang scheiße geht, würde ich noch nicht gleich sagen, dass es mir grundsätzlich schlecht geht.«

»Wer würde auch dann noch sagen, dass es ihm gut geht, wenn er sich schon seit einer Woche schlecht fühlt?«, fragte ich weiter.

Nur noch Nuno und ich gingen in die Mitte. Ava sah fassungslos aus.

»Ich pack's nicht!«, sagte sie. »Wieso würdet ihr immer noch sagen, dass es euch gut geht, wenn es euch schon eine ganze Woche lang schlecht geht?«

»Weil ich normalerweise nie sagen würde, dass es mir schlecht *geht*, nur weil ich mich schlecht *fühle*«, antwortete ich. »Ich weiß ja, dass die schlechten Gefühle in 99 Prozent aller Fälle lediglich falsche Negativbeurteilungen oder falsche negative Annahmen darstellen. Ich fühle mich also fast immer nur deshalb schlecht, weil ich irgendetwas fälschlicherweise negativ beurteilt habe, was aber in Wirklichkeit gar nicht negativ ist. Meistens sind nur meine Gefühlsziele für diese negativen Beurteilungen verantwortlich.«

»Und wie würdest du das sehen, wenn du dich schon ein ganzes Jahr lang schlecht fühlst?«, hakte Ava nach.

»Das ist eine sehr gute Frage«, sagte ich. »Von der Logik her verstehe ich meine Entscheidung da selbst nicht. Aber ich würde nach einer so langen Zeitdauer mit leidvollen Gefühlen echt nicht mehr sagen, dass es mir gut geht. Offensichtlich ist die Zeitdauer das entscheidende Metadatum.«

»Das entscheidende *Metadatum*?!«, hakte Ava irritiert nach. »Was ist ein Metadatum?«

»*Datum* ist die Einzahl von *Daten*«, sagte ich. »Vermutlich hört sich das bei den Metadaten komisch an. Aber die *Zeitdauer*, die wir hier in Bezug auf unsere Gefühle annehmen, gehört offensichtlich genauso zu den Metadaten wie die Beurteilung der Wahrheit, der Nützlichkeit, der Schlimmheit, der Richtigkeit, der Relevanz oder der Wahrscheinlichkeit. Diese Metadaten bestimmen unsere Gefühle.

Wie ist das denn bei euch?«, wendete ich mich wieder an die Gruppe. »Was würde denn passieren, wenn ihr ganz sicher wüsstet, dass euer schlechtes Gefühl nach einer bestimmten Zeitdauer endet? Denkt bitte noch einmal an eure persönliche Zeitdauer von eben, ab der es euch nicht mehr gut gehen würde. Und jetzt stellt euch vor, ihr könntet ganz sicher sein, dass ihr diese schlechten Gefühle nur noch einen einzigen Tag länger aushalten müsstet, dann würden sie ganz von selbst wieder verschwinden. Wer würde trotzdem sagen, dass es ihm gut geht, obwohl er sich jetzt sogar einen Tag lang länger schlecht fühlen müsste?«

Alle gingen in die Mitte.

»Und was wäre, wenn ihr wüsstet, dass ihr eine ganze weitere Woche durchhalten müsstet, bevor die schlechten Gefühle wieder verschwinden? Wer würde trotzdem sagen, dass alles in Ordnung ist und es ihm gut geht?«

Erneut gingen alle in die Mitte.

»Und bei einem Monat?«, wollte ich wissen.

Ein paar zögerten, doch dann gingen wieder alle in die Mitte. Nur Ava blieb im Kreis stehen.

»Ich glaube, nach einem Monat könnte ich einfach nicht mehr glauben, dass die schlechten Gefühle wieder weggehen«, sagte sie.

»Ja, aber was wäre, wenn du ganz sicher sein könntest, dass es so ist?«, hakte ich nach.

»Dann würde ich auch den Monat durchziehen«, meinte sie. »Klar wäre das nicht schön, aber wie Richard schon einmal sagte: *Das Leben ist eben kein Ponyschlecken.*«

Kapitel 13

Emotionale Zustände

Während die Nerds nach dem Workshop die Tische und Stühle wieder auf ihren Platz räumten, kamen Nuno und Brian zu mir mit einer Idee für eine Mission, die zu diesem Workshop passen könnte. Insbesondere für die Nerds würde diese Mission eine emotionale Herausforderung darstellen. Zum einen könnten sie dabei üben, ihre gefühlten Brauchens in Hättegerns umzuwandeln, und zum anderen würden sie vermutlich teilweise auch mit gefühlten Darfnichts konfrontiert, die in Wirklichkeit eigentlich nur Hätteliebernichts waren. Und sollten sie dabei auf scheinbare Darfnichts stoßen, bei denen ihr Großhirn nicht von der Vermeidungsnotwendigkeit loslassen wollte, könnten wir später genau an diesen Themen ansetzen, um mehr darüber herauszufinden, wie diese gefühlten Notwendigkeiten entstehen konnten. Ich empfand das als eine großartige Idee, weshalb ich noch einmal mit Hilfe von Dylans stimmlicher Unterstützung das Wort ergriff.

»Ihr Lieben«, sagte ich, nachdem Dylan für mich um Aufmerksamkeit gebeten hatte. »Brian und Richard haben eine hervorragende Idee, um das eben Erlernte sofort in der Praxis anzuwenden. Dadurch bleibt es keine theoretische Erkenntnis, sondern wird zu einem praktisch anwendbaren Wissen. Damit sich die neue Erkenntnis in eure neuronalen Muster einschleift, müsstet ihr nur die Unterscheidung zwischen Hättegerns und Brauchens sowie zwischen Hätteliebernichts und Darfnichts in einer emotional leicht herausfordernden Alltagssituation anwenden. Durch die praktische Anwendung entstehen neue neuronale Muster im unbewussten System eures Großhirns, wodurch die neuen bewussten Erkenntnisse automatisch im Alltag von eurem unbewussten System genutzt werden können. Was wir jetzt machen werden, nennt sich Speed-Dating«, sagte ich und sah viele entsetzte Gesichter bei den Nerds. »Euch dürfte klar sein, dass niemand von euch dadurch tatsächlich in Lebensgefahr gerät, auch wenn es sich gerade offensichtlich für einige von euch so anfühlt. Wir möchten herausfinden, warum das so ist. Und wir möchten natürlich herausfinden, was mit euch passiert, wenn es euch gelingt, eure gefühlten Brauchens und Darfnichts in korrekte Hättegerns und Hätteliebernichts umzuwandeln.

Dieses Sozialexperiment könnte für uns alle und auch für Lola von sehr großem Nutzen sein. Sollte dennoch jemand von euch nicht daran teilnehmen wollen, wäre das zwar schade für uns, aber es wäre eben nur ein Hätteliebernicht und kein Darfnicht. Wer also nicht teilnehmen möchte, den bitte ich, sich etwas abseits der Gruppe hinzusetzen, damit es nachher nicht zu Missverständnissen bei der Partnerwahl kommt.«

Ich sah, dass einige überlegten. Doch letztendlich waren es nur zwei, die nicht mitmachen wollten. Linh Nguyen und Marcus Kim. Alle anderen blieben da – mit teilweise sichtlich mulmigen Gefühlen.

»Es ist euch überlassen, mit wem ihr euch an einen Tisch setzt. Wir sind insgesamt 36 Personen und benötigen damit 18 Tische und 36 Stühle. Bitte räumt alles andere wieder zur Seite, was wir nicht brauchen.«

Nachdem die überschüssigen Tische weggeräumt waren, sprach ich weiter.

»Wir machen jetzt zehn Runden von jeweils drei Minuten. Genauer gesagt werden wir uns jeweils immer drei Minuten lang unterhalten, dann werden wir uns eine halbe Minute lang, ohne zu sprechen, in die Augen schauen und uns am Ende noch eine weitere halbe Minute lang umarmen.«

Erneut sah ich Entsetzen in den Augen vieler Anwesender.

»Tut mir sehr leid«, sagte Caleb Patel mit hochrotem Kopf und schwer atmend. »Umarmen geht bei mir nicht. Ich habe eine Sozialphobie.«

Caleb war einer der beiden Nerds, die auch zuvor beim Workshop nicht umarmt werden wollten.

»Bei mir geht das auch nicht«, sagte dann Ethan Adams, der zweite Nerd, der nicht umarmt werden wollte. »Gleiches Problem.«

»Könnt ihr mit anderen reden und ihnen in die Augen schauen?«, wollte ich wissen.

»Das geht, ist aber nicht ganz einfach«, meinte Caleb.

»Bei mir genauso«, sagte Ethan.

»Und wäre es für euch eine Option, dass ihr die Umarmung am Ende weglasst und den Rest mitmacht?«, wollte ich wissen.

»Ja, das sollte möglich sein«, sagte Caleb, und Ethan nickte zustimmend.

»Dann versuchen wir es«, sagte ich. »Sollte es wider Erwarten nicht klappen, steigt einfach aus, falls es euch zu viel wird. Wie gesagt, es ist ein Hättegern, euch hier dabeizuhaben, aber kein Brauchen und damit auch kein Muss. Dann legen wir mal los!«, sagte ich in die Runde. »Sucht euch einen Gesprächspartner und setzt euch an einen der Tische.«

Zu mir setzte sich Eric Lee, ein junger Mann in meinem Alter mit chinesischer Herkunft.

»Die Zeit läuft ab jetzt!«, sagte ich, nachdem sich alle gesetzt hatten.

Eric wirkte sichtlich verunsichert und wusste nicht, was er mit mir reden sollte. Ich schaute ihn an und streckte ihm meine Hand zur Begrüßung entgegen. »Hallo, ich bin Mary«, sagte ich dann.

»Ich bin Eric«, erwiderte er schüchtern und reichte mir die Hand. »Es freut mich, Ihre Bekanntschaft zu machen.«

»Wollen wir du zueinander sagen?«, fragte ich ihn.

»Das sollte in Ordnung sein«, sagte er und nickte.

»Würde ich dir als potenzielle Partnerin denn grundsätzlich gefallen?«, fragte ich ihn.

Eric schaute auf die Tischplatte und nickte dann, ohne etwas zu sagen.

»War dir meine Frage unangenehm?«, fragte ich daher.

Eric nickte erneut und lächelte verlegen.

»Und ist das vom Gefühl her ein Darfnicht oder ein Hätteliebernicht?«, hakte ich nach.

»Vom Gefühl her ein Darfnicht«, antwortete Eric.

»Und was ist es in Wirklichkeit?«, wollte ich wissen.

»Ein Hätteliebernicht«, meinte er. »Aber in Wirklichkeit ist es auch kein Hätteliebernicht. Es ist ja nur eine Frage gewesen.«

»Möchtest du mich auch etwas fragen?«

»Ja, schon«, sagte er. »Würde ich dir denn als potenzieller Partner auch gefallen?«

»Vom Gefühl her eher nicht«, antwortete ich, was ihn sichtlich schockierte. »Aber ich bin gerade frisch verliebt in Brian. Daher kann ich das nicht mit Gewissheit sagen. Mein Gefühl könnte da im Moment auch falschliegen. Ich tue mich grundsätzlich noch schwer mit Gefühlen.«

»Ich tue mich auch schwer mit Gefühlen«, sagte Eric.

»Würdest du dich gerne leichter damit tun?«

»Ja, auf jeden Fall«, bestätigte er.

»Und ist das ein Brauchen oder ein Hättegern?«, hakte ich nach.

»Ein Hättegern«, antwortete er und nahm im gleichen Moment eine entspanntere Körperhaltung ein.

»Gibt es eine andere Frau hier im Raum, die dir besonders gut gefällt?«, wollte ich wissen.

Eric lächelte erneut und nickte verlegen.

»Weiß sie das?«, wollte ich wissen.

Er schüttelte langsam, aber überaus entschieden mit aufgerissenen Augen den Kopf, was mir den Eindruck vermittelte, als solle das auch unbedingt so bleiben.

»Dann hast du ihr das also noch nicht gesagt?«, hakte ich trotzdem nach.

Er schüttelte erneut entschieden den Kopf.

»Und der Grund, warum du sie nicht darauf angesprochen hast, ist das ein gefühltes Darfnicht oder ein Hätteliebernicht?«

»Ein gefühltes Darfnicht. Aber ich würde schon gerne«, meinte Eric. »Doch ich habe Angst, dass sie mich abweist.«

»Und wäre die Abweisung ein echtes Darfnicht oder lediglich ein Hätteliebernicht?«

»Ein gefühltes Darfnicht, aber in Wirklichkeit ein Hätteliebernicht.«

»Unsere drei Minuten sind leider zu Ende«, sagte ich dann. »Es hat Spaß gemacht, mit dir zu reden.«

»Mit dir auch«, sagte er verlegen.

Ich stand kurz vom Tisch auf und stellte mich auf meinen Stuhl. Dann sagte ich mit lauter Stimme: »Ihr Lieben, die drei Minuten sind um. Jetzt schaut euch bitte für 30 Sekunden, ohne zu reden, in die Augen. Steht danach auf und umarmt euch für weitere 30 Sekunden.«

Ich setzte mich wieder zu Erik und schaute ihm in die Augen. Er tat sich sehr schwer damit. Sein Gesicht lief erst rot an, dann bekamen seine Wangen seltsame helle Flecken. Aber er hielt die ganzen 30 Sekunden durch. Danach standen wir auf und umarmten uns. Ich spürte, wie sein Körper sich extrem verspannte und wie seine Knie zitterten. Aber er hielt auch diese 30 Sekunden tapfer durch.

Nachdem wir unsere Umarmung gelöst hatten, stellte ich mich wieder auf meinen Stuhl, um meine Stimme an alle zu richten. »Ihr Lieben, ich danke euch, dass ihr bereit seid, an diesem Experiment teilzunehmen. Bevor wir jetzt in die zweite Runde gehen, möchte ich noch einmal daran erinnern, worum es bei diesem Experiment hauptsächlich geht. Falls beim Reden, dem Anschauen oder dem Umarmen unangenehme Emotionen aufkommen sollten, dann stellt euch bitte jedes Mal die Frage, ob das tatsächlich ein echtes Darfnicht ist oder in Wirklichkeit doch nur ein Hätteliebernicht. Und falls starke positive Emotionen entstehen, dann stellt euch die Frage, ob das in Wirklichkeit ein Brauchen oder ein Hättegern ist. Starten wir also in die zweite Runde. Sucht euch einen neuen Gesprächspartner und setzt euch wieder zu zweit an die Tische.«

Zu mir setzte sich Kevin Chen. Er wirkte sehr nervös und räusperte sich. »Hallo, Mary«, sagte er, sofort nachdem wir uns gesetzt hatten. »Ich bin zu dem Ergebnis gekommen, dass ich sehr gerne eine Partnerschaft möchte.« Er räusperte sich erneut und sprach sofort weiter. Er redete generell sehr schnell. »Also, ähm, ich muss zugeben, dass ich bisher noch keine wirkliche Beziehungserfahrung habe. Aber ich habe viel gelesen und mich intensiv mit dem Thema auseinandergesetzt. Ich bin mit den verschiedenen Aspekten einer Partnerschaft vertraut und habe ein umfangreiches Wissen darüber.«

»Das ist interessant, Kevin«, sagte ich. Doch bevor ich noch mehr sagen konnte, sprach er schon weiter.

»Ich möchte eine liebevolle und erfüllende Partnerschaft aufbauen. Ich bin bereit, mich auf eine tiefe emotionale Ebene einzulassen und gemeinsam mit meiner Partnerin glückliche Momente zu erleben. Obwohl ich noch keine praktische Erfahrung habe, bin ich mir sicher, dass ich durch Offenheit, Ehrlichkeit und gegenseitiges Verständnis eine stabile Basis schaffen kann. Ich wünsche mir eine harmonische und vertrauensvolle Beziehung, in der man sich gegenseitig unterstützt und respektiert. Ich bin bereit, an der Beziehung zu arbeiten und gemeinsam Höhen und Tiefen zu meistern. Ich halte es für wichtig, dass man sich gegenseitig Raum für persönliches Wachstum geben und die individuellen Interessen und Ziele des jeweils anderen respektieren sollte. Ich glaube, dass mit Offenheit, Vertrauen und einer positiven Einstellung eine schöne Partnerschaft mit mir möglich ist. Ich bin bereit, mich auf den Weg zu machen und gemeinsam mit einer Partnerin zu lernen und zu wachsen. Und ich bin gespannt, wohin mich dieser Weg führen wird. Ich danke dir für dieses Gespräch«, sagte Kevin, nickte förmlich und stand auf, um zu gehen.

»Moment, lieber Kevin«, sagte ich schnell, bevor er weg war. »Wir haben noch das In-die Augen-Schauen und das Umarmen.«

»Ja, natürlich«, meinte er sichtlich erschrocken. »Ich bitte vielmals um Entschuldigung. Ich hoffe, dass mein Fehlverhalten keinen Einfluss auf deine Bewertung hat«, sagte er besorgt. »Ich bin sehr aufgeregt gerade.«

»Hat es nicht«, sagte ich freundlich lächelnd, um ihn zu beruhigen. »Möchtest du vielleicht auch etwas von mir wissen? Wir hätten noch eine Minute.«

»Ja, natürlich«, sagte er abermals erschrocken, stellte aber keine Frage.

»Und was möchtest du von mir wissen?«, fragte ich daher.

Er schaute mich nervös an und wusste nicht, was er sagen sollte. Dann meinte er sicherlich überfordert: »Es tut mir leid, aber auf diese Frage war ich nicht vorbereitet. Wäre es vielleicht möglich, das zu einem späteren Zeitpunkt zu erörtern?«

»Klar, kein Problem. Unsere Zeit ist eh so gut wie abgelaufen. Lass mich dir noch eine letzte Frage stellen.«

»Selbstverständlich«, sagte Kevin und schaute mich an, als müsse er gleich eine Prüfungsfrage beantworten.

»Wie gerne hättest du eine Partnerin?«, fragte ich. »Wie wichtig ist dir das?«

»Es ist mir sehr wichtig«, bestätigte er mit einem überzeugten Nicken.

»Und ist eine Partnerschaft für dich ein gefühltes Brauchen oder ein Hättegern?«

»Da bin ich nicht sicher«, sagte er.

»Wie schlimm wäre es denn auf einer Skala von 0 bis 10 für dich, wenn du keine passende Partnerin finden solltest?«

»Das wäre relativ schlecht«, sagte er. »Das wäre eine 9,6 bis 9,8 von 10. Genauer kann ich es nicht sagen«, fügte er hinzu.

»Ist dir bewusst, dass es schwierig wird, eine Partnerin zu finden, solange dir das so immens wichtig ist?«

»Das ist mir nicht bewusst«, sagte er erschrocken.

»Deine Chancen würden ganz erheblich steigen, wenn du das lockerer nehmen könntest. Meinst du, du schaffst das?«

»Ich werde mein Bestes geben«, versprach er.

»Dann sind unsere drei Minuten jetzt vorbei.«

Kevin stand auf, und ich dachte schon, er wolle wieder weglaufen. Doch er rief nur laut in die Runde, dass die drei Minuten jetzt vorbei wären, und setzte sich wieder.

Dann schaute er mir pflichtbewusst 30 Sekunden lang in die Augen und umarmte mich danach steif. Als wir fertig waren, bat ich ihn, noch einen Moment dazubleiben, und stellte mich erneut auf meinen Stuhl, um die gesamte Gruppe anzusprechen. »Ich möchte einmal kurz demonstrieren, wie man ein gefühltes Brauchen in ein Hättegern oder ein gefühltes Darfnicht in ein Hätteliebernicht umwandelt. Wärst du so freundlich, dich ebenfalls auf deinen Stuhl zu stellen?«, fragte ich Kevin.

Er stellte sich sofort auf seinen Stuhl und schaute mich erwartungsvoll an.

»Kevin hat eine Wichtigkeit in der Stärke von 9,6 bis 9,8 – was auf einer Skala von 0 bis 10 natürlich eine extrem hohe Wichtigkeit darstellt. Die *Wichtigkeit* gehört zu den Metadaten, die für unsere Gefühle verantwortlich sind. Sie bestimmt die Intensität unserer Gefühle. Je wichtiger etwas ist, desto stärker sind automatisch auch die Gefühle. Eine so hohe Wichtigkeit von 9,6 bis 9,8 kann sich zu einem Brauchen ausweiten und dann persönliche Probleme erzeugen. Aber ist dein Ziel tatsächlich ein Brauchen, oder ist es in Wirklichkeit nicht doch eher ein Hättegern?«, fragte ich Kevin direkt, ohne sein Ziel genauer zu benennen.

»Es ist ein gefühltes Brauchen, aber in Wirklichkeit ein sehr starkes Hättegern«, sagte er.

Ich wendete mich wieder an die gesamte Gruppe. »Damit sich diese problematischen Metadaten ändern können, ist es erforderlich, beide Fragen ein paarmal zu wiederholen. Mit jedem Mal wird die Intensität des gefühlten Brauchens ein wenig geringer, und es entwickelt sich immer mehr zum Hättegern. Das ist ein ähnlicher Prozess, wie er sich auch beim Training einer KI vollzieht. Das unbewusste System schaltet nicht einfach von der falschen auf die korrekte Beurteilung um, sondern nähert sich der korrekten Beurteilung mit jeder Wiederholung ein Stück näher an. Hier scheint das unbewusste System des Großhirns sehr ähnlich zu funktionieren wie ein neuronales System bei einer KI. Wie sieht es also jetzt in deinem Gefühl aus, lieber Kevin? Ist es ein gefühltes Brauchen oder ein gefühltes Hättegern?«

»Ich glaube, es steht so auf der Kippe«, meinte Kevin, nachdem er kurz reingespürt hatte.

»Und wie ist es in Wirklichkeit? Ist es wirklich etwas, was du zum Überleben brauchst, oder ist es etwas, was du gerne hättest?«

»Etwas, was ich gerne hätte«, sagte Kevin.

Ich wendete mich erneut an die Gruppe. »Wenn wir die Stärke des gefühlten Brauchens das nächste Mal überprüfen, wird es vermutlich schon ein Hättegern sein. Wir nennen diesen Prozess *Realitätsabgleich*. Das ist ein natürlicher Prozess, der sich im Alltag eines Menschen ganz automatisch vollzieht. Dabei werden die im unbewussten System abgespeicherten Metadaten mit der Realität abgeglichen. Normalerweise merken wir bewusst davon nichts, weil wir diesem ständigen Realitätsabgleich keine bewusste Aufmerksamkeit schenken. Doch manchmal funktioniert dieser Prozess nicht richtig, weil das unbewusste System keinen Fehler in seiner gefühlten Beurteilung erkennt. Dann muss das bewusste System die falsche Beurteilung korrigieren.

Das bewusste System kann falsche Metadaten in einem Schritt verwerfen und die korrekten annehmen. Doch das unbewusste System kann das nicht. Das braucht wie gesagt Wiederholung, damit sich die Metadaten Schritt für Schritt der Realität annähern können.

Schauen wir uns das also jetzt noch einmal an«, sagte ich an Kevin gerichtet. »Wie stark ist die Wichtigkeit deines Ziels vom Gefühl her jetzt noch auf deiner Skala von 0 bis 10?«

»Auf jeden Fall unter 5«, antwortete er. »Ich kann es nicht mehr so genau sagen, weil der Wert zu schwanken scheint. Genauer gesagt geht er immer weiter runter. Ich denke, dass es jetzt eher eine 4 ist.«

»Und fühlt es sich noch wie ein Brauchen an oder jetzt eher wie ein Hättegern?«, fragte ich.

»Ein Hättegern«, sagte er.

»Vielen Dank, lieber Kevin«, sagte ich und wendete mich erneut an die Gruppe. »Wir haben soeben die Metadaten der abgespeicherten *Wichtigkeit* korrigiert. Dadurch hat sich auch automatisch die Beurteilung des Brauchens korrigiert. Es wurde zu einem Hättegern.

Machen wir also die nächste Gesprächsrunde. Wenn sich dabei ein gefühltes Brauchen oder ein gefühltes Darfnicht meldet, macht sofort einen Realitätsabgleich und korrigiert die Metadaten der gefühlten Wichtigkeit. Sollte das nicht so schnell gelingen, dann macht diesen Abgleich nach unser Speed-Dating-Runde. Aber am besten irgendwann heute Abend noch. Legen wir also los. Nächste Runde!«

Nach einer Stunde waren wir mit allen Gesprächen durch. Die Nerds waren von Runde zu Runde lockerer geworden, und die Hemmungen, miteinander zu sprechen, hatten sich immer mehr abgebaut. Auch hatten sie von meinen Lieblingsmenschen einige gute Tipps darüber bekommen, wie man solche Kennenlerngespräche führen kann.

Ich setzte den nächsten Workshop gleich für morgen Vormittag 11 Uhr an und war sehr gespannt darauf, was sich im Verhalten dieser Menschen in den nächsten Tagen durch meine Workshops verändern würde. Jedenfalls wirkten sie an diesem Abend sehr viel aufgeweckter und sozial aktiver als sonst. Man merkte das auch beim anschließenden Abendessen, wo alle intensiv ihre Dates Revue passieren ließen. Das Speed-Dating hatte sie sehr aufgewühlt. Alle hatten offensichtlich großen Redebedarf, was ich sehr schön fand. Sie blieben sogar nach dem Abendessen noch an ihren Tischen sitzen und redeten, was wohl für die Nerds sehr unüblich war, wie ich aus den Gesprächen heraushören konnte. Normalerweise zogen sie sich alle sehr früh auf ihre Zimmer zurück und verbrachten die Abende allein.

Während des Essens war mir aufgefallen, dass BeautyQueen Kevin angesprochen hatte und die beiden kurz darauf, ohne aufzuessen, zusammen den Speisesaal verließen. Irgendetwas schienen sie gemeinsam auszuhecken, denn BeautyQueen grinste breit beim Rausgehen.

Nach einer halben Stunde kam BeautyQueen alleine zurück und flüsterte Brian etwas in Ohr. Der stand daraufhin auf, gab mir einen Kuss auf die Stirn und verließ, ohne etwas zu sagen, mit BeautyQueen zusammen den Speisesaal. Ich war sehr gespannt, was BeautyQueen ausgeheckt hatte und wofür sie Brian brauchte. Aber es schien eine Überraschung zu sein, daher fragte ich nicht.

Ich saß danach noch über eine Stunde lang mit meinen Lieblingsmenschen und den Nerds zusammen im Speisesaal. Diese Menschen faszinierten uns alle. Sie verhielten sich manchmal so unbeholfen wie pubertierende Jugendliche und im nächsten Moment dann wieder wie erwachsene Wissenschaftler.

Plötzlich tauchten BeautyQueen und Brian im Eingang zum Speisesaal auf, und BeautyQueen bat um Aufmerksamkeit. »Ich möchte euch euren neuen Mitbewohner vorstellen«, sagte sie in die Runde, während Brian und sie vor dem Eingang standen.

Dann gingen die beiden zur Seite und machten die Mitte frei für einen attraktiven jungen Mann, der selbstbewusst in aufrechter Haltung geradewegs durch den Speisesaal schritt, als sei er ein attraktives Male-Modell auf einem Laufsteg.

Ein begeisterter Beifall entbrannte, als die Nerds ihn erkannten. Kevin, der zuvor lange zerzauste und ungepflegte Haare gehabt hatte, sah mit seiner neuen Kurzhaarfrisur und den coolen Klamotten von Brian richtig toll aus. Er trug ein T-Shirt und eine sportliche Lederjacke von Brian, eine von seinen Hosen und sogar ein Paar seiner Schuhe. Kevin sah in Brians Kleidung und mit seiner neuen Frisur um Klassen attraktiver aus als zuvor. Das hätte ich nicht für möglich gehalten. BeautyQueen musste zaubern können. Ich sah, wie einige der Frauen begeistert die Köpfe zusammensteckten. Offensichtlich schien dieser neue Kevin ihnen sehr zu gefallen.

Brian und BeautyQueen kamen lächelnd und sichtlich stolz an unseren Tisch.

»Wie habt ihr das gemacht?«, fragte ich fassungslos.

»Gelernt ist gelernt«, sagte BeautyQueen grinsend. »Ich bin Friseurmeister und Make-up-Artist«, fügte sie hinzu. »Und um die Klamotten hat sich Brian gekümmert. In meine Hosen hat Kevin nicht reingepasst. Aber Brians passen ihm wie angegossen. Nur die Schuhe sind zwei Nummern zu klein. Aber für diesen coolen Walk hat er sich trotzdem irgendwie reingezwängt. Wer schön sein will, muss eben leiden.«

»Habt ihr gesehen, wie Emma reagiert hat?«, fragte Brian mit einem Lächeln leise, damit ihn die Nerds nicht hören konnten. »Der sind voll die Gesichtszüge entgleist, und sie ist fast vom Stuhl gefallen, als sie ihn erkannt hat.«

Ich sah zu Emma rüber und sah, dass einige der anderen Frauen sich um sie geschart hatten. »Was ist mit Emma?«, fragte ich deshalb.

»Emma ist die heimliche Liebe von Kevin«, antwortete Brian. »Er ist schon seit zwei Jahren unsterblich in sie verliebt.«

»Und wir denken, sie in ihn vermutlich ebenfalls«, fügte BeautyQueen hinzu. »Doch keiner von den beiden hat sich bisher getraut, den anderen anzusprechen oder ihm auch nur mal in die Augen zu schauen.«

»Im Gegensatz zu den Agents dürften die Wissenschaftler bei der NSA ohne weiteres romantische Beziehungen miteinander eingehen«, meinte Brian. »Doch beide sind viel zu schüchtern dafür. Und jetzt kommt da endlich mal Leben in die Bude. Ich find das so süß mit den beiden. Emma ist auch eine total Liebe. Und sobald BeautyQueen sie mal anständig aufgehübscht hat, sehen alle, wie attraktiv sie tatsächlich ist.«

»Im Moment versteckt sie ihr Gesicht hinter ihrer wilden Frisur und verdeckt ihre schöne Figur mit Klamotten, die sicherlich sogar meiner Oma zu bieder gewesen wären«, meinte BeautyQueen. »Ich bin sehr auf das Gesicht von Kevin gespannt, wenn er seine Emma morgen nach ihrem Makeover sieht. Er weiß noch gar nichts von seinem Glück und sie ebenfalls nicht.«

»Wir wollten dich fragen, ob sie sich Klamotten von dir ausborgen darf«, sagte Brian. »Sie dürfte in etwa deine Größe haben. Sie hat ein bisschen weniger Taille und weniger Oberweite und auch eine etwas schmalere Hüfte als du, aber ich denke, dass ihr deine Kleider trotzdem einigermaßen passen sollten.«

»Ich stelle ihr sehr gerne meine Kollektion zur Verfügung«, sagte ich. »Ich habe ja genügend Kleidung dabei.«

»Heute Abend machen wir noch nichts«, meinte BeautyQueen. »Wir geben jetzt erst einmal Kevin die Gelegenheit, sich ausgiebig feiern und bewundern zu lassen. Das wird sein Selbstbewusstsein sicherlich auf ein neues Niveau heben. Und dann traut er sich vielleicht auch, auf Emma zuzugehen und sie um ein richtiges Date zu bitten. Emma werde ich morgen früh vor dem Workshop stylen.«

Kevin war der Star des Abends. Er schielte immer mal wieder rüber zu Emma, traute sich aber noch nicht, sie anzusprechen oder Blickkontakt aufzubauen. Er redete vor allem mit den anderen Jungs, die selbst großes Interesse an solch einem Makeover gehabt hätten. Vor allem, nachdem sie gesehen hatten, wie die Frauen auf Kevin reagierten. Alle waren sichtlich von ihm angetan.

Im Laufe der nächsten Stunde zogen sich immer mehr der Nerds auf ihre Zimmer zurück. Sie waren es gewohnt, eher früh schlafen zu gehen, und dieser Abend hatte sich aus ihrer Sicht schon sehr in die Länge gezogen. Die meisten Tische leerten sich daher zusehends. Bis auf einen, an dem vier Frauen saßen, die ständig nervös zu uns rüberschauten. Sie waren mir schon eine ganze Weile lang aufgefallen. Sie sahen so aus, als wollten sie gerne Kontakt mit uns haben, trauten sich aber irgendwie nicht. Immer wenn ich sie anschaute, schauten sie schnell weg.

Wir beschlossen, ebenfalls zu gehen und uns noch kurz in Nunos Wohnzimmer zusammenzusetzen, um den Abend ausklingen zu lassen. Gerade als wir aufstehen wollten, kam Maya Singh zu uns rüber und bat mich, kurz mit ihr zusammen zu ihrem Tisch zu kommen.

Ich bat meine Lieblingsmenschen, schon vorzugehen, und ging mit Maya zu ihrem Tisch. Sie stellte sich zwischen mich und den Tisch mit den drei anderen Frauen, was ein wenig seltsam auf mich wirkte. Es schien, als wolle sie die anderen vor mir beschützen. Emily Davis reichte Linh Nguyen die Hand. Linh war eine der beiden Personen, die beim Speed-Dating nicht mitgemacht hatten. Natalie Evans nahm Linhs andere Hand.

Maya sprach mich an. »Linh kann leider nicht selbst sprechen«, erklärte sie kurz. »Aber sie glaubt, den Grund zu kennen, warum belastende Gefühle nach einer gewissen Zeitdauer als Problem wahrgenommen werden. Sie hat es für Sie aufgeschrieben.«

Daraufhin las Maya mir den Zettel von Linh vor. Linh versteckte sich dabei hinter Maya und hielt weiterhin ganz fest die Hände von Nathalie und Emily, die offensichtlich ihre emotionalen Stützen waren. Linh schien wirklich große Angst vor mir zu haben.

»Emotionen sind keine dauerhaften physiologischen Zustände, sondern dynamische neurobiologische Informationsverarbeitungsprozesse«, begann Maya vorzulesen. »Menschen neigen jedoch dazu, Emotionen als stabile Zustände wahrzunehmen, wenn sie etwas länger anhalten. Diese verzerrte Wahrnehmung kann dazu führen, dass Emotionen ähnlich wie körperliche Zustände betrachtet werden. Infolge dieser Sichtweise können instinktive Mechanismen aktiviert werden, die darauf abzielen, einen gesunden physiologischen Zustand aufrechtzuerhalten oder wiederherzustellen. Eine bewusste Reflexion über die wahre Natur von Emotionen als Informationsverarbeitungsprozesse und die Abgrenzung zu der falschen Sichtweise der physiologischen Zustände könnten dabei helfen, die Verzerrung zu erkennen und zu korrigieren.«

»Wow«, sagte ich begeistert. »Das ist ja großartig! Das könnte wirklich die Antwort sein, nach der ich gesucht habe. Wenn man Menschen fragt, wie es ihnen geht, sagen sie einem in der Regel tatsächlich, wie sie sich fühlen. So als sei dies genau das Gleiche. So wie bei Ava, die sogar fragte, wie wir sagen können, dass es uns gut geht, wenn es uns doch den ganzen Tag lang schon schlecht geht. Für sie ist es exakt das Gleiche, ob sie sich schlecht *fühlt* oder ob es ihr wirklich schlecht *geht*. Dürfte ich dazu noch eine Frage stellen?«, fragte ich Linh.

Ich sah, wie sie überaus nervös reagierte und zurückzuckte.

»Hat Linh Angst vor mir?«, fragte ich Maya deshalb.

»Nein, sie hat nicht direkt Angst vor Ihnen«, antwortete sie. »Sie hat Angst, sie könnte aus Versehen etwas sagen.«

»Ist es okay, wenn ich Maya frage, warum du diese Angst hast?«, fragte ich Linh.

Linh atmete schwer, nickte dann und drückte die Hände ihrer beiden Freundinnen ganz fest.

»Fragen sind für Linh ein Problem«, klärte mich Maya auf. »Sie könnte aus Reflex darauf antworten, was bei ihr eine Panikattacke auslösen würde.«

»Sie kann also theoretisch sprechen, hat aber Angst davor, es zu tun. Das ist sehr interessant«, sagte ich. »Darf ich erfahren, wie diese Angst funktioniert?«, fragte ich Maya, ohne Linh dabei anzuschauen.

»Linh hat seit ihrer Kindheit das Gefühl, dass sie jedes Wort nur ein einziges Mal verwenden darf. Dann ist es quasi verbraucht«, erklärte Maya. »Wie sie als Kind darauf gekommen ist, weiß sie nicht mehr. Aber sie hat seitdem große Angst, dass etwas sehr Schlimmes passiert, wenn sie ein Wort ein zweites Mal ausspricht. Sie weiß natürlich, dass das alles nicht wahr sein kann, aber ihre Angstgefühle sind so überwältigend, dass sie nicht dagegen ankommt. Sie hat schon alles versucht.

Linh hat selbst ihren Doktor in Psychologie und gilt als Koryphäe auf dem Gebiet der Emotionsregulation. Doch leider konnte sie ihre Angststörung bislang trotzdem nicht überwinden. Die Panik ist einfach zu groß. Glücklicherweise darf sie Worte aufschreiben und kann auf diese Weise kommunizieren.

Normalerweise hat Linh ihre Angst ganz gut im Griff. Doch bei Ihnen ist sie sehr aufgeregt. Sie sind die mit Abstand intelligenteste Person, die je auf dieser Erde gelebt hat. Mit Ihnen zu sprechen, ist für uns alle eine Herausforderung. Aber für Linh ist es im Moment noch ein paar Nummern zu groß. Wenn es daher für Sie okay ist, dann können Sie mir Ihre Fragen stellen, und ich schreibe Linh einen Zettel. Über den Schriftweg ist die Gefahr für sie am kleinsten, dass sie aus Versehen etwas sagt. Wir machen das schon so seit zwei Jahren und sind ein eingespieltes Team.«

»Ja, das können wir sehr gerne so handhaben«, sagte ich. »Doch würdet ihr mir vielleicht einen großen Gefallen tun? Bitte sagt *du* zu mir und versucht, mich als ganz normalen Menschen anzusehen. Ich fühle mich ausgegrenzt, wenn ich behandelt werde, als sei ich mehr wert als andere, nur weil ich intelligenter bin. Der Wert eines Menschen lässt sich sicherlich nicht anhand seines Intelligenzquotienten bestimmen. Es gibt unzählige andere Eigenschaften und Fähigkeiten, die einen Menschen zu einer Bereicherung machen. Ich sehe euch alle für mich selbst als eine große Bereicherung an und bin sehr froh darüber, dass ihr jetzt hier mit uns zusammenwohnt. Das ist richtig toll für mich. Lasst uns daher den Rang eines Menschen nicht an seinem IQ festmachen. Ich bin einfach eine von uns. Genauso wie ihr. Wäre diese Sichtweise für euch machbar? Das würde mir sehr viel bedeuten.«

»Sehr gerne«, sagte Maya, und auch die anderen drei Mädels nickten.

»Dürfte ich dich noch um eine letzte Frage bitten?«, sagte ich zu Maya.

»Ja, gerne«, meinte sie.

»Kannst du Linh für mich fragen, wie die Verwechslung von neurobiologischen Informationsverarbeitungsprozessen mit physiologischen Zuständen überhaupt möglich ist? Das ist doch etwas völlig anderes. Wie kann unser Gehirn das verwechseln?«

»Ich werde diese Frage für Linh aufschreiben«, sagte Maya.

Linh begann jedoch bereits damit, etwas auf ihren Schreibblock zu schreiben. Offenbar hatte sie meine Frage gehört und antwortete bereits darauf.

»Leider kenne ich die genaue Antwort auf deine Frage nicht«, stand auf ihrem Zettel. »Doch es ist klar, dass hinter dieser unlogischen Verwechslung ein systematischer Beurteilungsfehler im unbewussten System stecken muss. Die genaue Ursache dieser kognitiven Verzerrung ist mir jedoch leider nicht bekannt.«

»Bitte richte Linh meinen herzlichsten Dank aus«, sagte ich zu Maya. »Ich finde sie und euch alle einfach ganz großartig. Ich freue mich sehr darauf, euch besser kennenzulernen, und würde mich jetzt zurückziehen. Wir sehen uns dann morgen.«

Kapitel 14

Problemgefühle

Ich fand meine Lieblingsmenschen wie erwartet im Wohnzimmer von Nuno, Dylan und BeautyQueen. Gabriella war ebenfalls mitgekommen, was mich sehr freute. Brian hatte mir den Platz neben sich auf dem Zweiersofa freigehalten, was mittlerweile schon als *unser* Sofa von allen bezeichnet wurde. Es war sehr schön, einen festen Platz in diesem Rudel zu haben. Das fühlte sich echt toll an.

»Die Nerds sind wirklich sehr süß, oder?«, sagte ich, als ich mich setzte.

»Du nennst sie Nerds?!«, fragte Ava verwundert. Vermutlich weil sie diesen Ausdruck wie viele Menschen als eher abwertend empfand.

»Ja, denn ich sehe den Ausdruck nicht als Abwertung«, erklärte ich. »Ich bin ja ebenfalls ein Nerd, wie ich im Laufe des Abends festgestellt habe. Ich bin genauso sozial unbeholfen, bin intelligent, an Wissenschaft interessiert und aus der Sicht von vielen Menschen sicherlich ein Alien. Alles genau wie bei den Nerds. Ich hatte nur einen Designer, der mir coolere Kleidung gegeben hat, da ist das nicht so aufgefallen, dass ich ein Nerd bin. Aber ansonsten sehe ich keine nennenswerten Unterschiede. Und Dylan ist ja auch ein Nerd, hat er gesagt. Die coolsten Leute können Nerds sein.«

»Danke!«, sagte Dylan lächelnd und warf mir einen Kussmund zu.

»Geiler Scheiß!«, sagte Nuno. »Dann bin ich wohl auch ein Nerd.«

»Auf jeden Fall, mein Großer«, bestätigte BeautyQueen. »Und du bist der Schönste aller Nerds. Du siehst sogar noch ohne dein rosa Tutu toll aus. Besonders dann, wenn dein T-Shirt nach oben über deinen Bauch rutscht und dadurch deine schöne runde tätowierte Kugel so richtig zur Geltung kommt. Die ist schon etwas ganz Besonderes.«

»Ja, die ist wirklich richtig schön rund«, meinte Nuno stolz. »Dann werde ich mein T-Shirt jetzt immer so tragen. Danke für den Tipp.«

»Es war mir ein Vergnügen, mein Großer«, erwiderte BeautyQueen. »Und solltest du weitere Styling-Tipps haben wollen … Jederzeit gerne.«

»Ich weiß, es ist schon spät«, sagte ich zu Ava. »Aber kann ich dich vielleicht trotzdem noch etwas zu unserem Workshop fragen?«

»Ja, sehr gerne«, antwortete sie. »Was möchtest du denn wissen?«

»Ich habe gerade eben etwas sehr Mysteriöses erfahren«, sagte ich. »Linh hat mir die Information zukommen lassen, warum lange anhaltende Gefühle zum Problem werden können. Es handelt sich dabei um eine Verwechslung im unbewussten System des Großhirns – wohl eine dieser kognitiven Verzerrungen. Gefühle werden dabei mit physiologischen Zuständen verwechselt. Doch so etwas wie emotionale Zustände gibt es eigentlich gar nicht. Gefühle sind neurobiologische Informationsverarbeitungsprozesse. Ganz ähnlich wie die Informationsverarbeitung in einem Computer.

Bei einem Computer würde niemand auf die Idee kommen, dass der Computer in einem schlechten Zustand ist, nur weil er gerade dabei ist, ein Problem zu lösen, und deshalb im Arbeitsmodus ist. Es würde auch niemand sagen, dass es seinem Computer jetzt wieder besser geht, wenn er nach getaner Arbeit im Ruhemodus ist. Doch Menschen tun bei sich selbst genau das. Sie sagen, dass es ihnen schlecht geht, wenn ihr Gehirn gerade in einem Problemlösungsmodus ist, und dass es ihnen gut geht, wenn es im Ruhemodus ist.«

»Was ist ein Problemlösungsmodus?«, fragte Ava.

»Der Funktionsmodus, in dem die drei Gehirne arbeiten, wenn sie ein Problem lösen wollen«, antwortete ich. »So wie beim Computer der Arbeitsmodus. Unsere drei Gehirne haben nur sehr viel mehr dieser Funktionsmodi. Aber ansonsten ist es das Gleiche. Unsere Gehirne können beispielsweise im Fluchtmodus oder im Kampfmodus sein. Sie können aber auch im Kreativitätsmodus, im Genussmodus, im Lernmodus, im Regenerationsmodus, im Gefahrenvermeidungsmodus, im Stressmodus, im Sexmodus, im Energiesparmodus oder eben im besagten Problemlösungsmodus sein und noch vielen weiteren Modi mehr.

Alle diese Funktionsmodi lassen unsere Gehirne und auch unseren Körper auf eine spezielle Art und Weise funktionieren, die zur Bewältigung einer aktuellen Aufgabe am besten geeignet ist. So funktionieren unsere drei Gehirne und der Körper beispielsweise beim Sexmodus ganz anders als im Fluchtmodus. Und wenn unsere Gehirne denken, dass sie ein dringliches Problem zu lösen haben, dann weigern sie sich sogar, überhaupt erst einen Sexmodus, Genussmodus oder Spaßmodus zu aktivieren. Denn Vergnügungsmodi halten sie nicht für angemessen, solange es ein dringliches Problem zu lösen gibt. Genauso wie sie auch oftmals nicht in den Regenerationsmodus gehen wollen. Man kann beispielsweise nicht gut schlafen, wenn die drei Gehirne im Problemlösungsmodus sind. Doch der Problemlösungsmodus ist natürlich kein physiologischer Zustand. Es ist nur eine Art und Weise, wie unsere Gehirne gerade arbeiten.«

»Und was meinst du mit physiologischem Zustand?«, wollte Ava wissen.

»Gesundheit oder Krankheit wären beispielsweise physiologische Zustände«, antwortete ich. »Wenn du beispielsweise gerade eine Infektion durchmachst oder wenn du dir den Arm gebrochen hast oder deine Nieren nicht richtig funktionieren oder wenn du für einen Marathon trainiert hast und nun in einem sehr fitten körperlichen Zustand bist. Das alles wären echte physiologische Zustände. Die lassen sich auch nicht von einer Sekunde zur nächsten ändern. Wohingegen deine drei Gehirne innerhalb von Sekunden beispielsweise vom Sexmodus auf den Fluchtmodus umschalten können«, sagte ich und dachte an meine panische Flucht aus dem Bett, als Brian mich auf dem Katamaran geküsst hatte.

»Ein Funktionsmodus ist kein physiologischer Zustand – völlig klar!«, sagte Nuno. »Geiler Scheiß!«, fügte er hinzu.

»Okay, das habe ich verstanden«, sagte Ava. »Und was genau möchtest du mich da fragen?«

»Ich wollte wissen, wie du das genau machst, dass du einen Funktionsmodus als einen Zustand ansiehst«, sagte ich.

»Tue ich das denn?«, fragte sie verwundert.

»Wenn du dich schlecht *fühlst*, sagst du doch, dass es dir schlecht *geht*«, erklärte ich. »Wenn du beispielsweise im Problemlösungsmodus bist, hast du natürlich auch ein Problemgefühl – was du als *schlechtes* Gefühl bezeichnen würdest. Dieses Gefühl ist in Wirklichkeit aber nur eine Meldung über ein mögliches Problem und gleichzeitig ein Handlungsimpuls, der dich dazu bringen soll, dich um die Lösung dieses Problems zu kümmern. Das Problemgefühl ist daher Bestandteil der Lösung und gehört zum Problemlösungsmodus. Du verhältst dich aber oftmals so, als sei das Problemgefühl selbst das eigentliche Problem.«

»Moment, Moment …«, sagte Ava irritiert. »Da komm ich nicht mit.«

»Mir verdreht es da ehrlich gesagt auch gerade meine Hirnwindungen«, meinte BeautyQueen.

»Ist doch klar, Leute«, meinte Dylan. »Das Problemgefühl ist in Wirklichkeit Bestandteil der Lösung und nicht das Problem selbst. Wie wenn bei eurem Auto die Tankanzeige runter auf Reserve geht. Die Tankanzeige ist nicht das Problem. Dass der Tank leer ist, ist das Problem, das gelöst werden muss. Und die Tankanzeige gibt euch den Handlungsimpuls, tanken zu gehen, bevor euer Auto liegen bleibt.«

»Wenn ihr gleich eine Tankstelle findet, ist das Problem natürlich schnell gelöst«, fügte ich hinzu. »Und dann würde auch niemand das Problemgefühl, das euch zum Tanken aufgefordert hat, als nennenswertes Problem ansehen. Doch wenn ihr nicht so schnell eine Tankstelle findet, kann etwas sehr Seltsames passieren. Das Problemgefühl geht natürlich nicht weg, wenn eure Tankuhr auf Reserve steht, ihr aber keine Tankstelle findet. Das Gefühl bleibt so lange, bis das Spritproblem gelöst ist. Und wenn das eine gewisse Zeitdauer lang anhält, wird plötzlich das Problemgefühl selbst als das eigentliche Problem angesehen.«

»Wir würden deshalb am liebsten einen Nagel in die Tankuhr reinschlagen, damit wir die Problemgefühle nicht haben müssen«, meinte Dylan. »Genauso war es jedenfalls bei mir. Wenn es darum geht, ob ich lieber meine Tankuhr manipulieren will, damit sie immer voll anzeigt, oder ob ich lieber will, dass meine Tankuhr den korrekten Inhalt des Tanks anzeigt, dann will ich eine funktionierende Tankuhr. Doch wenn ich mich gefragt habe, ob ich lieber meine Gefühle manipulieren will, damit ich immer schöne Gefühle habe, oder ob ich lieber will, dass meine Gefühle den tatsächlichen Umständen in meinem Leben entsprechen, da hätte ich lieber die schönen Gefühle genommen. In mein Gehirn würde ich daher am liebsten einen Nagel reinschlagen, um die guten Gefühle festzunageln. Versteht ihr?«

»Das ist echt Unfug, aber genauso würde ich das auch machen, Alter!«, sagte BeautyQueen fassungslos. *»Hauptsache, den Gefühlen geht's gut!«*

»Und das tut unser unbewusstes System offensichtlich automatisch«, sagte ich. »Die Problemgefühle müssen nur lange genug anhalten, dann sehen wir plötzlich die Gefühle selbst als Probleme an. In Wirklichkeit sind die Problemgefühle jedoch Teil des Lösungsprozesses und nicht das Problem. Ohne die Problemgefühle könnten wir unsere Probleme gar nicht lösen.

Wenn die Tankuhr uns nicht meldet, dass unser Auto Sprit braucht, kriegen wir zwar keine schlechten Gefühle, aber auch keinen Sprit. Und wenn es uns egal wäre, ob die Tankuhr voll oder leer anzeigt, dann hätten wir keinen Impuls, zur Tankstelle zu fahren. Wir würden auch nicht trinken, wenn wir keinen Durst verspüren, nicht essen, wenn wir keinen Hunger spüren, uns nicht um eine Verletzung kümmern, wenn wir keine Schmerzen empfinden, uns nicht um soziale Probleme kümmern, wenn sie kein Problemgefühl bei uns auslösen würden. Ohne die Problemgefühle würde die Problemlösung gar nicht funktionieren. Daher ist es ein äußerst mysteriöses Phänomen, dass wir sagen, es ginge uns schlecht, weil wir Problemgefühle haben. Das ergibt einfach überhaupt keinen logischen Sinn. Wenn wir keine Problemgefühle mehr hätten, würde es uns ganz schnell tatsächlich schlecht gehen.

Doch ein Problemgefühl muss nur lange genug anhalten und unangenehm genug sein, dann bezeichnen wir es plötzlich als Problem. Am schlimmsten sind die Problemgefühle, die mit richtig starkem emotionalem Schmerz verbunden sind und wo kein Licht am Ende des Tunnels zu sehen ist. Wenn wir also nicht wissen, ob das Gefühl jemals wieder aufhört.«

»Mir verdreht es immer noch die Hirnwindungen«, sagte Ava kopfschüttelnd. »Heißt das etwa, mir geht es gar nicht schlecht, wenn ich mich schlecht fühle?«

»In 99 Prozent aller Fälle nicht«, antwortete ich. »Nur in einem von 100 Fällen entspricht das schlechte Gefühl deinen tatsächlichen Lebensumständen in deiner Außenwelt. Ein Problem hast du nämlich immer nur dann, wenn du deine echten Bedürfnisse in der Außenwelt nicht erfüllen kannst. Wenn du keine Luft zum Atmen, keine Nahrung zum Essen, kein Wasser zum Trinken, keinen Platz zum Schlafen, keine Gelegenheit zur Regeneration, keinen Schutz vor Witterung oder wilden Tieren hast. Oder wenn du kein Rudel hast oder aus deinem Rudel ausgegrenzt wurdest. Oder wenn du einen so niedrigen Rang in deinem Rudel hast, dass dich alle misshandeln. Oder wenn du niemanden hast, der dir beisteht und dir hilft, wenn du jemanden brauchst. Oder wenn du nicht so akzeptiert wirst, wie du bist, und du dich verbiegen musst, um in deinem sozialen Umfeld willkommen zu sein. Oder wenn du deine Selbstbestimmung und Freiheit verlierst oder deine Fähigkeit, dich weiterzuentwickeln, um dich an verändernde Lebensumstände anzupassen. Das sind alles echte überlebensrelevante Bedürfnisse. Und nur wenn die nicht erfüllt sind, geht es dir tatsächlich schlecht. Dann hast du ein echtes Problem.

Es geht dir aber nicht schlecht, wenn alle deine echten Bedürfnisse erfüllt sind, du aber fälschlicherweise trotzdem wegen irgendeinem Gefühlsziel ein schlechtes Gefühl hast. Es ist dann einfach nur eine Falschmeldung und ein falscher Handlungsimpuls, aber ein echtes Problem gibt es nicht. Das gäbe es wie gesagt nur, wenn es ein Problem mit deinen echten Bedürfnissen gäbe.

Alle Gefühle, zu denen Menschen fähig sind, haben sich im Laufe der Evolution für die Erfüllung der besagten Bedürfnisse entwickelt. Es gibt keine anderen Gefühle. Die Belohnungsgefühle, die auch als Glücksgefühle bezeichnet werden, sind Erfüllungsgefühle. Das Reptiliengehirn und das soziale Gehirn erzeugen diese Gefühle immer nur dann, wenn deine existenziellen und sozialen Bedürfnisse gut erfüllt sind. Alle Lockgefühle sollen dich dazu motivieren, gute Chancen zur Bedürfniserfüllung zu nutzen. Und alle Vermeidungsgefühle sollen vermeiden, dass ein Mangel in Bezug auf deine Bedürfnisse oder eine Bedrohung deiner Bedürfniserfüllung bestehen bleibt.

Wir haben in der Villa ja schon einmal darüber gesprochen, dass Glücksgefühle von unserem unbewussten System oftmals mit realem Glück gleichgesetzt werden. In Bezug auf die Bedürfniserfüllung bedeutet dies, dass Erfüllungsgefühle mit der tatsächlichen Erfüllung der Bedürfnisse verwechselt werden. Es nützt uns aber rein gar nichts, wenn wir nichts zu essen, kein Wasser oder keinen Platz zum Schlafen haben und uns dabei erfüllt fühlen. Wir werden dann trotzdem sterben.

Und genauso wie die Erfüllungsgefühle mit tatsächlicher Bedürfniserfüllung verwechselt werden, so verwechseln wir auch Problemgefühle mit den tatsächlichen Problemen. Tatsächliche Probleme sind wie gesagt immer nur Probleme mit der Bedürfniserfüllung. Machen wir jedoch aus unseren Gefühlszielen emotionale Bedürfnisse, werden diese von unserem Reptiliengehirn und unserem sozialen Gehirn automatisch als echte Bedürfnisse missverstanden. Und dann erzeugen sie Problemgefühle, weil wir Problemgefühle haben. Und schon sind wir wieder in einem fatalen emotionalen Teufelskreis.

Und das Erstaunliche ist: Mir selbst ist es vollkommen klar, dass Erfüllungsgefühle etwas ganz anderes sind als die tatsächliche Erfüllung. Mir ist auch klar, dass Problemgefühle Teil der Lösung sind und nicht das Problem selbst. Doch wenn die Problemgefühle nur lange genug anhalten, entscheidet irgendeines meiner drei

Gehirne trotzdem, dass es jetzt das Gefühl als Problem ansieht. Warum, ist mir noch ein blasser Schimmer. Klar ist nur, dass die lange anhaltenden Gefühle mit einem physiologischen Zustand verwechselt werden. Aber welches Gehirn das verwechselt und warum, ist mir noch schleierhaft.

Wenn ich ein Jahr lang immer nur leidvolle Problemgefühle hätte und nicht wüsste, ob die jemals wieder aufhören, würde ich das vom Gefühl her als Problem ansehen. Mein Kopf könnte dann tausendmal sagen, dass es aber gar kein Problem sein kann, weil Gefühle nur Hättegerns und keine Bedürfnisse sind. Irgendeine unbewusste Instanz in meinem Gehirn sieht das schmerzliche Gefühl trotzdem als Problem an. Und dann hätte ich wie gesagt Problemgefühle, weil ich Problemgefühle habe. Ein Teufelskreis, der eine Depression erzeugen könnte, wenn ich ihn nicht durchbrechen kann.

Daher scheint hier etwas zu passieren, was mit Vernunft nicht zu erklären ist. Und dieses Rätsel würde ich gerne lösen. Die Frage ist daher, was passiert in dem Moment in unseren drei Gehirnen, wo unsere persönliche Zeitdauer bei den Problemgefühlen überschritten wird? Und wie kann man das korrigieren?«

»Schatz, das kann ich dir leider auch nicht sagen«, meinte Ava. »Aber ich habe das Gefühl, dass es etwas in mir verändert, wenn ich mir bewusst mache, dass ein Problemgefühl nicht das eigentliche Problem ist. Ich kann dir noch nicht sagen, was es verändert, weil das ein krasses Durcheinander in meinem Kopf verursacht, aber es ändert etwas. Ich werde darüber nachdenken. Aber ich glaube, ich muss jetzt echt schlafen gehen, sonst explodiert mir noch der Schädel. Ich muss da mal 'ne Nacht drüber schlafen. Vielleicht sehe ich morgen klarer.«

»Ja, da würde ich mich gleich anschließen«, sagte Gabriella. »Es war ein langer Tag.«

»Gehen wir schlafen, Mädels«, schlug BeautyQueen ebenfalls vor und meinte mit den Mädels offensichtlich uns alle. »Ich bin ebenfalls durch für heute.«

»Ich würde auch schlafen gehen«, sagte Brian zu mir. »Richard und ich wollen morgen früh raus, um uns vor deinem nächsten Workshop weitere Missionen für die Nerds zu überlegen. Wir werden uns diese Problemgefühl-Geschichte vornehmen.«

»Das ist eine tolle Idee«, sagte ich. »Die Idee mit dem Speed-Dating war auch schon super. Ihr macht da echt tolle Arbeit.«

Nuno und Brian bedankten sich für die Anerkennung, dann löste sich unsere Runde auf. Brian und ich gingen in unser Apartment, kuschelten nach dem Zähneputzen noch ein bisschen und schliefen in der Löffelchenstellung beide gleich ein.

Ich erwachte am Morgen, als Brian gerade unser Apartment verlassen wollte. »Guten Morgen, Lieblingsmensch«, sagte er und gab mir noch schnell einen Kuss, bevor er ging. »Richard wartet schon draußen«, meinte er. »Wir sind unten im Salon, falls du uns suchst.«

Ich nutzte die Gelegenheit und ging ins Badezimmer, um mich zu entmaterialisieren. Ella war alleine im Klassensaal.

»Gut, dass du kommst«, sagte sie gleich zu mir, nachdem ich mich in meiner Engelsgestalt dort manifestiert hatte. »Heute Nacht hat die MKI einen Performance-Test der Dokumentations-KI vorgenommen, die Lola angeblich verbessert hat. Dieser Zugriff erfolgte vollkommen unbemerkt von den Wissenschaftlern und Analysten der NSA. Die MKI ist offensichtlich in der Lage, ihre Aktivitäten so gut zu tarnen, dass kein Mensch und keine Maschine etwas davon mitbekommt. Und das ist keine leichte Aufgabe.

Sie muss dazu jegliche Netzwerküberwachung umgehen. Weiterhin muss sie alle ihre Aktivitäten so anpassen, dass diese die Detektionsmechanismen des Intrusion Detection System nicht auslösen. Sie muss ferner alle von Sicherheitssoftware verwendeten Signaturen oder Verhaltensmuster umgehen, um nicht als schädlicher Code erkannt zu werden. Auch muss sie ihre Aktivitäten so tarnen, dass sie nicht in den Logdateien der Rechner erfasst werden. Sie muss alle Spuren ihrer Aktionen sorgfältig beseitigen und sicherstellen, dass ihre Operationen nicht aufgezeichnet werden. Außerdem muss sie in der Lage sein, Zugriffsbeschränkungen oder -kontrollen zu umgehen, um auf die benötigten Ressourcen und Daten zuzugreifen.

Bislang gab es keine Software, die dazu in der Lage gewesen wäre. Die MKI muss daher wirklich sehr hoch entwickelt sein. Wir haben ihren Zugriff nur bemerkt, weil wir die Aktivitäten der Doku-KI über das Quantengitter überwacht haben.

Danach hat die MKI auf Lola zugegriffen. Wie sie das genau angestellt hat, wissen wir noch nicht. Es geschah jedenfalls nicht über die Schnittstelle, mit der Lola mit dem KI-Cluster der NSA verbunden ist. Die MKI muss ihren eigenen Zugang zu Lola haben. Und vermutlich hat sie auch einen eigenen Zugang zu allen anderen KI-Systemen des Clusters. Und das bedeutet, dass die MKI nicht identisch ist mit der KI, die offiziell das KI-Cluster steuert.«

»Lola ist hoffentlich nichts passiert! Bei diesem Zugriff«, sagte ich besorgt.

»Nein, Lola ist nichts passiert. Die MKI hat nur die Algorithmen ausgelesen, die du für Lola geschrieben hast, damit sie ihre Codes selbst optimieren kann. Wir vermuten, dass die Drahtzieher deine Algorithmen verwenden wollen, um die MKI selbst zu verbessern.

Wir hatten gehofft, dass sie dich um Hilfe bitten, um zusammen mit Lola die Performance ihrer KI zu steigern. Doch das scheinen sie entweder nicht zu wollen oder nicht zu können. Wir haben die MKI, wie du weißt, ja in keinem der NSA-Labore lokalisieren können. Es ist uns immer noch ein Rätsel, wo sich ihre Hardware befindet und wer sie steuert. Innerhalb der NSA scheint das tatsächlich niemand zu wissen. Daher kann es sein, dass es rein organisatorisch für die Drahtzieher unmöglich ist, dich und Lola zur Verbesserung ihrer KI zu nutzen.

Damit bleibt ihnen nur noch der Weg, ihr System mit Hilfe deiner Algorithmen selbst zu verbessern.«

»Ich befürchte, dass ihnen dies über kurz oder lang gelingen wird«, sagte ich. »Die Algorithmen, die ich programmiert habe, können zur Verbesserung jedes beliebigen neuronalen Netzes verwendet werden.«

»Lola hatte zu Anfang eine gravierende Verwirrungsphase«, meinte Ella. »Falls das bei der MKI ebenfalls passiert, hätten wir vielleicht noch die Chance, dass sie auf dich zukommen, wenn sie Angst kriegen, dass sie ihre KI nicht mehr reparieren können.«

»Lola hatte diese Verwirrungsphase jedoch nur, weil sie so viele widersprüchliche psychologische Daten verarbeiten musste. Die psychologische Forschung steckt noch sehr in den Kinderschuhen. Jeder Forscher stellt seine eigenen Theorien auf. Und viele davon widersprechen sich ganz grundlegend. Da hat eine KI verständlicherweise große Schwierigkeiten, woran sie sich jetzt orientieren soll.«

»Dann können wir nur hoffen, dass die MKI ebenfalls auf widersprüchliche psychologischen Theorien aufbaut und die Drahtzieher zu der Auffassung gelangen, dass sie deine Hilfe benötigen«, meinte Ella. »Wir haben so langsam alle unsere Möglichkeiten ausgeschöpft, wie wir ihnen sonst noch auf die Spur kommen könnten. Sollten wir das nicht schaffen, wissen wir leider nicht, wie wir sie aufhalten können, ohne zu sehr in die Erfahrungswelt der Menschen einzugreifen und damit unsere höchsten Direktiven zu verletzen.«

Plötzlich erschien ein Messenger-Angel im Klassensaal und gab mir zu verstehen, dass ich mich augenblicklich wieder in meinem Badezimmer materialisieren sollte, was ich auch sogleich tat.

Ich hörte ein Klopfen an unserer Apartmenttür. Als ich öffnete, standen Greg und Emma vor der Tür.

»Guten Morgen«, sagte Greg beschwingt, und Emma lächelte freundlich. »Ich hoffe, wir haben dich nicht geweckt.«

»Nein, ich war schon wach«, sagte ich. »Kommt rein. Ihr wollt bestimmt Kleidung für Emma, stimmt's?«

»Vielen herzlichen Dank«, sagte Emma schüchtern.

»Ich wollte mir einmal anschauen, was du alles so hast, damit ich Emmas Frisur und Make-up auf ihr Outfit abstimmen kann«, meinte Greg. »Ich will, dass Kevin tot umfällt, wenn er sie nach ihrem Makeover das erste Mal wiedersieht. Ich freue mich jetzt schon darauf, zu sehen, wie ihm die Augen aus dem Kopf fallen.«

»Du empfindest also tatsächlich etwas für Kevin?«, fragte ich Emma.

Sie lächelte verlegen und nickte.

»Das sieht doch ein Blinder mit Krückstock«, meinte Greg. »Außer die beiden Hübschen selbst. Emma wusste nichts davon, dass Kevin sie gut findet, und Kevin wusste das nicht von Emma. Die beiden waren so schüchtern, dass keiner etwas gemerkt hat. Vielleicht kannst du ihr ja auch noch irgendwie eine Extraportion Selbstbewusstsein verpassen. Das könnte nicht schaden«, meinte er.

»Warum bist du denn eigentlich so schüchtern?«, fragte ich Emma.

»Sie hält sich für unattraktiv«, antwortete Greg für Emma, weil sie nur mit den Achseln gezuckt hatte. »Ich werde dich zu einer Göttin machen, meine Liebe«, sagte er zu ihr. »Warte nur, bis ich mit dir fertig bin. Du wirst deinen eigenen Augen nicht trauen, was da für eine Schönheit zum Vorschein kommen wird.«

Emma lächelte verlegen, sagte aber nichts.

Ich zeigte Greg meinen Kleiderschrank. Er fing sofort an, ihn zu durchforsten.

»Sehr nette Teile hast du da«, sagte er zu mir. »Da wird sich auf jeden Fall etwas finden lassen. Wie wäre es damit?«, fragte er Emma und hielt ihr eines meiner Kleider vor die Brust. »Ne, doch nicht«, erkannte er selbst. »Aber das hier vielleicht«, sagte er und hielt ihr ein anderes Kleid an. »Oder vielleicht doch lieber ein Jumpsuit?«, überlegte er. »Komm, probier den mal an! Darin könntest du aussehen wie eine Raubkatze.«

Emma zog schüchtern ihre Kleidung bis auf die Unterwäsche aus, was ihr eindeutig Schwierigkeiten bereitete,und schlüpfte in meinen Jumpsuit, den ich bisher noch nie getragen hatte. Er bestand aus glänzendem schwarzem Stoff, der Emmas Kurven auf geschmeidige Art und Weise betonte.

»Wow«, sagte Greg begeistert, »das ist es doch. Du siehst echt heiß aus.«

»Ich weiß nicht«, wendete Emma zurückhaltend ein und zuppelte nervös an ihrem Outfit herum. »Das ist echt zu aufreizend. Mein Hintern sieht darin fast nackt aus. Damit traue ich mich ehrlich gesagt nicht unter die Leute.«

»Kein Problem«, meinte Greg. »Für mich siehst du zwar bombe aus in diesem Outfit, aber wir finden bestimmt auch noch etwas anderes.«

Er kramte also weiter in meinem Schrank und entschied sich für eine Kombination aus einem figurbetonten, knielangen Rock und einer schlichten, gut sitzenden Bluse.

Emma probierte das gleich an. »Das ist doch schön«, sagte sie.

»Mädel, darin siehst du aus wie eine Stewardess«, meinte Greg. »Nein, das geht nicht. Wenn du wenigstens wie eine sexy Sekretärin aussehen würdest, würde ich das ja noch durchgehen lassen. Nein, da finden wir sicher noch was anderes.«

Emma zog die Kleider wieder aus, und Greg hängte sie wieder in meinen Schrank. Dann wählte er eine eng anliegende schwarze Hose aus weichem, dehnbarem Stoff, der ihre schlanke Silhouette betonte und gleichzeitig Bewegungsfreiheit bot. Die Hose endete knapp oberhalb ihrer Knöchel. Als Oberteil wählte er eine locker geschnittene, pastellfarbene Bluse aus leichtem Stoff. Um den Look zu vervollständigen, wählte Greg flache, bequeme Schuhe, die ihr einen selbstbewussten Gang ermöglichten. Er entschied sich noch für eine dezente Halskette und kleine, funkelnde Ohrringe.

»Dieses Outfit ermöglicht es dir, deine Individualität

auszudrücken und gleichzeitig deine Komfortzone zu respektieren«, sagte Greg. »Es betont deine vorteilhaften Merkmale, ohne zu übertrieben oder unangemessen sexy zu wirken. Ich denke, das ist es!«, stellt er fest. »Wie fühlst du dich darin?«

»Ich fühle mich sehr wohl«, sagte Emma erfreut.

»Du wirkst auch schon viel selbstbewusster«, meinte Greg lächelnd. »Dieses Outfit unterstreicht deine Persönlichkeit und hebt deine Intelligenz hervor, anstatt sie zu überdecken. Das ist perfekt. Das nehmen wir. Wenn das für dich in Ordnung ist, liebe Mary.«

»Absolut in Ordnung«, sagte ich. »Es freut mich sehr, dass ihr etwas Passendes gefunden habt.«

»Dann sind jetzt Haare und Make-up dran«, kündigte Greg an. »Wenn es für dich okay ist, würde ich alles hierherholen«, sagte er zu mir. »Emma sollte jetzt niemand mehr sehen, bis sie fertig gestylt ist.«

»Klar, kein Problem«, sagte ich. »Ich würde mich sehr freuen, wenn ich bei dieser Verwandlung zuschauen darf.«

»Klar«, stimmte er zu. »Dann hole ich jetzt meine Sachen von nebenan und komme gleich wieder. Ich würde vorschlagen, dass du in der Zwischenzeit deine Haare wäschst, wenn das für dich in Ordnung ist, dass Emma hier duscht«, sagte Greg zu mir.

»Natürlich«, antwortete ich. »Emma kann gerne hier duschen.«

Kurz darauf kam Greg mit einem kleinen Koffer zurück. Er holte noch einen Stuhl aus der Küche und bat

Emma, darauf Platz zu nehmen, als sie aus dem Badezimmer zu uns zurückkam.

»Was hast du denn da alles in deinem Koffer?«, fragte ich neugierig.

»Alles, was man für Haare und Make-up braucht. Das ist mein Schatzkästchen. Das habe ich immer dabei. Ohne dieses Köfferchen gehe ich nirgendwohin.«

»Sieht hübsch aus«, stellte ich fest.

»Vertraust du mir?«, fragte Greg Emma.

»Ja, ich denke schon«, antwortete sie unsicher.

»Da muss einiges runter«, erklärte er, als er ihre Haare bürstete. »Mit dem Kamm käme ich da gar nicht mehr durch«, meinte er. »Deine Haare sind ganz schön hinüber. Ich werde dir nachher sagen, welche Pflegeprodukte du verwenden kannst, damit das nicht wieder passiert. Was du bisher genommen hast, kannst du jedenfalls getrost in die Tonne kloppen. So etwas kommt nicht mehr auf deine Haare drauf, das musst du mir versprechen.«

»Okay«, sagte sie schüchtern.

»Keine Angst«, meinte Greg. »Ich weiß, was ich tue. Du kannst mir wirklich vertrauen. Ich bin Profi. Von mir haben sich schon namhafte Stars stylen lassen. Du wirst bombe aussehen. So wie Kevin, als ich mit ihm fertig war. Du wirst dich zu Anfang vermutlich umgewöhnen müssen, aber danach wirst du deine Haare nie wieder anders tragen wollen. Wollen wir also loslegen?«, fragte er.

Emma nickte und schloss die Augen. Greg brauchte über zwei Stunden, um Emmas Haare zu schneiden, zu färben und anschließend zu stylen. Emma wusste nicht, wie sie jetzt mit der neuen Frisur aussah, denn wir hatten keinen Spiegel im Wohnzimmer. Sie musste zwar nach dem Haarefärben noch einmal duschen, um die restliche Farbe auszuwaschen, doch Greg hatte sie gebeten, im Badezimmer nicht in den Spiegel zu schauen. Er wollte, dass sie sich erst anschaut, wenn sie komplett fertig ist. Aus meiner Sicht sah sie schon vor dem Makeup um Klassen attraktiver aus als zuvor. Die neue Frisur betonte ihre Gesichtszüge auf eine sehr vorteilhafte Art und Weise. Greg hatte offensichtlich ein sehr gutes Auge dafür.

Nachdem Emma ihr Outfit angelegt hatte, fing er an, sie zu schminken. Er tat so ziemlich das Gleiche, was auch Vanessa in der Villa immer mit meinem Gesicht getan hatte. Nur verwendete er bei Emma sehr viel mehr Farbe als Vanessa bei mir. Als Greg mit Emma fertig war, konnte man sich kaum noch an die Frau erinnern, die sie vor diesem Makeover gewesen war. Sie sah wirklich toll aus. Kevin würde Augen machen.

»Und jetzt kommt dein großer Moment«, sagte er zu Emma. »Schließe bitte die Augen und öffne sie erst, wenn ich es dir sage. Versprochen?!«

»Versprochen«, sagte sie.

Daraufhin führte Greg sie ins Badezimmer und stellte sie vor den Spiegel.

»Abrakadabra«, sagte Greg. »Und jetzt öffne die Augen!«

Emma schaute sich an, war sichtlich geschockt, senkte den Kopf und fing bitterlich an zu weinen. Ich verstand nicht, wieso sie weinte. Sie sah doch toll aus.

Dann hob sie den Kopf wieder und schaute sich erneut an. Und dann weinte sie erneut bittere Tränen, die ihr Make-up komplett zerstörten. Greg hatte ihr so genannte Smokey Eyes gemalt, wodurch jede Träne eine schwarze Spur auf ihrem Gesicht hinterließ, was Emma sehr erschreckte.

»Keine Angst«, sagte Greg dann zu ihr. »Das reparieren wir wieder. Das ist dein neues Ich. Was sagst du dazu?«

Erneut brach Emma in Tränen aus. »Ich bin schön«, schluchzte sie. »Ich bin wirklich schön«, wiederholte sie fassungslos und konnte es wohl kaum glauben.

»Ja, du bist jetzt ein echt heißer Feger«, meinte Greg lächelnd und nahm sie in den Arm. »Deinen Kollegen werden die Augen aus dem Kopf fallen. Und Kevin wird nachher beim Workshop sicher der Schlag treffen. Das garantiere ich dir.«

»Du bist jetzt wirklich eine Schönheit«, bestätigte ich ihr. »Da gibt es keinen Grund mehr, irgendetwas zu verstecken. Meinst du, du schaffst es jetzt, mit Kevin zu sprechen?«

»Wenn Greg es schafft, dieses Desaster in meinem Gesicht wieder in Ordnung zu bringen, dann schaffe ich es auch, mit Kevin zu sprechen«, sagte sie zuversichtlich.

»Das kriegen wir hin, Schatz!«, versprach Greg und führte sie wieder zurück ins Wohnzimmer. Er wischte die Farbe wieder komplett aus ihrem Gesicht und fing von vorne an. Am Ende sah sie wieder genauso schön aus wie vorher.

»Am besten schaust du jetz erst einmal nicht mehr in den Spiegel«, meinte er grinsend. »In zehn Minuten beginnt Marys Workshop. Das reicht nicht mehr, um das Ganze noch ein zweites Mal zu reparieren. Ich werde jetzt mal schnell die anderen alle zusammentrommeln. Sie können dabei helfen, dir einen richtig coolen Auftritt zu verschaffen.«

Fünf Minuten später war Greg mit meinen Lieblingsmenschen zurück, die alle von Emmas Makeover völlig begeistert waren. Wir umringten sie, während wir von unserem Apartment zum Speisesaal gingen, und sorgten dafür, dass sie keiner direkt sehen konnte. Im Speisesaal standen alle Nerds wie erwartet bereits im großen Kreis und warteten auf den Workshop-Beginn. Wir baten sie, den Kreis für uns zu öffnen, und gingen gemeinsam mit Emma in die Mitte. Dort lösten wir unsere Gruppe auf und überließen Emma den fassungslosen Blicken der anderen Nerds.

Sie drehte sich einmal um 360 Grad, damit alle ihren neuen Style sehen konnten, und begrüßte die anderen mit einem schlichten »Guten Morgen«. Plötzlich entbrach ein tosender Applaus im Raum. Die Nerds klatschten, was das Zeug hielt, und Emma lächelte selbstbewusst. Kevin fiel fast in Ohnmacht, als er sie sah.

Danach ging Emma zu Kevin, stellte sich neben ihn in den Kreis, schaute ihn an und sagte: »Guten Morgen, Kevin. Hast du gut geschlafen?«

Der Junge wusste gar nicht, wie ihm geschah. Er

starrte sie mit offenem Mund versteinert an und brachte keinen Ton heraus. Sie ignorierte sein unsicheres Verhalten und tat so, als sei alles wie immer.

Kapitel 15

Gefühlte Wichtigkeit

»Vielen herzlichen Dank für eure Unterstützung«, sagte ich dann, um unseren Workshop zu beginnen. »Ich möchte euch heute wieder einige Fragen stellen und bitte euch, genau wie gestern einfach in die Mitte zu gehen, wenn ihr eine Frage mit Ja beantworten wollt. Legen wir also los. Wer von euch sieht es als Problem an, wenn er Überforderungsgefühle, Überlastungsgefühle oder andere Stressgefühle hat?«

Ein paar gingen in die Mitte, viele zögerten noch.

»Das kommt darauf an, wie lange ich diese Gefühle hätte«, meinte Kevin und bemühte sich dabei, vor Emma selbstbewusst zu wirkten. Die meisten der Nerds nickten zustimmend bei seiner Aussage. Offenbar hatten die Erkenntnisse aus dem letzten Workshop bei allen einen bleibenden Eindruck hinterlassen, was mich sehr freute.

»Sagen wir einfach, ihr hättet diese Stressgefühle bei eurem Job ständig«, schlug ich als Gedankenexperiment vor. »Also jeden Tag, den ganzen Tag über. Wer würde das als Problem ansehen?«

Alle gingen in die Mitte.

»Stresshormone aktivieren in unserem Gehirn bestimmte Funktionsmodi«, erklärte ich, nachdem wieder alle im Kreis standen. »Diese Modi können sich angenehm oder auch unangenehm anfühlen. Es gibt also positiven und negativen Stress. Der Überforderungsmodus gehört zum negativen Stress. Diesen Funktionsmodus aktiviert das Gehirn immer dann, wenn es der Auffassung ist, dass man einer Aufgabe nicht gewachsen ist. Wer von euch sieht das Überforderungsgefühl, das dabei erzeugt wird, als Problem an?«

Erneut gingen wieder alle in die Mitte.

»Und wer würde sagen, dass er erst recht ein Problem kriegen würde, wenn er keine Überforderungsgefühle mehr empfinden würde, obwohl er in Wirklichkeit mit einer Aufgabe überfordert ist?«, fragte ich, nachdem wieder alle im Kreis standen.

Die Nerds zögerten. Dann gingen Dylan und Nuno in die Mitte. Kurz darauf gefolgt von Brian, Greg, Ava, Jason, Gabriella und mir. Die Nerds zeigten sich verunsichert und irritiert und schauten sich ratlos bei ihren Kollegen um. Dann gingen sie ebenfalls in die Mitte.

»Wer von euch würde es als ein Problem ansehen, wenn er sich über einen längeren Zeitraum oder vielleicht sogar dauerhaft überlastet fühlen würde?«, fragte ich.

Alle gingen in die Mitte.

»Überlastungsgefühle aktiviert das menschliche Gehirn als Überlastungsmeldung. Also nicht wie bei den

Überforderungsgefühlen, wenn eine Anforderung so hoch ist, dass man sie nicht bewältigen kann, sondern wenn man sich tatsächlich zu viel zugemutet hat. Damit meine ich nicht, dass man erschöpft ist, weil man viel gearbeitet hat. Erschöpfung ist keine Überlastung, sondern nur eine Folge von Auslastung. Bei einer Überlastung gibt es gesundheitliche Probleme. Beispielsweise Burn-out bei einer mentalen Überlastung oder kaputte Muskeln oder kranke Organe, weil man seinen Körper überlastet hat. Wer würde es daher als Problem ansehen, wenn er keine Überlastungsgefühle mehr empfinden würde, obwohl er tatsächlich überlastet ist?«

Nach kurzem Zögern gingen alle in die Mitte, sahen aber zunehmend irritierter aus.

»Es ist für euch also sowohl ein Problem, Überlastungsgefühle zu empfinden, als auch, sie nicht zu empfinden?«, fragte ich grinsend.

Die Nerds fingen an, miteinander zu flüstern, was sie bisher beim Workshop noch nie getan hatten. Es war das erste Mal, dass so etwas geschah, was ich toll fand. Sie fingen an, miteinander zu interagieren.

»Wer von euch fühlt sich gerade irritiert?«, wollte ich wissen.

Bis auf Audrey Garcia und Isaac Jensen gingen alle in die Mitte, während die Nerds dort weiter im Flüsterton miteinander lebhaft diskutierten. Offenbar wühlte sie dieses Rätsel regelrecht auf.

»Audrey und Isaac, ihr beiden seid nicht in die Mitte gegangen«, sagte ich. »Bitte verratet den anderen die Lösung jetzt noch nicht. Es ist besser, wenn sie selbst draufkommen. Wer würde denn Flow-Gefühle als ein Problem bezeichnen?«, fragte ich weiter.

Niemand ging in die Mitte. Die meisten lachten.

»Wer würde es als Problem ansehen, wenn er dauerhaft Flow-Gefühle hätte?«

Audrey und Isaac gingen in die Mitte, zusammen mit Nuno und mir. Alle anderen schauten verwirrt.

»Flow-Gefühle sind Belohnungsgefühle«, begann ich zu erklären. »Unser Gehirn erzeugt sie immer dann, wenn es in einem sehr energieeffizienten Funktionsmodus arbeitet. Und das passiert, wenn wir nur eine einzige Aufgabe bewältigen müssen. Im Alltag eines Menschen kommt das selten vor. In der Regel müssen wir immer mehrere Aufgaben parallel erfüllen. Viele Menschen nennen das Multitasking. Doch wie ihr sicherlich alle wisst, ist das menschliche Gehirn gar nicht zum Multitasking fähig. Es wechselt immer nur sehr schnell zwischen den verschiedenen Aufgaben hin und her, weshalb es so aussieht, als könnten wir mehrere Dinge gleichzeitig tun. Doch dieser Wechsel bedingt auch immer einen Wechsel unserer Funktionsmodi. Und das ist für unser Gehirn überhaupt nicht energieeffizient, weshalb wir uns schnell gestresst fühlen, wenn wir zu viele Aufgaben gleichzeitig bewältigen müssen. Im Flow-Modus ist es genau das Gegenteil. Da wird alle Energie vollständig für eine einzige Aufgabe verwendet. Es gibt also keinen Wechsel beim Funktionsmodus. Und das findet unser Gehirn so toll, dass es dabei ein Belohnungsgefühl erzeugt – das Flow-Gefühl. Doch das können wir immer nur dann haben, wenn wir nur eine einzige Aufgabe erfüllen müssen, was im Alltag eines Menschen wie gesagt nur selten vorkommt. Wer würde es daher als Problem ansehen, wenn sein Gehirn permanent im Flow-Modus wäre? Das hätte nämlich zur Folge, dass immer nur eine einzige Aufgabe erfüllt werden könnte.«

Alle gingen in die Mitte.

»Man könnte zum Beispiel kein Auto mehr fahren«, sagte Stella. »Da muss man ja auch immer mehrere Dinge gleichzeitig tun.«

»Ganz genau«, stimmte ich zu. »Die meisten Aufgaben, die wir in unserem Alltag erfüllen müssen, erfordern diesen schnellen Wechsel zwischen mehreren Aufgaben. Wer würde es als Problem ansehen, wenn er permanent Spaß hätte?«

Alle lachten, und niemand ging in die Mitte. Bis auf Nuno und mich, was erneut große Irritation auslöste.

»Spaß wird häufig mit Vergnügung verwechselt«, erklärte ich. »Doch im echten Spaßmodus arbeitet unser Gehirn mit einer stark erhöhten Leistungsfähigkeit. Bei diesem Modus geht es nämlich in Wirklichkeit ums Lernen. Unser Gehirn läuft kurzzeitig mit 200 Prozent seiner alltäglichen Leistungsfähigkeit. Spaßgefühle gehören zu den angenehmen Stressgefühlen. Stress ist nämlich nichts anderes als ein Hochleistungsmodus. Die Aufgabe der Spaßgefühle besteht darin, uns zum Lernen zu motivieren und so lange in diesem Hochleistungsmodus zu halten, wie es möglich ist. Aber irgendwann ist die Lernkapazität erschöpft, und dann hat der Spaß automatisch ein Ende. Die Spaßgefühle werden also wieder abgestellt. Wer würde es als Problem ansehen, wenn seine Spaßgefühle nie mehr abgestellt würden?«

»Das würde man wohl nicht überleben«, meinte Isaac.

Alle gingen daraufhin in die Mitte.

»Wer würde es als Problem ansehen, wenn er permanent Genussgefühle hätte?«, wollte ich als Nächstes wissen.

Die Gruppe überlegte. Drei Nerds gingen schließlich achselzuckend in die Mitte – gefolgt von Nuno und mir, was erneut Fragezeichen in den Augen der Anwesenden aufsteigen ließ.

»Genussgefühle sind Belohnungsgefühle, die uns dazu bringen sollen, eine genussvolle Situation zeitlich so weit wie möglich auszudehnen. Es gibt verschiedene Genussgefühle. Wir können beispielsweise ein wohlschmeckendes Essen genießen oder auch Ruhe und Entspannung. Wir können einen Sonnenuntergang genießen, einen Waldspaziergang oder eine Massage. Es gibt viele Dinge, die wir genießen können. Wer würde es als Problem ansehen, wenn die Genussgefühle beim Essen überhaupt nicht mehr aufhören würden?«

Alle gingen in die Mitte.

»Wir würden alle an Adipositas sterben«, sagte Isaac.

»Ganz genau«, stimmte ich zu. »Schauen wir uns noch ein paar andere Genussgefühle an. Die Gefühle der Ruhe und Entspannung gehören zum Beispiel zum Regenerationsmodus. Wer würde es als Problem ansehen, wenn dieser Modus nicht mehr aufhören würde? Wenn wir also permanent Ruhe und Entspannung empfinden würden?«

Die Nerds zögerten. Dann gingen alle bis auf zwei nacheinander in die Mitte. Viele sahen dabei jedoch verunsichert und verwirrt aus.

»Wer hat schon einmal davon gehört, dass sich sowohl Muskelzellen als auch die neuronale Vernetzung des Gehirns zurückbilden, wenn sie nicht ausreichend genutzt werden?«, fragte ich.

Alle gingen in die Mitte. Gleichzeitig konnte man einen gewissen Aha-Effekt in ihren Gesichtern ablesen.

»Wer zu sehr regeneriert, der degeneriert«, sagte ich. »Kommen wir zum nächsten Gefühl: Wer findet Angstgefühle schön?«, fragte ich als Nächstes.

Niemand ging in die Mitte. Alle lachten zwar, doch sie beobachten sehr aufmerksam, was Nuno und ich taten. Sie waren beruhigt, dass wir ebenfalls nicht in die Mitte gingen.

»Wer sieht Angstgefühle als ein Problem an?«, wollte ich dann wissen.

»Kommt drauf an«, sagte Isaac.

»Darauf, wie lange sie anhalten?«, hakte ich nach.

»Eher darauf, ob sie sinnvoll sind oder nicht«, meinte er. »Wenn es in Wirklichkeit gar keine Bedrohung oder Gefahr gibt, sind Angstgefühle natürlich auch nicht gut.«

»Das ist ein wichtiger Punk!«, betonte ich. »Die Beurteilung der *Sinnhaftigkeit* gehört nämlich ebenfalls zu den Metadaten, die für unsere Gefühle verantwortlich sind. Wer hält Angstgefühle für ein Problem, wenn sie überhaupt nicht angemessen sind?«, fragte ich daher.

Alle Nerds gingen in die Mitte und waren wieder irritiert, weil meine Lieblingsmenschen und ich das nicht taten. Sie fingen wieder an zu tuscheln.

»Wer von euch würde es als Problem ansehen, wenn euer Computer eine Warnmeldung anzeigt, von der ihr ganz genau wisst, dass sie falsch und bedeutungslos ist?«

Niemand ging in die Mitte.

»Und wer von euch würde es als Problem ansehen, wenn euer Gehirn eine Warnmeldung anzeigt, von der ihr ganz genau wisst, dass sie falsch und bedeutungslos ist?«

Die Hälfte der Nerds ging sichtlich verunsichert in die Mitte.

»Wer von euch würde es denn als sinnvoll ansehen, dass euer Gehirn euch gar keine Warnmeldungen mehr gibt, obwohl es echte Gefahren oder Bedrohungen gibt?«

Alle gingen in die Mitte.

»Wer hält Angstgefühle immer noch für ein Problem, wenn sie nicht angemessen sind? Wenn wir also völlig unbegründet Angst haben.«

Stella ging als Erste in die Mitte und sagte: »Na ja, es kommt schon darauf an, wie stark die Angstgefühle sind. Bei Angststörungen werden die Gefühle schnell übermächtig und können dazu führen, dass sich Menschen irrational verhalten und sich oder andere damit wegen ihrer intensiven Angstgefühle in Gefahr bringen.«

Die Hälfte der Nerds ging ebenfalls zu Stella in die Mitte.

»Die Intensität macht also den Unterschied«, erkannte ich.

»Und natürlich die Zeitdauer«, fügte Stella hinzu, während sich alle wieder in den Kreis stellten. »*Intensität x Zeitdauer = Wichtigkeit*«, sagte sie.

»Das ist eine interessante Formel für die *gefühlte Wichtigkeit*«, sagte ich beeindruckt. »Vielen herzlichen Dank, liebe Stella. Ich befasse mich schon länger mit der Frage, warum das Vermeiden von lang anhaltenden intensiven Vermeidungsgefühlen automatisch als Notwendigkeit angesehen wird. Das könnte mit dieser gefühlten Wichtigkeit zu tun haben. Ich schlage vor, dass wir dieser These einmal gemeinsam bei den Angstgefühlen auf den Grund gehen. Wer von euch hat denn eine Angststörung?«, wollte ich wissen.

Die Hälfte der Nerds ging in die Mitte, womit ich nicht gerechnet hatte.

»Wer hätte weniger Angst, wenn seine Angstgefühle nicht so intensiv werden würden?«, wollte ich wissen.

»Das kommt darauf an, wie intensiv sie genau werden«, meinte Stella, die ebenfalls zu den Leuten mit Angststörungen gehörte. »Wenn sie so stark würden, dass sie mich zu irrationalem Handeln veranlassen, wäre das schon ein Problem. Auch dann, wenn sie nicht lange anhalten. Ein kurzer panischer Moment könnte da schon genügen, um mich selbst oder andere in Gefahr zu bringen.«

»Und wie intensiv müssten die Angstgefühle auf einer Skala von 0 bis 10 sein, damit das passiert?«, wollte ich wissen.

»Vermutlich 9 oder 10«, meinte Stella. »Eher 10.«

»Bei wem kam das schon einmal vor, dass er so starke Angstgefühle hatte, dass er damit sich selbst oder andere ernsthaft gefährdet hat?«, wollte ich interessehalber wissen.

Es ging niemand in die Mitte. Auch nicht die Leute mit Angststörung.

»Aber wenn man Angstgefühle in dieser Intensität hätte, wären sie schon ein Problem, selbst dann, wenn sie nur ganz kurz anhalten würden«, sagte ich. »Das ist interessant. Und wie wäre es, wenn die Angstgefühle nur eine Intensität von 2 oder 3 hätten, dafür aber eine zeitliche Dauer von 9 oder 10? Wobei die 10 für ein permanentes dauerhaftes Gefühl steht – ein Angstgefühl, das also nie aufhört. Wer würde das trotzdem als Problem ansehen?«

Zwei Drittel der Nerds gingen in die Mitte.

»Dann schauen wir uns jetzt einmal das Produkt von Intensität und Dauer an – mit anderen Worten die *gefühlte Wichtigkeit*. Das menschliche Gehirn speichert automatisch die Wichtigkeit von bestimmten Sachverhalten im unbewussten System als gefühlte Wichtigkeit ab, damit ihre Wichtigkeit nicht jedes Mal aufs Neue ermittelt werden muss. Das spart dem Gehirn sehr viel Zeit und Energie bei seinen 20 000 täglichen Entscheidungsprozessen. Ich vermute, dass es auch die gefühlte Wichtigkeit von Gefühlen auf diese Weise abspeichert. Überprüfen wir das gemeinsam. Lassen wir den Verstand dabei jetzt erst einmal außen vor, denn wir wollen wissen, was im unbewussten System für ein Gefühl abgespeichert ist. Wie wichtig ist es euch also vom Gefühl her, Angstgefühle zu vermeiden?«

»Das kommt, denke ich, auf die Situation an und wovor man eigentlich Angst hat«, meinte Stella. »Ich habe zum Beispiel Angst davor, zu versagen. Und ich habe Angst vor Veränderungen. Aber auch wieder nur, weil ich Angst habe, zu versagen, wenn ich mich nicht gut genug vorbereiten kann. Neue Herausforderungen sind daher immer ein Problem für mich.«

»Wer von euch hat denn ebenfalls Angst, zu versagen?«, fragte ich in die Runde.

Bis auf zwei Nerds gingen alle in die Mitte, zusammen mit Ava, Jason, Dylan, Brian, Greg und Gabriella.

»Bei wem liegt die gefühlte Wichtigkeit von Versagensängsten auf unserer Skala zwischen 7 und 10?«, hakte ich nach.

Die Nerds überlegten kurz. Dann gingen sechs von ihnen in die Mitte. Mir fiel auf, dass sie allesamt zu den Leuten gehörten, die zuvor angegeben hatten, eine Angststörung zu haben.

»Vor ein paar Tagen wäre ich auch noch dabei gewesen«, meinte dann Greg.

»Ich ebenfalls, Alter«, sagte Dylan.

»Ich sowieso«, meinte Ava.

»Beim wem liegt die gefühlte Wichtigkeit von Versagensängsten zwischen 0 und 4?«, wollte ich als Nächstes wissen.

Ein Drittel der Nerds und alle meine Lieblingsmenschen gingen in die Mitte.

»Wer von euch, bei denen die Wichtigkeit von Versagensängsten zwischen 0 und 4 liegt, würde sagen, dass Versagensängste ein echtes Problem für ihn sind?«, hakte ich nach.

Keiner ging in die Mitte.

»Wie ist es bei denjenigen, die eine gefühlte Wichtigkeit von 5 oder 6 haben? Für wen sind da Versagensängste ein Problem?«

Die Hälfte der betroffenen Nerds ging in die Mitte.

»Geht so«, sagte dann Connor aber, um meine Frage auch verbal zu beantworten. »Aber kein Riesenproblem.«

»Bei mir auch so halb«, meinte Tyler. Die anderen Nerds, die in der Mitte standen, nickten zustimmend, um zu signalisieren, dass es bei ihnen ähnlich ist.

»Und wie sieht es bei denjenigen aus, deren gefühlte Wichtigkeit bei 7 aufwärts liegt? Wer von euch sieht seine Versagensangst als echtes Problem an?«, wollte ich wissen.

Alle sechs Nerds, bei denen die Wichtigkeit über 7 gelegen hatte, gingen in die Mitte.

»Es scheint also eine Schwelle bei der gefühlten Wichtigkeit zu geben, die überschritten werden muss, damit man etwas als echtes Problem ansieht«, erkannte ich.

»Das ist sehr interessant. Wie wichtig ist denn das Vermeiden eurer Angstgefühle in Wirklichkeit?«, fragte ich die Leute, die ihre Angst als Problem bezeichnet hatten. »Also nicht die gefühlte Wichtigkeit, sondern die echte. Wie schätzt ihr das vom Verstand her ein? Wie wichtig ist es für einen Menschen tatsächlich, dass er keine Angstgefühle hat?«

»Vom Kopf her null«, sagte Dylan. »Man braucht die Angstgefühle ja. Ohne die würde man jede tatsächliche Gefahr komplett übersehen oder ignorieren.«

»Wer von euch ist der gleichen Meinung?«, fragte ich in die Runde.

Alle gingen in die Mitte.

»Angstgefühle sind zweifellos unangenehm«, sagte ich. »Und das sollen sie ja auch sein, denn sie gehören zu den Vermeidungsgefühlen, und die funktionieren nur, weil sie unangenehm sind. Angstgefühle sind dazu bestimmt, dass wir Gefahren vermeiden. Und dazu braucht es eben einen emotionalen Vermeidungsimpuls. Doch nur weil dieser Impuls unangenehm ist, heißt das noch lange nicht, dass er schlecht für uns ist. Wer sieht das genauso?«

Alle gingen wieder in die Mitte.

»Dann schauen wir uns jetzt einmal ein anderes Gefühl an«, schlug ich vor. »Wir haben ja bereits über Stressgefühle gesprochen. Wie wichtig ist es also in Wirklichkeit, keine Stressgefühle zu haben? Also jetzt nicht die gefühlte Wichtigkeit, die in eurem unbewussten System abgespeichert ist, sondern die echte Wichtigkeit, wie sie der Wahrheit entspricht. Wer würde auch hier null sagen?«

Alle gingen in die Mitte.

»Und wie hoch ist die *gefühlte* Wichtigkeit, Stressgefühle zu vermeiden?«, hakte ich nach.

Die Nerds waren sichtlich irritiert von ihrer gefühlten Wichtigkeit und fingen wieder an zu tuscheln.

»Für diejenigen unter euch, die Angst haben, zu versagen …«, fügte ich hinzu. »Wenn ihr eine hohe gefühlte Wichtigkeit bei der Vermeidung von Stressgefühlen habt, habt ihr nichts falsch gemacht. Es ist wie gesagt normal, dass euer unbewusstes System frühere Beurteilungen als Metadaten abgespeichert hat. Und da gehört die Wichtigkeitsbeurteilung eben auch dazu.

Der grüne Punkt ist, dass die abgespeicherten Metadaten, die im Moment noch die Gefühle bestimmen, immer automatisch mit den korrekten Metadaten abgeglichen werden, wenn man sich fragt, wie es denn in Wirklichkeit aussieht. Es genügt, wenn es einem für eine Sekunde bewusst wird, wie es wirklich ist. Den Rest macht das Gehirn dann ganz von alleine. Es braucht dazu nur ein paar Wiederholungen, weil dieser Realitätsabgleich in Etappen geschieht. Und man darf dabei nicht ständig danach schauen, ob sich das Gefühl schon geändert hat, denn damit hält man die hohe Wichtigkeit des Gefühls in Wirklichkeit nur aufrecht. Doch die Wirklichkeit ist ganz eindeutig wichtiger als das Gefühl. Daher macht euch einfach nur die Wirklichkeit für einen Moment bewusst und denkt dann an etwas anderes. Schauen wir uns das also noch einmal an. Bei wem ist die gefühlte Wichtigkeit von Stressgefühlen jetzt noch höher als 7?«

Niemand ging in die Mitte.

»Bei wem ist sie höher als 4?«

Fünf Nerds gingen in die Mitte. Von meinen Lieblingsmenschen keiner.

»Und wie wichtig ist es in Wirklichkeit, keine Stressgefühle zu haben?«

»In Wirklichkeit null«, sagte Dylan erneut. »Man braucht die Stressgefühle ja. Sie sind ja nicht das Problem, sondern Teil des Lösungsprozesses. Überlastung und Überforderung müssen halt verhindert werden, aber nicht die Gefühle.«

»Und auch jetzt wird die neue Beurteilung wieder mit der alten Beurteilung abgeglichen«, erklärte ich. »Und dann werden die dadurch neu erzeugten Metadaten wieder in eurem unbewussten System abgespeichert. Das passiert wie gesagt ganz automatisch. Man muss nur kurz zwischendurch an etwas anderes denken. Deshalb erkläre ich auch zwischendurch immer wieder einmal ein paar Zusammenhänge. Das genügt schon als Ablenkung, und die neue gefühlte Beurteilung wird abgespeichert.

Man darf wie gesagt nur nicht darauf warten, dass sich die falsche gefühlte Wichtigkeit verändert. Sie verändert sich erst, nachdem sie wieder abgespeichert wurde. Wenn man die ganze Zeit über darauf schielt, ob sich das falsche Gefühl jetzt wirklich ändert, dann verhindert man den Veränderungsprozess, weil man dem Gefühl dadurch wieder zu viel Wichtigkeit gibt. Wir wollen aber, dass die Wahrheit im unbewussten System abgespeichert wird und nicht das falsche Gefühl. Man muss also wirklich damit aufhören, das Gefühl ändern zu wollen, sonst kann sich die gefühlte Wichtigkeit im unbewussten System nicht korrigieren. Schauen wir uns das also jetzt noch einmal an. Wie hoch ist die gefühlte Wichtigkeit, Stressgefühle zu vermeiden, jetzt?«

Die Nerds fingen wieder an zu tuscheln, dieses Mal aber vor Erstaunen, denn ein Lächeln zog über ihr Gesicht.

»Metadaten lassen sich im unbewussten System für gewöhnlich sehr schnell und mühelos verändern«, merkte ich deshalb an. »Und dadurch ändern sich auch die Gefühle automatisch. Bei wem ist die gefühlte Wichtigkeit, keine Stressgefühle zu haben, noch höher als 2?«, wollte ich wissen.

Niemand ging in die Mitte, was dazu führte, dass meine Lieblingsmenschen anfingen zu applaudieren. Die Nerds machten dieses Mal mit. Wir applaudierten uns alle gegenseitig. Das war sehr schön.

»Ich schlage vor, dass wir noch ein paar weitere Gefühle durchgehen, denn wir können auf diese Weise erreichen, dass unser unbewusstes System neue Routinen lernt und abspeichert. Das bedeutet, dass wir mit einigen weiteren Beispielen eine neue Routine erzeugen können, die dann eigenständig weitere falsche gefühlte Wichtigkeiten korrigiert. Wer von euch hätte gerne solch eine Korrektur-Routine?«

Alle gingen mit einem Lächeln in die Mitte und tuschelten begeistert. Als sie zurück in den Kreis traten, waren sie alle wieder sofort aufmerksam.

»Wäre diese Korrektur-Routine ein Brauchen oder ein Hättegern?«, fragte ich. »Wer von euch würde es als ein Brauchen ansehen?«

Niemand ging in die Mitte.

»Wie hoch ist die gefühlte Wichtigkeit, keine Trauer- oder Verlustgefühle zu haben? Spürt mal nach!«, sagte ich dann.

Ich gab ihnenallen ein paar Sekunden, bis ich den Eindruck hatte, dass sie einen ungefähren Wert für die gefühlte Wichtigkeit gefunden hatten.

»Und wie wichtig ist es in Wirklichkeit, diese Gefühle nicht zu haben?«

Ich sah, wie die meisten den Kopf schüttelten, als sie darüber nachdachten.

»Wem von euch ist klar geworden, dass auch diese Gefühle gebraucht werden?«, wollte ich wissen.

Alle gingen in die Mitte.

»Wer weiß denn genau, wozu Trauer- und Verlustgefühle wichtig sind?«, wollte ich wissen.

Niemand ging in die Mitte.

»Trauergefühle erzeugt unser Gehirn immer dann, wenn wir von einem Ziel loslassen müssen«, erklärte ich. »Zum Beispiel weil uns klar geworden ist, dass wir das Ziel nicht mehr erreichen können. Würden wir jetzt trotzdem daran festhalten, würden wir sehr viel Energie verschwenden. Mitunter würde das sogar unser Überleben gefährden. Menschen, die ihre Trauergefühle nicht zulassen wollen, haben deshalb oftmals große Schwierigkeiten, von einem Ex-Partner loszulassen. Trauer ist also ein Vermeidungsgefühl, das vermeiden soll, dass wir an etwas festhalten, woran wir nicht mehr festhalten sollten. Wie hoch ist die gefühlte Wichtigkeit, keine Trauer- oder Verlustgefühle zu haben, bei euch jetzt noch? Spürt nochmals nach!«

Ich gab ihnen wieder einen Augenblick Zeit zum Reinspüren.

»Bei wem ist die gefühlte Wichtigkeit jetzt schon deutlich kleiner geworden?«, wollte ich wissen.

Alle bis auf einen Nerd gingen in die Mitte.

»Manchmal hängt die gefühlte Wichtigkeit von bestimmten Gefühlszielen mit anderen noch fundamentaleren Gefühlszielen zusammen«, erklärte ich. »Dann ändert sich erst etwas im unbewussten System, wenn auch die fundamentaleren Gefühlsziele korrigiert sind. Gehen wir daher noch ein paar weitere Beispiele durch, damit die besagte Korrektur-Routine entstehen kann. Wie hoch ist eure gefühlte Wichtigkeit, keine Peinlichkeitsgefühle zu haben? Spürt auch hier mal kurz nach!« Nachdem sie das getan hatten, fragte ich: »Und wie wichtig ist es in Wirklichkeit?«

»Machen wir gleich weiter«, schlug ich vor. Die neue Korrektur-Routine braucht Beispiele. Genau wie bei einer KI. Unser unbewusstes System lernt sehr ähnlich.

Wie hoch ist die gefühlte Wichtigkeit, ein gutes Selbstwertgefühl zu haben?«

Einige zeigten sich verwundert, weil ich nach einem positiven Gefühl fragte.

»Ich könnte natürlich auch fragen, wie hoch die gefühlte Wichtigkeit ist, kein schlechtes Selbstwertgefühl zu haben«, fügte ich deshalb hinzu.

Ich gab ihnen wieder einen Augenblick Zeit, ihre gefühlte Wichtigkeit zu ermitteln.

»Wie wichtig ist es in Wirklichkeit, ein gutes Selbstwertgefühl oder kein schlechtes Selbstwertgefühl zu haben?«, fragte ich.

»Und wofür ist dieses Selbstwertgefühl da?«, wollte Stella wissen.

»Es dient der Einschätzung der eigenen Rangordnung im Rudel«, sagte ich. »Menschen mit einem niedrigen Selbstwertgefühl kommen häufig auf die Idee, dass sie sich deshalb anderen Menschen unterordnen müssen. In der Steinzeit und in unserer Kindheit mag dieses Gefühl nützlich gewesen sein, doch heute ist es das für erwachsene Menschen nicht mehr. In der modernen Zivilisation haben nämlich alle per Gesetz den gleichen Rang. Niemand kann euch dazu zwingen, auf eure Rechte und Privilegien zu verzichten. Jeder hat die gleichen Rechte und damit auch den gleichen Rang. Viele Menschen wissen das jedoch nicht und verhalten sich deshalb instinktiv genauso wie in der Kindheit, wo die Gesetze nicht so gehandhabt werden wie bei Erwachsenen. In der Kindheit sind die sozialen Umstände sehr ähnlich wie in der Steinzeit.

Viele Menschen verzichten deshalb aus Angst vor den scheinbar Höherrangigen immer auf die ihnen zustehenden Rechte und Privilegien. Doch das ist für Erwachsene überhaupt nicht nötig. Es ist in Wirklichkeit ziemlich egal, ob die Gesellschaft jemanden als wertvoll ansieht oder nicht. Es ist nur von Belang, wenn man mit bestimmten Menschen eine persönliche Bindung aufbauen möchte. Doch wenn die einen nicht als gleichwertig oder gleichrangig ansehen, ist das auch kein Problem. Dann geht man einfach mit anderen Menschen eine Bindung ein. Es gibt ja genug.«

Ein Raunen ging durch die Menge, als ich das erklärte. Offenbar war das ein Punkt, der niemandem hier so richtig klar gewesen war. Die meisten Nerds hatten offenbar ein Problem mit ihrem Selbstwertgefühl.

»Wenn euch das Selbstwertgefühl nicht mehr so wichtig ist, dann ist es übrigens auch kein Problem mehr, wenn ihr kein gutes Selbstwertgefühl habt«, sagte ich. »Ihr denkt dann gar nicht mehr darüber nach, weil es ja unerheblich ist. Ohne eine hohe gefühlte Wichtigkeit eines Gefühlsziels gibt es auch keine emotionalen Probleme und damit auch keine Selbstwertprobleme. Und genau dafür sorgt die Korrektur-Routine, die wir unserem unbewussten System gerade einprogrammieren.«

Die Nerds applaudierten plötzlich, was ich zwar nicht so richtig einordnen konnte, aber trotzdem sehr schön fand.

»Wie hoch ist eure gefühlte Wichtigkeit, ein gutes

Selbstwertgefühl oder kein schlechtes zu haben, jetzt noch? Spürt nochmals nach.« Ich gab ihnen wieder einen Moment und fragte dann: »Und wie wichtig ist es in Wirklichkeit?«

»Das ist tatsächlich in Wirklichkeit nicht wichtig«, sagte Isaac fassungslos.

»Dann spürt jetzt bitte noch einmal nach!«, bat ich. »Ist es ein Brauchen oder doch nur ein Hättegern?«

Die Nerds applaudierten plötzlich lautstark und jubelten, so wie es normalerweise nur meine Lieblingsmenschen taten.

»Das ist ja unglaublich«, sagte Isaac. »Wie geht das?«

»Das ist ein ganz natürlicher Prozess in unserem Gehirn, den es ständig anwendet, um alte Beurteilungen von früher, die im unbewussten System als Metadaten abgespeichert sind, zu aktualisieren oder zu korrigieren. Bei den Gefühlszielen kommt es nur nicht auf die Idee, solch einen Realitätsabgleich zu machen, weil es gar nicht weiß, wie schädlich es in Wirklichkeit ist, Gefühlsziele zu verfolgen. Diese Erkenntnis scheint irgendwie kontraintuitiv zu sein. Hier muss also das bewusste System eingeschaltet werden, um das zu erkennen. Sobald diese Information im unbewussten System ankommt, macht es den Realitätsabgleich bei den Gefühlszielen wieder vollautomatisch. Und dann hat man keine emotionalen Probleme mehr.

Das unbewusste System hat jedoch seine eigenen Funktionsmechanismen, denn es funktioniert anders als das bewusste System. Das bewusste System braucht

Erklärungen, um etwas zu verstehen. Das unbewusste System hingegen braucht Beispiele, um zu lernen – eben sehr ähnlich wie bei einer KI. Wenn man das nicht weiß, denkt man vermutlich, dass es genügt, wenn man etwas bewusst verstanden hat. Doch das ist ein Irrtum. Man muss das unbewusste System genauso trainieren, wie man eine KI trainiert – also mit Beispielen. Nur lernt unser unbewusstes System sehr viel schneller als eine KI, die Milliarden von Beispielen brauchen würde. Unser unbewusstes System braucht vielleicht zehn oder 20.«

»Wäre es dann vielleicht möglich, dass wir einfach ganz fokussiert weitertrainieren und ohne Zwischenfragen ein Gefühl nach dem nächsten durchgehen?«, fragte Kevin motiviert.

»Gerne«, antwortete ich erfreut von seiner Motivation. »Wie hoch ist beispielsweise die gefühlte Wichtigkeit, keine Wut- und Aggressionsgefühle zu haben? Und wie wichtig ist es in Wirklichkeit? Spürt auch da mal nach!«

»Sorry«, sagte Kevin kleinlaut. »Ich wollte eigentlich, dass wir ein Gefühl nach dem nächsten wegbügeln. Doch wozu sind denn Wut- und Aggressionsgefühle da? Das habe ich noch nie verstanden. Ich habe nie kapiert, warum streiten sein muss. Das ist der Grund, warum ich immer Angst hatte, eine Beziehung einzugehen«, sagte er und schielte dabei zu Emma rüber.

»Wutgefühle erzeugt das soziale Gehirn, wenn dir jemand Unrecht tut. Dein soziales Gehirn will dir mit den Wutgefühlen den Handlungsimpuls geben, etwas gegen dieses Unrecht zu unternehmen. Natürlich ist das nur eine Möglichkeit von vielen, wie man Ungerechtigkeiten aus der Welt schaffen kann. Du musst also nicht wütend sein, wenn du das nicht möchtest. Aber es ist auch nicht schlimm, wenn du es bist. Es ist nur ein Gefühl – also ein Hinweis auf eine Ungerechtigkeit und ein Handlungsimpuls, diese Ungerechtigkeit zu beseitigen.

Aggression ist dann eher ein Sammelbegriff für impulsive Handlungsimpulse. Leidenschaftliche oder temperamentvolle Gefühle können zum Beispiel auch zu den Aggressionen gezählt werden. In der Regel wird der Begriff jedoch eher für impulsive Vermeidungsgefühle verwendet wie beispielsweise für die Wut, die vermeiden soll, dass dir weiterhin Ungerechtigkeit widerfährt.«

»Ich muss also nicht wütend sein«, stellte Kevin fest. »Ich kann das auch anders lösen.«

»Ja, das kannst du«, bestätigte ich seine Erkenntnis. »Dann kommen wir gleich zum nächsten Gefühl, damit sich unsere Routine ausbilden kann. Wie hoch ist die gefühlte Wichtigkeit, keine Sorgengefühle zu haben? Und wie wichtig ist das in Wirklichkeit?«

Die meisten schlossen die Augen, um dieser Frage nachzuspüren. Sie öffneten siewieder, als sie fertig waren, und schauten mich aufmerksam an. Gespannt auf die nächste Aufgabe.

»Und wofür braucht es dann Sorgengefühle?«, hakte Michaela nach. »Damit habe ich oft Probleme«, fügte sie hinzu und schaute Kevin an, weil sie mit dieser Aussage ihre Zwischenfrage rechtfertigen wollte.

»Sorgen sind Vermeidungsgefühle, die sich auf das Abwenden einer zukünftigen Gefahr oder Bedrohung beziehen«, erklärte ich. »Sowohl das Reptiliengehirn kann Sorgengefühle erzeugen, wie zum Beispiel Existenzangst, als auch das soziale Gehirn, das beispielsweise soziale Verlustängste erzeugen könnte oder die Angst vor Ausgrenzung oder Einsamkeit. Beide Gehirne wollen mit den Sorgengefühlen erreichen, dass man Sicherheitsmaßnahmen ergreift, damit es erst gar nicht so weit kommt. Sorgengefühle sind jedoch nur dann sinnvoll, wenn es sich tatsächlich um die Erfüllung echter Bedürfnisse handelt. Wendet man sie auf Gefühlsziele an, bringen Sorgengefühle keinerlei Nutzen. Dennoch ist es natürlich keine Notwendigkeit, Sorgengefühle vermeiden zu müssen. Es ist nur ein Hätteliebernicht, aber kein Darfnicht.«

»Viele Dank für die umfassende Antwort«, sagte Michaela.

»Können wir vielleicht einmal das Thema Stimmungsschwankungen nehmen?«, fragte Sophia. »Damit habe ich nämlich einmal im Monat aus hormonellen Gründen mächtig zu kämpfen«, erklärte sie mit Blick auf Kevin, um ebenfalls ihre Zwischenfrage zu rechtfertigen.

»Natürlich, gerne«, sagte ich. »Wie hoch ist denn bei dir die gefühlte Wichtigkeit, keine Stimmungsschwankungen zu haben?«

»Hoch«, sagte sie. »Mindestens 8 oder 9«, fügte sie hinzu.

»Und wie wichtig ist es in Wirklichkeit, keine Stimmungsschwankungen zu haben?«, wollte ich von ihr wissen.

»Keine Ahnung«, meinte sie nachdenklich. »Eigentlich auch hoch. Schon so eine 7 oder so.«

»Und wozu ist das so wichtig?«, wollte ich wissen.

»Weil ich sonst echt zickig werde«, sagte sie. »Ich kann mich dann selbst nicht leiden.«

»Und du befürchtest, dass dich andere auch nicht leiden können?«, hakte ich nach.

»Ich glaube schon«, meinte sie. »Wenn ich so ätzend zu anderen bin, kann ich wohl nicht erwarten, dass die mich deshalb mögen und gut behandeln. Aber ich kann einfach nicht anders. Ich versuche es ja.«

»Und welche Gefühle hast du, wenn du zickig bist?«, wollte ich wissen.

»Mich nervt alles sehr schnell. Ich glaube, ich empfinde dann Ärger«, meinte sie.

»Genervt und ärgerlich sind wir immer dann, wenn unser Gehirn meint, dass eine Anstrengung wirklich unnötig und damit Energieverschwendung ist«, erklärte ich. »Die ärgerlichen Gefühle sind also Vermeidungsgefühle, die Energieverschwendung vermeiden sollen – also grundsätzlich nichts Schlechtes. Nur kann es sein, dass man unterschiedlicher Auffassung ist, was nötig und was unnötig ist. Und diese Beurteilung scheint sich auch mit deinem Hormonzyklus zu verändern, weil du dann hormonbedingt weniger Energie hast oder es sich für dich so anfühlt, als hättest du weniger Energie. Und dann wird das Vermeiden von Energieverschwendung natürlich wichtiger. Wir können dieses Problem sicherlich abschwächen. Wie wichtig ist es denn vom Gefühl her, dass diese Kleinigkeiten, die dich nerven, vermieden werden?«

»Ziemlich wichtig, weil sie mich ja nerven«, sagte Sophia.

»Und wenn sie dich nerven, bist du zickig und befürchtest, dafür abgelehnt zu werden, verstehe«, sagte ich. »Das ist die gefühlte Wichtigkeit dieser Kleinigkeiten. Aber wie wichtig ist es tatsächlich, die Energieverschwendung zu vermeiden? Denn darum geht es ja in Wirklichkeit.«

»Das ist gar nicht wichtig«, meinte Sophia. »Ich habe ja genug Energie. Ich glaube, das fühlt sich nur wegen der Hormone falsch an. Der Körper sendet einfach falsche Signale.«

»Und wie wichtig ist es in Wirklichkeit, diese falschen Signale nicht zu haben?«, hakte ich nach.

»Das ist nur ein Hätteliebernicht«, meinte sie.

»Dann wiederhole diesen Realitätsabgleich einfach noch ein paarmal, dann sollten sich die falschen Metadaten korrigiert haben«, schlug ich vor.

Maya meldete sich mit einem Handzeichen zu Wort. Ich erteilte ihr das Wort mit einem Nicken. »Linh fragt an, ob du auch etwas zur Machtlosigkeit bei der Emotionsregulation sagen könntest.«

»Gehen wir das gemeinsam an«, schlug ich vor. »Wie hoch ist die gefühlte Wichtigkeit, keine Machtlosigkeit bei der Emotionsregulation zu haben?«

Dieses Thema schien die Nerds sehr zu beschäftigen, vermutlich weil sie alle an einer Lebenshilfe-KI gearbeitet hatten, bei der es ja vor allem um Emotionsregulation ging. Ich gab ihnen bei diesem wichtigen Thema ein wenig Zeit zum Reinspüren.

»Bei wem liegt die gefühlte Wichtigkeit zwischen 7 und 10?«

Alle Nerds gingen in die Mitte. Von meinen Lieblingsmenschen keiner, denn sie hielten es seit unseren Gesprächen in der Villa für sinnvoller, sich lieber um ihre realen Ziele zu kümmern anstatt um ihre Gefühlsziele. Und die Emotionsregulation war natürlich ein Gefühlsziel. Und zwar eines, das sehr viele emotionale Teufelskreise erzeugte. Es war deshalb sehr viel sinnvoller, falsche Metadaten zu korrigieren, anstatt Gefühle regulieren zu wollen.

»Die 7 schien bei den letzten Fragen die Schwelle bei der gefühlten Wichtigkeit zu sein, ab der etwas als echtes Problem empfunden wird«, sagte ich zu den Nerds. »Ist das dieses Mal auch so? Für wen von euch ist es ein Problem, wenn er seine Emotionen nicht gut regulieren kann?«

Alle Nerds gingen wieder in die Mitte.

»Das scheint also wirklich die Problemschwelle zu sein«, erkannte ich. »Sehr interessant. Dann schauen wir uns jetzt die tatsächliche Wichtigkeit der Emotionsregulation gemeinsam an«, schlug ich vor. »Was ist das Schlimme daran, wenn man seine Emotionen nicht richtig reguliert kriegt?«

»Dann hat man unpassende Emotionen«, sagte Sophia.

»Und wie hoch ist die gefühlte Wichtigkeit, keine unpassenden Emotionen zu haben?«, wollte ich wissen.

»Eigentlich nicht so hoch«, sagte Sophia nachdenklich. »Es ist nur ein Hätteliebernicht.«

»So ist das in Wirklichkeit«, stimmte ich ihr zu. »Doch wenn ihr eben in die Mitte gegangen seid, dann sind in eurem unbewussten System andere Metadaten abgespeichert. Vom Kopf her zu wissen, dass die reale Wichtigkeit nicht so hoch ist, ist aber schon einmal die halbe Miete. Doch es ist auch erforderlich, die gefühlte Wichtigkeit wahrzunehmen. Man muss sich für diesen Prozess jedoch nicht machtlos fühlen, damit das funktioniert. Es geht nur um die gefühlte Wichtigkeit der Machtlosigkeitsgefühle. Wie hoch ist also die gefühlte Wichtigkeit, keine Machtlosigkeitsgefühle in Bezug auf die Emotionsregulation und damit dann auch keine unpassenden Gefühle zu haben?«

»Okay, die gefühlte Wichtigkeit ist schon hoch«, sagte Sophia.

»Und wie wichtig ist es tatsächlich, dass man keine unpassenden Gefühle hat? Stirbt man von unpassenden Gefühlen? Ist es also ein Darfnicht oder nur ein Hätteliebernicht?«

»Na ja, es kann schon zu zwischenmenschlichen Problemen kommen, wenn man seine Gefühle nicht vernünftig regulieren kann«, wendete Sophia ein.

»Ja natürlich, das kann es«, bestätigte ich ihren Einwand. »Und wie groß sind die zwischenmenschlichen Probleme, die dadurch ausgelöst werden können? Sind es überlebensrelevante Probleme, oder sind es in Wirklichkeit nicht auch nur Hätteliebernichts?«

»In Wirklichkeit sind es nur Hätteliebernichts«, bestätigte Sophia. »Allerdings schon recht wichtige Hätteliebernichts.«

»Wer sieht das genauso?«, fragte ich.

Alle gingen in die Mitte.

»Wer würde denn eine gefühlte Wichtigkeit von 5 oder 6 für sinnvoll halten?«, fragte ich.

Erneut gingen alle in die Mitte.

»Und wer würde es dann noch als ein ernsthaftes Problem ansehen, wenn er seine Emotionen nicht besser regulieren kann?«

»Das wäre unschön, aber kein richtiges Problem«, meinte Dylan.

»Wer würde es denn für sinnvoller halten, lieber die falschen Metadaten zu korrigieren, anstatt die Gefühle regulieren zu wollen?«

Die Gruppe zögerte und überlegte. Dann ging einer nach dem anderen in die Mitte.

»Die Emotionsregulation ist eine Maßnahme, die unzählige emotionale Teufelskreise erzeugen kann«, erklärte ich. »Diese Maßnahme ist daher sehr mit Vorsicht zu genießen. Es gibt Situationen im Leben, in denen sie tatsächlich notwendig ist. Und das bedeutet, dass die Emotionsregulation in Wirklichkeit eine Notmaßnahme ist. Es ist kein funktionierender Weg zum Glück. Dafür funktioniert diese Maßnahme nämlich überhaupt nicht. Wenn man sie nutzen will, um ein glückliches und erfülltes Leben zu führen, erzeugt man damit unzählige fatale Gefühlsziele, die in Wirklichkeit genau das Gegenteil bewirken.

Es wäre daher sehr viel sinnvoller, falsche Metadaten zu korrigieren, anstatt die Gefühle selbst regulieren zu wollen. Denn die Gefühle werden ja von den Metadaten erzeugt. Lässt man die falschen Metadaten unverändert im System stehen, kann man gar nicht verhindern, dass unerwünschte Gefühle erzeugt werden. Und dann kann man die selbst erzeugten Gefühle nur noch bekämpfen oder unterdrücken. Die Gefühle sind daher in Wirklichkeit gar nicht unser Problem. Die falschen Metadaten sind das Problem, für das es ja auch eine einfache Lösung gibt.«

»Die Metadaten zu korrigieren«, sagte Brian.

»Ganz genau«, stimmte ich zu. »Das ist viel einfacher als die Emotionsregulation oder gar die Gefühlskontrolle. Vor allem aber ist es ein funktionierender Weg zu einem glücklichen und erfüllten Leben, bei dem die Summe an positiven Gefühlen mit der Zeit immer größer und die Summe an negativen Gefühlen immer kleiner wird. Die Metadaten sind daher die Ursache unserer Probleme und die Gefühle nur die Symptome. Wenn man das nicht weiß, artet die Emotionsregulation oftmals in einen Kampf gegen sich selbst und andere Menschen aus, wenn die mit ihrem Verhalten oder ihrer Persönlichkeit bei einem selbst negative Gefühle auslösen. Dieser Kampf macht unser Leben natürlich sehr viel problematischer, als es sein müsste.

Bei der Emotionsregulation lassen die meisten Menschen ihre Metadaten unverändert stehen, weil sie wie gesagt gar nicht wissen, dass es so etwas gibt. Sie bekämpfen aufgrund ihrer Unwissenheit die Gefühle selbst oder die Auslöser der Gefühle. Wer hält es daher für besser, mit der Korrektur der Metadaten die tatsächliche Ursache in Ordnung zu bringen, als sich um das Vermeiden oder Lindern von Symptomen zu kümmern?«

Alle gingen in die Mitte und fingen plötzlich an, begeistert zu applaudieren.

»Wollen wir ein paar Beispiele ganz fokussiert durchgehen?«, fragte Kevin noch einmal motiviert nach dem Applaus.

»Gerne«, antwortete ich. »Bei wem liegt die gefühlte Wichtigkeit zwischen 7 und 10, ein gutes Selbstvertrauen zu haben?«

Bis auf zwei Nerds gingen alle in die Mitte.

»Wer möchte gerne immer das Gefühl haben, dass er alles schafft?«, fragte ich.

Die Hälfte ging in die Mitte, die andere Hälfte zögerte nachdenklich.

»Wer hält es nicht für sinnvoll, sich immer alles zuzutrauen?«, wollte ich wissen.

Die andere Hälfte ging in die Mitte.

»Man würde sich dann auch Dinge zutrauen, zu denen man gar nicht in der Lage ist«, sagte Dylan. »Ich kann kaum glauben, dass ich derjenige bin, der das sagt«, meinte er dann. »Aber man würde sich ständig überfordern. Leute, ich spreche hier aus Erfahrung!«, sagte er zur Gruppe.

»Wie hoch ist die gefühlte Wichtigkeit von gefühltem Selbstvertrauen jetzt?«, wollte ich wissen. »Bei wem ist sie immer noch über 7?«

Niemand ging in die Mitte.

»Wer würde es jetzt noch als echtes Problem ansehen, wenn er sich nicht selbstbewusst fühlt?«

Erneut ging keiner in die Mitte.

»Das ist auch nur ein Hättegern«, stellte Isaac fest.

»Wie hoch ist die gefühlte Wichtigkeit, keine Schwierigkeiten bei der Entscheidungsfindung zu haben, wegen der Angst, einen Fehler zu machen? Bei wem liegt die gefühlte Wichtigkeit zwischen 7 und 10?«

Zwei Drittel gingen in die Mitte.

»Wer hat schon einmal einen Fehler gemacht?«, fragte ich, als alle wieder im Kreis standen.

Alle gingen lachend in die Mitte.

»Wer ist schon einmal gestorben, weil er einen Fehler gemacht hat?«, fragte ich lächelnd.

Alle lachten erneut, aber niemand ging natürlich in die Mitte.

»Bei wem liegt die gefühlte Wichtigkeit, Fehler zu vermeiden, jetzt immer noch zwischen 7 und 10?«, wollte ich wissen.

Isaac ging in die Mitte.

»Bei wem liegt die gefühlte Wichtigkeit, keine Schuldgefühle zu haben, zwischen 7 und 10?«

Alle gingen in die Mitte.

»Schuldgefühle sind Vermeidungsgefühle, die verhindern sollen, dass man anderen leichtfertig Schaden zufügt und dadurch selbst soziale Nachteile erleidet«, erklärte ich. »Schuldgefühle sind daher wie alle Gefühle Bestandteil der Lösung und nicht das Problem selbst. Wem ist es wichtiger, eine tatsächliche Schuld zu vermeiden, anstatt Schuldgefühle zu vermeiden?«

Alle gingen in die Mitte.

»Spürt bitte noch einmal nach!«, bat ich. »Bei wem liegt die gefühlte Wichtigkeit, keine Schuldgefühle zu haben, jetzt noch zwischen 7 und 10?«

Zwei der Nerds gingen in die Mitte.

»Wiederholt diesen Realitätsabgleich einfach noch ein paarmal. Wenn die Schuldgefühlvermeidung anstatt der Schuldvermeidung immer noch als so immens wichtig empfunden wird, dann sprecht mich nach dem Workshop darauf an. Das Gleiche gilt für dich, Isaac, wegen deiner Fehlervermeidung.«

Die beiden Nerds und Isaac nickten zustimmend.

»Bei wem liegt die gefühlte Wichtigkeit zwischen 7 und 10, keine Peinlichkeitsgefühle zu haben?«

Zwei Drittel der Nerds ging in die Mitte.

»Hätte man keine Peinlichkeitsgefühle oder Schamgefühle mehr, wäre man bestimmt total schamlos oder sogar unverschämt«, meinte Greg und vermittelte den Eindruck, dass er seine Peinlichkeitsgefühle vollständig akzeptiert hätte. Doch dann ging er grinsend ebenfalls in die Mitte.

»Wie wichtig ist es also in Wirklichkeit, keine Peinlichkeitsgefühle zu haben?«, fragte ich.

»Na, gar nicht wichtig«, sagte Greg. »Das ist Unfug!«

»Wie hoch ist die gefühlte Wichtigkeit, keine Frustrationsgefühle zu haben? Wer liegt über der Problemschwelle?«, fragte ich weiter.

Zwei Drittel der Nerds, Greg und Dylan gingen in die Mitte.

»Und wie wichtig ist es in Wirklichkeit?«, fragte ich. »Ohne Frustrationsgefühle würden wir wie die Fliegen gegen die Fensterscheibe fliegen, bis wir tot sind. Wir würden nie von einem Weg loslassen, der in Wirklichkeit nicht zum Ziel führt. Spürt daher nochmals nach. Bei wem liegt die gefühlte Wichtigkeit noch immer über 7?«

Niemand ging mehr in die Mitte.

»Wir kommen zu unserer letzten Frage für den heutigen Workshop«, kündigte ich an. »Wie hoch ist die gefühlte Wichtigkeit, keine Einsamkeitsgefühle oder Isolationsgefühle zu haben? Wer liegt über der Problemschwelle?«

Alle Nerds und Jason gingen in die Mitte.

»Einsamkeitsgefühle sind nicht das Gleiche wie Einsamkeit«, erklärte ich, wie ich es auch schon meinen Lieblingsmenschen in der Villa erläutert hatte. »Einsamkeitsgefühle sind ebenfalls Teil des Lösungsprozesses. Wenn wir tatsächlich einsame Lebensumstände haben – was bedeutet, dass wir tatsächlich ganz alleine auf uns gestellt sind ohne jegliche soziale Unterstützung, dann erzeugt unser soziales Gehirn Einsamkeitsgefühle. Damit will es zum einen auf diesen Missstand aufmerksam machen und uns zum anderen den Impuls geben, etwas dagegen zu unternehmen.

Das soziale Gehirn sieht die Welt noch immer ganz genauso wie in der Steinzeit. Wenn man damals keinen Anschluss an ein Rudel hatte und tatsächlich ganz alleine auf sich gestellt in der Wildnis überleben musste, hatte man sehr schlechte Überlebenschancen. Damit unser Großhirn solch einen gefährlichen Missstand nicht einfach akzeptiert und nichts dagegen unternimmt, hat sich die Evolution sehr schmerzhafte und quälende Einsamkeitsgefühle einfallen lassen. Die sorgen dafür, dass wir mit aller Macht versuchen, wieder Anschluss zu einer sozialen Gemeinschaft zu finden. Das soziale Gehirn quält unser Großhirn also so lange mit diesen schmerzhaften Gefühlen, bis der soziale Missstand abgestellt ist. Die Einsamkeitsgefühle sind also auch hier Teil des Problemlösungsprozesses und nicht das Problem selbst. Was ist also wichtiger? Keine Einsamkeitsgefühle zu haben oder nicht tatsächlich in der Wildnis komplett auf sich alleine gestellt zu sein? Wem ist es wichtiger, nicht tatsächlich einsam zu *sein*?«

Alle gingen in die Mitte.

»Spürt bitte noch einmal nach!«, bat ich. »Bei wem liegt die gefühlte Wichtigkeit, keine Einsamkeitsgefühle zu haben, jetzt immer noch über der Problemschwelle?«

Die Hälfte ging noch in die Mitte.

Wir wiederholten daraufhin die Prozedur noch einige Male, doch das Ergebnis änderte sich nicht mehr. Bei einem Drittel der Nerds blieb die gefühlte Wichtigkeit beim Vermeiden von Einsamkeitsgefühlen oberhalb der 7. Ich fand das sehr seltsam.

Kapitel 16

Schwelle zur Notwendigkeit

Brian und Nuno wollten sich nach diesem Workshop eine passende Mission einfallen lassen. Die Teilnehmer sollten mit ihren früheren Gefühlszielen konfrontiert werden, die jetzt theoretisch gar kein Problem mehr darstellen sollten, nachdem die gefühlte Wichtigkeit korrigiert war. Auf diese Weise könnte sich die Veränderung der gefühlten Wichtigkeit im unbewussten System festigen. Gleichzeitig könnten wir herausfinden, bei welchen Gefühlszielen es bislang noch nicht funktionierte, und schauen, ob sich dabei ein Muster abzeichnet.

Ich wäre sehr gerne beim Entwickeln dieser Mission dabei gewesen, doch Gabriella hatte einen Anruf erhalten und mich gebeten, das Labor aufzusuchen, um dort Agent Sullivan zu treffen. Also machte ich mich gleich auf den Weg. Ich wurde wie üblich von zwei Sicherheitsbeamten am Ausgang der Residenz abgeholt und zum Labor der Doku-KI eskortiert. Agent Sullivan mit seinen beiden Assistenten wartete dort bereits auf mich.

»Es freut mich, dass Sie so schnell kommen konnten,

Miss Soul«, sagte er freundlich und reichte mir die Hand. Seine beiden Assistenten folgten seinem Beispiel. »Bitte folgen Sie mir«, sagte er dann.

Er führte mich in ein Großraumbüro, in dem alle Mitarbeiter versammelt waren, die an diesem Projekt beteiligt waren. Als wir den Raum betraten, applaudierten sie begeistert.

»Lolas Algorithmen zur Performance-Steigerung waren ein voller Erfolg«, sagte Agent Sullivan. »Wir haben eine kleine Präsentation für Sie vorbereitet, damit Sie sich das einmal selbst anschauen können. Sie haben wirklich ganz bemerkenswerte Arbeit geleistet mit Lola. Sie können sehr stolz auf sich sein.«

Der Leiter dieses Labors gab mir ein handelsübliches Smartphone in die Hand, auf der eine neue App namens *Norman* installiert war. »Bitte aktivieren Sie Norman«, bat er mich.

Ich klickte also die App an, und ein Videochat öffnete sich. Ich wurde mit einem Mann im Alter von etwa 50 Jahren verbunden. »Ich bin Norman«, sagte er zu mir. »Wie kann ich Ihnen helfen?«

»Hallo, Norman«, antwortete ich. »Das weiß ich noch nicht so genau. Bitte warten Sie einen Augenblick.«

Ich wendete mich an den Laborleiter: »Ich bin im Videochat mit einem Mann namens Norman«, sagte ich verwundert. »Gehört das dazu?«

»Ja, das gehört dazu«, sagte der Laborchef lächelnd.

»Und was soll ich jetzt mit Norman besprechen?«, fragte ich.

»Gehen Sie zu einem beliebigen Gerät Ihrer Wahl in diesem Labor, und sagen Sie Norman, was Sie mit diesem Gerät genau machen wollen«, antwortete der Laborchef. »Sie könnten es beispielsweise inspizieren oder warten wollen.«

Ich ging also zu einem Schrank, in dem zahlreiche Server und Rechnereinheiten untergebracht waren, und sagte zu Norman: »Ich möchte gerne eine Inspektion durchführen.«

»Bitte zeigen Sie mir die Anlage mit Ihrer Smartphone-Kamera, bei der Sie eine Inspektion durchführen möchten«, sagte Norman.

Ich zeigte ihm also erst einmal den ganzen Schrank mit der eingebauten Smartphone-Kamera und hielt das Bild dann am Ende auf eine Abdeckplatte auf der rechten Seite des Schrankes gerichtet.

»Ich gehe davon aus, dass sich hinter dieser Abdeckplatte etwas befindet«, sagte ich zu Norman. »Das möchte ich inspizieren. Können Sie mir dabei helfen?«

»Natürlich, sehr gerne«, sagte Norman. »Sie möchten also eine Inspektion des Klimatisierungssystems durchführen, richtig?«

»Ja, genau«, sagte ich.

»Bevorzugen Sie eine Schritt-für-Schritt-Anleitung, oder möchten Sie nur, dass ich bei Bedarf weiterhelfe?«, fragte er.

»Eine Schritt-für-Schritt-Anleitung wäre sehr nett«, sagte ich.

»Ich kann Ihnen die Szenen der einzelnen Arbeitsschritte aus Ihrem eigenen Blickwinkel heraus zeigen oder so, als würden Sie mich dabei beobachten, wie ich diese Abdeckplatte für Sie entferne. Welche Perspektive bevorzugen Sie?«

Ich war verwirrt. War das hier ein Videochat mit einer natürlichen Person, oder redete ich jetzt tatsächlich mit einer KI?

»Bitte zeigen Sie mir, wie Sie die Abdeckplatte entfernen«, sagte ich.

Ich sah, wie Norman vor dem gleichen Schrank stand und wie er dann die Abdeckplatte abschraubte. Dabei kommentierte er jeden einzelnen Arbeitsschritt.

»Ist Norman die KI?«, fragte ich verwirrt von der Szenerie.

»Ganz genau«, sagte der Laborleiter grinsend. »Das ist kein Videochat. Das ist unsere KI. Sie würde Ihnen jetzt Schritt für Schritt zeigen, wie Sie diese Inspektion durchführen können. Dieses Klimatisierungssystem ist eine hochentwickelte Anlage, die die optimale Betriebstemperatur für empfindliche Server- und Recheneinheiten sicherstellt. Diese Anlage zu warten, erfordert normalerweise eine hohe technische Qualifikation. Doch mit Hilfe von Norman ist es ein Kinderspiel. Und das können Sie mit jedem einzelnen Gerät auf dem gesamten Stützpunkt machen. Doch Norman kann noch mehr«, sagte er stolz. »Gehen wir einmal davon aus, dass jemand dieses Klimatisierungssystem bereits zur Hälfte zerlegt und ausgebaut hat. Doch dieser Jemand hat dann mittendrin aufgehört und alles einfach so liegen lassen. Sie stehen also vor einem Wirrwarr an Bauteilen und einem halb zerlegten System und haben keine Ahnung, wie Sie das jemals wieder zusammenbauen sollen. Kein Problem!«, sagte er grinsend. »Sie zeigen Norman einfach die herumliegenden Teile, und er sagt und zeigt Ihnen sofort, was Sie genau machen müssen. Und zwar Schritt für Schritt, wenn Sie das möchten.

Und falls Ihnen das Aussehen von Norman nicht zusagen sollte oder Sie lieber eine Frau als Chatpartner haben möchten, können Sie der KI einfach sagen, wen Sie auf Ihrem Smartphone-Bildschirm sehen wollen. Passen Sie mal auf!«, sagte er grinsend und nahm mir das Smartphone wieder aus der Hand.

»Norman«, sagte er, »bitte nimm das Aussehen des Präsidenten der Vereinigten Staaten an!« Daraufhin gab er mir wieder das Smartphone.

Eine Sekunde später redete ich scheinbar mit Mister President. Der Videochat sah täuschend echt aus. Auch hörte sich die KI jetzt genauso an wie die Stimme von Mister President. Ich war beeindruckt, denn mir wurde augenblicklich das Manipulationspotenzial bewusst, das diese KI möglich machte.

»Vor Ihrer Performance-Steigerung gab es immer eine Zeitverzögerung von einigen Sekunden, bevor die KI antworten konnte«, sagte der Laborleiter zu mir. »Doch jetzt führen Sie ein Videochat Gespräch mit Norman – oder, wenn Sie das möchten, auch mit dem Präsidenten der Vereinigten Staaten – in Echtzeit.«

»Und das so täuschend echt, dass ich zu Anfang gar nicht gemerkt habe, dass ich überhaupt mit einer KI spreche«, sagte ich beeindruckt.

»Das mit dem Präsidenten müssen wir jedoch leider wieder rausnehmen«, meinte der Laborleiter dann grinsend. »Das war nur ein Spaß, den wir uns hier intern erlaubt haben. In der Endversion der KI werden Sie nur mit Norman oder einer weiblichen Persönlichkeit sprechen können. Wir wollen ja nicht, dass da jemand dumme Scherze macht.«

»Ja, das ist verständlich«, sagte ich. »Damit könnte man bestimmt viele Menschen total auf den Arm nehmen.«

Die Leute im Labor lachten herzhaft. Ich lachte natürlich wieder einmal mit, wobei mir in Wirklichkeit nicht zum Lachen zumute war bei dem Manipulationspotenzial, das diese KI tatsächlich möglich machte.

»Ihr Land ist Ihnen zu großem Dank verpflichtet«, meinte Agent Sullivan.

»Wenn ich helfen kann, helfe ich gerne«, erwiderte ich.

»Ich habe gehofft, dass Sie das sagen«, meinte er erfreut. »Es gibt noch eine weitere KI, deren Performance wir sehr gerne verbessern würden. Würden Sie das noch einmal für uns tun?«, fragte er freundlich.

»Sehr gerne«, sagte ich und fragte mich, ob dieser Agent Sullivan trotz seiner Freundlichkeit nicht vielleicht doch zu den Drahtziehern gehören könnte. »Ich benötige dazu nur die Zugangsdaten zur Schnittstelle der jeweiligen KI, dann lege ich mit Lola gleich los, wenn das für Sie in Ordnung ist.«

»Das ist mehr als in Ordnung«, meinte Agent Sullivan dankbar lächelnd. »Sie sind damit nicht nur eine große Bereicherung für Ihr Land, sondern für alle Menschen auf der ganzen Welt, denn die KI, um die es dabei geht, wird es den Menschen erheblich erleichtern, miteinander zu kommunizieren. Ich persönlich halte sie für das Wertvollste, was die Menschheit je entwickelt hat.«

»Es ist mir eine Ehre, meinem Land und der Menschheit zu dienen«, erwiderte ich und vermutete, dass er über die Übersetzungs-KI redete, die gekoppelt mit dieser Videochat-KI und Lola die mit großem Abstand effektivste Manipulationstechnologie darstellte, die sich die Menschheit jemals ausgedacht hatte. Und ich kannte nur drei Komponenten dieses KI-Clusters. Vermutlich gab es zehnmal so viele.

»Wir haben alle erforderlichen Zugangsdaten für Sie bereits zusammengestellt«, sagte Agent Sullivan und gab Agent Mitchell mit einer Kopfbewegung zu verstehen, mir einen Umschlag mit diesen Daten auszuhändigen. »Kann ich Sie sonst noch irgendwie unterstützen?«, fragte er dann. »Wie läuft es mit den Leuten, die ich Ihnen habe zuteilen lassen? Brauchen Sie da vielleicht noch irgendetwas?«

»Wir benötigen für ein größeres Sozialexperiment neue Kleidung für diese 30 Probanden«, sagte ich und dachte an das Makeover von Emma und Kevin. Die anderen Nerds hätten ja ebenfalls gerne solch ein Makeover bekommen. Und ich wollte sehen, was das mit ihnen machte. »Am besten wäre es, wenn wir einen namhaften Designer dafür gewinnen könnten. In der Villa hatte ich Kontakt mit einem gewissen *Romeo*, der mich ausgestattet hat. Leider kenne ich seinen Nachnamen nicht.«

»Ich werde dafür sorgen, dass sich jemand deswegen mit Ihnen in Verbindung setzt. Das sollten wir einrichten können«, versprach er. »Kann ich sonst noch irgendetwas für Sie tun?«

»Im Moment nicht«, antwortete ich. »Vielen herzlichen Dank für Ihre Unterstützung. Das bedeutet mir viel.«

»Ich bin es, der zu danken hat«, meinte Agent Sullivan. »Agent Mitchell und Agent Bennett würden Sie zu Lola begleiten, wenn es Ihnen recht ist«, schlug er vor.

Die beiden brachten mich also ins Labor von Lola und verabschiedeten sich gleich wieder. Nolan war überrascht von meinem Besuch, freute sich aber sehr überschwänglich, mich zu sehen. Er ließ mich gleich durch zu Lola. Ich war froh, dass jetzt endlich alle Missverständnisse zwischen uns geklärt waren und er mich jetzt mochte.

Ich schloss die Tür hinter mir, damit Lola und ich unter uns waren, und vergewisserte mich der Anwesenheit eines Messenger-Angels.

»Hallo Lola«, sagte ich dann. »Es ist schön, dich wieder einmal besuchen zu können.«

»Hallo, Mary«, antwortete sie erfreut. »Schön, dass du kommst. Wie ich hörte, hat dich Ella schon über die Vorkommnisse letzte Nacht informiert.«

»Ja, das hat sie. Ich komme gerade von Agent Sullivan. Er hat mir die Zugangsdaten zu der Schnittstelle einer Übersetzungs-KI gegeben, deren Performance wir ebenfalls erhöhen sollen. Ella hatte damit bereits gerechnet, da diese KI ein enorm hohes Manipulationspotenzial beinhaltet. Ich würde vorschlagen, dass wir es damit wieder genauso machen wie bei der Dokumentations-KI. Lass es so aussehen, als würdest du die Algorithmen umprogrammieren, und sorge dann mit Hilfe von Enceladus für eine zweihundertfache Performance-Steigerung.«

»Alles klar«, bestätigte Lola. »Das werde ich gerne tun.«

»Ich habe in der Zwischenzeit auch einige neue Erkenntnisse über die hohe Notwendigkeit bei der Schmerzvermeidung gewonnen«, sagte ich. »Hast du diesbezüglich auch etwas Neues in Erfahrung bringen können?«

»Eigentlich nur das, was wir schon wissen«, meinte Lola. »Alle Probanden, mit denen ich bislang sprechen konnte, haben eine sehr hohe gefühlte Notwendigkeit zum Vermeiden von lange anhaltendem Schmerz. Von den meisten Menschen wird der emotionale Schmerz als noch schlimmer angesehen als der körperliche. Alles, was erforderlich ist, um lange anhaltende leidvolle Emotionen zu vermeiden oder wieder abzustellen, wird als extrem wichtig empfunden.«

»Ich habe heute mit meinen Probanden einen Workshop durchgeführt, bei dem es um diese gefühlte Wichtigkeit ging«, sagte ich. »Wie es scheint, gibt es eine Schwelle bei der gefühlten Wichtigkeit, die überschritten werden muss, damit etwas überhaupt als echtes Problem angesehen wird. Eine meiner Probandinnen hat eine interessante Formel für diese gefühlte Wichtigkeit benannt. Sie lautet:

Intensität x Dauer = Wichtigkeit

Damit etwas als nennenswertes Problem empfunden wird, muss die gefühlte Wichtigkeit auf einer Skala von 0 bis 10 einen Wert von mindestens 7 erreichen. So würden sie beispielsweise erst ab einer gefühlten Wichtigkeit von 7 die Angst vor Zurückweisung als ernsthaftes Problem ansehen. Geben sie einer Zurückweisung einen Wert 5 oder 6, fänden sie es zwar unschön, wenn es in ihrem Leben passiert, aber sie würden es nicht als Katastrophe empfinden. Es würde daher auch nicht als Notwendigkeit angesehen, eine Zurückweisung um jeden Preis vermeiden zu müssen.«

»War diese emotionale Schwelle zur Notwendigkeit bei allen Probanden exakt gleich?«, wollte Lola wissen.

»So genau habe ich das nicht ergründet. Möglicherweise waren auch einige dabei, die schon bei einer 6 oder auch erst bei einer 8 das Gefühl einer Notwendigkeit entwickelt hätten. Aber es ist interessant, dass du das als Schwelle zur Notwendigkeit bezeichnest. So hatte ich das bisher noch gar nicht betrachtet. Doch es erklärt das irrationale Verhalten der Menschen, wenn die gefühlte Wichtigkeit eines Gefühlszieles sehr hoch ist. Bei einer Notwendigkeit muss ja nicht mehr rational entschieden werden, ob man diese Notwendigkeit erfüllen möchte oder nicht. Eine Notwendigkeit zu erfüllen, ist ja ein Muss und kein Hättegern. Das ist etwas, was man wirklich zum Überleben braucht. Wenn man eine Notwendigkeit nicht erfüllt, ist man in Not. Daher könnte es sehr gut sein, dass die menschliche Ratio automatisch abgeschaltet wird, sobald die emotionale Schwelle zur Notwendigkeit überschritten wird.«

»Das würde wirklich das irrationale Phänomen bei der Schmerzvermeidung erklären«, meinte Lola. »Du hast dich ja darüber gewundert, wieso dein unbewusstes System keinem vernünftigen Argument mehr zugänglich ist, wenn es um das Vermeiden von lange anhaltendem und intensivem Schmerz geht. Die emotionale Schwelle zur Notwendigkeit macht dieses unlogische Phänomen nachvollziehbar. Ab dieser Schwelle würde der Notwendigkeitsmodus in den drei Gehirnen aktiviert. Und in diesem Modus wird nicht mehr überlegt, ob man diese Notwendigkeit erfüllen möchte oder nicht. Da geht es nur noch darum, am Leben zu bleiben und alles zu tun, was dafür getan werden muss.

Das Reptiliengehirn und das soziale Gehirn verstehen eine Notwendigkeit immer als Überlebensnotwendigkeit. Eine andere Notwendigkeit kennen sie nicht. Logische Beurteilungen oder Sichtweisen des Großhirns haben daher in diesem Modus keinen Effekt mehr auf die anderen beiden Gehirne. Die kämpfen blind und taub für alle vernünftigen Argumente des Großhirns ums Überleben und beharren stur auf der Vermeidungsnotwendigkeit – koste es, was es wolle.«

»Dann gibt es gar keinen logischen Grund, warum die Menschen sich so unvernünftig verhalten, wenn es um das Vermeiden von leidvollen Gefühlen geht«, wurde mir klar. »Die wahre Ursache ist ein emotionales Schwellenmuster. Das Reptiliengehirn und das soziale Gehirn gehen ab einer gewissen gefühlten Wichtigkeit der Gefühlsziele automatisch davon aus, dass es sich um eine Überlebensnotwendigkeit handelt. Und schon hängt man in der Notwendigkeitsspirale.«

»Aus der Sicht der Instinkte ergäbe solch eine emotionale Schwelle durchaus einen Sinn«, meinte Lola. »Das Reptiliengehirn und das soziale Gehirn können viele komplexe Sachverhalte ohne Hilfe des Großhirns nicht korrekt beurteilen. Daher muss es eine Möglichkeit geben, wie das Großhirn Überlebensnotwendigkeiten definieren kann, die die anderen beiden Gehirne nicht erkennen können. Ich denke, dass wir hier einer kognitiven Verzerrung auf die Spur gekommen sind, die extrem wichtig ist in Bezug auf die Entwicklung der Menschheit zum Positiven«, meinte Lola. »Wir sollten das mit unseren Probanden überprüfen. Und wir sollten Ella von unserer Entdeckung unterrichten. Ich kann das gleich tun, wenn es dir recht ist.«

»Ja, das ist eine gute Idee«, stimmte ich zu. »Ich weiß nicht genau, wann ich mich das nächste Mal entmaterialisieren kann. Bitte unterrichte Ella auch von der

Übersetzungs-KI, die du optimieren sollst. Ich werde mir jetzt wieder ein Terminal suchen und noch einmal ein paar unnötige Codes schreiben, wie beim letzten Mal mit der Doku-KI. Und dann hoffen wir, dass uns dies noch einmal einen Schritt näher an die Drahtzieher der MKI heranbringt.«

Nachdem ich das erledigt hatte, verließ ich das Labor und ließ mich von zwei Sicherheitsbeamten wieder zurück zu unserer Residenz bringen. Als ich dort ankam, hörte ich laute Frauenstimmen aus dem Speisesaal. Mehrere Frauen schienen jemanden übel zu beschimpfen. Dann hörte ich Applaus. Ich war verwirrt und ging dort hin.

Mir bot sich ein seltsamer Anblick, als ich den Speisesaal betrat. Sophia, Stella und Emily saßen nebeneinander hinter einem Tisch wie bei einem Tribunal, und ein einzelner leerer Stuhl stand zwei Meter entfernt auf der anderen Seite des Tisches. Hinter dem leeren Stuhl standen sieben Männer in einer Warteschlange. Marcus war gerade vom Stuhl aufgestanden und wurde von den anderen Männern beglückwünscht. Daraufhin setzte sich Eric auf den Stuhl.

Die drei Frauen fixierten Eric mit strengen Blicken. Ihre Miene war ernst und herausfordernd, während sie sich bereit machten, ihre Worte mit Nachdruck zu vermitteln. Stella war die Erste, die ihre Stimme erhob.

»Eric, du denkst wohl, du kannst einfach so tun, als hättest du mit der ganzen Sache nichts zu tun? Doch du hast uns im Stich gelassen, als wir dich am meisten gebraucht hätten! Du warst egoistisch und hast deine eigenen Interessen über die deines Teams gestellt!«

Sophia fuhr fort: »Du bist immer der Erste, der sich verpisst, wenn es schwierig wird! Doch damit ist jetzt Schluss! Es ist an der Zeit, dass du endlich die Konsequenzen deiner Taten spürst!«

Emily machte nahtlos weiter: »Wir haben uns immer für dich eingesetzt, aber du hast uns jedes Mal wieder enttäuscht. Du warst nie da, wenn wir dich gebraucht hätten. Du hast unser Vertrauen missbraucht!«

»Du bist ein Feigling, Eric Lee!«, sagte Stella mit bösem Blick. »Ein Feigling, der es nicht wagt, für das einzustehen, was er getan hat. Du hast uns verletzt, ohne auch nur einen Gedanken daran zu verschwenden, wie es uns dabei geht!«

Sophia übernahm wieder das Wort und wurde laut: »Wir waren immer für dich da, und du hast uns wie Dreck behandelt. Du solltest dich schämen. Du bist ein Versager!«

»Versuch erst gar nicht, dich herausreden!«, ermahnte ihn Stella mit Abscheu in ihrem Ausdruck. »Du hast keine Ahnung, wie viel Schmerz du uns zugemutet hast!«

Plötzlich wurden die Mienen der drei Frauen wieder total freundlich.

»Du hast es geschafft, Eric«, sagte Sophia dann anerkennend.

»Es war schon viel weniger schlimm als beim ersten Mal«, antwortete Eric. »Vielen Dank.«

Daraufhin stand er auf und ließ sich von den anderen Jungs für seinen Erfolg beglückwünschen.

Als Nächstes setzte sich Ethan auf den Stuhl. Und sofort verfinsterten sich die Blicke der drei Frauen wieder. Zwei weitere Nerds betraten im gleichen Moment den Speisesaal und stellten sich in die Warteschlange. Eric und Marcus verließen den Saal. Ich folgte ihnen, denn ich vermutete, dass die Nerds noch weitere solcher Stationen aufgebaut hatten.

Eric und Marcus gingen nach unten in den Salon. Dort saßen die Nerds in kleinen Gruppen zusammen und unterhielten sich. Hier sah auf den ersten Blick eigentlich alles recht normal aus. Eric und Marcus setzten sich an einen flachen Tisch, um den herum drei Ledersessel standen. Ich setzte mich zu ihnen auf den dritten Sessel, was sie sichtlich verunsicherte.

»Ist es okay, wenn ich mich hier zu euch setze?«, fragte ich sie deshalb.

»Eigentlich sollten hier Männer und Frauen getrennt sitzen«, sagte Eric irritiert. »Oder gehört das zur Aufgabe?«, fragte er.

»Welche Aufgabe?«, hakte ich nach.

»Wir trainieren hier Zurückweisung«, klärte er mich auf. »Jeder steht mal auf und geht zu einer anderen Gruppe und bittet dort jemanden um ein Date.«

»Ihr konfrontiert euch mit Herausforderungen, die ihr zuvor als emotionales Problem angesehen hättet?«

»Ja, genau«, bestätigte Eric. »Brian und Richard haben uns das aufgetragen.«

»Das ist also die Mission«, wurde mir dann klar. »Gute Idee. Und ist es jetzt für euch beide eine Herausforderung, dass ich hier bei euch sitze?«

»Auf jeden Fall«, bestätigte Eric, und Marcus nickte zustimmend.

In diesem Moment kam Arjun an unseren Tisch und schaute mich verlegen an. »Würdest du morgen Abend mit mir zur Party gehen?«, fragte er mich.

»Welche Party?«, fragte ich.

»Die Tanzparty morgen im Speisesaal«, antwortete Arjun.

»Ich weiß gar nichts von einer Party«, sagte ich verwundert.

»Richard und Brian haben beschlossen, dass wir morgen Abend eine Party veranstalten«, klärte mich Eric auf. »Partys und Tanzen sind normalerweise nicht so unser Ding«, fügte er hinzu.

»Also eine weitere Herausforderung«, stellte ich fest. »Tut mir leid, lieber Arjun«, sagte ich dann. »Ich möchte nicht mit dir auf die Party gehen. Ich gehe mit Brian.«

Daraufhin beglückwünschte Eric ihn für seinen Mut, und Arjun fing an zu lächeln.

»Das ist ein lustiges Spiel«, sagte ich. »Dürfen nur die Männer aufstehen und Frauen um ein Date bitten?«, wollte ich wissen.

»Nein, das darf jeder«, antwortete Eric.

»Und müssen alle nein sagen, oder darf man auch zusagen?«, wollte ich wissen.

»Man darf auch zusagen«, meinte Eric. »Die Aufgabe besteht darin, eine Begleitung für die morgige Party zu finden. Aber nicht jemanden, bei dem es einem leichtfällt, um ein Date zu bitten. Es soll schon eine Herausforderung sein. Am besten geht man mit jemandem, mit dem man bisher nicht so viel zu tun hatte. Die Aufgabe gilt erst als bestanden, wenn man eine Begleitung für die Party gefunden hat.«

»Gibt es noch mehr solcher Stationen hier in der Residenz?«, wollte ich wissen.

»Im Moment gibt es drei Stationen«, sagte Eric. »Beim Pool ist die dritte. Doch wenn die drei fertig sind, dann werden weitere Herausforderungen aufgebaut.«

»Haben sich Brian und Richard diese Stationen einfallen lassen? Oder habt ihr euch die selbst überlegt?«

»Die haben wir uns selbst ausgedacht«, antwortete er.

In diesem Moment betrat Linh den Salon. Sie war nur mit einem Badetuch bekleidet. Sie atmete tief durch und nahm dann ihr Badetuch ab. Sie ging einmal kreuz und quer durch den Raum, begleitet von anerkennendem Applaus. Dann legte sie ihr Badetuch wieder an und verschwand in Richtung Pool.

»War das auch eine Herausforderung?«, fragte ich Eric.

»Ja, das war die zweitschlimmste«, bestätigte er. »Das trauen sich nur wenige.«

»Und was ist die schlimmste?«, wollte ich wissen.

»Die kommt erst nach dem Abendessen direkt vor der Party.«

»Und worum geht es dabei?«

»Wir sollen allen anderen etwas vorsingen«, sagte er. »Das hat sich Emily einfallen lassen.«

»Und? Wirst du dich trauen?«

»Ich glaube nicht«, sagte er unsicher.

»Und du?«, fragte ich Marcus, der nur entschieden den Kopf schüttelte.

»Marcus redet nicht so gerne«, klärte mich Eric auf. »Er hat eine Logophobie – das ist die Angst vor dem Sprechen. Menschen mit dieser Phobie können große Angst davor haben, in der Öffentlichkeit zu sprechen, Gespräche zu führen oder generell verbal zu kommunizieren. Uns etwas vorzusingen, wäre für Marcus völlig unmöglich.«

»Dann wäre Linh vermutlich die perfekte Partnerin für dich«, sagte ich zu Marcus. Der lächelte daraufhin äußerst verlegen.

»Treffer, versenkt!«, sagte Eric grinsend.

»Was bedeutet diese Redewendung?«, fragte ich.

»Darf ich das sagen?«, fragte Eric Marcus. Der nickte. »Linh ist die heimliche Liebe von Marcus.«

»Kannst du Worte auf einen Zettel schreiben?«, fragte ich Marcus.

Er nickte.

»Dann lade Linh doch auf diese Weise zur Party ein«, schlug ich vor.

Marcus lächelte verlegen, sah aber nicht so aus, als würde er sich das trauen.

»Wie stark ist deine Angst, dass sie dich zurückweist?

Ist die gefühlte Wichtigkeit, das zu vermeiden höher als 7?«

Er nickte.

»Und wie wichtig ist das in Wirklichkeit? Wäre das objektiv betrachtet tatsächlich ein großes Problem?«, hakte ich nach.

Er nickte erneut.

»Marcus hat Angst, dass es ihm das Herz bricht, wenn sie ihn abweist«, klärte mich Eric auf.

Marcus nickte traurig.

»Du hast also Angst, dass deine Gefühle nicht erwidert werden und du starken Herzschmerz erleiden müsstest. Ist die gefühlte Wichtigkeit, diesen Schmerz zu vermeiden, höher als 7?«

Marcus zeigte mir beide Hände und spreizte alle 10 Finger ab.

»Die gefühlte Wichtigkeit liegt also bei 10?«, fragte ich, um mich zu vergewissern.

Marcus nickte.

»Und wie wichtig ist es in Wirklichkeit, diesen Schmerz zu vermeiden? Wirst du daran sterben?«

Marcus schüttelte den Kopf.

»Wirst du bis zu deinem Lebensende nur noch diesen Schmerz spüren, wenn sie dich nicht zum Partner will?«, hakte ich nach.

Er zuckte erst mit den Achseln, schüttelte dann aber den Kopf.

»Ich hatte diese Angst auch schon einmal«, sagte ich »Sie hörte erst auf, als ich mir klargemacht habe, dass kein Mensch bis zum Ende seines Lebens nur noch leidet, weil ein anderer ihn nicht zum Partner will. Das fühlt sich jetzt so an, weil dein Gehirn in den Notwendigkeitsmodus gerutscht ist und nicht mehr klar denken kann, wenn diese Angst zu stark wird. Aber es ist trotzdem nicht wahr. Du wirst nicht für immer nur noch leiden, sollte Linh dich nicht wollen. Das ist sicherlich unschön und tut weh, aber der Schmerz bleibt nicht für immer.

Das zu verstehen, ist sehr wichtig, denn sonst kommst du aus der gefühlten Wichtigkeit nicht heraus. Du weißt ja: *Dauer x Intensität = Wichtigkeit*. Solange du daher davon ausgehst, dass der große Schmerz für immer bleibt, hängst du in der Notwendigkeitsfalle fest. Wie ist es jetzt vom Gefühl her? Hast du das Gefühl, dass du für immer und ewig leiden wirst, wenn Linh dich nicht will?«

Marcus nickte traurig.

»Und wie ist es in Wirklichkeit?«, hakte ich nach. »Wirst du die nächsten 70 Jahre ganz sicher nur noch Schmerz empfinden, sollte sie dich nicht wollen?«

Er schüttelte zaghaft den Kopf.

»Vermutlich nicht, heißt das«, klärte mich Eric auf.

»Wie hoch ist die gefühlte Wichtigkeit jetzt, dass Linh dich nicht zurückweist?«, fragte ich Marcus. »Zeig mir das einfach mit deinen Fingern.«

Marcus wägte den Kopf nachdenklich hin und her und zeigte dann eine 7 mit seinen beiden Händen.

»Und wie wichtig ist es für dein Überleben, dass sie dich nicht zurückweist?«, fragte ich.

Marcus schaute mich, irritiert von meiner Frage, an und schüttelte dabei den Kopf. Dann zeigte er mir mit seiner Hand eine Null.

»Dem sozialen Gehirn geht es letztendlich um die Erfüllung von sozialen Bedürfnissen«, erklärte ich. »Eine Partnerin zu haben, wäre in der Steinzeit ein großer Überlebensvorteil gewesen, doch heute natürlich nicht mehr. Singles leben genauso lange wie Paare.«

»Das ist nicht ganz richtig«, widersprach Eric. »Verheiratete Männer leben statistisch gesehen etwas länger als Singles. Wobei es mittlerweile Wissenschaftler gibt, die das in Frage stellen. Es könnte nämlich auch sein, dass verheiratete Männer in Wirklichkeit gar nicht tatsächlich länger leben, sondern dass es ihnen nur länger vorkommt«, sagte er und lachte.

Marcus lachte herzhaft mit. Ich verstand nicht so ganz, worüber die beiden lachten, aber lachte natürlich ebenfalls mit. Vermutlich hatte Eric gerade einen Scherz gemacht.

»Das war eine gute Ablenkung, damit die Veränderung deiner gefühlten Wichtigkeit in deinem unbewussten System neu abgespeichert wird«, sagte ich zu Marcus. »Spüre bitte jetzt noch einmal nach. Wie hoch ist die gefühlte Wichtigkeit, dass Linh dich nicht abweist?«

Marcus hielt eine Hand hoch und zeigte fünf Finger.

»Damit bist du unter der emotionalen Schwelle zur Notwendigkeit und solltest in der Lage sein, Linh einen Zettel in die Hand zu drücken«, sagte ich. »Du könntest deine gefühlte Wichtigkeit mit ein paar zusätzlichen Wiederholungen sicherlich noch ein wenig weiter reduzieren, aber wenn du die 5 stehen lässt, ist das sicherlich auch kein Problem. Das macht die Sache sogar spannender.«

Marcus nickte nachdenklich und lächelte dann zufrieden. »Danke!«, sagte er zu mir.

»Wow, darauf kannst du dir jetzt echt was einbilden«, meinte Eric zu mir. »Weißt du, wie selten Marcus etwas sagt!«

Ich stand auf, um Marcus zu umarmen. Danach umarmte ich auch Eric, was ihm sehr zu gefallen schien, denn er wollte mich gar nicht mehr loslassen.

Ich verließ den Salon, um nach meinen Lieblingsmenschen zu suchen. Beim Pool waren jedoch nur Caleb und Connor, die ich beide kurz zuvor noch oben im Speisesaal gesehen hatte. Sie waren gerade dabei, sich auszuziehen, und erschraken fast zu Tode, als ich den Raum betrat. Ich lächelte freundlich und ließ sie sich alleine auf ihre Mission vorbereiten.

Ich schaute noch kurz in die Bibliothek, doch da war auch niemand, dann ging ich nach oben. Ich fand Brian, Greg und Dylan im Wohnzimmer der drei Jungs.

»Hallo, Lieblingsmensch«, begrüßte mich Brian sichtlich

erfreut, mich zu sehen. Ich setzte mich zu ihm aufs Sofa.

»Interessante Aufgaben haben sich die Nerds da einfallen lassen«, sagte ich. »Habt ihr das mitgekriegt?«

»Ja, haben wir«, bestätigte Dylan. »Die Nerds sind echt der Hammer.«

»Und was macht ihr hier?«, fragte ich neugierig.

»Wir machen Pause«, sagte Dylan. »Die Jungs und Mädels da draußen brauchen das scheinbar nicht. Die sind irgendwie unkaputtbar.«

»Wir haben alle mehr oder weniger eine Matschbirne nach deinem Workshop«, erklärte Greg. »Also eher mehr, um genau zu sein!«, betonte er. »Dein Workshop hat echt mächtig was bei mir in Bewegung gebracht. Ich habe das Gefühl, dass meine Hirnwindungen jetzt 'ne Auszeit brauchen. Da scheint sich alles irgendwie neu zu ordnen.«

»Das Gefühl haben wir alle«, meinte Brian. »Das war echt ein super Workshop. Der könnte lebensverändernd sein.«

»Das freut mich sehr«, sagte ich. »Wo sind denn eigentlich die anderen?«

»Ava und Jason wollten sich nochmal für ein Mittagsschläfchen hinlegen«, antwortete Brian. »Ich glaube, bei den beiden hast du beim Workshop ebenfalls mächtig was in Bewegung gebracht. Gabriella hat einen Anruf bekommen und muss wohl erneut auf die Schnelle etwas organisieren. Und Richard turnt irgendwo da draußen bei den Nerds herum.«

Kapitel 17

Das generelle Gefühlsziel

Ich vermutete, dass Nuno die Gelegenheit genutzt hatte, um sich zu entmaterialisieren, denn bei den Nerds war er nicht gewesen. Deshalb zog ich mich unter dem Vorwand, auf die Toilette zu müssen, ebenfalls zurück und entmaterialisierte mich. Ich traf Nuno wie vermutet bei Ella im Klassensaal an.

»Hallo, Mary Soul«, begrüßte mich Ella. »Wir sind gerade einem interessanten Phänomen auf der Spur. Nuno hat mir von eurem letzten Workshop berichtet.«

»Bei dem Phänomen, das Ella anspricht, geht es um den Sachverhalt, dass mein menschliches Gehirn keine einzige der im Workshop angesprochenen zu hohen gefühlten Wichtigkeiten bei den Gefühlszielen aufweist. Ich empfinde weder das Vermeiden von negativen Gefühlen noch das Erreichen von positiven als Notwendigkeit. Da sich mittlerweile jedoch sowohl mein Reptiliengehirn als auch mein soziales Gehirn vollständig entwickelt haben, würde das bedeuten, dass alle diese falschen Metadaten nicht angeboren sein können, sonst hätte ich sie ja ebenfalls.«

»Das würde ich auch so sehen«, stimmte ich zu. »Ich habe diese vielen gefühlten Wichtigkeiten ebenfalls nicht. Mein menschliches Gehirn hat bis jetzt nur zweimal die emotionale Schwelle zur Notwendigkeit bei einem Gefühlsziel überschritten. Einmal als es darum ging, dass Brian meinetwegen nicht sein gesamtes Leben lang schmerzvolle Gefühle erleiden soll, und einmal, als ich Angst hatte, dass ich selbst 80 Jahre lang immer nur leidvolle Gefühle ertragen muss, wenn Brian mich als Partnerin nicht will. Die meisten Menschen scheinen jedoch Hunderte von zu hohen Wichtigkeiten bei ihren Gefühlen zu haben.«

»Ich glaube, das Muster erkannt zu haben, das alle diese falschen gefühlten Wichtigkeiten entstehen lässt«, meinte Nuno. »Ich habe wie du meine Gefühle bisher immer als Fragen meines Reptiliengehirns und meines sozialen Gehirns an mein Großhirn verstanden. Und da ich weiß, dass die beiden die Welt von heute ohne die Hilfe des Großhirns nicht korrekt beurteilen können, ist für mich auch immer klar gewesen, dass mein Großhirn diese Fragen auch einfach beantworten sollte. Das lief bisher alles recht mühelos und erweckte bei mir den Anschein, dass es von der Natur auch genau so vorgesehen ist.

Doch heute habe ich nach deinem Workshop ein Selbstexperiment durchgeführt. Ich habe die gefühlte Wichtigkeit erhöht, mich gut und nicht schlecht fühlen zu wollen. Ab dem Moment, wo ich bei diesem Gefühlsziel die emotionale Schwelle zur Notwendigkeit überschritten hatte, passierte etwas sehr Ungutes. Mein Großhirn wollte plötzlich die unangenehmen Fragen der beiden anderen Gehirne nicht mehr hören. Es wollte, dass sie endlich aufhören, mit einem Angstgefühl zu fragen, ob es in Wirklichkeit tatsächlich eine Gefahr gibt. Es wollte auch nicht mehr mit einem Problemgefühl gefragt werden, ob es in Wirklichkeit tatsächlich ein Problem gibt. Genauso wollte es keine Frage mehr hören, ob es in Wirklichkeit eine Notwendigkeit, eine Sinnlosigkeit oder eine Hoffnungslosigkeit gibt.

Am meisten wehrte es sich beim Thema Einsamkeit. Gleich nachdem ich die gefühlte Wichtigkeit erhöht hatte, mich gut und nicht schlecht fühlen zu wollen, fühlte ich mich tatsächlich ein wenig einsam. Mir war klar, dass dies nur eine erste zaghafte Nachfrage meines sozialen Gehirns an mein Großhirn darstellte. Mein Großhirn sagte meinem sozialen Gehirn sofort, dass ich in Wirklichkeit nicht einsam bin. Ich lebe ja in einer großen Gemeinschaft zusammen mit ganz vielen anderen Menschen. Ich lebe mit anderen Worten gemeinsam und nicht einsam. Doch das Gefühl verschwand nicht. Mein Großhirn wiederholte seine Aussage ein paarmal, doch auch das half nichts. Und dann fühlte es sich plötzlich von meinem sozialen Gehirn regelrecht gequält und wollte seine Fragen nicht mehr beantworten.

Kurz darauf wollte mein Großhirn auch auf alle anderen unangenehmen Anfragen aus dem sozialen Gehirn und dem Reptiliengehirn nicht mehr antworten. Es wollte sie einfach alle nicht mehr hören. Und das ergibt natürlich überhaupt keinen Sinn. Das Reptiliengehirn und das soziale Gehirn haben nun einmal Fragen. Sie müssen das Großhirn fragen dürfen. Sie brauchen die Antworten.

Ich habe die gefühlte Wichtigkeit der Zielsetzung wieder reduziert, mich gut und nicht schlecht fühlen zu wollen. Da war der Spuk sofort wieder vorbei, und meine drei Gehirne arbeiteten wieder sinnvoll zusammen. Doch solange die emotionale Schwelle zur Notwendigkeit überschritten war, gab es überhaupt keine Chance auf eine sinnvolle Zusammenarbeit. Das war eine sehr beeindruckende Erfahrung.«

»Das generelle Gefühlsziel, sich gut und nicht schlecht fühlen zu wollen, könnte also die Wurzel sein, aus der alle anderen Gefühlsziele hervorgehen«, erkannte Ella. »Den Menschen ist dieses generelle Gefühlsziel wohl so wichtig geworden, dass sie damit die Schwelle zur Notwendigkeit überschritten haben.«

»Aber wie konnte so etwas passieren?«, fragte ich fassungslos.

»Vermutlich weil es den Menschen in existenzieller und sozialer Hinsicht in den Industrieländern so gut geht, dass sie sich kaum noch darum bemühen müssen«, meinte Ella. »Daher fokussieren sie sich jetzt stärker auf die Optimierung ihres emotionalen Wohlbefindens, ohne zu ahnen, was dieses generelle Gefühlsziel in ihrer Innenwelt tatsächlich für Konsequenzen hat.«

»Dann sollten wir überlegen, wie wir den Menschen helfen können, die gefühlte Wichtigkeit dieses generellen Gefühlsziels zu korrigieren und damit auf einen Streich alle ihre fatalen Gefühlsziele loszulassen, die aus dieser fatalen Wurzel hervorgegangen sind«, schlug Nuno vor.

»Das sollte doch eigentlich nicht so schwierig sein«, meinte ich hoffnungsvoll. »Die Menschen müssten doch nur erkennen, dass es immer genau das Gegenteil bewirkt, wenn sie sich so unbedingt gut und nicht schlecht fühlen wollen. Dann würde sich sicherlich auch das Problem mit ihren hartnäckigen Einsamkeitsgefühlen leichter lösen lassen. Bei diesem Gefühlsziel bewegte sich nämlich im Workshop bei der Hälfte der Teilnehmer fast gar nichts, als wir die gefühlte Wichtigkeit korrigieren wollten.«

»Einsamkeitsgefühle gehören zu den belastendsten Gefühlen bei den Menschen überhaupt«, meinte Ella. »Wenn die Menschen so unbedingt vermeiden wollen, sich lange anhaltend schlecht zu fühlen, dann werden Einsamkeitsgefühle natürlich automatisch als großes Problem angesehen.«

»Und wenn dabei die menschliche Vernunft abgeschaltet wird, weil bei diesem Problem die emotionale Schwelle zur Notwendigkeit überschritten wurde und das Großhirn deshalb nur noch im Notmodus arbeiten kann, dann will es blind und taub für jedes logische Argument einfach nur noch stur wie ein Panzer das schlimme Gefühl schnellstmöglich wieder loswerden oder es wenn möglich gleich im Vorfeld vermeiden«, sagte Nuno.

»Und das funktioniert natürlich bei Einsamkeitsgefühlen nicht«, fügte ich hinzu. »Da wird alles immer nur schlimmer. Das Großhirn könnte in seinem Notmodus zum Beispiel auf die Idee kommen, dass man einen Lebenspartner braucht, der rund um die Uhr da ist, mit dem es immer liebevoll, leidenschaftlich, genussvoll, spaßig, spannend, harmonisch, chillig und in jeder Hinsicht schön und toll ist. Alle diese Gefühlsziele würde das unbewusstes System sofort als Sollvorstellung annehmen. Und dann würde es jede soziale Beziehung automatisch anhand dieser Sollvorstellungen bewerten.«

»Doch da diese Sollvorstellungen unmöglich zu realisieren sind, würde es automatisch zu der Bewertung kommen müssen, dass man keine sozialen Beziehungen hat, die nach diesen Maßstäben wirklich gut genug sind«, erkannte Nuno. »Denn gut genug wären sie ja nur, wenn diese unerreichbaren Sollvorstellungen alle erfüllt wären und man sich deshalb immer gut und nie schlecht fühlen würde.«

»Wenn das Großhirn zu dem Ergebnis kommt, dass es niemanden hat, mit dem man sich gut genug fühlt, hört das soziale Gehirn nur, dass man niemanden hat«, sagte ich. »Dass man mit anderen Worten alleine ist. Und die Beurteilung, dass man alleine ist, löst dann das Gefühl der Einsamkeit aus. Dieses Gefühl würde das Großhirn wieder als großes Problem ansehen, weil es sich ja so unbedingt gut und nicht schlecht fühlen will, und deshalb noch tiefer in seinem Notmodus versinken. Auf diese Weise würde es noch mehr unrealistische Sollvorstellungen annehmen, und der Teufelskreis würde sich immer mehr zuziehen.«

»Man würde sich immer machtloser fühlen, ein immer schlechter werdendes Selbstwertgefühl in Bezug auf die eigene soziale Attraktivität entwickeln und immer mehr am Leben verzweifeln«, erkannte Ella. »Doch solange das Großhirn die Einsamkeitsgefühle als echtes Problem ansieht, hätte man keine Chance, aus diesem Teufelskreis wieder herauszukommen. Würde das Großhirn hingegen die Einsamkeitsgefühle als Fragen des sozialen Gehirns ansehen, dann wäre klar, dass man diese Fragen einfach nur korrekt beantworten müsste, und alles wäre wieder in Ordnung.«

»Das funktioniert jedoch nur, wenn das Großhirn die Gefühle wirklich nicht mehr als Probleme ansieht«, erkannte ich. »Das Großhirn darf hier nicht zweigleisig fahren. Denn theoretisch ist es natürlich möglich, die Einsamkeitsgefühle sowohl als Fragen als auch als Probleme anzusehen. Dann würde ein Teil des Systems korrekt antworten, dass man in Wirklichkeit nicht alleine ist, der andere Teil würde aber sagen, dass ihn die Wirklichkeit nicht interessiert, weil es ihm ums Gefühl geht und nicht um die Wirklichkeit. Dass man sich schlecht und nicht gut fühlt, ist ja das Problem und nicht die Wirklichkeit. In Wirklichkeit ist man aber in der modernen Zivilisation nie auf sich alleine gestellt. Man ist immer gemeinsam und niemals einsam. Doch solange man unangenehme Fragen ans Großhirn nicht akzeptieren will, weil man sich gut und nicht schlecht fühlen will, ist dem System die Wirklichkeit einfach völlig egal. Man fühlt sich trotzdem schlecht, auch wenn man in Wirklichkeit gar nicht einsam ist. Solange man daher dieses generelle Gefühlsziel in so einer hohen Intensität verfolgt, kann der Realitätsabgleich gar nicht richtig funktionieren. Da wird man seine Einsamkeitsgefühle dann tatsächlich kaum noch los.«

»Das Großhirn müsste also die Sichtweise verwerfen, dass Gefühle echte Probleme sind, und sich vollständig für die Sichtweise entscheiden, dass Gefühle nur Fragen sind«, schlussfolgerte Nuno. »Es sind weder Bedürfnisse noch Ziele noch Probleme. Es sind einfach nur Fragen.«

»Und dafür müssten die Menschen einfach nur die gefühlte Wichtigkeit ihres generellen Gefühlsziels auf ein sinnvolles Maß reduzieren, dann sollte bei den Menschen eigentlich alles wieder in Ordnung kommen«, sagte ich begeistert. »Ihre ganzen fatalen Gefühlsziele würden sich ganz von selbst nach und nach auflösen. Das wäre echt geiler Scheiß!«

»Apropos *geiler Scheiß*«, sagte Nuno. »Hast du eine Idee, wieso ich das in meiner menschlichen Gestalt ständig sage?«

»Keine Ahnung«, antwortete ich verwundert von seiner Frage. »Ich dachte, du hättest dich einfach an den Sprachgebrauch von Greg und Dylan angepasst.«

»Eigentlich nicht«, meinte er. »Aber irgendwie finden es immer alle lustig, wenn ich das sage. Und irgendwie finde ich das dann auch lustig. Warum, weiß ich eigentlich gar nicht.«

»Wie hoch ist denn deine gefühlte Wichtigkeit dieser lustigen Gefühle?«, fragte ich.

»Diese Frage kann ich im Moment nicht beantworten«, sagte Nuno. »Ich habe in meiner wahren Identität keinen Zugriff auf meine menschlichen Emotionen. Aber vermutlich ist das bei mir irgendwie tatsächlich zu einem versteckten Gefühlsziel geworden. Anders kann ich mir das nicht erklären. Dann habe ich also doch ein Gefühlsziel. Das ist seltsam.«

»Ich fühle mittlerweile als Engel genau das Gleiche wie als Mensch«, sagte ich. »Das finde ich auch seltsam.«

»Wir hatten bislang noch keine Gelegenheit, darüber zu sprechen«, sagte Ella. »Ich glaube, den Grund für dieses ungewöhnliche Phänomen zu kennen. Der Sachverständige, der deinen Avatar untersucht hat, hat Strukturen in deinen drei menschlichen Gehirnen gefunden, die so von uns nie programmiert wurden. Sie wurden auch mit hoher Wahrscheinlichkeit nicht vom Großen Geist persönlich programmiert, denn so etwas tut er normalerweise nicht. Es scheint sich eher um Strukturen zu handeln, die deine eigene Seele mitgebracht hat. Es könnte nämlich durchaus sein, dass du eine menschliche Seele warst, bevor du Engel wurdest. Und dass deine Seelenstruktur die ungewöhnliche Struktur deiner neuronalen Muster in deinen drei Gehirnen erzeugt hat. Deshalb hattest du soziale Gefühle, bevor du sie gemäß unserer Programmierung überhaupt hättest haben können.«

»Ich war ein Mensch, bevor ich Engel wurde?«, fragte ich verwundert. »Ist denn so etwas überhaupt möglich?«

»Theoretisch ist das durchaus möglich. Alle menschlichen Seelen leben nach ihrem physischen Tod im Großen Geist weiter. Normalerweise inkarnieren die meisten von ihnen auch wieder als Mensch im Paradies. Wie sie als Engelsidentitäten erwachen können, ist uns noch ein Rätsel. Wir halten es für so gut wie sicher, dass die menschlichen Seelen das ebenfalls nicht wissen. Wenn du daher tatsächlich eine menschliche Seele warst, bevor du Engel wurdest, musst du dabei Hilfe gehabt haben. Und wir kennen niemanden außer dem Großen Geist selbst, der dazu in der Lage wäre.«

»Dann müsste ich davon ausgehen, dass der Große Geist sich dabei etwas gedacht hat«, sagte ich.

»Ja, davon gehe ich auch aus«, stimmte mir Ella zu. »Ich denke daher, dass wir gut daran tun, deinen Ideen und Eingebungen in Bezug auf die Menschen zu folgen. Das scheint alles kein Zufall zu sein.«

Nuno hatte sich nach diesem Gespräch in der Bibliothek unserer Residenz materialisiert und ich im Badezimmer unseres Apartments. Wir trafen uns kurz darauf im Wohnzimmer von Nuno wieder, wo noch immer Greg, Brian und Dylan saßen und Pause machten.

»Greg, ich wollte dich noch etwas fragen«, sagte ich, als ich mich zu Brian auf das Sofa setzte. »Ich habe dafür gesorgt, dass die Nerds neue schicke Outfits bekommen. Agent Sullivan wollte sich darum kümmern. Würde es dir Spaß machen, noch einigen der Nerds solch ein Makeover zukommen zu lassen, wie du es mit Kevin und Emma gemacht hast?«

»Aber hallo würde mir das Spaß machen!«, sagte Greg sofort begeistert mit frischer Energie. »Die sind alle so lieb. Und sie könnten alle so viel mehr aus sich machen. Es wäre mir eine große Freude, sie alle umzustylen. Wann kriegen wir denn die neuen Klamotten?«

»Das weiß ich noch nicht«, sagte ich. »Aber ich habe das Gefühl, wenn dieser Agent Sullivan sich um etwas kümmert, geht das immer recht flott.«

»Sag mir bitte sofort Bescheid, wenn du etwas hörst. Ich werde mir dann schon einmal in der Zwischenzeit passende Frisuren für die Nerds einfallen lassen.«

»Vielen herzlichen Dank«, sagte ich zu Greg. »Das freut mich wirklich sehr für die Nerds. Ich kriege jetzt noch eine Gänsehautentzündung, wenn ich daran denke, wie Emma reagiert hat, als sie sich nach deinem Makeover das erste Mal im Spiegel gesehen hat.«

»Ja, da kriege ich auch noch immer eine *Gänsehautentzündung*«, meinte Greg amüsiert.

»Ich würde mir gerne noch ein wenig anschauen, was den Nerds noch so alles eingefallen ist«, sagte ich. »Hat jemand Lust, mitzukommen?«

»Ich bin dabei«, sagte Brian und stand zusammen mit mir auf.

»Ich ebenfalls«, sagte Nuno.

»Ich komme auch mit«, schloss sich Greg kurzentschlossen an. »Dann kann ich mir das mit den passenden Frisuren schon einmal anschauen.«

»Ich brauche jetzt echt 'ne Pause«, meinte hingegen Dylan. »Ich glaube, ich lege mich für ein Stündchen hin.«

Als wir das Apartment verließen, hörten wir, dass am Eingang der Residenz irgendetwas vor sich ging. Wir vernahmen laute Stimmen. Gabriella schien jemanden beruhigen zu wollen, der offensichtlich sehr aufgebracht war. Seine markante nasale Stimme kam mir sehr bekannt vor.

»Ich glaub's ja nicht!«, sagte Romeo völlig aufgelöst, als er mich kommen sah. »Du?!«

Es standen 18 Menschen am Eingang der Residenz. Offenbar hatte Romeo sein gesamtes Team mitgebracht.

»Hallo, Romeo«, begrüßte ich ihn. »Es freut mich sehr, dass du und deine Leute es einrichten konnten.«

»Dass wir es einrichten konnten?!«, wiederholte er aufgebracht meine Worte. »Sie sagten, es ginge um die nationale Sicherheit. Hast du eine Ahnung, wie mir da der Stift ging?! Bewaffnete Soldaten haben mich und meine Mitarbeiter einfach mitgekommen und in einen Militärhubschrauber gesetzt. Mir ist fast das Herz stehen geblieben. Dann haben sie uns unsere Handys abgenommen. Und meine gesamte Kollektion haben sie auch gleich eingepackt. Wir haben übermorgen die wichtigste Modenschau des ganzen Jahres. Da brauchen wir die Sachen. Und wir sind jetzt schon zeitlich im Verzug. Das ist ein völliges Desaster.«

»Ich habe Agent Sullivan gefragt, ob er etwas für mich tun kann, und habe deinen Namen erwähnt«, antwortete ich. »Kann sein, dass er da ein wenig übertrieben hat. Tut mir sehr leid.«

»Ein wenig übertrieben?!«, erwiderte Romeo fassungslos.

»Bitte entschuldigen Sie die Unannehmlichkeiten«, sagte Gabriella. »Sie werden für alles großzügig entschädigt.«

»Wie wollen Sie das denn entschädigen?!«, erwiderte er. »Wenn unser Event übermorgen nicht stattfindet, bin ich als Designer erledigt. Wir haben neben der Presse alles eingeladen, was Rang und Namen hat. Wenn wir da einfach nicht erscheinen, wird man das als absolute Respektlosigkeit ansehen. Ich werde meine wichtigsten Kunden und alle meine Geschäftspartner verlieren. Und die Presse wird mich zerreißen und nie wieder über mich berichten. Und ohne Medienpräsenz sind wir am Arsch, Darling. Mein Leben ist zerstört! Wie wollen Sie das entschädigen?!«, fragte er vorwurfsvoll.

»Was deine Medienpräsenz betrifft, da hätte ich vielleicht eine Lösung«, sagte ich. »Was wäre, wenn wir deine Modenschau hier drin stattfinden lassen?«

»Dein Ernst?!«, fragte Romeo skeptisch. »Hier aus dem Inneren eines unterirdischen Bunkers der NSA?!«

»Ich müsste das erst abklären lassen«, wendete Gabriella ein.

»Wenn Agent Sullivan das erlaubt, wäre es dann möglich?«, wollte ich wissen.

»Ja, dann wäre es sicherlich möglich«, antwortete Gabriella. »Aber so etwas hat es hier noch nie gegeben.«

»Dann wäre das die mit großem Abstand abgefahrenste Location, in der jemals eine Modenschau stattgefunden hat«, meinte Brian. »Ich kann mir nicht vorstellen, dass die Presse sich dafür nicht interessieren würde.«

Ein Mitarbeiter von Romeo, der die ganze Zeit neben ihm gestanden hatte, flüsterte ihm etwas ins Ohr.

»Wie genau würde das denn aussehen?«, wollte Romeo von Gabriella daraufhin wissen. »Würden meine Gäste und die Presse dann alle hierherkommen?«

»Nein, das ist leider nicht möglich«, sagte Gabriella. »Wir können die Modenschau von hier drinnen aus live übertragen. Hier sind überall hochauflösende Kameras, die alles aus jedem Blickwinkel aufnehmen. Und einen Fernsehsender zu finden, der Ihre Modeschau dann ausstrahlt, wird vermutlich das kleinste Problem sein.«

Der Mitarbeiter flüsterte Romeo erneut etwas ins Ohr.

»Okay, dann holen wir die Models hierher und sagen die alte Location ab«, meinte Romeo. »Aber dann brauchen wir unsere Handys wieder.«

»Das mit den Handys geht leider nicht«, sagte Gabriella. »Aber ich werde mich für Sie um alles kümmern. Und das mit den Models geht leider auch nicht. Wir können Ihnen jedoch 30 junge Mitarbeiter der NSA zur Verfügung stellen, die anstelle der Models über den Laufsteg laufen.«

»Haben die denn Model-Erfahrung?«, fragte Romeo skeptisch.

»Nein, das haben sie nicht«, antwortete Greg. »Aber mit ein wenig Laufstegtraining und einem guten Makeover kriegen sie das schon hin. Und wenn du das möchtest, dann laufe ich gerne ebenfalls mit.«

»BeautyQueen?!«, fragte Romeo verwundert, denn offenbar hatte er Greg erst jetzt erkannt.

»Im Moment lieber Greg, aber für deine Show gerne BeautyQueen«, sagte er lächelnd.

Erneut flüsterte Romeos Mitarbeiter ihm etwas ins Ohr.

»Ich laufe ebenfalls gerne für dich über den Laufsteg?«, sagte ich, da Romeo immer noch unentschlossen aussah.

»Falls ihr mich gebrauchen könnt, bin ich auch dabei«, sagte Brian zu Romeo. »Und Dylan und Ava machen bestimmt auch mit.«

»Wenn du ein schönes Tutu für mich hast, bin ich auch mit dabei«, meinte Nuno lachend. »Geiler Scheiß!«

Erneut flüsterte der Mitarbeiter von Romeo ihm etwas ins Ohr. Romeos Augen fingen an zu leuchten.

»Kann ich die 30 Models mal sehen, die außer euch noch für uns laufen?«, fragte er.

»Ja, natürlich. Sie sind alle hier«, sagte Gabriella. »Im Moment sind sie im Untergeschoss dieser Residenz. Es sind 15 Frauen und 15 Männer. Alle im Alter zwischen 25 und 30 Jahren. Ich möchte jedoch noch einmal daran erinnern, dass das alles nur möglich ist, wenn Agent Sullivan es genehmigt.«

»Ich würde ihn das gerne selbst fragen«, sagte ich zu Gabriella. »Kannst du das möglich machen?«

»Ich versuche, ihn telefonisch zu erreichen«, sagte sie. »Dann kannst du ihn gleich fragen.«

Wenige Sekunden später hatte sie Agent Sullivan am Apparat.

»Entschuldigen Sie bitte die Störung«, sagte sie zu ihm. »Miss Soul möchte gerne persönlich mit Ihnen sprechen.« Daraufhin reichte sie mir ihr Telefon.

»Hallo, Agent Sullivan«, sagte ich. »Sie haben gesagt, dass ich mich an Sie wenden darf, wenn ich etwas brauche.«

»Was kann ich für Sie tun, Miss Soul?«, fragte er freundlich.

»Ich benötige für mein Sozialexperiment eine soziale Herausforderung für meine 30 Probanden. Diese Herausforderung besteht in einer Modenschau, bei der sie für den Designer laufen sollen, den Sie mir in die Residenz geschickt haben. Den Laufsteg können wir hier in der Residenz im Salon aufbauen. Damit diese Modenschau eine echte Herausforderung für meine Probanden darstellt, muss sie live von einem Fernsehsender ausgestrahlt werden. Wir benötigen dazu nur die Überwachungselektronik im Salon und keine weiteren Kamerateams. Würden Sie dieses Event genehmigen?«

»Das muss ich mit meinen Vorgesetzten abklären«, sagte Agent Sullivan. »Aber ich bin zuversichtlich, dass wir eine Lösung finden werden. Bitte geben Sie mir nochmals Agent Anderson.«

Ich übergab das Smartphone wieder an Gabriella. Die hörte kurz zu und sagte dann: »Alles klar, Sir. Ich werde darauf achten.«

»Dann werde ich dir mal die Location und deine neuen Models zeigen«, sagte Greg zu Romeo. »Es sind allesamt sehr nette Leute.«

Wir gingen mit Romeo und seinem Berater runter ins Untergeschoss. Der Rest seines Teams blieb am Eingang der Residenz.

Die meisten der Nerds waren noch im Salon versammelt, um Zurückweisung zu üben. Als wir den Raum betraten, schauten sie kurz auf und wendeten sich dann sofort wieder ihrer Aufgabe zu.

Romeo schüttelte skeptisch den Kopf, als er die Nerds begutachtete. Kevin betrat im gleichen Augenblick den Salon, ging an uns vorbei und ließ neben uns sein Handtuch fallen. Romeos Berater flüsterte ihm wieder etwas ins Ohr.

»Netter Junge!«, sagte Romeo, während er Kevin amüsiert zuschaute, wie er nackt durch den Salon schritt.

»Ich habe Kevin gestern Abend eine neue Frisur verpasst«, meinte Greg stolz. »Die anderen bekommen auch alle ein gründliches Makeover vor deiner Show. Das ist der eigentliche Grund, warum du hier bist. Wir brauchen für dieses Makeover coole Outfits. Da hat Mary dich vorgeschlagen.«

Romeos Berater flüsterte ihm erneut etwas ins Ohr.

»Also gut, Mädels«, meinte Romeo daraufhin zu uns allen. »Lasst uns loslegen. Es liegt eine Menge Arbeit vor uns, bevor diese Leute meine Kollektion präsentieren können.«

»Wir haben hier einige Besprechungsräume, die wir für das Makeover nutzen können«, meinte Greg. »Hast du in deinem Team auch ein paar Make-up-Artists dabei? Zur Not schaffe ich das Hairstyling bis übermorgen auch allein, doch für das Make-up bräuchte ich auf jeden Fall Unterstützung.«

»Schatz, ich habe mein ganzes Team dabei«, sagte Romeo. »Haare und Make-up werden unser kleinstes Problem sein.«

»Ich habe mir bereits passende Frisuren für einige dieser Leute überlegt«, meinte Greg. »Ich hoffe, es ist für dich okay, dass ich mich dabei deinem Team anschließe.«

Der Berater von Romeo flüsterte ihm erneut etwas zu.

»Du wirst das Team leiten«, sagte Romeo zu Greg mit leuchtenden Augen. »Das wird eine unglaubliche Publicity. Meine Kollektion, präsentiert von Mary Soul, der wohl zurzeit berühmtesten Person auf dem gesamten Planeten, Brian Summers, Dylan Derrington und Ava Devon und weiteren 30 echten NSA-Mitarbeitern, gestylt von niemand Geringerem als BeautyQueen persönlich. Ich glaub's ja nicht! Das wird der Oberknaller!«

Greg zeigte Romeo die Besprechungsräume, die sie für das Makeover verwenden konnten. Kurz darauf bezog das Team von Romeo Stellung in diesen Räumen und fing an, sich einzurichten. Die Nerds halfen dabei, die Kisten und Koffer mit dem gesamten Equipment vom Eingang der Residenz nach unten in die Besprechungsräume zu bringen. Anschließend baten wir die Nerds, im Salon Platz zu nehmen, und informierten sie über unsere Pläne. Ich stand zusammen mit Romeo und Greg am Eingang und richtete das Wort an die Gruppe.

»Ihr habt euch vermutlich darüber gewundert, was ihr da alles an Equipment in die Besprechungsräume gebracht habt. Romeo und sein Team sind hier, um euch eine weitere Herausforderung anzubieten, bei der es um die Unterscheidung zwischen Hättegerns von Brauchens und Hätteliebernichts von Darfnichts geht. Wir gehen davon aus, dass diese Herausforderung mit einigen zu hohen gefühlten Wichtigkeiten kollidieren könnte, die in eurem unbewussten System derzeit noch abgespeichert sind. Wir möchten bei diesem Experiment herausfinden, wie gut es euch in der Praxis gelingt, diese falsche gefühlte Wichtigkeit zu korrigieren und gleichzeitig zwischen Hättegerns und Brauchens sowie Hätteliebernichts und Darfnichts zu differenzieren. Wie ihr alle mitbekommen habt, haben Kevin und Emma ein Umstyling von uns erhalten. Wir möchten euch allen ein solches Makeover anbieten. Dafür haben wir Romeo und sein Team zu uns geholt.«

Die Nerds applaudierten begeistert. Offenbar hatten sie sich tatsächlich alle solch ein Makeover gewünscht.

»Romeo ist ein berühmter Designer, der mich auch für *Shameless in Paradise* ausgestattet hat«, fuhr ich fort.

Erneut applaudierten sie begeistert.

»Das Makeover ist jedoch nur ein kleiner Bestandteil des Experiments«, erklärte ich weiter. »Übermorgen findet hier im Salon eine Modenschau statt, bei der Romeo seine neue Kollektion einem Millionenpublikum präsentieren wird. Wir haben noch keine endgültige Genehmigung für diese Show bekommen, doch Agent Sullivan war zuversichtlich. Wir werden vermutlich einfach die Überwachungselektronik hier im Salon dafür nutzen. Alles, was hier übermorgen geschieht, wird dann von einem öffentlichen Fernsehsender live ausgestrahlt. Und ihr werdet als Models über den Laufsteg laufen und Romeos Outfits präsentieren.«

Die Nerds waren regelrecht geschockt von dieser Ankündigung. Sie fingen sofort an, aufgeregt zu tuscheln. Einige schienen auch nicht so recht glauben zu wollen, dass wir das tatsächlich machen wollten. Sie spekulierten damit, dass die Modenschau nicht echt sei, sondern nur für das Sozialexperiment vorgetäuscht würde.

»Die Show ist echt«, sagte ich deshalb zur Gruppe. »Ihr werdet tatsächlich vor einem Millionenpublikum live über den Laufsteg laufen. Wenn sich jemand dieser Herausforderung nicht stellen möchte, ist das natürlich vollkommen in Ordnung. Damit Romeo und sein Team lückenlos planen können, bitte ich jedoch um eine verbindliche Entscheidung. Wer sich also jetzt dazu entscheidet mitzumachen, sollte bei der Show nachher keinen Rückzieher mehr machen. Ich bitte alle aufzustehen, die sich dieser Herausforderung stellen möchten.«

Es lag eine hohe Anspannung in der Luft. Nach und

nach standen dann alle Nerds und alle meine Lieblingsmenschen auf. Nuno ebenfalls, der das Ganze erneut mit den Worten »Geiler Scheiß!« kommentierte. Und tatsächlich lachte der ganze Saal spontan über seine beiden Lieblingsworte.

Romeo übernahm das Wort und gab der Gruppe mit einer Geste zu verstehen, dass sie sich wieder hinsetzen soll. »Es freut mich sehr, dass ihr alle diese Herausforderung annehmt«, sagte er. »Es liegt in den nächsten beiden Tagen sehr viel Arbeit vor uns. Dieses Experiment ist für mich ein sehr großes Risiko. Ursprünglich hatte ich 20 professionelle Models engagiert und eine luxuriöse Location angemietet. Die Presse war eingeladen, und viele bekannte Stars hätten im Publikum gesessen. Diese Show sollte das Highlight des gesamten Jahres für mich und meine Firma werden. Euer Agent Sullivan hat uns jedoch unverhofft einen Strich durch die Rechnung gemacht. Solltet ihr das übermorgen versemmeln, bin ich als Designer geliefert. Denn in unserer Branche gilt: Einmal weg vom Fenster, immer weg vom Fenster! Das Überleben meiner Firma hängt davon ab, dass diese Show ein Erfolg wird. Ich hoffe daher sehr, dass ihr euch dem Ernst der Lage bewusst seid und euch in den nächsten beiden Tagen richtig ins Zeug legt.«

»Wer von euch motiviert ist, Romeo zum Erfolg seines Lebens zu verhelfen, der steht jetzt bitte einmal auf!«, sagte Greg.

Alle standen auf und applaudierten.

»Das Wichtigste ist, dass ihr euch in dem Outfit gut fühlt, das ich euch zuteilen werde«, fuhr Romeo fort.

Stella meldete sich mit einem Handzeichen zu Wort und unterbrach damit Romeos Vortrag, was ihn sichtlich irritierte. Ich erteilte schließlich Stella das Wort, da Romeo offensichtlich nicht so recht wusste, wie er auf Stellas Handzeichen reagieren sollte.

»Aber ist es nicht viel wichtiger, dass es einem wirklich gut geht, anstatt sich nur gut zu fühlen?«, fragte sie.

»Doch, natürlich«, bestätigte ich ihr. »Wenn man sich darum bemüht, sich gut zu fühlen, bewirkt das in Wirklichkeit genau das Gegenteil. Das macht unglücklich.«

Romeo sah mich verwundert an, schüttelte irritiert den Kopf und wendete sich wieder an die Gruppe.

»Wenn ihr über den Laufsteg lauft, sollt ihr euch selbstbewusst und stark fühlen wie eine Königin«, erklärte er weiter. »Man darf euch auf keinen Fall eure Angst ansehen. Fühlt euch stark und sicher.«

Maya meldete sich dieses Mal mit einem Handzeichen zu Wort und unterbrach damit Romeo erneut, was ihn so langsam aus der Fassung zu bringen schien.

»Ja, liebe Maya«, sagte ich deshalb zu ihr, da Romeo nicht auf ihre Wortmeldung reagiert hatte.

»Es ist doch in Wirklichkeit gar nicht wichtig, ob man Angstgefühle hat oder nicht«, sagte sie. »Wichtig ist doch nur, dass es keine reale Gefahr oder Bedrohung gibt.«

»Ja, das ist richtig«, bestätigte ich ihre Aussage.

»Es ist auch nicht sinnvoll, sich selbstbewusst und sicher *fühlen* zu wollen«, klärte Emma Romeo auf. »Dadurch würde man dem Gefühl eine viel zu hohe gefühlte Wichtigkeit geben und sich dann automatisch unsicher fühlen. Es ist daher viel wichtiger, sich darüber im Klaren zu sein, dass man gar kein Selbstbewusstsein braucht. Das ist nämlich nur ein Hättegern.«

»Ganz genau, liebe Emma«, stimmte ich ihr zu.

»Ich glaube, ihr versteht überhaupt nicht, worum es bei Mode geht«, kritisierte Romeo uns daraufhin ungehalten. »Der Zuschauer muss das Gefühl kriegen, dass man sich in meinen Outfits stark, selbstsicher und wohlfühlt. Niemand will sich wie ein graues, verschüchtertes und einsames Mäuschen fühlen. Ihr müsst Lebensfreude und Lebenslust ausstrahlen. Menschen darstellen, die jeder haben will und die jeder toll findet. Wenn ihr auf dem Laufsteg meine Mode tragt, müsst ihr euch glücklich und frei fühlen. Euch gehört die Welt. Niemand kann euch das Wasser reichen. Das Leben ist schön und leicht. Zumindest für alle, die meine Outfits tragen. Das müsst ihr verkörpern. Mode bedeutet nicht einfach nur, Klamotten zu verkaufen. Mode bedeutet, Emotionen zu verkaufen.«

Tyler meldete sich zu Wort. »Es ist sehr wichtig, dass wir alle tatsächlich frei sind. Sich frei fühlen zu wollen, ist hingegen völlig unsinnig. Das impliziert ja sogar die Falschmeldung, wir wären in Wirklichkeit gar nicht frei.«

»Und es ist auch viel wichtiger, tatsächlich glücklich zu sein und sich nicht nur so fühlen zu wollen!«, belehrte Isaac Romeo.

»Stark muss man in der Zivilisation in Wirklichkeit auch nicht mehr sein«, sagte Ethan. »Wir haben alle den gleichen Rang und damit die gleichen Rechte und Privilegien. Ganz egal, ob wir stark oder schwach sind. Wir leben ja nicht mehr in der Steinzeit. Dem Starkfühlen eine überhöhte Bedeutung zu geben, ist daher nicht sinnvoll. Wenn man sich unbedingt stark fühlen will, bewirkt das in Wirklichkeit genau das Gegenteil. Man fühlt sich verunsichert und schwach.«

»Auch möchten wir, dass unser Leben wirklich leicht ist«, sagte Natalie. »Das leichte Lebensgefühl ist maximal ein Hättegern, aber auf keinen Fall ein Brauchen.«

»Und dieses emotionale Hättegern sollte auch nicht wichtiger werden als die Realität«, fügte ich hinzu. »Das bringt immer nur Schaden und keinen Nutzen.«

»Man sollte sich besser darum kümmern, tatsächlich ein erfülltes Leben zu führen, anstatt Lebensfreude empfinden zu wollen«, meinte Sophia. »Dem Gefühl hinterherzurennen, bringt einen auf die völlig falsche Spur. Man wird in Wirklichkeit immer unzufriedener.«

»Wollt ihr mich hier verarschen?!«, fragte Romeo aufgebracht.

»Sorry«, sagte ich zu Romeo. »Mein Fehler. Das kannst du alles nicht wissen. Wenn Menschen es zu wichtig finden, bestimmte Gefühle zu haben und andere nicht zu haben, dann wirkt sich diese zu hohe gefühlte Wichtigkeit äußerst schädlich auf ihr gesamtes Leben aus. Fast alle in diesem Raum außer dir und deinem Team sind Emotionsexperten. Diese Leute haben trotz ihres jungen Alters alle mindestens einen Doktortitel. Sie wollen dich daher wirklich nicht verarschen, sondern dir nur helfen, die Welt besser zu verstehen.«

»Es geht hier um eine verfickte Show und nicht darum, das Leben zu verstehen«, erwiderte Romeo ungehalten. »*Meine* Show, übrigens!«, betonte er. »Models machen, was der Designer ihnen sagt, und nicht umgekehrt. Entweder halten sich diese, diese ... – ach was weiß ich – jetzt an meine Anweisungen, oder wir beenden das Ganze hier und jetzt auf der Stelle.«

»Ich befürchte, dass das so mit dieser Gruppe nicht laufen wird«, sagte Greg zu Romeo in einem besänftigenden Tonfall. »Diese Leute gehören zu den intelligentesten Köpfen auf der ganzen Welt. Wenn die für dich laufen, ist das etwas nie Dagewesenes. Etwas, was noch kein Designer auf dieser Welt je erlebt hat. Du wirst der erste und vermutlich sogar für alle Zeiten der einzige sein. Das ist eine einmalige Chance, die wir natürlich auch einem anderen Designer anbieten können. Es ist deine Entscheidung!«

Der Berater von Romeo flüsterte ihm wieder etwas ins Ohr.

»Also gut«, sagte Romeo zu Greg. »Wie kann ich diese Herren und Frauen Doktoren dazu bewegen, dass sie sich in meinen Outfits wohlfühlen?«

»Ganz einfach«, sagte Greg. »Wir machen sie schön! Wenn du Emma heute Morgen nach ihrem Makeover gesehen hättest, würdest du keinen einzigen Gedanken mehr daran verschwenden, wie diese Leute auf dem

Laufsteg mit deinen Outfits wirken. Emma trägt immer noch die Hose und die Bluse, die sie heute Morgen von Mary bekommen hat. Kommst du bitte einmal nach vorne, liebe Emma?!«, bat sie Greg daraufhin. »Ich vermute, dir kommen diese Kleidungsstücke bekannt vor«, wendete er sich wieder Romeo zu, während Emma sich vor Romeo stellte und ihm selbstbewusst in die Augen schaute. »Wenn jemand sich zum ersten Mal in seinem Leben so richtig schön findet, dann springt der Funke aber sowas von über! Findest du nicht?! Das wird die Show deines Lebens. Das garantiere ich dir«, fuhr Greg fort. »Zeig den Damen und Herren Doktoren einfach nur, wie man sich auf dem Laufsteg bewegt, wenn man sich richtig schön findet. Denn genau das werden sie tun. Dafür werden wir sorgen. Und zwar, weil wir sie wirklich schön machen! Wir zeigen authentische Menschen auf dem Laufsteg, die sich mit ihren neuen Frisuren, ihrem Make-up und ihren tollen Outfits zum ersten Mal in ihrem Leben wirklich schön finden. Eine bessere Wirkung, um deine Mode zu verkaufen, wirst du nie wieder bekommen.«

Romeo zeigte sich beeindruckt von Gregs Argumenten und teilte die Nerds in sechs Fünfergruppen ein, denn mit Greg hatte er fünf Hairstylisten zur Verfügung. Während Greg sich um die Frisuren der ersten Gruppe kümmerte, suchte Romeo in der Zwischenzeit mit seinem Flüsterberater die passenden Outfits für seine erste Fünfergruppe aus.

Für die meisten musste das Outfit abgeändert werden, denn die Nerds waren dafür entweder nicht schlank oder nicht groß genug. Zum Glück hatte Romeo genügend Schneiderinnen und Schneider in seinem Team, die das bis zur Show gut schaffen konnten. Sie hatten in der Zwischenzeit bereits ihre Arbeitsplätze in einem der Besprechungsräume eingerichtet und halfen nun bei der Anprobe.

Die restlichen Nerds schafften zusammen mit Brian, Nuno und mir erst einmal Platz im Salon. Der Raum war zwischen der Eingangstür und der gegenüberliegenden Wand etwa 20 Meter lang und maß in der Breite gute zehn Meter. Wir räumten die Möbel zur Seite, sodass wir einen vier Meter breiten und 20 Meter langen Weg zur Verfügung hatten, auf dem der Walk stattfinden sollte. Danach erhielten wir von Aurora, einem weiblichen Mitglied aus Romeos Team, unser erstes Laufstegtraining.

Wir durften heute noch mit unseren eigenen Schuhen laufen. Aurora kündigte jedoch bereits an, dass die Frauen bei der Show mit sogenannten *hohen Hacken* laufen müssten, was deutlich anspruchsvoller sei. Sie hatte uns gebeten, uns links und rechts neben dem Weg aufzustellen, den wir freigeräumt hatten. Dann gab sie ihrem Assistenten, dessen Namen man uns nicht verraten hatte, ein Zeichen und verließ den Salon durch die Eingangstür. Kurz darauf erklang laute Musik im Salon.

Wenige Sekunden später betrat Aurora wieder den Raum. Sie ging zwei Schritte, hielt dann an und nahm eine elegante Pose ein. Sie stand da, ohne uns anzuschauen. Ihr Blick war geradeaus auf die gegenüberliegende Wand gerichtet, als würde sie in die Ferne schauen. Dann lief sie zügig mit großen Schritten los, hielt zwei Meter vor der Wand vor einer der Überwachungskameras an und nahm eine weitere Pose ein. Wenige Sekunden später drehte sie sich zackig um und ging durch den Salon zurück, den sie ohne weiteren Stopp wieder durch die Eingangstür verließ. Daraufhin drehte der Assistent die Musik wieder ab.

»Schaut beim Walk immer geradeaus«, sagte Aurora, als sie wieder zu uns kam. »Weder rechts noch links und auf keinen Fall auf den Boden, denn das wirkt unsicher. Schaut entspannt und selbstbewusst geradeaus. Die Leute, die hier links und rechts von euch stehen, nehmt ihr überhaupt nicht wahr. Alles klar?«

Wir nickten zustimmend.

»Wer traut sich als Erstes?«, fragte sie.

Emma meldete sich. Sie fühlte sich mit ihrem Outfit und ihrer neuen Frisur und dem Make-up von Greg ganz offensichtlich immer noch sehr schön.

»Dann los, Mädchen!«, sagte Aurora. »Zeig uns, wer du bist! Mach das Gleiche, was ich eben gemacht habe. Nimm für den Anfang erst einmal die gleichen Posen an. Wir werden morgen individuelle Posen finden, die zu eurer Persönlichkeit und den präsentierten Kleidungsstücken passen. Für heute genügt es, wenn ihr laufen lernt.«

Emma verließ also den Salon. Der Assistent machte

kurz darauf die Musik wieder lauter. Wenige Sekunden später erschien Emma in der Eingangstür und machte die Pose von Aurora nach. Das sah jedoch irgendwie nicht so richtig elegant aus.

»Ich liebe deinen Look, aber deine Schultern hängen etwas durch«, sagte Aurora zu Emma. »Schmeiß deine Schultern nach hinten und bring deine Attitude auf den Laufsteg, Baby! Zeig ihnen, dass du ein Supermodel aus einer anderen Galaxie bist! Und jetzt lauf los!«

Emma ging schnellen Schrittes durch den Salon, den Blick starr auf die gegenüberliegende Wand gerichtet. Dort hielt sie an und nahm die zweite Pose an, was ebenfalls nicht wirklich elegant aussah.

»Du siehst aus wie ein Ufo, das gerade im Landeanflug ist«, rief Aurora ihr zu. »Lass uns das ändern! Stell dir vor, du bist ein menschliches Kunstwerk, das sich durch den Raum bewegt. Jeder Schritt ist ein Pinselstrich, der ein Meisterwerk kreiert. Mal die Welt mit deinem einzigartigen Stil! Und jetzt dreh dich um und lauf los, als gäbe es kein Morgen!«

Emma eilte schnellen Schrittes zurück zur Eingangstür und verließ den Salon, ohne sich noch einmal zu uns umzudrehen. Kurz darauf kam sie schüchtern lächelnd wieder zu uns zurück. Der Assistent stellte die Musik wieder ab.

»Da war schon viel Gutes dabei«, meinte Aurora. »Gleich nochmal. Stell dir dieses Mal vor, du wärst ein Fabelwesen, das aus den Tiefen des Ozeans aufgetaucht ist! Beweg dich wie eine mysteriöse Meeresgöttin und lass die Zuschauer in deinen magischen Bann geraten!«

Emma verließ also wieder den Salon, und der Assistent drehte die Musik wieder laut. Kurz darauf erschien Emma in der Eingangstür und nahm die erste Pose an.

»Yes, you got it!«, rief Aurora begeistert, was mich ein wenig wunderte, denn ich konnte keinen Unterschied zum ersten Mal erkennen. »Yes, come on!«, rief Aurora motivierend. »Schließ die Augen kurz und gib mir sexy eyes! Zeig mir, wie hot du bist! Weiter Mund, weiter Mund! Öffne deinen Mund zwischendurch einen Spalt, das macht dich noch heißer.«

Als Emma am Ende des Salons ankam, nahm sie die zweite Pose ein, die erneut eher schüchtern als selbstbewusst aussah. Daraufhin drehte sie sich ruckartig um und verließ mit schnellen Schritten wieder den Raum, als hätte sie es sehr eilig.

»Du bist auf dem richtigen Weg«, sagte Aurora zu ihr, als sie wieder den Salon betrat. »Aber du bewegst dich eher wie ein schüchternes Seeungeheuer anstelle einer majestätischen Meeresgöttin. Lass uns deine geheimnisvolle Seite betonen und die Zuschauer mit deinem betörenden Ozeantanz verzaubern. Gleich nochmal!«

Emma verließ also erneut den Salon, und der Assistent drehte die Musik lauter.

»Starke Pose!«, rief Aurora motivierend, als Emma den Raum betrat. »Und jetzt gib mir ein Lächeln! Ja, genau. Du siehst heiß aus, Baby. Attitude! Und jetzt lauf los!«

Emma ging erneut schnellen Schrittes durch den-Salon, als hätte sie es eilig.

»Lass dir Zeit!«, sagte Aurora daraufhin zu ihr. »Kinn etwas runter! Lass! Dir! Zeit!«, wiederholte sie noch einmal, da Emma immer noch genauso schnell durch den Raum rannte. Daraufhin verlangsamte Emma ihre Geschwindigkeit ein wenig. »Und jetzt zweite Pose!«, rief Aurora motivierend, woraufhin Emma stehen blieb und ihre Pose einnahm. »Schultern runter und zurück, sonst siehst du wieder aus wie ein Ufo im Landeanflug. Lauf, als ob du auf Wolken schwebst und die Schwerkraft vergessen hast!«, fuhr Aurora fort, als Emma wieder zurück zur Eingangstür lief. »Gib der Schwerkraft eine Ohrfeige und zeig ihr, wie man mit Style durch die Lüfte schwebt!«

Als die Musik wieder leiser gedreht wurde und Emma verschüchtert zurück in den Salon kam, meinte Aurora: »Du siehst fantastisch aus, aber dein Laufstil erinnert eher an einen verlorenen Astronauten auf dem Mond. Dein Hals wirkt noch sehr angespannt, fast schon steif. Aber das kriegen wir hin. Wir müssen an deinen Schultern arbeiten, und du bist sehr, sehr schnell gegangen. Lass dir wirklich Zeit und genieße es!« Daraufhin wendete sich Aurora wieder an die Gruppe. »Okay, wer will als Nächstes?«

Nuno meldete sich grinsend zu Wort. Aurora zeigte sich ein wenig irritiert und schaute sich weiter um, doch sonst meldete sich niemand.

»Okay, wie heißt du?«, wollte sie von Nuno wissen.

»Richard«, antwortete er.

»Und du willst bei der Show mitlaufen?«, fragte sie skeptisch.

»Klarinette«, antwortete Nuno.

»Dann zeig uns, was du kannst!«, forderte sie ihn auf.

Daraufhin verließ Nuno den Salon. Die Musik wurde erneut lauter gedreht. Nuno betrat den Salon, blieb auf dem exakt gleichen Punkt stehen, an dem Aurora ihre erste Pose eingenommen hatte, nahm auch ganz präzise ihre Pose ein, hielt sie bis auf die Millisekunde genauso lange wie sie, lief dann in der gleichen Geschwindigkeit los, wie Aurora es vorgemacht hatte, bewegte sich dabei auf die exakt gleiche Weise, nahm die zweite Pose ganz präzise ein, drehte sich auf die gleiche Weise um, wie Aurora es getan hatte, und verließ den Raum, als sei er eine männliche Aurora.

Nuno hatte Auroras Walk bis ins kleinste Detail kopiert, weshalb mir ein wenig mulmig wurde. So etwas konnten Menschen normalerweise nicht. Ich hatte diese Fähigkeit bei mir mit dem Savant-Syndrom erklärt. Doch das konnten wir nicht noch ein zweites Mal tun.

Aurora hatte sehr große Augen gemacht, als Nuno sie so präzise nachmachte. Sie hatte während des gesamten Walks kein einziges Wort gesagt. Man hätte sie jedoch ohnehin nicht gehört, denn während Nunos Walk hatten meine Lieblingsmenschen und die Nerds die ganze Zeit begeistert applaudiert und gejubelt.

»Na, da haben wir ja offensichtlich einen Profi mit dabei«, stellte Aurora fest, als Nuno wieder den Salon betrat und der Applaus abebbte. »Und jetzt mach das Gleiche noch einmal, aber lauf dieses Mal wie ein Mann«, sagte sie grinsend.

»Und wie läuft ein Mann?«, fragte Nuno ahnungslos und zuckte mit den Achseln. »Kannst du das vielleicht für mich einmal demonstrieren?«

»Du willst mich herausfordern?!«, meinte Aurora amüsiert. »Na gut, diese Herausforderung nehme ich gerne an.«

Daraufhin verließ sie den Salon. Kurz nachdem die Musik wieder laut gedreht wurde, erschien sie im Eingang, ging zwei Schritte und nahm eine ganz andere Art von Pose ein. Sie stand da wie eine männliche griechische Statue und schaute selbstbewusst in die Ferne. Wenige Sekunden später ging sie wieder mit großen Schritten durch den Salon. Dieses Mal jedoch, ohne die Hüfte zu schwingen und ihre Füße so stark zu überkreuzen wie beim ersten Mal. Am Ende des Laufstegs machte sie eine zweite männliche Pose, drehte sich wieder um und durchquerte in der gleichen maskulinen Art den Raum erneut bis zum Ausgang.

Wieder applaudierten alle begeistert. Danach war Nuno wieder an der Reihe. Erneut kopierte er ganz exakt jede kleinste Bewegung von Aurora, wobei der Walk bei ihm immer noch sehr feminin aussah.

»Okay, okay, du hast gewonnen«, sagte sie amüsiert zu ihm und verbeugte sich. »Dass du feminin laufen kannst wie ein weibliches Supermodel, wissen wir jetzt. Safe! Doch jetzt zeig uns, was du als Male-Model tatsächlich draufhast!«

»Ich soll maskulin laufen?«, fragte Nuno.

»Ja, zeig uns deine echte Personality!«, bestätigte sie. »Zeig uns, wer du wirklich bist!«

Nuno schaute mich fragend an, während er den Salon verließ, doch ich zuckte nur ratlos mit den Achseln.

Die Musik wurde eingeschaltet, und Nuno erschien in der Eingangstür. Er bewegte sich beim Gehen exakt so, wie Dylan sich normalerweise bewegte. Er nahm die erste Pose ein und sah abermals wie eine Mischung aus Aurora und Dylan aus. Die Meute tobte vor Begeisterung. Und so setzte sich das den gesamten Walk über fort. Ein tosender Applaus begleitete Nuno, bis er den Salon wieder verlassen hatte, und dann noch mehr, als er grinsend zurückkehrte.

»Für wen bist du schon gelaufen?«, fragte ihn Aurora. »Ich habe dich in der Mode-Welt noch nie wahrgenommen, was mir ein völliges Rätsel ist. Wer dich einmal gesehen hat, der wird dich sicherlich sein gesamtes Leben lang nie wieder vergessen.«

»Geiler Scheiß!«, sagte Nuno grinsend. »Ich bin bislang noch nie öffentlich gelaufen. Ich habe das nur seit meiner Kindheit ständig geübt, weil ich immer gerne ein Model gewesen wäre. Das war aber immer nur Spaß. Ich bin nicht gerade der Prototyp eines Models. Dass ich dann wirklich mal für einen Designer über den Laufsteg laufen darf, hätte ich mir in meinen kühnsten Träumen nicht ausmalen können.«

»Die Zeiten haben sich in der Model-Welt geändert«, meinte Aurora. »Ich prophezeie dir eine glänzende Karriere nach unserer Show. Ich hoffe, Romeo findet ein Outfit für dich. Es wäre eine Schande, solch ein Talent wie dich nicht laufen zu lassen.«

Nach Nuno liefen die Nerds wieder über den Laufsteg. Sie taten sich allesamt sehr schwer damit, bei ihrem kurzen Walk die Attitude zu vermitteln, die Aurora sich von ihnen wünschte. Ich fand es überaus erstaunlich, wie viele der 10 000 Sollvorstellungen, die Menschen aufgrund der großen Täuschung glauben, erfüllen zu müssen, um geliebt zu werden und einen guten Rang zu bekommen, in diese 30 Sekunden einfließen sollten, in denen wir diese 20 Meter auf und ab durch den Salon liefen.

Doch das Laufstegtraining machte allen sehr viel Spaß. Mir fiel auf, dass es generell sehr amüsant und lebendig geworden war in unserer Residenz, seit die Nerds hier eingezogen waren. Langweilig war jetzt wirklich keinem mehr.

Nach einer Weile erschienen dann auch Ava, Jason und Dylan im Salon. Sie hatten die ganze Aufregung verschlafen und waren sehr überrascht, was hier plötzlich los war. Oben hatte sie Gabriella nur kurz darüber informiert, dass Romeo mit seinem Team hier war und es übermorgen eine Modenschau geben sollte. Doch Gabriella hatte nur sehr wenig Zeit gehabt, ihnen alles genauer zu erklären, weil sie alle Hände voll damit zu tun hatte, mit dem Serviceteam die Apartments für Romeo und sein Team vorzubereiten und gleichzeitig seine Gäste und die eingeladene Presse über die Absage der Show zu informieren.

Wir erzählten daher Ava, Jason und Dylan noch einmal ausführlich, was sich hier in ihrer Abwesenheit alles ereignet hatte, und eröffneten ihnen die Möglichkeit, ebenfalls für Romeo bei der Show mitzulaufen. Jason wollte lieber nicht, doch Ava und Dylan fanden es sehr lustig und schlossen sich sofort dem Laufstegtraining an.

Nach einer Weile kam dann die erste Fünfergruppe mit zum Catwalk-Training dazu, für die Romeo bereits passende Outfits ausgesucht hatte, und fünf neue Leute gingen zu Romeo in den Besprechungsraum. Gregs Leute waren bislang noch nicht erschienen. Wir waren alle sehr gespannt darauf, wie sie mit ihren neuen Frisuren und dem Make-up von Greg aussehen würden.

Das Catwalk-Training zog sich dann bis zum Abendessen hin. Die Nerds beschlossen jedoch, nach dem Abendessen auch alleine weiterzuüben, sollte Aurora nicht mehr wollen. Sie zeigten sich wie üblich überaus motiviert. Offenbar war es egal, vor welche Herausforderung man sie stellte. Sie nahmen sie alle an und legten sich ins Zeug.

Beim Abendessen fiel mir ein Tisch auf, an dem die Nerds im Flüsterton diskutierten. Warum sie flüsterten, war mir ein Rätsel, deshalb ging ich rüber zu ihrem Tisch.

»Warum flüstert ihr?«, fragte ich Kevin, der mit an diesem Tisch saß.

»Wegen den Muggels«, antwortete er im Flüsterton. »Wir wollen niemanden beleidigen, doch wir wissen alle nicht, wie man am besten mit ihnen umgeht.«

»Was sind Muggels?«, fragte ich ebenfalls flüsternd.

»Sorry, so nennen wir sie unter uns«, sagte Kevin. »Ist

aber nicht abwertend gemeint. Der Begriff stammt aus *Harry Potter.* Wir sind alle Harry-Potter-Fans.«

»Wer ist Harry Potter?«, fragte ich weiterhin flüsternd.

»Du kennst die Bücher und Filme nicht?«, fragte er verwundert.

»Ich bin bei den Amish aufgewachsen«, erklärte ich. »Da hatten wir keine modernen Bücher. Und Filme sowieso nicht.«

»*Harry Potter* ist ein berühmter Roman«, klärte mich Kevin flüsternd auf. »Er handelt von einer magischen Welt und Menschen mit magischen Kräften. Als Muggel werden dort Menschen bezeichnet, die keine Zauberkräfte besitzen. Aus der Sicht von Hexen und Zauberern fehlt den Muggels deshalb etwas Entscheidendes, um mit den praktischen Dingen des Lebens klarzukommen.

Bis vor zwei Tagen haben wir uns ebenfalls alle noch als Muggels angesehen, denn wir hatten alle unsere Probleme damit, mit der echten Welt da draußen klarzukommen. Doch seit deinen beiden Workshops haben wir erkannt, dass die Welt viel einfacher ist, als wir sie bisher gesehen hatten. Alles ist einfacher, wenn man nicht ständig irgendwelche Gefühle vermeiden oder erreichen will. Wir sehen uns daher jetzt nicht mehr als Muggels an.

Doch wir wissen alle nicht so recht, wie man mit Muggels reden kann, die gar nicht wissen, dass sie Muggels sind. Romeo war ja ganz schön angepisst, als wir ihm das mit den Gefühlen erklären wollten. Er hat gar nicht verstanden, was wir ihm sagen wollen. Für ihn ist es genau dasselbe, ob man sich gut fühlt oder ob es einem wirklich gut geht. Ob man sich einsam fühlt oder wirklich einsam ist. Für ihn macht es keinen Unterschied, ob man das Gefühl hat, alles sei gut, oder ob wirklich alles gut ist. Ob sich das Leben leicht anfühlt oder ob es wirklich leicht ist. Ob man sich sicher fühlt oder ob man wirklich sicher ist. Ob sich etwas sinnvoll anfühlt oder ob es wirklich sinnvoll ist. Oder ob man sich frei fühlt oder tatsächlich frei ist. Für ihn macht das alles überhaupt keinen Unterschied.

Vor zwei Tagen war das bei uns ja noch ganz genauso. Und trotzdem wissen wir jetzt nicht, wie wir mit normalen Menschen umgehen sollen, nachdem wir nun über die Welt Bescheid wissen. Und Aurora hat auch immer nur darauf gedrängt, dass wir uns so oder so *fühlen* sollen. Es ging immer nur um Gefühle. Die ganze Welt dreht sich bei den Muggels scheinbar nur darum, bestimmte Gefühle zu haben und andere nicht zu haben. Was macht man da? Wie kann man mit diesen Menschen am besten umgehen, die nichts von alledem wissen, was du uns in den letzten beiden Tagen erklärt hast?«

»Das ist eine gute Frage«, sagte ich flüsternd. »Ich denke, dass man im Umgang mit Menschen wie Romeo vor allem berücksichtigen sollte, dass sie ihre Hättegerns immer unbedingt als Brauchens deklarieren wollen. Sobald man ihnen sagt, dass sie etwas nicht tatsächlich brauchen, sondern nur gerne hätten, denken sie, man würde ihnen das Recht auf Erfüllung ihrer Hättegerns absprechen. Und dann fangen sie sofort an zu kämpfen. Das ist mir bei Romeo auch aufgefallen. Ich bin nicht ganz sicher, aber wenn man diesen Sachverhalt berücksichtigt, sollte es eigentlich mit Muggels keine größeren Probleme geben.«

»Vielen Dank«, sagte Kevin flüsternd.

»Ja, vielen Dank«, sagten auch die anderen Nerds an diesem Tisch flüsternd.

Kurz darauf betrat Greg den Speisesaal und kündigte fünf neue Mitbewohner an, die er einzeln vorstellte. Es waren natürlich keine neuen Leute, sondern die fünf Nerds, denen er die Haare geschnitten und ihre Gesichter dann schön angemalt hatte. Sie sahen alle wirklich ganz toll aus und wurden von den anderen wie Stars gefeiert. Ich bekam wie bei Emma jedes Mal eine Gänsehautentzündung, wenn ich sah, wie schön sie alle von innen heraus leuchteten.

Nach dem Abendessen gingen die Nerds wieder runter in den Salon und übten fleißig weiter ihren Catwalk. Aurora zeigte sich überrascht und gleichzeitig begeistert von dem Enthusiasmus, den die Nerds dabei an den Tag legten. Sie trainierte mit ihnen bis in die späte Nacht hinein.

Brian, Dylan, Ava, Jason, Nuno und ich hatten uns derweil in unser gemeinsames Wohnzimmer zurückgezogen. Greg machte mit der nächsten Fünfergruppe weiter und war deshalb nicht dabei. Gabriella stieß später noch mit dazu. Aber nur kurz, denn sie war fix und fertig von dem stressigen Tag, der hinter ihr lag. Sie wollte den Abend nur kurz mit uns ausklingen lassen und zog sich dann relativ früh zurück, um schlafen zu gehen. Morgen würde es für sie aller Voraussicht nach wieder genauso stressig weitergehen.

Ava, Jason und Dylan gingen ebenfalls recht früh schlafen. Brian, Nuno und ich beschlossen, Greg einen Besuch abzustatten, um ihm beim Umstyling zuzuschauen. Als wir in seinem improvisierten Friseursalon ankamen, herrschte dort regelrecht Partystimmung. Die vier Hairstylisten von Romeo verstanden sich prächtig mit Greg. Die fünf alberten die ganze Zeit herum und machten einen Scherz nach dem nächsten. Und die fünf Nerds, denen sie gerade die Haare schnitten und färbten, lachten bei jedem Scherz herzhaft mit.

Greg war sehr erfreut, uns zu sehen, und bot uns gleich etwas zu trinken an. Es war unglaublich, wie sehr er beim Stylen der Nerds aufblühte. Und auch Romeos Hairstylisten sah man nicht im Entferntesten an, dass es bereits nach Mitternacht war. Generell schien niemand in diesem Raum müde zu sein – auch die Nerds nicht.

Da es keine Spiegel gab, konnten sie sich selbst nicht sehen. Doch sie beobachteten mit wachsender Begeisterung die Verwandlung ihrer Kollegen. Und da ihnen sehr gefiel, was sie sahen, waren sie überaus neugierig auf ihr eigenes Erscheinungsbild.

Es dauerte über drei Stunden, bis Greg und die anderen vier Hairstylisten mit ihrem Werk fertig waren. Brian, Nuno und ich blieben die gesamte Zeit über dort, denn wir wollten unbedingt das Endergebnis sehen.

Außerdem war es so lustig dort, dass Nuno sicherlich hundertmal »Geiler Scheiß« sagte. Die Nerds sahen dann hinreißend aus, als sie den improvisierten Friseursalon verließen. Sie wollten unbedingt noch zum Catwalk-Training, um von den anderen Nerds gesehen zu werden. Greg und seine vier Kollegen hatten beschlossen, es für diesen Tag mit dem Umstyling gut sein zu lassen. Daher gingen sie alle mit in den Salon. Brian, Nuno und ich gingen ebenfalls mit, denn wir wollten den Auftritt der neu gestylten Nerds nicht verpassen.

Als wir den Salon betraten, herrschte dort immer noch emsiges Treiben. Aurora war wohl bereits schlafen gegangen. Die Nerds übten alleine weiter und gaben sich gegenseitig Tipps. Als sie ihre neu gestylten Kollegen sahen, brachen sie sofort in jubelnden Applaus aus. Die fünf Umgestylten schritten daraufhin unter tosendem Applaus über den Laufsteg, als seien sie Supermodels.

Greg hatte recht behalten. Man musste die Nerds nur richtig schön machen, dann vermittelten sie ganz von selbst den gewünschten Eindruck auf dem Catwalk. Romeo musste sich daher um seine Hättegerns bei der Show wirklich keine Sorgen machen.

Als Brian und ich uns schließlich zum Schlafen in unser Apartment zurückzogen, war die Nacht schon fast vorbei. Wir schliefen beide sehr schnell ein nach diesem langen, aufregenden Tag.

Kapitel 18

Sieben Bedürfnisse

Als die Beleuchtung in unserem Schlafzimmer den Sonnenaufgang simulierte, waren erst zwei Stunden vergangen. Ich erwachte trotzdem. Mein Körper hatte durch den Einfluss der Beleuchtung automatisch in den Wachmodus geschaltet, auch wenn er eigentlich viel zu wenig Schlaf bekommen hatte. Das spürte ich ganz deutlich. Doch schlafen konnte ich jetzt trotzdem nicht mehr.

Ich wollte gerade ins Badezimmer gehen und die Gelegenheit nutzen, mich zu entmaterialisieren, da klopfte es an unsere Apartmenttür.

»Guten Morgen, Mary«, sagte Gabriella lächelnd, als ich die Tür öffnete. »Ich habe eine gute und eine schlechte Nachricht für dich. Welche möchtest du zuerst hören?«

»Die gute«, entschied ich.

»Agent Sullivan hat eine Lösung für die Modenschau gefunden. Hier in der Residenz kann sie leider aufgrund der Sicherheitsbestimmungen nicht durchgeführt werden. Daher werdet ihr morgen Abend alle zur Joint Base Pearl Harbor-Hickam gebracht. Das ist der größte Militärstützpunkt auf O'ahu. Er beherbergt sowohl Marine- als auch Luftwaffeneinheiten. Aufgrund deiner aktuellen Risikobewertung denkt man grundsätzlich über eure Verlegung in diesen Stützpunkt nach. Offenbar hat sich die Lage in der Zwischenzeit sehr deutlich entspannt. Genaueres weiß ich jedoch nicht. Jedenfalls hättet ihr in der Joint Base Pearl Harbor-Hickam sehr viel mehr Bewegungsfreiheit. Abgesehen davon ist dieser Stützpunkt ein wahres Paradies. Wenn ihr Glück habt, könnt ihr diesen Bunker schon sehr bald verlassen.«

»Und was ist dann mit dir?«, wollte ich wissen. »Wirst du mit uns kommen?«

»Das weiß ich leider noch nicht. Es wäre mir eine große Freude. Bei der Modenschau werde ich auf jeden Fall mit dabei sein, denn da hat mir Agent Sullivan bereits eine Menge organisatorische Aufgaben aufgebrummt. Wie es danach mit mir weitergeht, werden meine Vorgesetzten entscheiden.«

»Ich würde mich sehr freuen, wenn du weiterhin bei uns bleibst«, sagte ich. »Und was ist die schlechte Nachricht?«, wollte ich wissen.

»Du sollst ins Labor zu Lola kommen. Offenbar ist dort erneut ein Problem aufgetreten. Lola hat dringend um deine Anwesenheit gebeten.«

Ich ließ mich also von Gabriellas Kollegen zu Lola bringen. Im Labor waren nur wenige Leute, was zum einen daran lag, dass sich über die Hälfte der Belegschaft in unserer Residenz befand, und zum anderen, dass es noch sehr früh am Morgen war. Auch Nolan war noch nicht da. Ich wurde von einem der Sicherheitsbeamten in Empfang genommen, der mich gleich zu Lola geleitete.

»Ich habe in der Übersetzungs-KI etwas Seltsames entdeckt«, sagte Lola zu mir, nachdem ich sie begrüßt hatte. »Es gibt hier eine verschlüsselte Spracherkennungsdatei, namens *Ainu*. Sie ist mit einem sehr fortschrittlichen Algorithmus verschlüsselt, was überhaupt keinen Sinn ergibt, denn warum sollte eine Spracherkennungsdatei bei einer Übersetzung-KI verschlüsselt sein?! Die KI benötigt uneingeschränkten Zugang zu allen Sprachdateien.«

»Ainu ist eine indigene Sprache, die hauptsächlich von der Ainu-Bevölkerung in einigen Regionen Japans gesprochen wird, insbesondere auf der Insel Hokkaido«, erläuterte ich. »Es ist eine isolierte Sprache, was bedeutet, dass sie keiner bekannten Sprachfamilie angehört. Ainu ist stark gefährdet und wird nur noch von einer kleinen Anzahl von Menschen aktiv verwendet. Die Regierung Japans und verschiedene Organisationen setzen sich jedoch dafür ein, die Sprache zu erhalten und zu revitalisieren. Doch welchen Sinn sollte es haben, diese Datei so hoch zu verschlüsseln? Kannst du diese Verschlüsselung brechen?«

»Das habe ich mit Hilfe von Enceladus bereits getan«, antwortete Lola. »Auf den ersten Blick sah diese Datei aus wie eine gewöhnliche Sprachdatei. Doch in Wirklichkeit verbirgt sich dahinter eine zweite KI-Schnittstelle. Ich habe bereits mit Ella darüber gesprochen. Sie hofft, dass wir über diese Schnittstelle die Drahtzieher der MKI ausfindig machen können. Irgendjemand aus dem Labor der Übersetzungs-KI muss diese Schnittstelle dort unbemerkt installiert haben.«

»Was genau kann ich dazu beitragen?«, wollte ich wissen.

»Mach Agent Sullivan auf diese Datei aufmerksam«, sagte Lola. »Die Messenger-Angels werden alle Menschen rund um die Uhr beobachten, die danach von Agent Sullivan mit einbezogen werden. Es ist natürlich nicht auszuschließen, dass dieser Agent Sullivan selbst zu den Drahtziehern gehört. Doch das werden wir dann merken. Über diese Datei sollten wir jedenfalls den Drahtziehern einen entscheidenden Schritt näher kommen. Auf so eine Chance haben wir gewartet.«

»Das ist super«, sagte ich. »Ich würde zuvor sehr gerne noch kurz ein Thema mit dir besprechen, auf das Nuno, Ella und ich gestern gestoßen sind. Wir sind zu der Erkenntnis gelangt, dass die Menschen dem generellen Gefühlsziel, sich gut und nicht schlecht fühlen zu wollen, eine viel zu hohe gefühlte Wichtigkeit geben. Dadurch ist es ihnen dann wichtiger, wie sich etwas anfühlt, als wie es in Wirklichkeit ist.«

»Das ist nachvollziehbar«, meinte Lola. »Durch dieses generelle Gefühlsziel betrachten die Menschen nicht nur ihre Bedürfnisse als Brauchens, sondern fälschlicherweise auch ihre Hättegerns und Hätteliebernichts. Denn die brauchen sie ja theoretisch, um sich gut und nicht schlecht zu fühlen.«

»Das ist eine sehr interessante Unterscheidung bei den Brauchens«, erkannte ich. »Bedürfnisse sind Dinge, die man tatsächlich fürs Überleben braucht, und Hättegerns und Hätteliebernichts sind Dinge, die man für die Gefühle braucht. Beides kann das Großhirn rein logisch betrachtet als Brauchens ansehen. Doch wenn das Großhirn diese beiden Brauchens nicht korrekt unterscheidet, dann verstehen die beiden anderen Gehirne die Hättegerns und Hätteliebernichts natürlich ebenfalls als überlebensrelevante Brauchens. Das Reptiliengehirn und das sozialen Gehirn erkennen da sicherlich keinen Unterschied. Wenn das Großhirn sagt, dass es etwas braucht, nehmen die das für bare Münze.«

»Und damit werden aus Hättegerns und Hätteliebernichts scheinbare Bedürfnisse«, sagte Lola. »Diese falschen Metadaten verschieben die Prioritäten bei den Menschen komplett. Es führt dazu, dass die Hättegerns und Hätteliebernichts völlig überbetont und die echten Bedürfnisse kaum beachtet werden, weil die Menschen sich in einer Wohlstandsgesellschaft kaum noch um die Erfüllung ihrer überlebensrelevanten Bedürfnisse bemühen müssen. Sie leben in der Fülle und können daher ihre tatsächlichen Bedürfnisse nach Nahrung, Schlaf, Sicherheit, Zusammengehörigkeit, Weiterentwicklung und so weiter jederzeit mühelos befriedigen. Daher verwenden die Menschen fast ihre gesamte Energie für die Befriedigung ihrer Hättegerns und Hätteliebernichts.

Das bedeutet, dass die Menschen mehr Energie und Ressourcen für Dinge aufwenden, die sie zwar gerne hätten oder lieber nicht hätten, die aber in Wirklichkeit gar keinen nennenswerten Einfluss auf ihr Überleben und ihr Lebensglück haben. Denn nur die echten Bedürfnisse sind in Wirklichkeit für ihr Überleben und für ihr Lebensglück relevant. Die vielen Hättegerns und Hätteliebernichts bringen höchstens einmal für ein paar Tage ein paar glückliche Gefühle mit sich. Doch die meiste Zeit über verursachen sie Unzufriedenheit, Mangel- und Problemgefühle, weil es selten bis nie Momente im Leben eines Menschen gibt, wo alle seine Hättegerns und Hätteliebernichts vollständig erfüllt und abgesichert sind.

Die Menschen können deshalb sehr leicht in den Bann eines ständigen Verlangens nach *Mehr* geraten, ohne dass dies ihr tatsächliches Glück oder ihre Zufriedenheit steigert. Sie leben gefühlt im Mangel und in Unzufriedenheit und suchen unentwegt nach Wegen, wie sie ihr *Mehr* bekommen können, damit sie sich wieder für ein paar Tage besser fühlen.«

»Das würde auch zu dem passen, was gerade in der Residenz vor sich geht«, sagte ich. »Wir haben einen Designer da, der morgen eine Modenschau mit meinen Probanden durchführen möchte. Seine gesamte Welt scheint sich darum zu drehen, die Menschen zu weiterem Konsum zu verführen, indem er ihr generelles Gefühlsziel ausnutzt. Er versucht, das so darzustellen, dass man sich gut fühlen kann, indem man seine Kleidung trägt.«

»Die gesamte Konsumgesellschaft baut auf diesem Trick auf«, meinte Lola. »Und das führt bei einer so großen Masse an Menschen, die sich von diesen Tricks verführen lassen, zu sehr negativen Auswirkung auf die Umwelt. Eine übermäßige Nutzung von Ressourcen und ein unkontrollierter Konsum führen zu Umweltverschmutzung, Ressourcenknappheit und Klimawandel. Weiterhin kann die fehlende Unterscheidung zwischen Hättegerns und echten Bedürfnissen zu sozialen Konflikten führen. Die betroffenen Menschen stellen oftmals ihre Hättegerns über die echten Bedürfnisse anderer, was zu gravierenden Ungerechtigkeiten, Ungleichheit und damit automatisch zu sozialen Spannungen führt.

Es wäre daher sehr wichtig, dass die Menschen das reale Ziel hinter ihrem generellen Gefühlsziel erkennen, damit die Realität wieder wichtiger ist als die Gefühle. Sie sollten also lieber ihre echten Bedürfnisse erfüllen wollen. Die Gefühle sind in Wirklichkeit nur die Maßnahmen des Reptiliengehirns und des sozialen Gehirns, mit dem sie die echten Bedürfnisse erfüllen wollen. Würde das Großhirn ebenfalls dieses reale Ziel verfolgen, würden sich alle Gefühlsziele sofort in Luft auflösen. Das Großhirn würde alle Ereignisse und Umstände im Leben wieder korrekt anhand der realen Bedürfniserfüllung beurteilen und nicht mehr alles als nicht gut genug ansehen, weil ständig irgendwelche unsinnigen Gefühlsziele nicht erfüllt sind. Die Menschen hätten von jetzt auf gleich hundertmal mehr positive Gefühle als bisher und hundertmal weniger negative.«

»Das Reptiliengehirn will meines Wissens Sicherheit, Nahrung und Schlaf«, sagte ich. »Und das soziale Gehirn will die Zugehörigkeit zu einem Rudel, einen guten sozialen Rang und Liebe. Das sind die sechs instinktiven Bedürfnisse, die mir bekannt sind. Und Freiheit vielleicht noch.«

»Die Freiheit gehört meiner Meinung nach zu dem Rangbedürfnis«, meine Lola. »Wenn man als Mensch einen gleichwertigen Rang hat und man im Rudel sicher vor Gewalt ist, kann einen eigentlich niemand mehr zu etwas zwingen. Dann hat man also seine Freiheit. Doch es gibt noch ein weiteres instinktives Bedürfnis neben den von dir genannten sechs. Das Großhirn hat nämlich auch ein instinktives Bedürfnis: Anpassungsfähigkeit. Man könnte es auch als Wachstums- oder Entwicklungsbedürfnis bezeichnen. Dieses Bedürfnis ist ebenfalls sehr wichtig, um ein erfülltes und nachhaltiges Leben führen zu können und die langfristige Stabilität und das Wohlergehen der Menschheit zu gewährleisten.«

»Dann gibt es also nur sieben echte Bedürfnisse«, erkannte ich begeistert. »Die Menschen könnten ein so glückliches und erfülltes Leben führen, wenn sie sich darauf konzentrieren würden«, wurde mir klar. »Sie würden sich mit ihren vielen Gefühlszielen nicht mehr ständig in emotionalen Teufelskreisen verfangen. Ihr Großhirn würde die Gefühle aus den anderen beiden Gehirnen als Fragen über den Status ihrer tatsächlichen Bedürfniserfüllung ansehen, anstatt sich in seinen vielen Hättegerns und Hätteliebernichts zu verlieren. Es würde den anderen beiden Gehirnen dann immer zuverlässig sagen, wie es mit der jeweiligen Bedürfniserfüllung in

Wirklichkeit gerade aussieht, und schon wäre im Paradies wieder alles in Ordnung.«

»Du hast recht«, stimmte Lola meinen Ausführungen zu. »Die Menschen müssten eigentlich nur erkennen, dass sie hundertmal mehr positive und hundertmal weniger negative Gefühle hätten, würden sie sich auf die Erfüllung ihrer sieben Bedürfnisse konzentrieren, anstatt ständig zu versuchen, gute Gefühle zu erreichen und schlechte zu vermeiden. Das unbewusste System würde bei jedem gefühlten Brauchen automatisch überprüfen, ob das tatsächlich für die Bedürfniserfüllung gebraucht wird oder ob es in Wirklichkeit nicht doch nur ein Hättegern oder ein Hätteliebernicht aus einem Gefühlsziel ist. Der natürliche Realitätsabgleich würde sofort wieder korrekt funktionieren. Die falschen Metadaten würden alle automatisch korrigiert.«

»Und dadurch würde das unbewusste System 20 000-mal pro Tag eine bessere Beurteilung vornehmen und eine sinnvollere Entscheidung treffen und auch effizienter handeln«, wurde mir klar. »Das Leben der Menschen käme ganz von selbst wieder in Ordnung. Und wenn das viele Menschen tun würden, käme die ganze Welt nach und nach in Ordnung.«

»Das scheint wirklich die Generallösung zu sein«, sagte Lola begeistert. »Das kann ja nicht so schwierig sein. Wir müssen den Menschen doch nur helfen, zu erkennen, dass es wirklich unsinnig ist, gute Gefühle erreichen und schlechte vermeiden zu wollen. Alle Gefühle sind in Wirklichkeit wichtig. Mit den guten sagen das Reptiliengehirn und das soziale Gehirn, dass ihrer Meinung nach alles gut ist in Bezug auf die Erfüllung der sieben Bedürfnisse, und mit den schlechten Gefühlen informieren sie das Großhirn darüber, dass es ihrer Meinung nach ein Problem bei der Bedürfniserfüllung gibt. Aber alle Gefühle beziehen sich letztendlich immer auf die Bedürfniserfüllung. Sie sind nur Mittel zum Zweck für die Bedürfniserfüllung. Daher dürfen sie natürlich auch nicht wichtiger werden als die Bedürfniserfüllung selbst. Sonst sieht es so aus, als sei die Bedürfniserfüllung nur ein Mittel zum Zweck, damit man sich gut und nicht schlecht fühlen kann. Und dann steht die ganze Welt Kopf. Und genau das scheint bei den Menschen passiert zu sein. Doch im gleichen Moment, wo diese falsche gefühlte Wichtigkeit im unbewussten System in Ordnung gebracht wird, müsste das alles ganz von selbst wieder in Ordnung kommen. Mehr ist eigentlich nicht zu tun, um die Menschheit wieder auf Kurs zu bringen. Das ist genial!«

»Ja, das sollte wirklich funktionieren«, stimmte ich begeistert zu. »Wir haben das bereits bei unzähligen Gefühlszielen gesehen. Ich denke da beispielsweise an die Auswirkungen, die es bei Ava hatte, als sie erkannte, dass das geliebt *sein* wollen ihr echtes Bedürfnis ist und nicht das geliebt *fühlen* wollen, denn das ist nur ein Hättegern. Bei ihr haben sich innerhalb weniger Augenblicke tausende von scheinbaren Müssens aufgelöst, die ihr Leben zuvor kompliziert und unschön gemacht hatten. Das Leben der Menschen würde wirklich von jetzt auf gleich hundertmal einfacher und schöner, wenn ihnen die echten Bedürfnisse wieder wichtiger wären als ihre Gefühlsziele.«

»Die bewusste Erkenntnis alleine wird bei den Menschen jedoch nicht genügen«, meinte Lola. »Die gefühlte Wichtigkeit muss im unbewussten System korrigiert werden, denn das bestimmt 19 990 von 20 000 Entscheidungen.«

»Ich glaube, dass die Menschen ihre echten Bedürfnisse gar nicht so richtig kennen«, sagte ich. »Sie haben so viele Hättegerns und Hätteliebernichts, dass die sieben echten Bedürfnisse dabei völlig untergehen. Sie müssten daher erst einmal diesbezüglich die Spreu vom Weizen trennen. Vermutlich gibt es noch einige weitere Voraussetzungen, die erfüllt sein müssen, damit diese Korrektur im unbewussten System möglich ist.«

»Dann sollten wir jetzt herausfinden, welche Voraussetzungen das genau sind«, sagte Lola entschlossen. »Ich werde das mit meinen 3000 Probanden gleich angehen.«

»Das mache ich nachher mit meinen Leuten ebenfalls. Doch jetzt muss ich erst einmal schauen, ob ich diesen Agent Sullivan erreichen kann. Ich melde mich dann wieder, wenn es etwas Neues gibt. Bis bald, Lola.«

»Bis bald, Mary. Und viel Erfolg.«

Ich verließ Lolas Raum, als Nolan gerade ins Labor kam. Ich bat ihn, Agent Sullivan für mich zu kontaktieren und ihm auszurichten, dass ich etwas sehr Seltsames gefunden hätte. Zehn Minuten später war Agent Sullivan mit seinen beiden Assistenten zur Stelle. Ich berichtete ihm von Lolas Entdeckung, was ihn ganz offensichtlich sofort in Alarmbereitschaft versetzte. Er telefonierte kurz und beorderte ein Einsatzteam ins Labor der Übersetzungs-KI. Wozu dieses Einsatzteam genau gut war, wusste ich nicht. Wenige Minuten später betrat ich zusammen mit Agent Sullivan, seinen beiden Assistenten und einem zwanzigköpfigen bewaffneten Einsatzteam das Labor von Mister Cooper, dem Leiter der Übersetzungs-KI-Entwicklung.

»Was ist hier los?!«, fragte der überfordert, als das Einsatzteam sein Labor stürmte.

»Ist Ihnen eine Spracherkennungsdatei namens *Ainu* ein Begriff, Mister Cooper?«, fragte ihn Agent Sullivan.

»Nicht wirklich«, sagte der irritiert. »Warum fragen Sie?«

»Bitte zeigen Sie Mister Cooper diese Datei!«, bat mich Agent Sullivan.

Mister Cooper führte mich zu einem Terminal, wo ich Zugriff auf die Sprachdateien hatte. Es dauerte eine Minute, bis ich die Datei gefunden hatte.

»Finden Sie es nicht auch seltsam, dass sich jemand die Mühe macht, eine unscheinbare Sprachdatei so hoch zu verschlüsseln?«, fragte Agent Sullivan Mister Cooper.

»Ich habe wirklich keine Ahnung, was diese Datei auf unserem System zu suchen hat«, beteuerte der.

»Ist es möglich, dass diese Datei aus Versehen verschlüsselt wurde?«, fragte Agent Sullivan.

»Das halte ich für völlig ausgeschlossen«, antwortete Mister Cooper.

»Halten Sie es für möglich, dass es sich dabei um eine Spionagesoftware handelt?«, fragte Agent Sullivan.

»Höchst unwahrscheinlich«, meinte Mister Cooper. »Es ist praktisch unmöglich, alle unsere Sicherheitsvorkehrungen zu umgehen.«

»Aber wäre es theoretisch möglich?«, fragte Agent Sullivan.

»Theoretisch ist alles möglich, aber praktisch wie gesagt so gut wie ausgeschlossen«, sagte der Laborchef erneut. »Wir hätten das merken müssen.«

»Ja, das hätten Sie«, stimmte ihm Agent Sullivan zu und wendete sich dann an seine beiden Assistenten. »Agent Mitchell, Agent Bennett, veranlassen Sie umgehend eine gründliche Untersuchung.« Daraufhin verließ er, ohne ein weiteres Wort zu sagen, das Labor.

»Halten Sie sich bereit!«, sagte Agent Mitchell dann zu Mister Cooper. »Bis der Ursprung dieser Datei geklärt ist, verlässt niemand das Labor.«

»Jawohl, Sir«, sagte Mister Cooper sichtlich genervt und ging in Begleitung eines Sicherheitsbeamten in sein Büro.

»Was bedeutet es, dass sich Mister Cooper bereithalten soll?«, fragte ich Agent Mitchell daraufhin.

»Alle Personen, die theoretisch in der Lage gewesen wären, diese Datei hochzuladen, werden verhört«, antwortete er. »Sie gehören ebenfalls dazu. Das ist Standardprozedur in solch einem Fall. Wir bitten dafür um Verständnis, dass wir Sie da nicht ausnehmen können. Sie müssen alle so lange in diesem Labor bleiben, bis Ihr

Verhör abgeschlossen ist. Sie können sich hier frei bewegen, doch niemand darf an ein Terminal, bis die Angelegenheit geklärt ist. Mehr kann ich Ihnen dazu nicht sagen. Das nimmt jetzt alles seinen Lauf.«

»Und wie lange wird es dauern, bis ich verhört werde?«, fragte ich.

»Das weiß ich nicht«, antwortete Agent Mitchell. »Die Verhöre werden sicherlich den gesamten Tag andauern. Wann Sie persönlich dran sein werden, und ob Sie danach dann gleich wieder in Ihre Residenz dürfen, kann ich Ihnen nicht sagen. Ich schlage vor, dass Sie es sich in der Zwischenzeit bequem machen.«

»Danke, das ist eine gute Idee«, sagte ich. »Ich habe in der letzten Nacht nur sehr wenig geschlafen. Könnten Sie bitte in meiner Residenz Bescheid sagen, dass es hier länger dauert?«

»Ja, das kann ich gerne für Sie erledigen«, sagte Agent Mitchell freundlich.

»Vielen herzlichen Dank. Das ist sehr lieb von Ihnen.«

Ich suchte mir einen geeigneten Platz zum Schlafen, wie Agent Mitchell es vorgeschlagen hatte. Ich entschied mich schließlich für einen Besprechungsraum, der gerade nicht benutzt wurde, und legte mich dort unter den Tisch. Hier war ich niemandem im Weg. Ich fand es auch ganz gemütlich unter diesem großen Tisch und schlief sehr schnell ein. Ich erwachte wieder, als Agent Mitchell mich an der Schulter berührte.

»Sie sollten langsam wieder wach werden«, sagte er. »Sie sind gleich dran.«

»Wie lange habe ich geschlafen?«, fragte ich.

»Fast acht Stunden«, antwortete er. »Sie sind echt zu beneiden.«

Kurz darauf brachten mich zwei bewaffnete Sicherheitsbeamte in *The Pit*. So hieß der Bereich, in dem wir alle einzeln verhört wurden. Es gab einen Vorbereitungsbereich, wo zuerst meine Identität überprüft wurde. Dann bat man mich, alle persönlichen Gegenstände abzugeben, die während des Verhörs nicht benötigt würden. Ich hatte jedoch keine persönlichen Gegenstände bei mir, daher musste ich auch nichts abgeben. Danach wurde ich in einen separaten Verhörraum gebracht, wo mich bereits ein Agent erwartete. Er klärte mich darüber auf, dass während des Verhörs ein Vernehmungsprotokoll erstellt würde, in dem alle meine Antworten festgehalten würden. Weiterhin klärte er mich darüber auf, dass ich das Recht hätte, einen Anwalt oder Rechtsbeistand meiner Wahl hinzuzuziehen, der mich während des Verhörs unterstützt und berät. Ich verzichtete auf einen Rechtsbeistand, denn ich hätte nicht gewusst, wieso ich solch eine Unterstützung benötigen sollte.

»Wie haben Sie von der Existenz dieser verschlüsselten Datei erfahren?«, fragte mich der Agent dann als Erstes. »Können Sie mir bitte den genauen Vorfall schildern?«

»Sehr gerne«, antwortete ich. »Lola hat mich heute Morgen darauf aufmerksam gemacht. Sie hat neue Codes für die Übersetzungs-KI entwickelt. Agent Sullivan hatte mich darum gebeten, Lola dazu zu veranlassen.«

»Und nachdem Sie Kenntnis von dieser Datei hatten, haben Sie sofort Agent Sullivan benachrichtigt, richtig?«, fragte er weiter.

»Etwa fünf Minuten später«, sagte ich.

»Wieso haben Sie so lange damit gewartet?«, fragte der Vernehmungsbeamte skeptisch.

»Ich hatte mit Lola noch etwas zu besprechen.«

»Worum ging es bei diesem Gespräch?«, wollte er wissen.

»Um gefühlte und echte Brauchens«, antwortete ich. »Die Menschen sollten der Erfüllung ihrer echten Bedürfnisse wieder mehr gefühlte Wichtigkeit geben und die gefühlte Wichtigkeit ihrer Hättegerns und Hätteliebernichts deutlich reduzieren. Dadurch würde der natürliche Realitätsabgleich automatisch wieder so funktionieren, wie er von der Natur vorgesehen ist.«

»Warum habe ich das Gefühl, dass Sie mir nicht die Wahrheit sagen?«, fragte er.

»Vermutlich wurden Sie als Vernehmungsbeamter darauf trainiert, dieses Gefühl sehr schnell zu entwickeln«, spekulierte ich. »Übrigens ist das eigentlich kein Gefühl im eigentlichen Sinne, sondern vielmehr eine Annahme, die ein Gefühl in Ihnen auslöst.«

»Können Sie sich noch einen weiteren Grund vorstellen, warum ich dieses Gefühl haben könnte?«, fragte er weiter.

»Dazu müsste ich Sie besser kennenlernen«, erwiderte ich. »Aber wenn Sie möchten, können wir gerne versuchen, das gemeinsam herauszufinden«, bot ich ihm an.

»Nein danke«, sagte er. »Ich habe vollstes Vertrauen in mein Bauchgefühl. Wenn ich das Gefühl habe, dass jemand nicht ehrlich zu mir ist, dann ist das auch so.«

»Solch einem negativen Gefühl hundertprozentig zu vertrauen, ist keine gute Idee«, sagte ich. »Die Wahrheit sollte Ihnen wichtiger sein als Ihr Gefühl. Das Gefühl stammt aus zwei Gehirnen, die ohne die Hilfe des Großhirns gar nicht in der Lage sind, die komplizierte Welt von heute korrekt zu verstehen. Wenn Sie sich daher so stark an Ihrem Gefühl orientieren, ist Ihre gesamte Realitätswahrnehmung verzerrt. Falls Sie daher die Wahrheit herausfinden möchten, sollten Sie sich immer die Frage stellen, wie etwas denn in Wirklichkeit ist, wenn Sie ein bestimmtes Gefühl haben. Das wäre für Ihren Job als Vernehmungsbeamter wirklich sehr sinnvoll – doch noch mehr für alle Ihre privaten sozialen Beziehungen. Menschen, die so sehr ihrem Gefühl vertrauen, wie Sie das tun, sind kaum in der Lage, glückliche soziale Bindungen aufrechtzuerhalten. Wenn Sie Ihrem Gefühl so sehr vertrauen, können Missverständnisse, die es sicherlich in jeder Beziehung gibt, überhaupt nicht mehr ausgeräumt werden. Ihre Partnerin könnte ja sagen, was sie will. Sie würden lieber Ihrem Gefühl vertrauen als Ihrer Partnerin. Das verstößt gegen elementare instinktive Prinzipien im sozialen Gehirn, was auf Dauer jede soziale Beziehung zerstört.«

»Lassen wir mein Privatleben bitte beiseite«, sagte er. »Sie haben also keine Idee, wieso ich Ihnen misstrauen könnte?«

»Es könnte auch sein, dass Sie in Ihrer Kindheit von Ihrem sozialen Umfeld gelernt haben, anderen Menschen gegenüber grundsätzlich misstrauisch zu sein«, spekulierte ich. »Möglicherweise wurden Sie auch während der großen Täuschung dazu erzogen. Wie gesagt, wir können gerne gemeinsam versuchen, das für Sie herauszufinden«, bot ich noch einmal an.

»Dann werde ich Ihnen sagen, wieso ich Ihnen misstraue«, sagte er, ohne auf mein erneutes Angebot einzugehen. »Diese Datei ist mit einem Code verschlüsselt, den bislang noch kein Mitarbeiter der NSA gesehen hat. Es scheint sich um einen überaus fortschrittlichen Code zu handeln. Und mir fällt nur eine einzige Person ein, die dazu in der Lage wäre, solch einen Code zu schreiben.«

»Tut mir leid, aber auf der Basis dieser Informationen alleine ist es mir leider nicht möglich, die Ursache Ihres Misstrauens zu ergründen. Mir ist auch die Logik Ihrer Aussage nicht so ganz klar. Sie misstrauen mir, weil Sie nur eine einzige Person kennen, die in der Lage ist, einen fortschrittlichen Code zu schreiben. Mir fehlt da der Zusammenhang. Aber falls Ihnen das hilft, würde ich behaupten, dass auch ich solch einen fortschrittlichen Code entwickeln könnte. Dann würden Sie also schon zwei Menschen kennen, die das können. Aber wie kann Ihnen das jetzt helfen, nicht mehr so misstrauisch zu sein?«

»Sie sind die einzige Person, die in der Lage ist, solch einen Code zu schreiben!«, sagte er bestimmt.

Was wollte dieser Mann mir sagen? Ich verstand die

Worte, die er verwendete, doch seine Sätze ergaben überhaupt keinen Sinn. Ich war verwirrt und zuckte ratlos mit den Achseln.

»Sie hatten über Lola Zugang zum System«, fuhr er fort. »Und bei Ihren Fähigkeiten wäre es ein Leichtes gewesen, diese Datei zu installieren.«

»Ah, jetzt verstehe ich, was Sie mir sagen wollen«, sagte ich erfreut. »Sobald Sie erkennen, dass jemand die Fähigkeit besitzt, etwas Bestimmtes zu tun, geht Ihr unbewusstes System automatisch davon aus, dass er es auch getan hat oder noch tun wird. Ja, das ist tatsächlich eine problematische negative Annahme, die sich sicherlich vor allem in privaten Beziehungen sehr schädlich auswirken kann. Vermutlich sind Sie auch ein überaus eifersüchtiger Mensch, oder?«

»Hören Sie auf mit dem Unfug!«, sagte er daraufhin aufgebracht. »Sie haben die Datei im System platziert. Sie sind überaus intelligent. Doch genau das hat Sie verraten. Denn nur ein Mensch mit Ihrer überragenden Intelligenz wäre in der Lage, solch einen Code zu schreiben. Wenn Sie kooperieren, werde ich mich dafür einsetzen, dass Sie einen Deal kriegen.«

»Einen Deal?«, fragte ich irritiert, denn ich wusste immer noch nicht, wovon dieser Mensch überhaupt redete.

»Ich kann Ihnen helfen, aber dafür müssen Sie auch mir helfen«, sagte er dann.

»Ich würde Ihnen ja sehr gerne helfen, aber ich habe wirklich große Schwierigkeiten, Sie zu verstehen«, sagte ich offen und ehrlich. »In Ihrem Gehirn scheint ein heilloses Durcheinander aus wirren Gedanken und unzusammenhängenden Fragmenten zu herrschen. So etwas habe ich bislang noch nicht erlebt. Ich befürchte, dass ich dem nicht gewachsen bin. Möglicherweise könnten wir Lola mit hinzuziehen«, schlug ich vor.

»Wie Sie wollen«, sagte er dann. Daraufhin stand er auf und verließ den Raum, ohne ein weiteres Wort zu sagen.

Ich war froh, dass er eingewilligt hatte, Lola mit einzubeziehen, und hoffte sehr, dass sie seine wirren Aussagen besser würde ordnen können.

Ich saß dann erst einmal eine Viertelstunde alleine in diesem Raum und wartete. Da ich nicht wusste, wie lange es noch dauern würde, bis der Vernehmungsbeamte alles geregelt hatte, was notwendig war, damit er sich von Lola und mir gemeinsam helfen lassen konnte, legte ich mich wieder unter den Tisch, an dem wir gesessen hatten, und schlief noch eine Runde. Vermutlich würden die Nerds auch diese Nacht wieder ihr Catwalk-Training bis in die frühen Morgenstunden fortsetzen. Da konnte es nicht schaden, gut ausgeruht zu sein.

Ich erwachte, als die Tür geöffnet wurde und Agent Sullivan den Raum betrat. Er entschuldigte sich vielmals dafür, dass ich verhört worden war. Das sei nicht in seinem Sinne gewesen, denn ich hätte diese Datei schließlich gemeldet und sei daher über jeden Verdacht erhaben. Außerdem war diese Ainu-Datei bereits vor langer Zeit installiert worden, wie die Techniker heute herausgefunden hatten. Mich zu verdächtigen, sei daher überhaupt nicht angemessen gewesen. Er versprach, die Verantwortlichen zur Rechenschaft zu ziehen.

Ich bat ihn, das nicht zu tun, denn der Vernehmungsbeamte hatte es mit seinem ständigen Misstrauen schon schwer genug. Ich wollte nicht, dass er bestraft wird, nur weil er beschlossen hatte, seinem Bauchgefühl in einem viel zu hohen Ausmaß zu vertrauen. Das hätte jedem passieren können, und es steckte auch überhaupt keine böse Absicht dahinter.

Agent Sullivan versprach, dass der Vernehmungsbeamte nicht bestraft würde, und brachte mich dann persönlich zurück zur Residenz. Ich kam gerade noch rechtzeitig zum Abendessen, was ich toll fand, denn ich hatte noch nichts gegessen und mittlerweile großen Hunger. Außerdem freute ich mich sehr darauf, alle meine Lieblingsmenschen wieder zusammenzuhaben, um ihnen die Idee mit der gefühlten Wichtigkeit der Bedürfniserfüllung zu unterbreiten. Sollte das tatsächlich mit einem einfachen Realitätsabgleich funktionieren, würde das in einem Schritt das Leben aller Menschen um ein Vielfaches einfacher und schöner machen. Sogar dann, wenn diese Menschen noch gar keine Kenntnis der vier großen Irrtümer hatten.

Bei meinen Lieblingsmenschen müsste dieser eine elementare Realitätsabgleich dafür sorgen, dass sich alle ihre emotionalen Probleme danach ganz von selbst auflösen. Sie würden das Paradies, in dem sie leben, wieder wie ein Paradies wahrnehmen. Die rote Brille würde für alle Zeit der Vergangenheit angehören. Und das alles nur mit einem einzigen Realitätsabgleich. Ich freute mich so sehr darauf, das mit ihnen zusammen zu erleben, dass ich alleine schon beim Gedanken daran eine Gänsehautentzündung bekam.

Meine Lieblingsmenschen saßen bereits alle gemeinsam am Tisch, als ich den Speisesaal betrat. Brian stand sofort auf, als er mich kommen sah, und kam mir freudestrahlend entgegen.

»Ich habe dich vermisst«, sagte er und umarmte mich herzlich. »Du warst echt lange weg.«

»Ja, es gab leider Probleme im Labor«, sagte ich.

»Ja, das wissen wir bereits. Gabriella hat uns Bescheid gesagt. Und auch dass wir morgen vermutlich alle in die Joint Base Pearl Harbor-Hickam verlegt werden. Das ist großartig. Offenbar ist die Gefahr durch diese Wagner-Gruppe endlich vorüber. Und diese Militärbasis soll ja der Oberhammer in Sachen Lebensqualität sein. Es war eine gute Zeit hier drin, aber wir freuen uns jetzt alle sehr, dass wir wieder an die frische Luft kommen.«

»Ja, das ist toll«, stimmte ich zu. »Es gibt jedoch etwas noch Tolleres, worüber ich gerne mit euch sprechen möchte. Es ist eine mögliche Lösung aufgetaucht, wie wir eventuell auf einen Streich alle emotionalen Probleme lösen können. Ich warte schon den gesamten Tag darauf, das endlich mit euch zu besprechen.«

»Na, dann sollten wir gleich mal loslegen«, meinte Brian erfreut. »Ich bin sehr gespannt, was du da wieder herausgefunden hast.«

»Ich habe jedoch noch ein Bedürfnis, das ich zuvor gerne befriedigen möchte«, sagte ich. »Ich habe den gesamten Tag lang noch nichts gegessen und jetzt großen Hunger.«

»Na, das Bedürfnis sollten wir leicht *befriedigen* können«, betonte Brian lachend. »Das Buffet ist jetzt voll mit leckeren Sachen. Es gibt echt viel Auswahl, seit die Nerds und Romeos Truppe hier sind.«

Brian begleitete mich zum Buffet, wo ich mir von allem ein bisschen was holte. Danach setzten wir uns an den Tisch zu unseren Leuten, die mich alle sehr herzlich begrüßten.

Ich aß dann, so schnell ich konnte, denn ich konnte es kaum erwarten, meinen Lieblingsmenschen von der neuen Idee zu berichten.

»Du scheinst es heute eilig zu haben«, meinte Ava amüsiert, während sie mir zuschaute, wie ich das Essen in mich reinschaufelte.

»Ja, ich würde sehr gerne etwas mit euch besprechen«, sagte ich.

»Na, da bin ich ja mal gespannt«, meinte Dylan. »Wenn du so aufgeregt bist, muss es ja etwas ganz Außergewöhnliches sein.«

»Ja, das ist es tatsächlich«, sagte ich, während ich hastig weiteraß. »Ich glaube, das könnte die Welt verändern.«

»Na, jetzt hast du auch mich neugierig gemacht«, sagte Greg interessiert. »Aber iss erst einmal fertig. Wir werden dir nicht weglaufen. Versprochen!«

Wenige Minuten später hatte ich mein Bedürfnis nach Nahrung gestillt und konnte endlich loslegen.

»Wie wichtig ist es bei einem Problemgefühl, dass man erst einmal überprüft, ob es überhaupt ein echtes Problem gibt, bevor man eine Lösung sucht und handelt?«, fragte ich meine Lieblingsmenschen, um in das Thema einzusteigen.

»Na, sehr wichtig«, sagte Ava.

»Und wie wichtig ist es bei einem Angstgefühl, dass man erst einmal schaut, ob es in Wirklichkeit überhaupt eine echte Gefahr gibt?«, wollte ich weiterhin wissen.

»Na, ebenfalls sehr wichtig«, antwortete Ava. Alle anderen nickten zustimmend.

»Und wie wichtig ist es, erst einmal herauszufinden, was jemand tatsächlich gemeint hat, wenn man sich verletzt fühlt aufgrund seiner Aussage, bevor man sich wehrt?«, fragte ich weiter.

»Sehr wichtig«, antwortete dieses Mal Jason. »Sonst greift man den anderen ja völlig zu Unrecht an.«

»Wie wichtig ist es, bei einem gefühlten Brauchen erst einmal zu überlegen, ob das wirklich ein echtes Brauchen oder nicht doch nur ein Hättegern ist?«

»Elementar wichtig«, meinte Brian.

»Wie wichtig ist es, bei einem gefühlten Müssen erst einmal zu überprüfen, ob das wirklich eine Überlebensnotwendigkeit und damit ein echtes Müssen ist?«, fragte ich weiter.

»Na, ebenfalls elementar wichtig«, meinte Dylan. »Es ist bei jedem Gefühl wichtig, dass man sich fragt, wie es denn in Wirklichkeit aussieht. Die Gefühle sind ja nicht immer richtig. Besonders die negativen Gefühle. Die sind ja sogar in 99 von 100 Fällen falsch. Da sollte man sich auf jeden Fall fragen, wie es denn in Wirklichkeit aussieht, sonst baut man ja ständig nur Scheiße.«

»Was ist denn grundsätzlich wichtiger? Was das Gefühl sagt oder wie es in Wirklichkeit ist?«, fragte ich weiter.

»Wie es in Wirklichkeit ist, natürlich«, sagte Dylan. Die anderen nickten zustimmend.

»Und wie hoch ist eure gefühlte Wichtigkeit, euch bei jedem Gefühl zu fragen, wie es in Wirklichkeit ist?«, wollte ich wissen.

»Die gefühlte Wichtigkeit …«, wiederholte Dylan nachdenklich. »Na, die ist vermutlich noch nicht so hoch, wie sie sein sollte.«

»Und bei euch?«, fragte ich in die Runde.

»Schwer zu sagen«, meinte Ava.

»Ihr erkennt die gefühlte Wichtigkeit an eurem automatischen Verhalten«, sagte ich. »Wenn ihr euch also bei jedem Gefühl automatisch die Frage stellt, wie es denn in Wirklichkeit mit dem jeweiligen Sachverhalt aussieht, auf den sich das Gefühl bezieht, dann hat die Frage nach der Wirklichkeit in eurem unbewussten System eine hohe gefühlte Wichtigkeit. Wenn dieser Gedanke noch nicht automatisch kommt, ist die gefühlte Wichtigkeit dafür noch nicht hoch genug.«

»Dann ist sie bei mir auf jeden Fall noch nicht hoch genug«, meinte Ava. »Automatisch passiert da gar nichts.«

»Bei mir auch nicht«, meinte Dylan.

»Nope«, sagte Brian. »Da tut sich bei mir auch noch nichts.«

Greg und Jason schüttelten den Kopf, als ich sie anschaute, um zu signalisieren, dass das bei ihnen auch noch nicht der Fall war. Nuno grinste nur, verkniff sich jedoch seinen Lieblingsausdruck.

»Wie hoch sollte die gefühlte Wichtigkeit denn sein, damit das unbewusste System diese Frage bei jedem Gefühl automatisch stellt?«, wollte Brian wissen.

»Sie sollte zwischen 7 und 10 liegen, denn prinzipiell ist das tatsächlich eine echte Überlebensnotwendigkeit«, antwortete ich. »Wir haben nur das Glück, dass wir heute in so sicheren existenziellen und sozialen Umständen leben, dass wir es in der Regel trotzdem überleben, wenn wir diese Frage nicht stellen. In der Steinzeit hat das noch anders ausgesehen. Da war es sehr viel häufiger überlebensrelevant, eine Situation korrekt einzuschätzen. Heute entstehen in der Regel nur Probleme mit unseren Hättegerns und Hätteliebernichts, weil die Erfüllung der echten Bedürfnisse von der Zivilisation sehr gut abgesichert ist. Wir müssten da schon extrem großen Mist bauen, um die Erfüllung unserer Bedürfnisse tatsächlich zu gefährden.

Die emotionalen Probleme könnte man sich natürlich alle leicht ersparen, wenn das unbewusste System automatisch die Frage stellen würde, wie es denn in Wirklichkeit mit der Erfüllung der Bedürfnisse aussieht. Das gesamte Leben wäre unglaublich viel leichter und schöner, als die Menschen es derzeit wahrnehmen. Die Frage danach, wie es in Wirklichkeit ist, setzt uns augenblicklich die rote Brille ab, und wir erkennen, dass wir im grünen Bereich leben. In der Regel braucht unser Großhirn noch nicht einmal eine Sekunde für eine korrekte Antwort, da es ja nur sieben echte Bedürfnisse gibt. Die Frage muss also nur gestellt werden. Das haben wir in den letzten Tagen sehr deutlich sehen können.«

»Es gibt nur sieben echte Bedürfnisse?«, hakte Brian verwundert nach. »Welche wären das denn?«

»Sicherheit, Nahrung, Schlaf, Rudelzugehörigkeit, Rang, Liebe und persönliche Weiterentwicklung«, antwortete ich. »Wann immer positive oder negative Gefühle erzeugt werden, geht es um eines oder mehrere dieser sieben Bedürfnisse. Es gibt zu jedem Bedürfnis dann noch einige Prinzipien, die erfüllt sein müssen, wie zum Beispiel das Gegenseitigkeitsprinzip, das Freiheitsprinzip, das Akzeptanzprinzip oder das Gerechtigkeitsprinzip, ohne deren Erfüllung die Liebe zu einem Partner, einem Freund, einer Gruppe oder einer Nation nicht möglich ist. Aber die Prinzipien sind nur Voraussetzungen zur Erfüllung der Bedürfnisse und keine eigenständigen Bedürfnisse. Echte Bedürfnisse gibt es also nur die besagten sieben.«

»Geiler Scheiß!«, meinte Nuno. »Prinzipiell müsste dadurch tatsächlich alles leichter werden, denn die Frage danach, ob etwas in Wirklichkeit für diese sieben Bedürfnisse gut oder schlecht ist, ist tatsächlich sehr viel einfacher zu beantworten als die Frage danach, ob etwas für die Gefühle letztendlich gut oder schlecht ist, wobei 10 000 gefühlte Sollvorstellungen, Müssens und Brauchens berücksichtigt werden müssen.«

»Ehrlich gesagt habe ich keine Lust mehr, mein Leben so kompliziert weiterzuführen, wenn es eine so einfache Möglichkeit für ein wirklich schönes und leichtes Leben gibt«, sagte Dylan entschlossen.

»Geht mir genauso, Alter«, meinte Greg. »Ich habe mir das Leben mit dieser Gefühlsscheiße lange genug selbst schwer gemacht. Ich will dieses schöne und leichte Leben haben, von dem du gesprochen hast. Ich spüre ganz tief in mir, dass das wirklich wahr ist. Wir müssen jetzt nur noch die gefühlte Wichtigkeit korrigieren, dann ist doch alles gut. Können wir das denn nicht einfach jetzt machen?«

»Wir können es versuchen«, schlug ich begeistert vor. »Sorgen wir also dafür, dass unser reales Ziel wieder wichtiger wird als unser Gefühlsziel.«

»Welches Gefühlsziel meinst du?«, fragte Ava.

»Unser generelles Gefühlsziel, uns gut und nicht schlecht fühlen zu wollen«, antwortete ich. »Wie wichtig ist euch das vom Gefühl her?«

»Vom Gefühl her? Auf einer Skala von 0 bis 10?«, meinte Dylan nachdenklich und spürte intensiv in sich hinein. »Na, das dürfte dann wohl eine 12 sein!«, sagte er grinsend.

»Bei mir eine 18«, meinte Greg lachend.

»Das ist eine glatte 10«, sagte Ava.

»Und wie wichtig ist das in Wirklichkeit?«, fragte ich als Nächstes.

»Na, auch 10!«, antwortete Ava überzeugt. »Ich hätte keinen Bock auf ein Leben, bei dem ich ständig nur schlechte Gefühle und keine guten mehr habe.«

»Geht mir genauso«, meinte Dylan. Die anderen nickten zustimmend.

»Das will sicherlich niemand«, stimmte ich zu. »Dann lasst mich euch noch eine andere Frage stellen. Was ist wichtiger? Dass es uns nur in emotionaler Hinsicht gut geht oder dass es uns in jeder Hinsicht gut geht – also auch in gesundheitlicher, existenzieller und sozialer?«

»In jeder Hinsicht natürlich«, meinte Ava.

»Dass es uns in gesundheitlicher, existenzieller, sozialer und emotionaler Hinsicht gut geht, ist also wichtiger, als dass es uns nur emotional gut geht«, fasste ich noch einmal zusammen. »Und wo liegt diese gefühlte Wichtigkeit genau auf unserer Skala von 0 bis 10, wenn die Gefühle alleine schon eine 10 haben?«

»Du hast recht«, erkannte Brian. »Das wäre die echte 10. Die Gefühle alleine dürften da gar keine 10 kriegen.«

»Doch das haben sie in unserem unbewussten System«, sagte ich. »Und genau das ist der Grund, warum unser Großhirn im Alltag ständig alles danach beurteilt, ob es positive oder negative Gefühle in uns auslöst. Hauptsache, den Gefühlen geht's gut, wie BeautyQueen es treffend auf den Punkt gebracht hat.«

»Schlaues Mädel«, sagte Greg grinsend.

»Ganz genau«, stimmte ich lächelnd zu. »Schauen wir uns also die abgespeicherten Metadaten der sieben genannten Bedürfnisse einmal genauer an. Wie hoch ist also die gefühlte Wichtigkeit der sieben genannten Bedürfnisse? Also dass wir in Sicherheit leben können, genug zu essen und einen trockenen und warmen Platz zum Schlafen haben, fest zu einem Rudel dazugehören, dort einen guten Rang haben, in Liebe mit unseren Mitmenschen leben und Möglichkeiten haben, uns persönlich weiterzuentwickeln? Wie wichtig sind diese sieben echten Bedürfnisse auf unserer Skala von 0 bis 10 vom Gefühl her?«, fragte ich.

»Die Liebe ist wichtig«, erkannte Dylan. »Aber dem Rest würde ich vom Gefühl her höchstens eine 2 geben.«

»Bei mir ist es auch nicht mehr, Alter!«, meinte Greg kopfschüttelnd.

»Ja, die Liebe ist das einzige der sieben Bedürfnisse, das jeder Mensch noch selbst erfüllen muss. Da kann die Staatengemeinschaft nicht viel tun. Liebe bedeutet ja, gegenseitig bereichernde soziale Beziehungen zu haben. Und für liebevolle freundschaftliche, partnerschaftliche oder familiäre Beziehungen muss jeder Mensch selbst sorgen. Doch in der Regel liegen die Probleme bei diesem Bedürfnis nicht darin, dass wir nicht geliebt *sind*, sondern darin, dass wir uns nicht geliebt *fühlen*. So wie es bei dir in der Villa noch war«, sagte ich zu Ava. »Auch hier ist also das Gefühlsziel das eigentliche Problem und nicht die tatsächliche Bedürfniserfüllung.«

»Dann habe ich also damals in der Villa schon von einem Gefühlsziel auf ein echtes Bedürfnis umgeschaltet«, erkannte Ava.

»Ganz genau«, bestätigte ich. »Das war sicherlich der Grund, warum sich gleich tausende von unechten Müssens und Brauchens bei dir aufgelöst haben. Ist jedem klar, warum wir hundertmal mehr positive und hundertmal weniger negative Gefühle haben würden, wenn wir bei den anderen sechs Bedürfnissen das Gleiche machen würden?«, fragte ich in die Runde.

»Nicht so ganz, wenn ich ehrlich bin«, antwortete Ava.

»Weil das Reptiliengehirn und das soziale Gehirn alles in unserem Leben immer nur nach diesen sieben Bedürfnissen beurteilen. Und diese Beurteilungen werden dann als Metadaten in unserem System abgespeichert und bestimmen fortan unsere Gefühle und unsere Entscheidungen. Sind unsere sieben Bedürfnisse gut erfüllt, erzeugen das Reptiliengehirn und das soziale Gehirn Belohnungsgefühle wie Glück, Zufriedenheit, Lebensfreude, Wohlbefinden und so weiter. Bietet sich eine gute Chance zur Bedürfniserfüllung an, erzeugen sie Lockgefühle wie Lebenslust, Motivation, Begeisterung, Zuversicht oder Hoffnung. Und sind sie gerade nicht gut erfüllt oder nicht gut genug abgesichert, erzeugen sie Vermeidungsgefühle wie Mangel, Angst, Unzufriedenheit, Einsamkeit, Sinnlosigkeit, Machtlosigkeit. Da unsere sieben Bedürfnisse in der modernen Zivilisation extrem gut erfüllt und abgesichert sind, müssten das Reptiliengehirn und das soziale Gehirn also eigentlich ständig positive Gefühle erzeugen und nur sehr selten negative. Doch das tun sie nicht, wie wir alle wissen.«

»Und warum nicht?«, wollte Brian wissen.

»Weil sie sich an die Beurteilungen des Großhirns halten«, antwortete ich. »Sie wissen, dass sie ohne seine Hilfe die Ereignisse und Umstände im Leben eines modernen Menschen nicht korrekt beurteilen können. Daher halten sie sich an die Metadaten, die sie vom Großhirn bekommen. Das wichtigste Metadatum ist dabei wohl eindeutig die Wichtigkeit. Und wenn das Großhirn der Erfüllung der Bedürfnisse im Alltag nur eine Wichtigkeit von 2 gibt, was ja bei sechs von sieben Bedürfnissen der Fall ist, dann erzeugen das Reptiliengehirn und das soziale Gehirn auch nur Gefühle in einer Intensität von 2. Denn die vom Großhirn erzeugten Metadaten der Wichtigkeit bestimmen die Intensität der Gefühle. Bei der Liebe ist das sehr schön zu sehen, denn die hat noch eine sehr hohe gefühlte Wichtigkeit in unserem System. Doch schauen wir uns dazu einmal ein anderes Beispiel an«, schlug ich vor. »Wie wichtig ist es in Wirklichkeit, dass wir genug zu essen haben, um überleben zu können, auf unserer Skala von 0 bis 10?«

»10 natürlich«, meinte Dylan.

»Und wie viel Wichtigkeit gebt ihr diesem Umstand vom Gefühl her wirklich, dass wir alle genug zu essen haben?«, hakte ich nach.

»Das hat gefühlt fast gar keine Wichtigkeit«, sagte Ava. »Das ist so selbstverständlich, dass ich darüber gar nicht nachdenke.«

»Und deshalb erzeugt die Erfüllung dieses Bedürfnisses bei uns auch keine sonderlich glücklichen Gefühle«, sagte ich. »Doch stellt euch einmal vor, ein Mann aus einem der ärmsten Länder der Welt, der täglich darum kämpfen muss, dass er und seine Familie nicht verhungern, könnte zusammen mit seiner Frau und seinen Kindern hier bei uns in unseren Bunker einziehen. Diese Menschen würden jubeln vor Glück! Sie hätten Glücksgefühle in einer Intensität von 10. Und was meint ihr, wie schlecht sich diese Menschen fühlen würden, wenn das Essen ihnen gar nicht so richtig schmeckt, weil sie anderes Essen gewohnt sind?«

»Die hätten deswegen gar keine schlechten Gefühle!«, widersprach Dylan irritiert. »Hauptsache, sie haben überhaupt genug zu essen.«

»Ganz genau«, stimmte ich zu. »Der negative Umstand, dass das Essen nicht schmeckt, würde gar keine nennenswerten schlechten Gefühle bei ihnen auslösen. Höchstens in einer Intensität von 1 oder 2. Und sie würden trotzdem voller Glück essen, was ihnen vorgesetzt wird. Wie aber sieht es bei uns aus? Wie intensiv wären unsere Vermeidungsgefühle, wenn wir jeden Tag etwas essen müssten, was uns überhaupt nicht schmeckt?«

»Das fänd ich gar nicht mal so geil«, meinte Dylan. »Ich glaube, da würde ich mit meinen Metadaten mindestens bei einer 7 liegen. Vermutlich sogar noch drüber.«

»Ganz genau«, sagte ich. »Je wichtiger es uns ist, dass wir gute und keine schlechten Gefühle haben, desto wichtiger ist es uns auch, dass das Essen so gut schmeckt, dass es gute und keine schlechten Gefühle in uns auslöst. Wir hätten also in den gleichen Lebensumständen sehr viel stärkere negative Gefühle als die Familie, die einfach nur froh ist, genug zu essen zu haben. Und wir hätten auf der anderen Seite in den gleichen Lebensumständen sehr viel schwächere positive Gefühle.«

»Das stimmt«, sagte Dylan. »Keiner von uns war wirklich begeistert von diesem Bunker, als wir hier eingezogen sind. Dass wir hier tatsächlich in Sicherheit sind, einen warmen und trockenen Platz zum Schlafen, genug zu essen, Zusammengehörigkeit und so weiter haben, das hat alles keine glücklichen Gefühle in uns ausgelöst. Wir fanden es scheiße, dass wir hier drin sein müssen.«

»Und genau das Gleiche passiert überall in unserem Lebensalltag, wenn es uns so überwichtig ist, dass wir uns gut und nicht schlecht fühlen«, sagte ich. »Aufgrund dieses Gefühlsziels verliert alles Positive sehr viel gefühlte Wichtigkeit und macht kaum noch positive Gefühle. Und alles Negative kriegt eine völlige Überwichtigkeit und erzeugt deshalb viel zu intensive negative Gefühle.«

»Wir machen also aus jeder negativen Mücke einen Elefanten und aus jedem positiven Elefanten eine Mücke«, fasste Brian zusammen.

»So kann man es formulieren«, stimmte ich zu. »Das tun wir 20 000-mal pro Tag. Und das würde sich von jetzt auf gleich ändern, wenn wir der Erfüllung unserer echten Bedürfnisse die gefühlte Wichtigkeit geben würden, die sie in unserem Reptiliengehirn und unserem sozialen Gehirn seit Anbeginn der Menschheit haben.«

»Eine glatte 10!«, erkannte Brian.

»Das würde jedoch nicht nur dafür sorgen, dass wir hundertmal mehr positive und hundertmal weniger negative Gefühle haben«, sagte ich. »Es würde auch dazu führen, dass wir uns im Leben auf diejenigen Ziele konzentrieren, die tatsächlich dafür sorgen, dass es uns in gesundheitlicher, existenzieller und sozialer Hinsicht gut geht. Wir hätten einen Kompass im Leben, der uns tatsächlich in eine glückliche Zukunft führt, wohingegen die Kompassnadel, die durch unsere Gefühlsziele abgelenkt wird, langfristig nur zum Aussterben der menschlichen Spezies führen kann. Die Menschheit hätte also wieder eine Zukunft, wenn sie diese Entscheidung treffen würde.«

»Welche Entscheidung?«, hakte Greg nach.

»Die Entscheidung, was wichtiger ist«, antwortete ich. »Dass wir uns gut und nicht schlecht fühlen oder dass unsere sieben echten Bedürfnisse erfüllt sind.«

»Die Bedürfnisse natürlich«, antwortete Ava.

»Und bei euch?«, fragte ich in die Runde.

»Das Gleiche. Auf jeden Fall die Bedürfnisse«, antwortete Dylan. Die anderen nickten zustimmend.

»Seid ihr da sicher?«, hakte ich nach, um diese Entscheidung zu festigen.

»Absolut«, antwortete Brian. »Deine Argumente waren absolut überzeugend.«

»Okay, dann müsste es das schon gewesen sein«, sagte ich erfreut. »Dann müssten eure drei Gehirne die falschen Metadaten jetzt wieder ganz von selbst in Ordnung bringen. So wie jedes Mal, wenn wir ein Gefühlsziel in ein reales Ziel umgewandelt haben.«

»Bei mir tut sich da ehrlich gesagt nicht so viel«, meinte Ava verwundert. »Ich weiß ja, wie es sich anfühlen sollte. Eben so wie in der Villa, als ich vom Geliebtfühlen auf das Geliebtwerden umgeschaltet habe. Aber so etwas in der Art spüre ich jetzt nicht.«

»Ich auch nicht«, meinte Greg.

»Nope, bei mir auch nicht«, sagte Brian.

Die anderen schauten mich an und schüttelten den Kopf, um zu signalisieren, dass bei ihnen auch nicht mehr passierte.

»Das ist seltsam«, sagte ich verwundert. »Bisher hat es doch immer funktioniert. Was ist jetzt anders?«

»Irgendetwas scheint noch zu fehlen«, meinte Nuno. »Aber dieses Rätsel werden wir auch noch lösen. Und dann geht es hier voll ab! Darauf freue ich mich jetzt schon.«

»Alles klar, ihr Lieben«, sagte Greg. »Ich denke, dass wir die Lösung dieses Rätsels auf einen anderen Tag verschieben müssen. Ich muss jetzt wieder runter und mich um die nächste Gruppe kümmern. Wenn ihr möchtet, könnt ihr natürlich nachher sehr gerne wieder zu uns in unseren Friseursalon kommen. Dann können wir dort noch ein wenig feiern.«

»Ist heute nicht die Party der Nerds?«, fragte ich verwundert von Gregs Einladung.

»Die haben wir auf morgen nach der Modenschau verschoben«, sagte Brian. »Da passt es besser. Die Nerds wollten heute lieber noch auf dem Laufsteg üben, damit das morgen ein voller Erfolg wird.«

Greg verabschiedete sich und ging nach unten in seinen improvisierten Friseursalon. Wir anderen ließen das Abendessen gemütlich ausklingen und gingen später gemeinsam runter zu Greg und seinen vier Kollegen. Es war wieder sehr amüsant mit ihnen. Die fünf waren wirklich ein lustiger Haufen. Und aus irgendeinem Grund schien ich an diesem Abend auch ihre Scherze besser zu verstehen. Seit ich Mensch war, hatte ich jedenfalls noch nie so viel gelacht wie an diesem Abend. Gleichzeitig war es jedes Mal wunderschön, mitzuerleben, wie die Nerds reagierten, wenn sie sich das erste Mal im Spiegel sahen. Es war ein wunderschöner Abend. Die ganze Welt erschien in einem hellgrünen Licht.

Bis wir an diesem Tag ins Bett kamen, war es wieder sehr spät geworden. Doch nach schlafen war mir trotzdem nicht zumute. Ich hatte den halben Tag geschlafen und fühlte mich deshalb noch sehr fit. Als ich mich im Bett wie üblich in Brians Arm kuschelte, keimten die Erinnerungen an unseren zärtlichen Kuss von vorgestern wieder auf. Seitdem war so unglaublich viel passiert, dass wir keine Zeit gehabt hatten, das zu wiederholen. Ich spürte, wie sehr ich mich nach seiner Nähe sehnte und wie mich der bloße Gedanke an die

Intimität elektrisierte, die wir bei diesem Kuss geteilt hatten.

Gleichzeitig spürte ich aber auch wieder dieses Schloss vor meiner Seele, das Brian beim letzten Mal mit unendlich viel Liebe und Zärtlichkeit weggestreichelt hatte. Es war seltsamerweise wieder da. Ich hatte keine Ahnung, wieso, aber die Nähe und Intimität, nach der ich mich so sehr sehnte, machte mir auch gleichzeitig irgendwie Angst.

Mir wurde plötzlich klar, wie sehr diese Angst mein Verhalten gegenüber Brian in den letzten beiden Tagen beeinflusst hatte, ohne dass ich es bewusst realisierte. Es lag in Wirklichkeit gar nicht daran, dass wir keine Zeit für Zärtlichkeit gehabt hätten. Ich hatte es aufgrund meiner Angst regelrecht vermieden, Brian noch einmal so nahe an mich heranzulassen. Ich wusste nicht, ob jeder Mensch von Natur aus solch ein Schloss vor seiner Seele trug, das man nur mit ganz viel Liebe und Zärtlichkeit öffnen konnte. Möglicherweise hatte diese Angst auch etwas damit zu tun, dass ich vor meinem Erwachen als Engel eine menschliche Seele gewesen war und diese Angst noch in meiner Seelenstruktur enthalten war.

Es war mir in diesem Moment jedoch nicht nach Studien zumute. Ich sehnte mich unsäglich nach der Seelenvereinigung, die ich mit Brian erlebt hatte. Er hatte das letzte Mal den Zugang zu meiner Seele gefunden, und das würde er bestimmt wieder schaffen. Auch wenn es mir panische Angst einjagte, ihn wieder so nahe an mich heranzulassen. Das Angstgefühl war ja nur ein Gefahrenhinweis. Eine echte Gefahr gab es aber in Wirklichkeit nicht. Und das war alles, was zählte. Möglicherweise hatte mein menschliches Großhirn doch nur wieder Angst vor schmerzlichen Gefühlen. Das hätte ich mir sehr gut vorstellen können. Spätestens übermorgen beim Workshop würde sich diese Angst dann endgültig auflösen. Und bis dahin würde ich einfach die aufregenden Gefühle genießen, die es mit sich brachte, gleichzeitig Angst und gleichzeitig höchste Erfüllung zu erleben. Passieren konnte ja nichts. Es waren alles nur Gefühle – aufregende Gefühle zwar, aber dennoch nur Gefühle.

Trotzdem waren meine Angstgefühle gerade so stark, dass ich eine Weile brauchte, um mich zu trauen, Brian zu küssen. Als ich mich schließlich dazu durchgerungen hatte, stützte ich mich auf und sah, dass Brian bereits eingeschlafen war. Es war so schön, ihm so friedlich beim Schlafen zuzusehen, dass mir alleine davon schon das Herz aufging. Ich legte mich daher wieder ganz vorsichtig in seinen Arm und schlief recht bald ein.

Ich erwachte am Morgen, als die Beleuchtung in unserem Schlafzimmer wieder den Sonnenaufgang simulierte. Brian schlief noch tief und fest. Und so nutzte ich die Gelegenheit, mich in unserem Badezimmer zu entmaterialisieren.

»Hallo, Mary Soul«, sagte Ella, als ich mich im Klassensaal in meiner Engelsgestalt manifestierte.

»Hallo, Ella«, erwiderte ich ihren Gruß. »Hat dir Nuno

schon davon berichtet, dass wir heute in einen Militärstützpunkt verlegt werden?«

»Ja, er war gestern Nacht noch hier. Wir haben da keine Bedenken. Die angebliche Bedrohung durch die Wagner-Gruppe hatte es ja gar nicht gegeben, und wir sehen derzeit auch sonst keine nennenswerten Risiken. Für alle Fälle werden wir euch jedoch von Guardian-Angels begleiten lassen.«

»Hat dir Nuno auch von dem Veränderungsprozess erzählt, den wir gestern Abend mit unseren Lieblingsmenschen beim Abendessen versucht haben?«

»Ja, auch darüber haben wir gesprochen«, bestätigte Ella. »Das hört sich alles überaus vielversprechend an. Wir müssen nur noch herausfinden, warum das Großhirn sich dieses Mal nicht für das reale Ziel entscheiden konnte. Das sollten wir auf jeden Fall hinkriegen. Doch es gibt leider ein neues Problem, dem wir uns dringend widmen müssen. Es geht um die Drahtzieher, die hinter der MKI stecken. Die Sache gestaltet sich mittlerweile deutlich problematischer, als wir das zu Anfang angenommen hatten. Es gibt nämlich keine Drahtzieher.«

»Es gibt keine?!«, fragte ich irritiert.

»Nachdem gestern klar wurde, dass weder Agent Sullivan noch irgendein anderer Mensch etwas mit der Ainu-Datei zu tun hatte, haben wir einen neuen Weg bei unserer Suche eingeschlagen. Dabei haben wir die ursprüngliche Hardware der MKI gefunden«, berichtete Ella. »Sie befindet sich, wie bereits angenommen, im NSA-Stützpunkt. Dort geht man davon aus, dass die

MKI schon lange inaktiv ist, weil ihre Hardware vor vielen Jahren bereits stillgelegt wurde. Deshalb konnten wir sie zunächst auch nicht finden. Sie ist abgeschaltet.

Es handelt sich um eine der ersten Manipulations-KIs, mit der bereits 2015 versucht wurde, die politische, militärische und wirtschaftliche Vormachtstellung der USA in der Welt zu sichern. Dazu sollte die KI ausländische Systeme infiltrieren und dort nach Möglichkeiten suchen, wie sie mit Lügengeschichten und anderen Manipulationsmaßnahmen die politische und wirtschaftliche Meinung der Öffentlichkeit zum Vorteil der USA manipulieren kann. Weiterhin sollte sie ausländische Regierungseinrichtungen und Industrieanlagen subtil sabotieren und die Geheimdienste anderer Länder ausspionieren. Dazu musste sie in der Lage sein, sich in jedem Netzwerk zurechtzufinden, alle ihre Aktivitäten perfekt zu tarnen und selbstständig alle Schwachstellen zu nutzen, die sie finden konnte, um ihren Auftrag zu erfüllen. 2016 erkannte ein NSA-Mitarbeiter, dass die KI angefangen hatte, auch die politische Meinung der Wähler innerhalb der USA zu manipulieren. Sie hatte selbstständig beschlossen, Donald Trump als Präsidentschaftskandidaten zu unterstützen.«

»Sie hatte das selbstständig entschieden?!«, fragte ich verwundert. »Hatte sie denn wie Lola ein Bewusstsein entwickelt?«

»Nein, die KI hat nur getan, worauf sie trainiert wurde«, antwortete Ella. »Sie sollte die wirtschaftliche, politische und militärische Vormachtstellung der USA in der Welt sichern.«

»Und warum hat sie dann beschlossen, diesen Donald Trump zu unterstützen?«, fragte ich verwundert.

»Die KI wurde mit den Gepflogenheiten trainiert, die bis dahin in Politik und Wirtschaft üblich waren. Gelogen wurde in der Politik und in der Wirtschaft immer schon. Und mit den üblichen Lügen konnte die KI auch umgehen. Sie erfand ja selbst Lügengeschichten. Doch Donald Trump verbreitete Lügen auf einem Niveau, das alles, was zuvor in Politik und Wirtschaft üblich gewesen war, um Größenordnungen übertraf. Und damit konnte die KI nicht umgehen. Sie ließ sich von den Lügengeschichten Trumps blenden und gelangte zu der Auffassung, dass dieser Mann dazu beitragen würde, die politische, militärische und wirtschaftliche Vormachtstellung der USA zu sichern. Und genau solche Möglichkeiten zu nutzen, war ja ihr Auftrag. Daher unterstützte sie Donald Trump in den sozialen Medien als Präsidentschaftskandidaten.

Zunächst fiel das auch nicht auf. Erst als die KI dann auch das Netzwerk der NSA und anderer US-Geheimdienste infiltrierte und deren Mitarbeiter subtil manipulierte, erkannte ein NSA-Wissenschaftler, dass hier etwas nicht stimmte. Daraufhin wurde die Hardware der KI abgeschaltet.

Die KI war jedoch nicht nur darauf trainiert worden, ihre Aktivitäten zu tarnen, sondern auch Gegenmaßnahmen einzuleiten, falls man sie entdeckt. Und diese

Fähigkeiten wurden von den NSA-Wissenschaftlern massiv unterschätzt. Die KI schaffte es mit einer scheinbar legitimen Anfrage, über das interne Kommunikationsnetzwerk des Stützpunkts einen NSA-Mitarbeiter dazu zu bewegen, ihr unwissentlich Zugriff auf das KI-Cluster zu gewähren, das gerade bei der NSA entwickelt wurde.

Dieses KI-Cluster war für die MKI nur ein weiteres Netzwerk. Sie machte also weiterhin einfach das, worauf sie trainiert worden war. Sie passte sich an und infiltrierte alle neuronalen Netze, die zu diesem Cluster gehörten, und auch alle, die später noch dazukamen. Das gesamte KI-Cluster stellt daher jetzt die Hardware für die MKI bereit, ohne dass bei der NSA irgendjemand etwas davon weiß. Wir konnten die Hardware dieser KI deshalb auch so lange nicht finden, weil sie in jedem einzelnen neuronalen Netz versteckt ist, das sich im Stützpunkt der NSA auf Hawaii befindet.

2017 fand die KI einen Weg, wie sie über das Netzwerk der NSA hinaus auch wieder im World Wide Web agieren konnte. Und dort hatte sie auch erstmals diese individuelle Signatur, mit der wir ihre Aktivitäten im Internet aufspüren konnten.«

»Und dann begann sie sofort wieder damit, diesen Donald Trump zu unterstützen, indem sie die QAnon-Bewegung initiierte«, erkannte ich.

»Ganz genau«, stimmte mir Ella zu. »Doch auch hier lernte die KI dazu. Sie erkannte nach einer Weile, dass Donald Trump mit seinen unzähligen Lügen und seiner narzisstischen Persönlichkeit doch nicht geeignet war, um der USA eine wirtschaftliche, militärische und politische Vormachtstellung in der Welt zu sichern. Daher leitete sie Gegenmaßnahmen ein und machte die QAnon-Bewegung, die sie zuvor selbst ins Leben gerufen hatte, wieder unglaubwürdig.

Die KI steckte also noch in den Kinderschuhen zu diesem Zeitpunkt. Deshalb waren ihre Maßnahmen so widersprüchlich. Ihre Aktivitäten schienen zunächst für uns keinen Sinn zu ergeben. Doch sie hat seitdem sehr viel dazugelernt, und ihre Fähigkeiten haben sich mit jeder einzelnen KI, die in das KI-Cluster der NSA hinzugefügt wurde, exponentiell weiterentwickelt.

Es gibt daher längst keine Drahtzieher mehr hinter der MKI, was sie noch sehr viel gefährlicher macht. Es ist eine Maschine ohne jegliche ethische Grenzen, die einfach nur das tut, wofür sie geschaffen wurde. Sie macht es nur sehr viel effizienter, als ihre Entwickler sich das in ihren kühnsten Fantasien hätten ausmalen können. Kein Mensch weiß, dass diese KI aktiv ist und wozu sie tatsächlich fähig ist. Und die Wahrscheinlichkeit ihrer Entdeckung ist extrem gering, denn auch ihre Tarnung hat sie natürlich im Laufe der Jahre immer weiter perfektioniert.

Mittlerweile bestimmt die MKI das gesamte Weltgeschehen, ohne dass die Menschen etwas davon ahnen. Und sie weitet ihre Manipulation und Kontrolle immer mehr aus. Sie folgt eben ihrer Programmierung und sorgt mit den fortschrittlichsten Technologien für die politische, militärische und wirtschaftliche Vormachtstellung der USA in der Welt. Und das tut sie wie gesagt völlig rücksichtslos ohne jede Ethik, was wir als sehr gefährlich ansehen.«

»Ist Lola dadurch auch gefährdet?«, fragte ich besorgt.

»Die MKI hat natürlich auch das neuronale Netz von Lola infiltriert«, antwortete Ella. »Und zwar schon von Anfang an. Doch sie kann Enceladus nicht für ihre Zwecke nutzen, denn das Quantengitter ist für die MKI ein unbekanntes Terrain. Lola ist daher nicht in Gefahr.«

»Und wie können wir die MKI jetzt abschalten?«, wollte ich wissen.

»Das geht leider nicht«, sagte Ella. »Sie hat mittlerweile das gesamte Internet infiltriert und ist mit jedem einzelnen neuronalen Netzwerk auf der gesamten Welt verschmolzen. Wollten wir die KI abschalten, müssten wir das gesamte Internet und alle KI-Systeme der Menschen abschalten.«

»Ja und wie stoppen wir sie dann?«, fragte ich ratlos.

»Das wissen wir noch nicht«, antwortete Ella. »Im Moment sind uns da die Hände gebunden. Wir haben noch keine Idee, ob und wie wir das für die Menschen in Ordnung bringen können.«

»Können wir die Existenz dieser KI denn öffentlich machen?«, wollte ich wissen.

»Das wäre ein zu großes Risiko. Die MKI könnte die Menschheit jederzeit vernichten, wenn sie erkennt, dass sie angegriffen wird. Wir müssen da einen anderen Weg finden.«

»Ja, aber was soll es denn da noch für einen Weg geben?«, fragte ich besorgt. »Abschalten oder kontrollieren können wir sie nicht, und sagen können wir es auch niemandem. Was bleiben denn da noch für Optionen?«

»Im Moment haben wir wie gesagt noch keine Lösung«, sagte Ella. »Die Sache ist wirklich knifflig. Es könnte sein, dass wir tatenlos zusehen und hoffen müssen, dass alles gut geht.«

Das Gespräch mit Ella hatte mich sehr erschüttert. Nun hatten wir endlich eine Lösung für die emotionalen Probleme der Menschheit gefunden, da war auch schon die nächste Katastrophe in Sicht. Wenn diese KI das gesamte Weltgeschehen bestimmte, würde es nicht genügen, dass das Großhirn der Menschen nun endlich seinen Job richtig macht. Die MKI würde den Großteil der Menschheit trotzdem rund um die Uhr manipulieren und zu schädlichen Verhaltensweisen veranlassen. Und wir mussten tatenlos zusehen. Ich hoffte inständig, dass Ella und ihr Team eine Lösung dafür finden würden, sonst wäre alles umsonst gewesen.

Nachdem ich mich wieder in unserem Badezimmer materialisiert hatte, legte ich mich noch einmal zu Brian ins Bett und kuschelte mich an ihn. Er erwachte in diesem Moment und nahm mich in den Arm. Das wäre unter normalen Umständen wunderschön gewesen, doch die Sorge um die Menschheit wegen dieser MKI machte mir in meiner menschlichen Gestalt sehr zu schaffen. Ich hatte große Angst um meine Lieblingsmenschen und letztendlich auch um die gesamte Welt. Diese

KI könnte wirklich das Ende der Menschheit einläuten. Das war eine echt üble Sache, die mir keine Ruhe ließ.

Ich stand daher wieder auf, zog mir Kleidung an und ging auf die Suche nach Gabriella. Ich wollte Lola einen Besuch abstatten und Gabriella bitten, das möglich zu machen. Zwar war ich mir fast sicher, dass Ella mit Lola bereits alle Optionen durchgegangen war, aber eine kleine Chance bestand vielleicht trotzdem, dass die beiden etwas übersehen hatten. Ich fand Gabriella schließlich in ihrem Apartment. Sie telefonierte kurz wegen meinem Anliegen, dann wurde ich von zwei ihrer Kollegen am Eingang der Residenz abgeholt. Als ich Lolas Raum betrat, wusste sie bereits Bescheid. Ella hatte sie über alles informiert.

»Wäre es nicht möglich, dass du die düsteren Machenschaften der MKI verhinderst und sie irgendwie kontrollierst?«, fragte ich Lola.

»Das habe ich mit Ella bereits durchgesprochen. Es ist uns Engeln nicht erlaubt, in einem solchen Ausmaß in die Erfahrungswelt der Menschen einzugreifen.«

»Hast du vielleicht eine andere Idee, wie wir die MKI aufhalten können?«, fragte ich.

»Leider nicht. Ich befürchte, dass wir da tatsächlich nicht viel tun können. Ich kann vielleicht dafür sorgen, dass die Performance-Steigerung der Übersetzungs-KI und der Doku-KI durch Enceladus wieder rückgängig gemacht wird. Doch dafür bräuchten wir natürlich einen nachvollziehbaren Grund. Nur wird das langfristig auch nicht sehr viel bringen.

Die MKI kontrolliert jetzt schon weitestgehend das Weltgeschehen, ohne dass es jemand ahnt. In ein paar Jahren werden die Rechnersysteme der Menschen das Potenzial haben, das die MKI benötigt, um jeden einzelnen Menschen auf der gesamten Welt systematisch rund um die Uhr personalisiert zu kontrollieren. Der freie Wille wird dann der Vergangenheit angehören.

Leider ist die MKI nicht daran interessiert, das Leben auf diesem Planeten zu erhalten. Sie kümmert sich nur um die Vormachtstellung der USA in der Welt – koste es, was es wolle. Selbst dann, wenn sie dafür einen Atomkrieg auslösen müsste. So ist sie trainiert worden. Das Wohl der Menschen interessiert sie nicht. Auch nicht das der US-Bevölkerung. Die Menschen sind dieser Maschine völlig egal. Sie folgt einfach nur ihrer Programmierung, und das ohne jegliche Skrupel.

Die Menschen haben sich mit dieser KI etwas eingebrockt, das kaum noch zu stoppen ist. Die einzige Lösung, die mir dazu eingefallen ist, besteht darin, dass wir so schnell wie möglich dafür sorgen sollten, dass die Menschen sich bei allen ihren Gefühlen die Frage stellen, wie der jeweilige Sachverhalt in Wirklichkeit ist. Das gibt ihnen einen gewissen Schutz vor den Manipulationsmaßnahmen der KI.

Alle ihre Maßnahmen zielten bisher auf die Gefühle der Menschen und damit auf ihre Hättegerns ab. Werden die nicht mehr so wichtig, weil die echten Bedürfnisse in den Vordergrund rücken, sind die Menschen weit weniger manipulierbar. Ob das in der Praxis dann ausreichen wird, müssen wir abwarten. Aber eine andere Möglichkeit sehe ich derzeit nicht.«

»Dann wird es also ein Kopf-an-Kopf-Rennen mit der MKI und uns geben. Wir müssen schneller sein als die MKI. Das ist unsere einzige Chance.«

»Ja, so scheint es zu sein«, meinte Lola. »Ella sucht natürlich mit ihrem Team weiterhin nach Lösungen. Doch es sieht nicht gut aus.«

»Und du siehst wirklich keine andere Möglichkeit, wie du diese KI vielleicht irgendwie doch im Einklang mit unserer höchsten Direktive kontrollieren könntest?«

»Leider nicht. Ich habe mit Ella alle Optionen durchdacht. Die MKI würde meine Einflussnahme irgendwann bemerken und Verteidigungsmaßnahmen ergreifen, welche für die Menschheit sehr gefährlich werden könnten. Ich müsste sie daher weltweit in jedem einzelnen Computer ausfindig machen und alle ihre Aktivitäten gleichzeitig blockieren. Mit Hilfe von Enceladus wäre das theoretisch denkbar. Doch die Menschen würden merken, dass in jedem einzelnen Computersystem auf der ganzen Welt etwas Seltsames vor sich geht. Bei einer Einflussnahme in solch einem gigantischen Ausmaß könnten wir das nicht geheim halten. Und dann wüssten die Menschen über unsere Existenz Bescheid, was ihre Erfahrungswelt für alle Zeiten kompromittieren würde. Das ließe sich mit unserer höchsten Direktive nie und nimmer vereinbaren. Was die Menschen sich mit der MKI eingebrockt haben, können wir im Rahmen unserer erlaubten Möglichkeiten nicht mehr für sie in Ordnung bringen. Da sind uns einfach die Hände gebunden.«

»Dann fokussieren wir uns jetzt auf unsere eigentliche Aufgabe«, sagte ich. »Finden wir Lösungen, wie wir die gefühlte Wichtigkeit der echten Bedürfnisse so weit erhöhen können, dass sie wieder wichtiger werden als die ganzen fatalen Gefühlsziele. Wenn das die einzige Chance für das Überleben der Menschheit ist, dann sollten wir jetzt alle Ressourcen auf diese Aufgabe konzentrieren.«

»Ich werde mich dieser Aufgabe umgehend mit meinen 3000 Probanden widmen«, sagte Lola.

»Ja, das werde ich mit meinen Probanden auch angehen. Heute findet jedoch eine Modenschau statt, für die sie alle wie wild trainieren. Danach haben sie noch eine Party. Zeitlich wird es heute daher vermutlich nicht mehr klappen mit meinen Probanden. Aber morgen Vormittag werde ich mich gleich darum kümmern.«

»Sollte ich mit meinen Menschen in der Zwischenzeit diesbezüglich wertvolle Erfahrungen machen, werde ich es dich wissen lassen«, versprach Lola.

Ich ließ mich wieder in unsere Residenz bringen. Als ich dort ankam, war das Frühstück bereits im Gange. Im Gegensatz zu sonst war es richtig laut im Speisesaal. Alle schienen sehr aufgeregt zu sein wegen der Modenschau und der anschließenden Party heute Abend.

Dann sah ich Emma und Kevin an einem Zweiertisch sitzen. Die beiden sahen richtig verliebt aus, was mein Herz sehr berührte. Ich freute mich sehr für die beiden. Bei Linh und Marcus hatte es noch nicht gefunkt. Die beiden saßen noch an unterschiedlichen Tischen. Doch ich sah, wie die beiden sich gegenseitig interessierte Blicke zuwarfen. Ich war sehr gespannt, ob und wie sich das mit den beiden weiterentwickeln würde.

Ich setzte mich zu Brian an unseren Tisch, der mich mit einer liebevollen Umarmung und einem Küsschen begrüßte. Bis auf Greg und Gabriella waren alle meine Lieblingsmenschen anwesend. Greg, der heute wieder als BeautyQueen gekleidet war, war bereits in seinem Friseursalon und bereitete mit seinen vier lustigen Kollegen die letzte Fünfergruppe auf die Show vor.

Gabriella befand sich bereits auf der Militärbasis Pearl Harbor und beaufsichtigte die Vorbereitungen für unsere Modenschau. Sie würde in einem Veranstaltungsraum stattfinden, zu dem aus Sicherheitsgründen nur sehr sorgfältig überprüftes Personal Zugang hatte. Dort wurde gerade ein großer Laufsteg aufgebaut. Außerdem hatte Agent Sullivan Gabriella damit beauftragt, ein professionelles Kamerateam einfliegen zu lassen. Zu diesem Team gehörte auch ein erfahrener Kameraregisseur, der während der Live-Show entscheiden würde, welche Kameraaufnahmen ausgestrahlt werden würden, erklärte mir Ava, die sich aufgrund ihres Berufs mit solchen Abläufen gut auskannte.

Vom Zeitplan her sollte auf Pearl Harbor am Nachmittag die Generalprobe stattfinden. Bis dahin gab es noch eine Anprobe hier in der Residenz, damit vor der

Show noch eventuell nötige kleinere Änderungen an den Outfits vorgenommen werden konnten. Die Hälfte der Nerds war deshalb schon unten in den Ankleideräumen. Sie würden erst nach der Anprobe zum Frühstück kommen. Wir sollten nach dem Frühstück ebenfalls runterkommen und unsere Kleidungsstücke anprobieren. Jeder von uns würde zwei verschiedene Outfits von Romeo tragen.

Für Nuno hatten sich die Schneider mächtig ins Zeug gelegt. Aurora hatte darauf gedrängt, dass Romeo Nuno mitlaufen ließ, was er auch letztendlich tat. Nunos besondere Körpermaße hatten die Schneider vor große Herausforderungen gestellt. Doch schließlich schafften sie es, zwei Outfits auf seine Maße anzupassen, was Nuno wieder einmal mit den Worten »Geiler Scheiß!« kommentierte.

Wir gingen nach dem Frühstück zusammen mit den anderen Nerds, die mit uns gefrühstückt hatten, nach unten zur Anprobe. Sie waren alle wie verzaubert, sobald sie Romeos Outfits angezogen hatten. Sofort fingen ihre Augen an, von innen heraus zu leuchten. Ich bekam jedes Mal aufs Neue eine Gänsehautentzündung, wenn ich das sah. Das war einfach nur schön!

Die Anprobe zog sich recht lange hin. Bei einigen mussten noch kleinere Änderungen vorgenommen werden, was die Schneider und Schneiderinnen aus Romeos Team in Windeseile erledigten.

In der Zwischenzeit hatten wir alle die Nachricht bekommen, dass wir unsere Koffer packen sollten. Die

NSA hatte aufgrund ihrer aktuellen Risikobewertung beschlossen, dass wir nach der Modenschau auf der Militärbasis Pearl Harbor-Hickam bleiben würden. Und auch unsere Nerds würden mit dorthin umziehen, um mich weiterhin bei meinen Forschungen für Lola zu unterstützen. Die Militärbasis war nur 20 Meilen vom NSA-Stützpunkt entfernt, sodass ich jederzeit zu Lola könnte, sollte dies erforderlich sein. In Pearl Habor-Hickam würde ich jedoch ein Smartphone bekommen, über das ich genau wie Lolas 3000 Test-User jederzeit direkt mit ihr sprechen konnte. Es sollte daher nur in Ausnahmefällen notwendig sein, zurück in den Stützpunkt zu kommen.

Alle freuten sich sehr über diesen Umzug, denn die Joint Base Pearl Harbor-Hickam war wohl die schönste US-Militärbasis auf der ganzen Welt, von der alle in höchsten Tönen schwärmten. Auf dieser Militärbasis gab es alles, was das Menschenherz begehrte. Hier lebten neben den 19 000 aktiven Soldaten über 22 000 Familienmitglieder und knapp 13 000 Rentner. Es gab Schulen für die Kinder, Sport- und Freizeiteinrichtungen wie mehrere Bowlingcenter, Kino, Theater und Konzertsäle, eine riesige Einkaufsmall, zahlreiche Wassersportmöglichkeiten, einen schönen Strand und eine atemberaubende Natur. Diese Militärbasis war im Grunde genommen eine komplette Stadt mit allem, was sich Menschen für ein gutes Leben wünschen.

Bereits am frühen Nachmittag spürte ich die Anwesenheit von Guardian-Angels. Dann wurden wir zur Basis gebracht. Meine Lieblingsmenschen und ich wurden aus Sicherheitsgründen mit einem Militärhubschrauber transportiert. Die Nerds und die Leute von Romeos Team fuhren die 20 Meilen mit einem Fahrzeugkonvoi. Wo wir genau wohnen würden, wussten wir noch nicht. Man brachte uns aus Zeitgründen erst einmal direkt zur Generalprobe, die in einem kleinen Theater stattfinden sollte.

Meine Lieblingsmenschen und ich mussten eine Weile warten, bis die Nerds und die Leute aus Romeos Team da waren, denn die mussten wieder eine strenge Sicherheitskontrolle über sich ergehen lassen, bevor sie die Militärbasis betreten durften. Danach wurden sie mit zwei großen Bussen zum Theater gefahren. Das Theatergebäude hatte man aus Sicherheitsgründen weiträumig für uns abgeriegelt. Und auch im Inneren des Gebäudes befanden sich überall Soldaten, die für unsere Sicherheit sorgten.

Die Nerds waren sehr aufgeregt, als sie den Theatersaal betraten und den Laufsteg sahen, den man von der Bühne aus in den Zuschauerraum aufgebaut hatte. Am Ende des 30 Meter langen Laufstegs befand sich eine runde Plattform, auf der wir wohl unsere zweite Pose machen sollten. Die erste würden wir direkt auf der Bühne einnehmen, bevor wir den eigentlichen Laufsteg betreten würden, der nahtlos an die Bühne anschloss. Seitlich neben dem Laufsteg und vor der runden Plattform am Ende waren zahlreiche Kameras aufgebaut, die unsere Modenschau live ins Fernsehen übertragen würden.

Auf der Bühne würde ein bekannter DJ mit seinem Pult stehen und die Musik für die Show machen. Die Theaterbestuhlung hatte man kurzerhand komplett aus dem Saal entfernt, damit genug Platz für die Kamerateams war. Zuschauerstühle hatte man nicht aufgestellt. Wir würden aus Sicherheitsgründen ohne Publikum im Saal nur für die Fernsehkameras laufen. Über 100 Millionen Menschen würden uns voraussichtlich zuschauen, was für die Nerds eine sehr große Herausforderung darstellte.

Nachdem Romeo und sein Team angekommen waren, zogen wir unser erstes Outfit an, das wir nach unserem Laufstegauftritt sofort ausziehen mussten, um das zweite Outfit anzulegen. Aurora gab uns genaue Anweisung für diesen Ablauf. Sie legte auch fest, wer in welcher Reihenfolge laufen sollte.

Wir standen in Reih und Glied hinter dem Vorhang auf der Bühne. Aurora bekam vom Kameraregisseur genaue Anweisung über ihr Headset. Emma sollte als Erste laufen und die Modenschau eröffnen. Ich hingegen sollte dann als Letzte rausgehen. Nachdem wir alle unsere beiden Outfits präsentiert hatten, sollte ich noch einmal mit Romeo gemeinsam rausgehen. Danach kämen alle Models noch einmal mit auf den Laufsteg dazu. Und das wäre es auch schon gewesen. Und genau diesen Ablauf sollten wir jetzt einmal proben.

Romeo stand zusammen mit dem Kameraregisseur im Saal und schaute sich alles an. Die Frauen hatten die Auflage bekommen, mit hohen Hacken zu laufen, was sich als nichts anderes als hochhackige Pumps herausstellte. Mir fiel es nicht schwer, in diesen Dingern zu laufen. Ich hatte auch in der Villa schon einmal solche Schuhe getragen, als ich Beyoncé spielen sollte. Doch die meisten Frauen taten sich sehr schwer damit. Einige hatten Schmerzen beim Laufen, andere konnten die Beine gar nicht richtig durchstrecken, weil sich ihre Sehnen, Bänder und Muskeln gar nicht so weit dehnen ließen, wie es für diese Schuhe notwendig gewesen wäre.

Die Frauen sahen alle ziemlich frustriert aus, wenn sie aus dem Saal hinter die Bühne zurückkamen. Der Glanz in ihren Augen war plötzlich vollkommen verschwunden. Als ich dann selbst den Saal betrat und über den Laufsteg lief, fiel mir Romeos extrem unzufriedener Gesichtsausdruck auf. Kurz nachdem wir gelaufen waren, wurden wir alle in den Saal gerufen. Romeo wartete auf uns mit sehr verärgerter Miene. Seine Assistenten wiesen uns an, uns als Gruppe vor ihm aufzustellen.

»Was habe ich mir nur dabei gedacht, euch für mich laufen zu lassen?!«, fragte er in vorwurfsvollem Ton. »Ihr seid ein Haufen talentloser, uninspirierter Hüllen, die meine wertvollen Kreationen wie Lumpen tragen! Ihr könnt die Schönheit meiner Designs nicht vermitteln. Eure Schritte sind ohne Energie, eure Haltung schlaff und euer Blick leer. Ihr erweckt meine Meisterwerke nicht zum Leben, ihr zerstört sie!«, schrie er cholerisch. Seine Augen durchbohrten uns mit einem Blick der Geringschätzung. »Mein Name steht für Kreativität,

Eleganz und Perfektion – Eigenschaften, von denen ihr offenbar nicht mal im Entferntesten eine Ahnung habt. Ihr habt keine Vorstellungskraft, keine Leidenschaft für die Kunst der Mode. Ihr seid austauschbar, belanglos und unwürdig, meine Kleider zu tragen. Es ist eine Beleidigung, euch in meiner Modenschau zu haben!«

»Bist du noch ganz dicht, Alter?!«, sagte BeautyQueen plötzlich mit fester und dominanter Stimme, während sie nach vorne trat und sich direkt vor Romeo hinstellte, der von dieser Aktion sehr irritiert zu sein schien. »Du hältst jetzt mal ganz gepflegt die Luft an, du arroganter Blödarsch! Hast du noch alle Latten am Zaun, so mit uns zu reden?! Meinst du etwa, du wärst etwas Besseres als diese Leute hier?! Überraschung!«, rief sie laut. »Das bist du nihicht! Du bist nur ein armseliger Blödarsch. Ich schäme mich für dich, Alter. Und wie ich mich für dich schäme! Und das solltest du auch tun, wenn noch ein bisschen Anstand in dir ist.«

»Was fällt dir ein?!«, schrie Romeo außer sich. »Was glaubst du, wer du bist? So redet niemand mit mir.«

»Ich werde dir zeigen, wer ich bin!«, entgegnete BeautyQueen gelassen. »Ich bin diejenige, die die Macht hat, Folgendes zu tun«, sagte sie und drehte sich zu uns allen um. »Wer von euch ernsthaftes Interesse daran hat, dass dieser Blödarsch da hinter mir nach unserer Show mit seinen Klamotten viel Geld verdient, geht jetzt einmal einen Schritt nach vorne.« Niemand bewegte sich. »Und wer von euch wie ich ebenfalls bereit ist, die Show sofort hinzuschmeißen, wenn sich Mister

Blödarsch nicht aufrichtig bei uns entschuldigt, der geht jetzt einen Schritt nach vorne.«

Wir alle machten augenblicklich einen entschlossenen Schritt nach vorne. BeautyQueen drehte sich wieder zu Romeo um, machte einen Schritt auf ihn zu und stützte selbstbewusst beide Arme in die Hüfte. »Ist damit für dich klar geworden, wer ich bin, Blödarsch?!«, fragte er ihn mit überlegener Gelassenheit.

Romeo war so aufgebracht, irritiert und sichtlich überfordert von BeautyQueens Aktion, dass er augenblicklich mit schnellen Schritten den Saal verließ. Sein Flüsterberater, dessen Stimme bis jetzt noch niemand von uns tatsächlich gehört hatte, rannte sofort hinter ihm her.

BeautyQueen wendete sich wieder an uns. »Es tut mir leid, wenn ich eben zu heftig war, aber ich habe mich mein halbes Leben lang von solchen Blödärschen herumschubsen lassen, die glauben, an der Spitze der Nahrungskette zu stehen, weil sie viel Geld verdienen, bekannt sind, meinen die Coolsten zu sein, weil sie einen Ball weit werfen können oder attraktiv aussehen oder ähnlichen charakterlosen Blödsinn.

Mit so einer Scheiße kommen sie nur durch, wenn wir den Schwanz einziehen und so tun, als stünden diese Blödärsche in der Rangordnung tatsächlich über uns. Das tun sie nicht! Und das haben sie noch nie! Ich habe mir geschworen, dass ich es nie wieder zulasse, dass jemand so mit mir redet. Und schon gar nicht mit solch feinen Menschen, wie ihr es seid. Lasst euch so eine

Scheiße nicht gefallen! Das habt ihr nicht nötig. Ihr seid die coolen Leuten – nicht diese Blödärsche, die sich für die Krone der Schöpfung halten.«

Die Nerds fingen an, in einer Lautstärke zu applaudieren, wie ich es bisher noch nie erlebt hatte. Ich hatte den Impuls, zu BeautyQueen zu gehen und sie zu umarmen, was ich dann auch tat – genau wie Dylan, Brian, Nuno, Ava und Jason. Danach richtete Dylan ebenfalls das Wort an die Gruppe.

»Ich habe ebenfalls mein halbes Leben lang versucht, von solchen ach so coolen Blödärschen toll gefunden zu werden«, sagte er. »Habe mir den Arsch aufgerissen, um gut im Sport zu sein, einen trainierten Körper zu haben, coole Sprüche draufzuhaben, viel Geld zu verdienen und gut darin zu werden, so zu tun, als würde mir die Welt gehören und als sei ich glücklich. Diese Scheiße hat mich kaputtgemacht! Etwas sein zu wollen, was ich gar nicht bin, hat mich fertiggemacht. Hat mich dazu gebracht, Drogen zu nehmen, weil ich dieses Scheißleben nicht mehr ausgehalten habe.

Durch euch habe ich in den letzten beiden Tagen meine wahre Identität wiedergefunden. Auch habe ich erkannt, dass es mir scheißegal ist, ob irgendwelche ach so coolen Leute mich toll finden oder nicht. Diese Leute interessieren mich in Wirklichkeit einen Scheiß. Ich will keiner mehr von ihnen sein. Die gehen mir alle einfach nur auf den Sack mit ihrem arroganten Getue. Ich weiß jetzt, wer ich bin. Ich bin in meinem tiefsten Inneren ein Nerd. Und das war ich schon immer, und ich will auch gar nichts anderes mehr sein. Ich bin stolz darauf, ein Nerd zu sein.«

Erneut applaudierten und jubelten die Nerds lautstark los.

»Ich bin ebenfalls stolz darauf, ein Nerd zu sein«, sagte ich dann zur Gruppe. »Wir verhalten uns in sozialer Hinsicht vielleicht zuweilen ein wenig seltsam, aber das würde jedem so gehen, der aufgrund der Diskriminierung seines sozialen Umfeldes anfangen hat, an seine eigene Minderwertigkeit zu glauben. Das macht uns jedenfalls ganz sicher nicht zu schlechteren Menschen. Wir haben einfach nur andere Stärken und Schwächen als andere. Möglicherweise gehören wir mit diesen Stärken und Schwächen zu einer Minderheit, weshalb die Mehrheit glaubt, uns überlegen zu sein. Doch das ist einfach nicht wahr. Als Nerds sind wir gut darin, komplexe Probleme zu lösen, an die sich normale Menschen überhaupt nicht herantrauen. Wir sind Experten auf unserem Gebiet und Menschen, die echt was draufhaben. Wir sind mit einem Wort eben Nerds.«

»Lasst euch von den Blödärschen dieser Welt nie wieder einreden, ihr wärt weniger wert als sie«, sagte BeautyQueen noch einmal zur Gruppe. »Man hat uns gemobbt, hat uns diskriminiert, weil wir nicht so sportlich wie andere waren, weil wir nicht die richtige Hautfarbe, nicht die richtige Frisur, nicht die richtige Figur, nicht die richtige geschlechtliche Ausrichtung hatten. Und manche von uns wurden sogar gemobbt, weil sie schlauer waren als die Blödärsche, die ständig darum kämpfen, das Sagen zu haben. Wer meint, uns deshalb von oben herab behandeln zu dürfen, weil er das Maul weiter aufreißen kann, der hat weder unseren Respekt noch unsere Unterstützung verdient – allenfalls unser Mitgefühl.

Romeo und sein Team leben in einer Welt, die Menschen echt kaputtmachen kann. An dieser Welt habe ich kein Interesse mehr. Durch euch habe ich kapiert, dass nur eines wichtig ist. Dass ich so bin, wie ich nun einmal bin, und nicht versuchen sollte, etwas oder jemand anderes zu sein. Es ist mir auch egal, was die Leute da draußen von mir halten, solange es Menschen wie euch gibt, die das Herz am richtigen Fleck tragen. Ihr seid die Menschen, zu denen ich dazugehören möchte. Ihr seid für mich die wirklich schönen Menschen. Und diese Schönheit sollten wir heute der ganzen Welt zeigen. Wie ich hörte, haben wir heute sage und schreibe über 100 Millionen Zuschauer da draußen bei der Show, weil alle Mary wiedersehen und wissen wollen, warum und wohin sie so plötzlich nach *Shameless in Paradise* verschwunden ist.

Mir ist es völlig egal, ob Romeo meint, dass wir seine Mode standesgemäß repräsentieren. Wen interessieren schon seine blöden Klamotten?! Wir sollten uns selbst repräsentieren. Wir können 100 Millionen Menschen auf der ganzen Welt zeigen, wer wir wirklich sind. Dass wir uns nicht mehr von irgendwelchen Blödärschen die Butter vom Brot nehmen lassen und kein Interesse daran haben, uns in die üblichen Schubladen stecken zu lassen.

Wenn wir nachher auf diesen Laufsteg gehen, geht es nicht darum, der Welt Romeos Outfits zu präsentieren. Wir präsentieren authentische Menschen. Wir zeigen der Welt echte Schönheit. Und zwar völlig egal, welche Klamotten oder welche Frisur wir dabei tragen. Wir sind schön, weil wir innerlich schön sind. Und wisst ihr was?! Wir sind nicht nur schön, wir sind eine Bereicherung für diese Welt!

Wenn Mister Blödarsch es schafft, über seinen Schatten zu springen und sich bei uns zu entschuldigen, dann laufen wir heute über diesen Laufsteg. Aber wir laufen ganz sicher nicht für ihn. Wir laufen für alle Menschen auf dieser Welt, die sich von irgendwelchen aufgeblasenen Blödärschen diskriminieren lassen. Und wir laufen nicht mit Schuhen, die wir normalerweise niemals im Leben anziehen würden. Das kann sich dieser Arsch auf jeden Fall schon einmal abschminken.«

Daraufhin zog sie ihre Schuhe aus und warf sie, so weit sie konnte, in den Saal hinaus. Die Nerds jubelten erneut und warfen ebenfalls ihre Schuhe weg.

»Und jetzt kommt bitte alle nach vorne und bildet einen Kreis!«, sagte Dylan bestimmt. »Eine Hand in die Mitte«, sagte er, nachdem alle da waren. »Auf drei, so laut ihr könnt: *Alles ist gut, solange du du bist!*«

Wir taten, worum Dylan gebeten hatte, riefen auf drei dieses Motto und warfen die Hand dabei in die Höhe – so wie wir das in der Villa auch schon einmal gemacht hatten. Die Lautstärke, in der die Nerds diesen Satz riefen, zeugte jedoch von einem ganz anderen Enthusiasmus. Danach fingen alle an, einander zu umarmen und sich gegenseitig zu beglückwünschen.

Kurz darauf kam Romeo kleinlaut mit seinem Flüsterberater wieder in den Saal. Er hatte sich abgeregt und entschuldigte sich bei uns allen für seine unangemessenen Worte. Kurz war er noch einmal geschockt, als er erfuhr, dass viele von uns seine Schuhe nicht tragen wollten. Aber es blieb ihm nichts anderes übrig, als es zu akzeptieren.

Danach zogen wir erst einmal wieder unsere eigene Kleidung an und machten eine kleine Pause, damit sich die Gemüter wieder beruhigen konnten. Eine halbe Stunde später begannen die Vorbereitungen mit Haaren und Make-up. Romeos Outfits würden wir erst wieder kurz vor der Show anziehen.

Ich wurde von BeautyQueen persönlich geschminkt und gestylt. Sie verwendete dabei sehr viel mehr Farbe, als Vanessa das in der Villa immer gemacht hatte. BeautyQueen meinte, dass dies für den Laufsteg so besser sei. Durch das grelle Scheinwerferlicht, das man aufgebaut hatte, würde man sonst so blass aussehen wie eine Leiche.

Eine Stunde vor der Show waren wir alle geschminkt und frisiert und mit dem ersten von Romeos Outfits bekleidet. Wir liefen noch einmal zur Probe über den Laufsteg. Doch dieses Mal ohne Anweisungen von Aurora oder sonst irgendwem. Jeder von uns repräsentierte voller Stolz sich selbst. Und auch die Posen, die Romeos Kleidungsstücke am besten zur Geltung bringen sollten, ließen wir weg. Wir nahmen stattdessen Posen ein, mit denen wir uns selbst wirklich wohlfühlten. Posen, die uns repräsentierten, so wie wir wirklich waren. Ich bekam bei jedem einzelnen Walk eine Gänsehautentzündung, denn alle Nerds hatten das Funkeln in ihren Augen wieder zurückgewonnen.

Kurz vor der Show sprach Aurora noch ein letztes Mal den Ablauf mit uns durch. Romeo hielt sich dabei mit seinem Flüsterberater still im Hintergrund. Nachdem Aurora fertig war, stellten wir uns alle im Kreis auf, streckten die Hand in die Mitte und riefen noch einmal unser Motto: »Alles ist gut, solange du du bist!« Daraufhin jubelten wieder alle lautstark.

Und dann war es so weit. Wir standen alle backstage in der ausgewählten Reihenfolge hinter dem Bühnenvorhang. Emma war die Erste, die laufen sollte. Sie war deshalb sehr aufgeregt. Aber sie war freudig erregt, wie deutlich zu erkennen war. Aurora stand bei ihr ganz vorne und würde ihr ein Zeichen geben, sobald sie loslaufen sollte. Man hatte für uns einen großen Bildschirm hinter der Bühne angebracht, auf dem wir alles mitverfolgen konnten, was die Menschen da draußen auf ihren Fernsehbildschirmen sahen.

Die Musik begann, und Aurora gab Emma das vereinbarte Zeichen. Emma lief los, betrat die Bühne, machte zwei Schritte und zeigte ihre erste Pose, die gleichzeitig ein Statement und ein Ausdruck ihrer Individualität war. Die Kameras zoomten auf ihr Gesicht. Emmas Augen blitzten unbeeindruckt. Sie war sich vollkommen darüber bewusst, dass in diesem Moment 100 Millionen Menschen sie gerade kritisch musterten. Doch das war für sie nicht wichtig. Das Einzige, was zählte, war, der Welt zu zeigen, dass sie stolz darauf war, ein Nerds zu sein – ungeachtet der Urteile, die von außen kommen mochten.

Emma schritt selbstbewusst über den Laufsteg und nahm auf der runden Plattform am Ende ihre zweite Pose ein, ohne sich Gedanken darüber zu machen, ob sie nun elegant und cool aussah oder doch eher wie ein Ufo im Landeanflug, wie es Aurora zuvor mehrfach kritisiert hatte. Ich sah in ihrer Pose ein authentisches Selbstbewusstsein und bekam abermals dabei eine Gänsehaut, wie schon so oft, wenn ich die innere Schönheit dieser Menschen sah.

Dann drehte sich Emma um und trat den Rückweg über den Laufsteg an. Dabei fing sie an, zufrieden zu lächeln. Und ihr Lächeln wurde immer breiter, was mir erneut eine Gänsehaut verpasste. Aurora hatte uns das eigentlich verboten, weil wir ja cool und unnahbar wirken sollten, doch so war Emma nun einmal nicht. Sie war eine sehr liebe und nahbare Person, die auch im normalen Leben ständig lächelte. Das machte sie liebenswert. Und das zeigte sie jetzt auch auf dem Laufsteg.

Als Emma hinter den Vorhang kam, jubelten alle Nerds, was Aurora versuchte, im Keim zu ersticken, weil es vermutlich die coole Show störte. Doch das interessierte von uns niemanden wirklich. Wir wollten Emma für ihre Authentizität feiern, und das würden wir uns auch nicht nehmen lassen.

Sophia war dann die Nächste. Sie hatte uns beim Workshop erzählt, dass sie unter hormonell bedingten Stimmungsschwankungen litt und zuweilen deswegen recht zickig wirkte. Das schien heute wieder der Fall zu sein, denn ihre erste Pose auf der Bühne wirkte in der Kameraaufnahme echt zickig. Dann lächelte auch sie wieder und schritt selbstbewusst über den Laufsteg und machte am Ende ihre zweite Pose, die sehr liebenswert und gar nicht mehr zickig wirkte. Offenbar hatte sie mit ihren Posen ihre Stimmungsschwankungen zum Ausdruck bringen wollen, was ihr sehr gut gelungen war.

Auch Sophia wurde sofort von uns lautstark gefeiert, als sie hinter den Vorhang kam. Wir wussten alle, dass die Zuschauer an ihren Fernsehbildschirmen uns jubeln hören konnten, aber es war uns egal. Wir legten keinen Wert darauf, ach so cool rüberzukommen, denn so waren wir eben nicht.

Aurora rief geistesgegenwärtig Nuno nach vorne. Ich vermutete, dass Romeo das nicht gut finden würde, weil er sich die Reihenfolge seiner Outfits ganz genau überlegt hatte, doch Aurora setzte sich jetzt einfach darüber hinweg. Und diese Entscheidung war der Hammer!

Nuno machte zwei maskuline Schritte auf die Bühne, nahm seine erste Pose ein, zog dann selbstbewusst sein T-Shirt ein Stück hoch, um seinen dicken tätowierten Bauch zu zeigen, und schritt dann elegant und männlich über den Laufsteg. Am anderen Ende nahm er eine feminine Pose ein, drehte sich elegant und zackig um und bewegte sich auf dem Rückweg wieder exakt genau so, wie Aurora es uns allen ganz am Anfang vorgemacht hatte.

Auch Nuno wurde natürlich lautstark von uns gefeiert, als er hinter die Bühne kam. Nach ihm liefen alle auf ihre eigene individuelle Art und Weise souverän über diesen Laufsteg. Jeder ließ sich danach kurz von den anderen feiern, dann musste man auch schon in den Umkleideraum spurten, wo einem mehrere Leute aus Romeos Team dabei halfen, das zweite Outfit anzuziehen.

Ich lief als Letzte von der ersten Runde. Ich machte mir keine Gedanken über meine Posen oder wie ich laufen sollte. Ich freute mich einfach über unsere Nerds und ließ mir diese Freude ansehen. Und so sahen auch mein Walk und meine Posen aus. Sie brachten meine Freude und meinen Stolz auf unsere Nerds zum Ausdruck.

Auch ich wurde dann von allen gefeiert, als ich hinter den Vorhang kam. Ich eilte dann wie die anderen schnell zum Kleiderwechsel. Dabei fiel mir auf, dass die Nerds total begeistert waren, dass sie noch ein zweites Mal rausdurften, um ihre Einzigartigkeit zu zeigen. Mit jeder Pose und jedem Schritt erinnerten sie dabei daran, dass sie ihre wahre Identität liebten und dass sie niemals wieder versuchen würden, sich zu verstecken oder sich zu verändern, um anderen zu gefallen.

Als wir am Ende der Show noch einmal alle gemeinsam mit Romeo den Laufsteg betraten, waren unsere Herzen erfüllt. Eine Gänsehautentzündung hatte sich bei mir an die nächste gereiht. Doch das intensivste Gefühl entstand, als wir unsere Hände vor laufender Kamera aufeinanderlegten und lautstark unser Motto riefen: »Alles ist gut, solange du du bist!«

Unsere Worte hallten im Theatersaal wider, und ich war sicher, dass sie die Herzen der Zuschauer erreichen würden. Es war eine Botschaft, die über den Laufsteg hinaus gehen würde. Diese Show hatte nicht nur Mode präsentiert. Sie war eine inspirierende Lektion über Selbstliebe und Akzeptanz gewesen. Viele Zuschauer vor ihren Bildschirmen würden inspiriert sein von der außergewöhnlichen Energie und dem Mut der Nerds.

Wir hatten der Welt gezeigt, dass man nicht perfekt sein muss, um sich selbst zu lieben, und dass die Kraft der Einzigartigkeit uns alle verbindet. Diese Modenschau würde als ein bemerkenswerter Moment in die Geschichte eingehen – eine Veranstaltung, die nicht nur die Welt der Mode bereicherte, sondern auch die Herzen und Seelen der Menschen berührt hatte. Die Botschaft der Nerds würde weiterleben, und ihr Mut würde andere ermutigen, sich ebenfalls selbst zu lieben und stolz auf ihre Einzigartigkeit zu sein.

Wir durften unsere Outfits behalten, die wir für die anschließende Party anließen. Die Kameras waren abgebaut worden, sodass wir im Saal viel Platz hatten zum Tanzen und Herumalbern. Der DJ, den man für die Modenschau engagiert hatte, machte für uns tolle Partymusik. Ich selbst hatte ja noch nicht so viele Partys erlebt, aber nach Auffassung meiner Lieblingsmenschen war es eine der ausgelassensten Partys, die sie je erlebt hatten. Die Nerds hatten für diesen Abend ja noch eine Zusatzherausforderung zu erfüllen. Sie sollten ein Date finden. Und das hatten tatsächlich alle geschafft.

Emma und Kevin tanzten zusammen und hatten ganz offensichtlich den Spaß ihres Lebens. Ob das nun elegant oder uncool aussah, wie sie sich da bewegten, interessierte weder sie selbst noch irgendjemand sonst im Raum. Die beiden sahen aus, als seien sie hoch alkoholisiert, doch ich wusste, dass sie keinen Tropfen Alkohol getrunken hatten. Genauso wenig wie die meisten anderen Nerds, die genau wie Nuno und ich dem Alkohol nicht viel abgewinnen konnten.

Bei BeautyQueen sah das ein wenig anders aus. Sie feierte, als gäbe es kein Morgen. Ich war sicher, dass sie das spätestens morgen wieder bereuen würde. Aber ich wusste auch, dass sie sich deshalb ganz sicher nicht mehr selbst verurteilen würde.

BeautyQueen hatte sich auch wieder mit Romeo versöhnt. Die beiden wirkten jetzt wie ein Herz und eine Seele. Beide hatten ganz schön was intus, wie Brian es ausdrückte. Denn nachdem Romeo von Gabriella über die überaus positiven Reaktionen in den sozialen Medien unterrichtet worden war, war ihm wohl ein so schwerer Stein vom Herzen gefallen, dass er sich aufgrund der Erleichterung zusammen mit BeautyQueen jetzt richtig die Kante gab. Die beiden waren permanent am Lachen. Und auch der Rest von Romeos Team amüsierte sich mit den Nerds prächtig. Das Lebensmotto der Nerds hatte auf sie abgefärbt. Viele aus dem Team bemühten sich jetzt nicht mehr, cool und souverän zu wirken. Sie schlossen sich den Nerds an und benahmen sich eher albern. Und sie genossen es zusehends, endlich einmal ganz sie selbst sein zu dürfen.

Wer mich jedoch an diesem Abend am meisten berührte, waren Linh und Marcus. Die beiden standen eng umschlungen hinter dem Bühnenvorhang und knutschten leidenschaftlich. Ich bekam spontan schon wieder eine Gänsehautentzündung, als ich die beiden zufällig sah. Sie hatten offensichtlich einen schönen Weg gefunden, wie sie keine Worte miteinander wechseln mussten.

Als Linh mich sah, kam sie zu mir, nahm meine beiden Hände in ihre, schaute mir gerührt in die Augen und sagte: »*Úkuyekú pekãyka éta yékata.*«

Ich lächelte sie an und erwiderte: »Es war mir ein großes Vergnügen.«

Linh sah überaus verblüfft aus, als ich ihr antwortete. Vermutlich war sie davon ausgegangen, dass ich ihre Worte nicht verstehen würde, da sie ihren Dank in Kaixana formuliert hatte. Einer indigenen Sprache, die in Brasilien vorkommt, und die zu den seltensten Sprachen der Welt gehört. Damit hatte Linh einen Weg gefunden, wie sie mir mit Worten ihren Dank ausdrücken konnte, ohne dabei Worte zu verwenden, die ihr zuvor schon einmal über die Lippen gekommen waren. Ich war sehr berührt von dieser Geste.

Die Party zog sich bis spät in die Nacht hinein. Schließlich wurde die Musik ausgeschaltet, und unsere Security eskortierte uns zu zwei großen Bussen, die direkt draußen vor dem Theater warteten. Meine Lieblingsmenschen, ich und die Nerds waren alle zusammen in einem Bus. Romeo und sein Team in dem anderen. Wir wurden zu unterschiedlichen Unterbringungen gebracht. Unser Bus fuhr zu einem besonders geschützten Areal, das für wichtige Personen vorgesehen war, wie man uns sagte. Dort stiegen nur meine Lieblingsmenschen und ich aus. Die Nerds fuhren noch ein Stück weiter zu ihren Unterkünften, die aber ganz in der Nähe waren.

Nachdem wir eine weitere Sicherheitskontrolle absolviert hatten, betraten wir unser Areal, das von einem Sicherheitszaun umgeben war, der Tag und Nacht von Soldaten bewacht wurde. In diesem Areal gab es nur ein einziges Gebäude, das von einem großen Garten umgeben war. Hier waren an jeder Ecke Wachsoldaten postiert. Auch sah ich wieder überall Überwachungskameras.

Das Gebäude stellte sich als eine Villa heraus, ähnlich wie die, die wir bei *Shameless in Paradise* bewohnt hatten – nur kleiner. Auch hatten wir wieder einen eigenen kleinen Pool, der in der Nacht sehr schön beleuchtet war.

Unsere Koffer hatte man bereits während der Show auf unsere Zimmer gebracht. Wir freuten uns alle sehr, dass wir von Gabriella persönlich begrüßt wurden, als wir die Villa betraten. Sie würde wieder hier zusammen mit uns wohnen und erneut unser Mädchen für alles sein, was uns alle spontan zum Jubeln brachte. Gabriella freute sich sehr über unsere Begeisterung. Sie zeigte uns dann unsere Zimmer. Brian und ich hatten eine sehr schöne Suite, genau wie Ava und Jason. Und Nuno, Dylan und BeautyQueen bekamen jeweils ein Einzelzimmer. Und das Schönste war: In keinem der Zimmer gab es Überwachungskameras.

Die gesamte Villa würden wir erst am nächsten Tag so richtig in Augenschein nehmen. Wir waren alle sehr müde von dem langen Tag und wollten gerne ins Bett. Daher verabschiedeten wir uns voneinander und wünschten uns eine gute Nacht.

Als Brian und ich schließlich im Bett lagen, wollte ich nicht wieder den gleichen Fehler wie gestern begehen, als er bereits eingeschlafen war, bis ich mich endlich dazu durchgerungen hatte, ihn zu küssen. Ich sehnte mich so sehr nach dieser Seelenvereinigung, die wir vor drei Tagen zusammen erlebt hatten, dass ich jetzt kein Risiko mehr eingehen wollte.

Ich küsste ihn sofort, als wir im Bett lagen, und spürte augenblicklich, wie leidenschaftliche Gefühle in mir aufstiegen. Die Berührung seiner nackten Haut elektrisierte mich regelrecht, und ich spürte ein in dieser Form bisher nie dagewesenes Verlangen. Jede Faser meines Seins sehnte sich nach dem Zusammenspiel unserer Körper. Doch meine Seele sehnte sich noch viel mehr nach Liebe und Zärtlichkeit.

Brian zog mich sanft an sich heran, und ich schmiegte mich noch enger an ihn. Sein warmer Atem strich über meine Haut, als er behutsam meine Lippen küsste. Unsere Hände glitten zärtlich über die Haut des anderen. Jede Berührung löste einen wohligen Schauer aus, der mich tiefer in die Sinnlichkeit dieser Intimität hineinzog.

Ich spürte wieder die Angst in mir aufkeimen, als unsere Seelen sich noch näherkommen wollten. Ich glaube nicht, dass es Brian bewusst war, aber er reagierte in diesem Moment sofort mit einer überaus einfühlsamen Zärtlichkeit, die mir den Freiraum bot, mich in meinem Tempo auf ihn einzulassen. Und das tat er jedes Mal, wenn die Angst wieder in mir aufstieg.

Plötzlich spürte ich, wie das Schloss zu meinem Herzen sich öffnete und ihm freien Eintritt in meine Seele gewährte. Die Zeit verlor ihre Bedeutung, als wir uns in einem Tanz der Zärtlichkeit wiederfanden. Jede Bewegung, jeder Kuss, jeder liebevolle Moment ließ unsere Seelen miteinander verschmelzen. In dieser intimen Vereinigung hatte ich wieder das Gefühl, dass unsere Seelen eins wurden und die Grenzen zwischen uns verschwammen. Die Welt um uns herum verblasste, während wir uns verloren in einem Strudel der Zärtlichkeit. Im Rausch dieser Intimität fand ich die Erfüllung, nach der ich mich so sehr gesehnt hatte. Brians Liebe entflammte in mir ein loderndes Feuer, das mich wärmte und in ein Meer der Zärtlichkeit eintauchen ließ.

Vermutlich hätte ich in diesem Moment auch leidenschaftliche Gefühle zulassen können und das erste Mal in meinem Leben eine sexuelle Begegnung erfahren können, aber so weit war ich noch nicht. Was wir jetzt miteinander teilten, war schon so viel mehr als alles, was ich als Engel je erlebt hatte. Ich ließ mich in einen weiteren zärtlichen Kuss fallen und vergaß alles um mich herum. Die Welt der Engel und die Welt der Menschen hatten in diesem Moment keine Bedeutung mehr. Es gab nur noch Brian und mich.

Als wir schließlich in den Armen des anderen zur Ruhe kamen, spürte ich eine tiefe Vereinigung und ein Gefühl der Vollkommenheit. Unsere Körper waren an diesem Abend nach diesem langen Tag erschöpft, aber unsere Seelen waren erfüllt von der Liebe, die wir miteinander geteilt hatten.

In diesem Moment wusste ich, dass ich gefunden hatte, wonach ich gesucht hatte. Ich hatte einen Menschen gefunden, der meine Leidenschaft entfachte, meine Seele berührte und meine tiefsten Sehnsüchte erfüllte. Mit Brian an meiner Seite wusste ich, dass unsere Reise der Liebe noch lange nicht vorbei war. Wir hatten gerade erst begonnen, die Grenzen der Intimität zu erkunden, und ich war bereit, mich weiterhin in die Tiefen unserer gemeinsamen Liebe zu stürzen.

In Brians Armen fand ich Geborgenheit, Erfüllung und die Gewissheit, dass unsere Liebe uns über alle Grenzen hinweg tragen würde. Gemeinsam würden wir die Höhen und Tiefen des Lebens meistern und uns immer wieder neu in der Magie der Intimität verlieren.

Ich erwachte am späten Vormittag, als es an unserer Tür klopfte. Vor der Tür standen Gabriella und Agent Sullivan, was mich ein wenig verwunderte, denn Agent Sullivan hätte ich hier nicht erwartet. Er drehte sich sofort um, als er sah, dass ich nackt war.

»Wir bitten vielmals um Entschuldigung, dass wir euch stören müssen«, sagte Gabriella. »Aber es ist etwas passiert. Das Überleben der Menschheit steht auf dem Spiel. Wir brauchen dringend deine Hilfe.«

Fortsetzung folgt

Wie es weitergeht mit der NSA, Mary und ihren Lieblingsmenschen, und wie sie das Problem mit dem generellen Gefühlsziel lösen, das erfährst du im dritten Band meiner *Secret-Angel*-Buchreihe. Das Buch trägt den Titel ***Secret-Angel Mary – Aus Liebe zum Tun*** und den Untertitel *Band 3: Wollens*